隧道信息化施工及地质灾害
综合风险评价研究

王　欣　谷新保　著

四川大学出版社
SICHUAN UNIVERSITY PRESS

图书在版编目（CIP）数据

隧道信息化施工及地质灾害综合风险评价研究 / 王
欣，谷新保著. -- 成都：四川大学出版社，2025. 6.
ISBN 978-7-5690-7746-9

Ⅰ. U455.4

中国国家版本馆 CIP 数据核字第 2025RT9311 号

书　　名：	隧道信息化施工及地质灾害综合风险评价研究
	Suidao Xinxihua Shigong ji Dizhi Zaihai Zonghe Fengxian Pingjia Yanjiu
著　　者：	王 欣 谷新保

选题策划：周维彬　王　睿
责任编辑：王　睿
特约编辑：孙　丽
责任校对：周维彬
装帧设计：开动传媒
责任印制：李金兰

出版发行：四川大学出版社有限责任公司
　　　　　地址：成都市一环路南一段 24 号（610065）
　　　　　电话：（028）85408311（发行部）、85400276（总编室）
　　　　　电子邮箱：scupress@vip.163.com
　　　　　网址：https://press.scu.edu.cn
印前制作：湖北开动传媒科技有限公司
印刷装订：武汉乐生印刷有限公司

成品尺寸：170 mm×240 mm
印　　张：24.5
字　　数：494 千字

版　　次：2025 年 6 月 第 1 版
印　　次：2025 年 6 月 第 1 次印刷
定　　价：138.00 元

四川大学出版社
微信公众号

前　　言

随着我国隧道建设规模的不断扩大，TBM 施工技术已成为隧道开挖的首选方案。新疆 EH 工程同时采用 15 台 TBM 和 3 台土压平衡盾构机进行集群施工，是我国目前一次投入 TBM 规模最大、掘进里程最长的隧道工程。沿线的水文地质条件非常复杂，在 TBM 掘进过程中遇到了很多工程技术难题。此外，随着大规模的资源开发，地质灾害发生频次逐渐增加，然而地质灾害评估是一项复杂、系统的工作，不仅涉及的学科众多，而且内容广泛，因此，科学有效的地质灾害风险评估工作对于研究地质灾害的发生原因、机理、影响程度，制订地质灾害防治规划以及预防和治理地质灾害意义重大。

本书以解决实际工程中的问题为基础，立足应用，突出理论和方法，为隧道信息化施工及地质灾害综合风险评价研究提供了一些新思路和新方法。第一篇以 EH 工程为依托，综合采用人工智能算法和非线性数学理论，重点对 EH 工程 TBM 掘进过程中存在的岩体参数智能感知、硬岩条件下的掘进性能评估、涌水风险预测、岩爆烈度分级和围岩坍塌风险评价等部分关键问题进行了系统研究；第二篇系统地分析和研究了泥石流、危岩带和滑坡的危险等级评价，同时还对岩爆烈度、隧道围岩安全和混凝土质量等级进行了评价，并对岩石边坡的稳定性及破坏原理进行了分析。

本书共计 13 章，由南阳理工学院王欣、谷新保共同撰写完成。具体编写分工为：第 1~8 章、第 9 章 9.1 节~9.3 节由王欣撰写，合计 24.9 万字；第 9 章 9.4 节~9.5节、第 10~13 章由谷新保撰写，合计 24.5 万字。

本书的出版得到了南阳理工学院博士科研启动基金项目（NGBJ-2022-18）、河南省科技攻关项目（252102320023）的资助，在此一并表示衷心的感谢。同时，感谢四川大学出版社和本书编辑们的辛勤劳动。

因编写时间与水平有限，书中难免存在疏漏与不足之处，望各位读者批评指正。

著　者

2024 年 12 月

目　　录

第一篇　隧道信息化施工及围岩安全评价研究

第一篇 隧道信息化施工及围岩安全评价研究

1 绪 论

1.1 研究背景及意义

近年来,随着我国地下工程建设规模的不断扩大,水工隧道、铁路隧道、公路隧道、地铁和综合管廊等地下工程成为地下空间开发的重要组成部分,目前这些地下工程正处于大规模建设时期,而水工隧道的建设更是屡屡刷新国内外纪录,如正在建设的新疆 EH 工程的 KS 隧道长达 283 km,该隧道建成后将成为当前世界上最长的隧道。此外,我国已建或在建的水工隧道还有新疆 XE 隧道(140 km)、引汉济渭工程输水隧道(98.26 km)、新疆 SS 隧道(92 km)、吉林引松供水工程输水隧道(72 km)、滇中引水工程输水隧道(63.43 km)、引黄入晋工程输水隧道(42.6 km)、新疆 ABH 工程输水隧道(41.83 km)、青海引大济湟工程输水隧道(24.17 km)、新疆八十一大坂工程输水隧道(21.86 km)、新疆布伦口—公格尔水电站引水隧道(17.36 km)、甘肃引洮工程输水隧道(17.3 km)和新疆齐热哈塔尔水电站引水隧道(15.66 km)等。这些隧道工程在提升我国地下工程施工技术的同时,也带来了巨大的社会、经济和生态效益。

随着隧道的长度越来越长,采用隧道掘进机施工技术已经成为隧道建设的必然趋势。根据地层岩性的不同,一般将应用于岩石地层的隧道掘进机称为 TBM(tunnel boring machine),应用于软土地层的隧道掘进机称为盾构机。TBM 是一个集各种施工工序于一体的大型施工设备,与传统的钻爆法相比,具有施工效率高、开挖扰动小的优点,目前 TBM 施工技术已经在国内外工程领域中得到广泛的应用与发展。[1]

TBM 在掘进过程中对岩体参数的变化非常敏感,岩体参数的变化特征反映了在掘岩体的质量,而岩体质量的差异又可以通过 TBM 的刀盘反馈到 TBM 中央控制平台的掘进参数上。岩体参数与隧道的支护措施密切相关,岩体参数较好时,不仅可以大幅降低围岩支护的工程量,而且还能充分发挥 TBM 快速掘进的优点。因此,如何快速、有效地确定岩体参数成为实现 TBM 快速施工的关键。

　　TBM 虽然在隧道开挖方面有很多优点,但其在应用的过程中也存在着一定的局限性。当岩体的坚硬程度适中时,TBM 刀盘上的滚刀切割围岩的效率最高,此时 TBM 的掘进速度最快;当岩体的坚硬程度偏软时,TBM 的撑靴无法提供足够大的推力,导致滚刀切割围岩的效率降低,进而影响 TBM 的掘进速度;当岩体属于坚硬岩或极硬岩时,尽管 TBM 的撑靴可以提供足够大的推力和扭矩,但刀盘上的滚刀切割围岩的效率显著降低,刀具磨损的程度急剧增大。而 TBM 的掘进性能直接关系到项目的工程进度和工期安排,是隧道建设的关键评价指标之一。

　　相比于其他隧道工程,超长隧道穿越的地理范围更广,水文、地质条件更复杂,施工条件更差,各种不确定性因素更突出。在建设超长隧道的过程中,通常会遇到涌水、高地应力和断层破碎带等不良地质条件,给工程建设带来巨大挑战。

　　隧道涌水是水文、地质和施工等多种因素共同作用的动态过程,该过程具有复杂性、模糊性和随机性,是地下工程最严重的地质灾害之一。[2]尤其是采用 TBM 施工的隧道,一旦发生较大涌水,不仅可能淹没 TBM 的机械设备,还会严重危害隧道内的施工安全和地表生态。因此,准确、有效地预测涌水发生的风险并降低涌水危害具有重要的工程意义和环境意义。

　　隧道工程在横向不断延伸的同时,也在不断地向地球纵深发展,隧道的埋深越来越大。如我国引汉济渭工程最大埋深 2012 m,ABH 工程最大埋深 2100 m,锦屏二级水电站的引水隧道最大埋深达 2525 m;法国的谢拉水电站引水隧道的最大埋深更是达到了 2619 m。近几十年来,由于隧道埋深较大导致的岩爆灾害频繁发生,世界范围内由岩爆引起的严重事故已造成大量人员伤亡、支护结构破坏变形和设备损坏[3-5],已经成为阻碍地下工程建设规模扩大的重大工程难题[6]。

　　隧道穿越断层破碎带时,围岩失稳甚至坍塌的情况时有发生,轻则岩块脱落,重则结构面坍塌。尤其是对于超长隧道建设,水文、地质条件更加复杂,围岩失稳坍塌的概率进一步增大。因此,分析隧道穿越断层破碎带时的坍塌风险和概率对保障工程安全意义重大。

　　综上所述,由于存在众多的不确定性因素,超长隧道的开挖面临着众多工程技术难题,给 TBM 施工技术带来了很多新的挑战,虽然国内外对 TBM 施工技术有了一定的研究基础,但工程建设过程中仍存在一些不足。EH 工程是世界上首个采用 TBM 大规模集群施工技术建设的最大隧道工程,本书以其为依托,以 EH 工程 TBM 掘进过程中存在的岩体参数智能感知问题、硬岩条件下的掘进性能问题、涌水问题、岩爆问题和围岩坍塌问题为重点,对超长隧道 TBM 施工过程中的部分关键问题进行系统分析,其研究成果可为今后 TBM 在地下工程中的应用提供大量有益参考,具有重大的工程意义。

1.2　国内外研究现状

1.2.1　TBM 掘进过程中岩机智能感知研究

TBM 掘进过程中，TBM 掘进参数和岩体参数之间存在着高度复杂的关系，如何快速、有效地确定在掘岩体的质量特性成为实现 TBM 快速施工的关键。在常规钻爆法施工时，通常在现场岩壁取芯后通过室内试验确定岩体参数，或在施工现场进行点荷载试验获得岩体参数，然而 TBM 的开挖特点和结构型式限制了这些方法在 TBM 施工隧道中的应用。

为了解决这一工程问题，国内外学者通过室内模型试验、统计分析和机器学习算法对 TBM 掘进过程中的岩机相互感知研究进行了大量探索，如 Rostami 在全尺寸室内岩石切割试验的基础上，分析了 TBM 破岩速率与岩体参数之间的响应关系；[7]岳中琦采用人工钻孔模拟 TBM 破岩方式研究了钻孔参数与岩体参数之间的统计关系，尝试通过对钻孔过程的实时监测获取岩体参数；[8]Bruland 根据工程现场采集的 TBM 掘进参数和岩体参数，采用线性回归拟合岩体特性与 TBM 掘进参数之间的经验公式；[9]Hamidi 通过建立 TBM 刀盘贯入度与单个岩体参数之间的线性回归方程，研究了不同岩体参数与贯入度之间的关系；[10]Hassanpour 采用非线性回归分析了贯入度指数 FPI 和岩体参数之间的逻辑关系；[11]Xing 结合 TBM 驱动功率变化和模式识别方法开发了一个自动识别岩体特性变化的智能化控制系统；[12]Huang 基于某工程双护盾 TBM 施工数据开发了一个 TBM 与围岩相互作用的实时监测系统，并提出了刀盘振动加速度的时域和频域分析方法；[13]Zhang 基于块体理论分析了 TBM 刀盘和护盾与块体之间的相互作用，并提出了影响块和三种接触块的识别算法；[14]Erharter 等基于人工神经网络算法分析了 TBM 掘进参数的变化特征与围岩等级的关系；[15]Sun 等根据施工现场得到的地质参数，采用随机森林算法预测了 TBM 掘进过程中的扭矩和推力；[16]Zhang 等选取 4 个 TBM 掘进参数和岩体类型建立数据库，采用基于层次平衡迭代约减和聚类算法分析了 TBM 掘进过程中岩体类型的动态变化过程；[17]Minh 等以某工程实例为基础，统计分析了影响 TBM 贯入度的主要地质参数，提出了一种预测 TBM 贯入度的模糊逻辑回归模型；[18]Liu 等结合 BP 神经网络和模拟退火算法构建了岩体参数预测模型，并将其用于吉林引松工程 TBM 施工隧道。[19]

上述研究结果表明，随着数据挖掘技术的迅猛发展，将机器学习算法应用于分析复杂的岩机感知问题已成为当前研究的热点，但在数据库的构建和提高算法的预测准确度上还有待进一步深入研究。

1.2.2　TBM 掘进性能评估研究

TBM 在掘进过程中的性能评估对合理规划工期和估算工程造价具有重要意义。TBM 的掘进速度、破岩速率和利用率是评估 TBM 掘进性能的重要指标,而 TBM 的掘进速度是反映 TBM 掘进性能的关键参数,特别是在特定的岩体条件下,准确预测 TBM 掘进速度可以使隧道开挖的资金成本和时间成本最小化。

TBM 在地下工程应用初期,为了评价其在隧道开挖过程中的掘进性能,部分学者基于实际工程中影响 TBM 施工的主要因素,提出了一些经验公式和半经验半理论公式,如 Farmer 等基于 TBM 破岩过程中的岩石破裂机理,提出了一个适用于 TBM 在沉积岩中破岩的经验公式,并分析了刀具形式对 TBM 掘进性能的影响;[20] O'Rourke 等基于美国加利福尼亚州一条直径为 4.3 m 的 TBM 施工隧道,分析了岩石硬度与其对 TBM 掘进速度影响程度的经验关系。[21] 这些半经验半理论公式主要从单因子的角度分析了 TBM 的掘进性能,没有考虑多种因素共同作用对 TBM 掘进性能的影响,在应用过程中存在很大的局限性。

随着机器学习算法的快速发展,研究人员开始尝试将人工智能(AI)技术应用于 TBM 的掘进性能评估,并提出了多种模型来预测 TBM 的掘进速度,如 Grima 等基于搜集的 640 组 TBM 施工数据集,采用神经模糊方法建立了 TBM 掘进速度预测模型;[22] Benardos 等利用雅典地铁隧道穿越岩土地层的 TBM 施工数据库,建立了预测 TBM 掘进速度的人工神经网络模型;[23] Bieniawski 等基于岩体特性和 TBM 机械参数定义了岩体可开挖性指标(rock mass excavability,RME),并通过 22.9 km 长隧道的施工数据分析了 RME 和 TBM 掘进速度之间的相关性,从而实现对 TBM 掘进速度的预测;[24] Saffet 等利用美国纽约市已开挖 7.5 km 长的皇后区隧道建立了一个 TBM 施工数据库,并采用粒子群优化算法对 TBM 开挖过程中的掘进性能进行了评估,分析了复杂地质条件下 TBM 的掘进速度;[25] Mahdevari 等基于支持向量回归算法,建立了一种预测硬岩条件下 TBM 掘进速度的回归模型;[26] Salimi 等利用伊朗 Zagros 隧道建立的数据库,采用自适应神经模糊推理系统和支持向量回归算法分析了 TBM 在 14.3 km 长的范围内掘进过程中的速度变化特征;[27] Armaghani 等分别采用粒子群算法和独立成分分析算法对人工神经网络算法进行了改进,并将改进后的算法用于分析 TBM 穿越不同风化带时的掘进速度;[28] Ebrahim 分析了 RME 模型在 TBM 掘进速度预测中的不足,并基于一个含有 300 多个数据集的 TBM 施工数据库建立了 TBM 掘进速度的线性回归模型;[29] Zhou 等基于马来西亚的 Pahang Selangor 隧道工程,建立了一个包含 1286 个数据集的 TBM 施工数据库,分别采用人工神经网络和遗传规划算法建立了 TBM 掘进速度预测模型,并将 2 种模型的预测结果进行对比分析;[30] Gao 等结合杭州第二水源千岛湖配水工程输水隧道的岩体参数和 TBM 掘进参数组成一个数据库,建立了长短时记忆神经网络的 TBM 掘进速度预测模型;[31]Zhou 等采用贝叶斯优化(BO)算法对极端梯度提升法(XGBoost)进行了改进,并将改进后 BO-XGBoost 模型应用于马来西亚 Pahang Selangor 隧道的 TBM 掘进速度预测;[32]Armaghani 以 PSRWT 输水隧道为研究背景,采用基因表达式编程(GEP)模型和多元回归(MR)模型分析了隧道开挖过程中 TBM 的掘进速度。[33]

综合分析国内外研究人员对 TBM 掘进性能的评估发现,对 TBM 掘进性能的研究经历了从单因素到多因素,从经验化公式到智能化算法的发展历程。这些研究成果极大地提高了 TBM 在地下工程中的使用效率,但由于每个工程的岩体条件复杂多变,需要根据实际工程的特点,综合考虑 TBM 的机械性能和水文地质条件对 TBM 掘进性能的影响,建立更加完善的 TBM 施工数据库,不断提高预测结果的准确度。

1.2.3　隧道涌水风险研究

隧道开挖在打破岩体平衡状态的同时,也打通了地下水的渗流通道,使得赋存在岩体裂隙中的地下水沿着这些通道涌入隧道。[34]为了对隧道涌水的风险进行预测,国内外研究人员在涌水致灾因素遴选、涌水机理分析和涌水预测方法上进行了大量有益研究,如许振浩等结合鸡公岭隧道分析了岩溶隧道发生涌水的致灾因子,并提出了包含 3 个阶段的涌水预测及治理方法;[35]李利平等通过对大量地下工程涌水实例的系统分析,遴选出岩溶隧道发生涌水的主要影响因素,分析了因素与涌水概率之间的函数关系,并基于模糊综合评价法建立了适用于岩溶隧道的涌水预测模型;[36]王媛等采用流体动力学方法建立了一个三维涌水数值模型,分析了深长隧道在不同水压力和围岩裂隙发育特征作用下的涌水机理;[37]Yang 等在假设地下水位下降的速率恒定的条件下,通过建立数学模型分析了多层含水层系统中隧道开挖的涌水风险;[38]Hwang 等提出了一种半解析方法来预测地下水入渗流量恒定时的涌水风险;[39]Zhang 等考虑了岩石材料特性和沿程水头变化对隧道涌水的影响,利用 FE-FLOW 模型模拟了隧道施工过程中的地下水入渗情况;[40]Li 等利用 FLAC3D 三维数值模拟研究了昌黎高速公路青尚港隧道的涌水情况;[41]Jordi 等针对隧道沿线不同的地质、地球物理构造情况,采用 TRANSIN 建立了 TBM 施工隧道涌水预测模型,并将其应用于巴塞罗那开挖直径为 12 m 的 L9 地铁隧道;[42]Preisig 等分析了隧道开挖对地下水流失和地表沉降的影响,并基于 La Praz 隧道建立了一个涌水预测模型;[43]Farhadian 等综合考虑了隧道的开挖直径和岩体受力特征对隧道涌水的影响,利用 UDEC 软件开发了一个涌水预测模型,并分析了模型的边界效应和尺寸对节理岩体涌水预测精度的影响;[44]Golian 等利用 GMS 三维有限差分数值模型对

TBM 掘进过程中隧道涌水进行了建模;[45]周宗青等根据隧址区的水文地质条件选取 7 个涌水致灾指标建立涌水预测指标体系,并基于属性识别理论提出了隧道施工期涌水风险预测模型;[46]Perrochet 基于卷积积分法的解析解预测了无限均匀含水层中隧道开挖的涌水量;[47]Li 等利用地理信息系统(GIS)开发了岩溶隧道涌水预测模型,并将其应用于锦屏二级水电站引水隧道涌水预测;[48]Li 等基于常规灰色聚类方法建立了深长隧道涌水与突泥风险评价模型,利用该模型对鸡公岭隧道的涌水突泥风险进行了评价;[49]Wang 等结合岭型分布函数和区间数构建了岩溶隧道涌水风险预测模型,并采用该模型分析了齐岳山隧道的涌水风险;[50]李志林等结合超前地质预报技术,采用人工神经网络分析了隧道涌水风险;[51]Wang 等针对岩溶隧道的涌水特点,将集对分析理论应用于涌水风险预测。[52]

从上述研究分析可知,国内外学者对隧道涌水的成因和危害性进行了系统研究,但研究重点多集中于岩溶条件下的涌水风险分析,且研究对象多是基于采用钻爆法开挖的隧道,对干旱区隧道涌水的研究较少。干旱区隧道涌水的成因更加复杂,对生态环境的影响程度更大,需要综合考虑干旱区隧道涌水的致灾因素,建立一个多指标评价体系,以分析干旱区 TBM 施工隧道发生涌水的风险。

1.2.4　岩爆烈度分级预测研究

在高地应力环境下,地下工程开挖会导致岩体产生应力集中现象,岩体内的弹性应变能积聚到一定程度后突然释放,并伴有岩块爆裂弹出的现象称为岩爆。早在 200 多年前,工程技术人员就对岩爆有了初步认识。[53]在岩爆预测的早期阶段,国内外研究人员尝试从不同角度采用单因素分析法判别岩爆的风险等级,如基于强度理论的 Russense 判据[54]、Barton 判据[55]、Hoek 判据[56]、Turchaninov 判据[57]、陶振宇判据[58]和二郎山判据[59],基于能量理论的岩爆倾向性指数法和能量比法[60],基于刚度理论的 Cook 法[61]和基于临界埋深理论的侯发亮判别法[62]。

随着对岩爆认识的不断加深,越来越多的研究人员根据岩爆的发生机理建立多指标评价体系来对岩爆进行分级预测,如 Xue 等针对江边水电站地下洞室施工中的高地应力问题,采用粗糙集理论和可拓理论建立了一个岩爆分级预测模型;[63]Li 等建立了一个岩爆 5 因素预测指标体系,并将贝叶斯网格引入岩爆分级预测;[4]Wang 等基于区间数原理提出了一个岩爆风险预测的区间模糊综合评价模型;[64]殷欣等采用属性区间识别模型,从岩石的应力条件和物理特性方面分析了岩爆发生的可能性;[65]周科平等采用云模型理论对终南山隧道通风竖井的岩爆烈度进行了分级预测;[66]He 在大量室内模型试验的基础上采用人工神经网络算法分析了岩爆的发生条件和关键预测指标;[67]Peng 等建立了预测岩爆风险的支持向量机模型;[68]Adoko 等基于自适应神经模糊推理系统和现场实测数据对岩爆风险进行预测;[69]Cai 等利用高斯与指数分布函数相结合的方法建立了岩爆预测的隶属函数模型;[70]史秀志等利用未确知测度理论分析了秦岭隧道开挖过程中的岩爆风险;[71]汪明武等将联系云和证据理论进行集成预测了岩爆发生的风险。[72]

上述方法在很大程度上丰富了岩爆烈度分级预测研究,然而采用单一指标描述岩爆发生的风险只能反映岩爆某一方面的特性,不能完全反映岩爆发生时的复杂特征。

不同的数学原理和岩爆驱动因子应用于岩爆的风险预测,为岩爆防治奠定了一定的理论基础,但岩爆的发生机理十分复杂,使得岩爆风险分级预测存在模糊性和不确定性。因此,为了提高岩爆风险分级的预测准确度,有必要采用多个指标和引入新的数学理论来提高岩爆预测的准确性。

1.2.5 隧道坍塌风险研究

隧道开挖过程中,突发性的围岩失稳和坍塌事故在隧道工程地质灾害中的比例超过了90%。[73]针对这一问题,国内外学者主要采用数学模型和三维数值模拟两种途径分析隧道开挖过程中的围岩失稳坍塌问题。

基于数学模型的研究主要有:袁永才等利用突变理论评价了红岩寺隧道施工过程中的围岩坍塌风险;[74]孙彦峰利用理想点法评价了洞头山隧道和司仙坳隧道开挖过程中的围岩坍塌风险;[75]秦胜伍等运用属性区间识别理论对白鹤隧道的进口段和出口段进行了坍塌风险评价;[76]何进等采用模糊综合评价法分析了龙开口水电站引水隧道12SD0+365.5~12SD0+417.5段的围岩坍塌风险;[77]陈舞采用粗糙集条件信息熵和模糊综合评价的融合算法分析了秀村隧道穿越F17断层破碎带时的坍塌风险;[78]袁颖等基于网格搜索方法和支持向量机建立了围岩稳定性评价模型;[79]Xue等选取纵波波速、隧道埋深、隧道跨度、周边环境、地下水及施工因素作为综合预测指标体系,通过建立模糊综合评价模型分析了隧道坍塌的风险性;[80]Li等利用主动学习函数建立克里格模型,并用该模型对隧道围岩失稳坍塌的概率进行了蒙特卡罗模拟;[81]Pan等基于三维旋转崩塌机理,并考虑三维渗流场对隧道围岩稳定性的影响,利用极限分析方法预测了软弱岩体中隧道工作面的稳定性;[82]刘灿等运用改进的灰色关联模型对白鹤隧道和桃子垭隧道的部分洞段进行了坍塌风险评价。[83]

基于三维数值模拟的研究主要有:Abdollahi等使用FLAC3D和Phase2软件对伊朗Safaroud输水隧道中TBM穿越断层破碎带的过程进行了数值模拟,针对宽度为40 m的Lalehzar断层模拟了不同支护组合方式下的隧道坍塌风险,以此确定TBM通过此断层的最佳支护方式;[84]Volkmann等用三维数值模拟方法模拟了隧道在不同支护系统条件下的围岩稳定性,预测了隧道开挖过程中顶部围岩的最大沉降量;[85]Ghase等利用二元逻辑回归和线性判别分析方法,提出了预测TBM施工时围岩变形量的经验公式;[86]Lu 考虑了岩体性质的空间变异性,采用一阶可靠度法和响应面法对隧道开挖过程中的围岩变形进行了概率评估;[87]Zhao 等对澳大利亚 Bernur 隧道 TBM 穿越断层带时的坍塌风险进行三维数值模拟,分析了隧道坍塌的原因;[88];程建龙等建立了不同复合地层条件下 TBM 掘进时围岩变形的三维模型;[89]Zhou 等通过建立的水-力耦合模型,分析了在高地应力和高水压条件下 TBM 在开挖过程中对隧道围岩变形的影响;[90]Nozari 等利用 FLAC3D 对 Alborz 隧道在 Kandovan 断裂带的部分采用的玻璃纤维锚杆加固进行了数值模拟,并分析了该方法对隧道稳定性的影响。[91]

上述研究成果从不同角度分析了隧道开挖过程中围岩的失稳机理及坍塌风险,但仍然存在一些不足,如利用数学模型判定隧道的坍塌风险等级时,主要采用常权理论确定指标权重,对于变权理论的应用研究较少,需要对建立的数学模型进行不断的优化,从而提高模型的准确性和可靠性。此外,三维数值模拟虽然可以分析围岩失稳坍塌的应力变化特征,但在模拟过程中对实际工程岩体的边界条件和复杂特性进行了简化,导致分析结果的可靠性还有待进一步提高。

1.3 主要研究内容

本篇以 EH 工程为依托,重点对 EH 工程 TBM 集群施工中存在的岩体参数智能感知、硬岩条件下的掘进性能、涌水、岩爆和围岩坍塌等关键问题进行研究,主要研究内容如下。

(1)通过对 EH 工程 SS 隧道 SD00＋254～SD20＋435 段的 TBM 掘进参数时序数据和地质编录数据的采集分析,建立一个由 TBM 掘进参数和岩体参数组成的样本数据集,利用遗传算法改进的支持向量机(GA-SVR)算法建立一个岩体参数智能感知模型,并对参数敏感性进行分析。

(2)基于 EH 工程 KS 隧道 KS101＋768～KS130＋980 段的水文地质参数和 TBM 掘进参数建立一个 TBM 施工数据库,采用 AI 算法对数据库进行数据挖掘,试图建立一个预测结果准确度较高的 TBM 掘进速度预测模型,从而对硬岩条件下 TBM 的掘进性能进行评估。

(3)针对干旱区 TBM 施工隧道的涌水特点,综合考虑地质、水文、施工和动态监测因素对涌水的影响,通过引入云模型理论建立一个涌水风险多指标预测模型,并将该模型应用于 EH 工程 SS 隧道 SD50＋617～SD52＋160 段的涌水风险分析,为后续 TBM 施工提供风险预警。此外,为了降低涌水危害,采用不同的堵水材料进行涌水治理研究。

（4）将球面模糊集引入指标权重计算，通过与灰色关联分析法（GRA）进行耦合，形成一种新的权重算法，并在此基础上将直觉模糊集理论引入岩爆烈度分级预测，建立一个基于直觉模糊集的岩爆风险预测模型，将该模型应用于分析 KS 隧道的 KT4 施工支洞在高地应力环境下的岩爆风险。

（5）基于物元可拓理论和变权理论建立一个隧道坍塌风险评价模型，并在以等级评价作为最终结果的一维评价方法的基础上，引入模糊熵作为第二维辅助评价参量，从而构建一个变权物元可拓的隧道坍塌风险二维评价模型，利用该模型分析 EH 工程 KS 隧道 KS260＋052～KS262＋835 段在 TBM 掘进过程中的坍塌风险。

2   EH 工程概况

2.1   地 形 地 貌

EH 工程是世界上在建的最大地下工程之一,主要由 KS 隧道和 SS 隧道构成,隧道全长 375.859 km。其中 KS 隧道全长 283.551 km,是目前世界上最长的超特长隧道,采用 13 台 TBM 进行集群施工,开挖直径 6.56~9.06 m,其中 TBM 开挖直径为 7~8.5 m。SS 隧道全长 92.308 km,采用 2 台 TBM 和 3 台土压平衡盾构机进行开挖,开挖直径 5.26~7.1 m,其中 TBM 开挖直径为 5.5 m。EH 工程主要位于准噶尔盆地东部边缘,工程区主要位于阿尔泰山南麓低山区、阿尔泰山南麓剥蚀丘陵区和北塔山山前冲洪积平原区三大地貌单元内,海拔高程 560~1390 m。

(1)阿尔泰山南麓低山区:主要位于 KS 隧道的中上游,地势总体北高南低,东高西低,海拔高程 700~1290 m,地形起伏较大,山顶多呈浑圆状,山体坡度较缓,一般相对高差 50~150 m,局部高差 250 m,主要为干燥、剥蚀强烈的残积荒漠地貌,如图 2-1 所示。

图 2-1   阿尔泰山南麓低山区地形地貌

(2)阿尔泰山南麓剥蚀丘陵区:主要位于 KS 隧道的中下游,海拔高程 750~1000 m,地形起伏不大,多为剥蚀残丘,主要为戈壁荒漠地貌,如图 2-2 所示。

图 2-2　阿尔泰山南麓剥蚀丘陵区地形地貌

(3)北塔山山前冲洪积平原区:主要位于 SS 隧道沿线,海拔高程 750~780 m,地形较为平坦,地表小冲洪沟较为发育,主要为戈壁荒漠地貌,如图 2-3 所示。

图 2-3　北塔山山前冲洪积平原区地形地貌

2.2　地层岩性

EH 工程隧道全线穿越的地层复杂,涵盖了古生界、中生界和新生界,工程沿线主要地层岩性描述见表 2-1。

表 2-1   **EH工程沿线主要地层岩性描述**

界	系	岩性	岩性特征
古生界	华力西期	花岗岩	块状结构,裂隙不发育,岩体完整,局部见有捕虏体
	泥盆系	凝灰质砂岩	中厚层状~厚层状,以厚层状为主,裂隙较不发育,裂面多平直、闭合,主要产状为 309°~315°NE∠55°,与洞轴线夹角 10°~30°
	石炭系	凝灰岩	中厚层~厚层状,裂隙较不发育,裂面多平直、闭合,主要产状为 315°NE∠72°,与洞轴线夹角 5°~40°
中生界	侏罗系	砾岩、砂岩	厚层状,均为较软岩,断层和节理裂隙不发育,主要产状为 300°NE∠12°,与洞轴线夹角 30°~50°
	白垩系	砂岩	中厚层状~厚层状,以厚层状为主,断层和节理裂隙较不发育,裂面多平直、闭合,主要产状为 302°~312°NE∠52°,与洞轴线夹角 12°~33°
新生界	新近系	泥岩	岩层近水平,断层及节理裂隙不发育,属极软岩、弱膨胀岩,主要产状为 320°NE∠3°~5°,与洞轴线夹角 30°
	第四系	砂砾岩	厚层状~巨厚层状,属于较软岩,抗风化差,易崩解,主要产状为 270°SW∠15°,与洞轴线夹角 60°

    KS 隧道穿越的地层主要为古生界和中生界。在古生界地层中,泥盆系、石炭系的隧道段长度为 209.116 km,华力西期的隧道段长度为 59.683 km,分别占 KS 隧道总长度的 73.76% 和 21.05%;中生界的侏罗系隧道段长度为 12.169 km,占 KS 隧道总长度的 4.29%;隧道沿线分布的断层破碎带长度为 2.543 km,占 KS 隧道总长度的 0.9%。KS 隧道的岩性分布如图 2-4 所示。

    SS 隧道穿越的地层主要为古生界、中生界和新生界。在古生界地层中,泥盆系、石炭系和华力西期的隧道段长度为 65.386 km,占 SS 隧道总长度的 70.83%;中生界的侏罗和白垩系隧道段长度分别为 4.717 km 和 7.860 km,分别占 SS 隧道总长度的 5.12% 和 8.51%;新生界的新近系和第四系隧道段长度分别为 9.970 km 和 3.672 km,分别占 SS 隧道总长度的 10.8% 和 3.98%;隧道沿线分布的断层破碎带长度为 0.703 km,占 SS 隧道总长度的 0.76%。SS 隧道的岩性分布如图 2-5 所示。

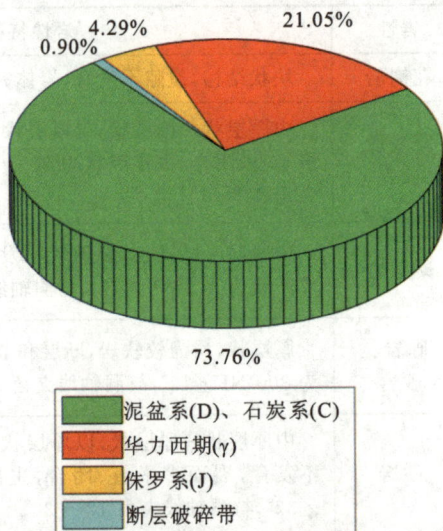

图 2-4　KS 隧道的岩性分布图

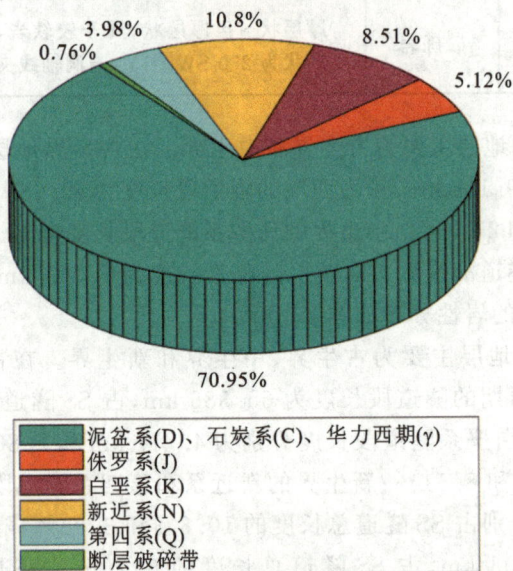

图 2-5　SS 隧道的岩性分布图

2.3　区域水文地质条件

EH 工程区内除了乌伦古河为常年性河流外,无其他河流、沟谷分布,地表水极为贫乏,地下水主要是赋存在岩体中的基岩裂隙水。根据 KS 隧道和 SS 隧道沿线的水文地质勘察结果,岩体中基岩裂隙水主要随风化卸荷带呈壳状分布,沿风化卸荷裂隙随地形从高处逐渐向较低的谷地处渗流汇集,在裂隙相对发育的部位以下降泉的形式排泄到沟谷或洼地中。此外,在隧道沿线的断层破碎带等不良地质条件段内,还分布有部分具有微承压性的孔隙-裂隙水,局部自流,没有统一的地下水位,水质较差,矿化度高,对隧道施工影响较大。

2.4　EH 工程施工中存在的主要工程问题

2.4.1　TBM 掘进过程中岩体参数智能感知问题

在 TBM 掘进过程中,在掘岩体的参数对 TBM 的掘进效率有较大影响。岩体条件较好时,围岩支护量小,掘进效率高;岩体条件较差时,围岩支护量大,掘进效率低。如果在 TBM 掘进过程中岩体的参数信息不确定,则可能导致围岩的支护参数不合理,进而影响隧道开挖的安全性。然而,隧道内复杂的施工环境和有限的作业空间使得岩体参数难以通过现场直接观测或现场试验获得,这给现场的围岩快速支护工作带来了新的难题。为了确保 TBM 施工过程中支护的及时性和隧道的安全性,快速、准确地确定 TBM 掘进过程中的岩体参数是实现 TBM 快速掘进、快速支护的关键。

2.4.2　TBM 硬岩条件下的掘进性能问题

KS 隧道沿线岩石饱和抗压强度在 60 MPa 以上的隧道段长度为 229.5 km,占隧道总长度的 80.94%,其中在 120 MPa 以上的隧道段长度为 39 km,占隧道总长度的 13.75%。根据工程地质分类标准,KS 隧道的大部分洞段岩体都属于坚硬岩。此外,在 KS 隧道的 KS101＋000～KS131＋000 段,花岗岩中的石英含量达到了 20%～35%,较高的石英含量进一步提高了岩体的坚硬程度,对 TBM 的掘进性能产生了较大影响。而 TBM 掘进速度直接影响工程项目的资金成本和时间成本,尤其是在硬岩条件下,TBM 的掘进速度是制订合理工程进度计划的关键。

2.4.3 涌水问题

KS 隧道在 KS80＋000～KS82＋000 段穿越乌伦古河影响区,该洞段内围岩节理裂隙发育,并发育有多条小规模断层,存在连通的地下水下渗通道,主要接收河水补给,在隧道施工过程中可能发生大规模涌水。KS 隧道其他洞段无地表河流发育,地下水主要为基岩裂隙水,以渗滴水和线状流水为主,发生大规模涌水的可能性较小。

SS 隧道 SD22＋000～SD54＋973 段位于北塔山南侧洪积平原及洪积扇上,地下水主要受北塔山冰雪融水补给,且补给源水量十分充足,在 TBM 施工过程中可能发生大规模涌水。SS 隧道其余洞段岩体较为完整,各类裂隙、构造发育极少,且发育程度低,连通性差,以渗滴水和线状流水为主,发生大规模涌水的可能性较小。

2.4.4 岩爆问题

KS 隧道平均埋深 428 m,最大埋深 774 m,根据隧道沿线的地应力测试结果,KS 隧道大部分洞段都属于中、高地应力区,其中位于中地应力区的隧道段长度为 126 km,最大水平主应力为 10～19.5 MPa,在 TBM 开挖过程中可能发生轻微、中等岩爆;位于高地应力区的隧道段长度为 23 km,最大水平主应力为 21.6～36 MPa,在 TBM 开挖过程中可能发生中等、强烈岩爆。SS 隧道平均埋深 158 m,最大埋深 295 m,由于埋深较浅,SS 隧道均属于低地应力区,发生岩爆的可能性较小。

2.4.5 围岩坍塌问题

KS 隧道工程沿线除了发育有数量较多的小规模断层外,还发育有 73 条规模较大的断层,断层破碎带宽度为 3～80 m,部分断层特征描述见表 2-2。SS 隧道岩体较为完整,裂隙发育程度较低,在 TBM 掘进过程中发生围岩失稳坍塌的概率较低,SS 隧道断层特征描述见表 2-3。

表 2-2 　　　　　　　　　　**KS 隧道部分断层特征描述**

断层编号	断层产状	断层性质	断层带主要物质组成	断层与洞轴线夹角/(°)	断层破碎带宽度/m
F_1	315°NE∠70°	逆断层	碎裂岩	65	10
F_2	275°NE∠60°	逆断层	糜棱岩、碎裂岩	75	35
F_3	290°NE∠55°	逆断层	碎裂岩	48	15
F_4	80°NW∠60°	左旋平移逆断层	碎裂岩	68	15
F_5	285°NE∠65°	逆断层	碎裂岩	63	4

续表2-2

断层编号	断层产状	断层性质	断层带主要物质组成	断层与洞轴线夹角/(°)	断层破碎带宽度/m
F_6	10°SE∠80°	右旋平移逆断层	碎裂岩	69	3
F_7	70°SE∠70°	左旋平移逆断层	糜棱岩、碎裂岩	77	25
F_8	310°NE∠60°	逆断层	糜棱岩、碎裂岩	37	20
F_9	45°NW∠60°	左旋平移逆断层	碎裂岩	68	15
F_{10}	275°NE∠70°	逆断层	糜棱岩、碎裂岩	70	20
F_{11}	285°NE∠60°	逆断层	碎裂岩	58	10
F_{12}	70°NW∠70°	左旋平移逆断层	碎裂岩	83	14
F_{13}	50°SE∠73°	左旋平移逆断层	碎裂岩	65	10
F_{14}	295°NE∠80°	逆断层	碎裂岩	50	15
F_{15}	275°NE∠80°	逆断层	糜棱岩、碎裂岩	65	20
F_{16}	75°NW∠80°	左旋平移逆断层	碎裂岩	86	20
F_{17}	275°NE∠45°	逆断层	糜棱岩、碎裂岩	59	20
F_{18}	70°NW∠80°	左旋平移逆断层	碎裂岩	90	10
F_{19}	70°NW∠65	左旋平移逆断层	碎裂岩	86	9
F_{20}	275°NE∠45°	逆断层	糜棱岩、碎裂岩	59	20

表2-3　　　　　　　　　　　　　**SS隧道断层特征描述**

断层编号	断层产状	断层性质	断层带主要物质组成	断层与洞轴线夹角/(°)	断层破碎带宽度/m
F_1	354°NE∠82°	逆断层	碎裂岩	60	10
F_2	310°SW∠69°	逆断层	糜棱岩、碎裂岩	66	12
F_3	318°SW∠80°	逆断层	糜棱岩、碎裂岩	75	40
F_4	350°SW∠75°	逆断层	糜棱岩、碎裂岩	50	30
F_5	300°NE∠78°	逆断层	糜棱岩、碎裂岩	70	30
F_6	330°NE∠70°	逆断层	糜棱岩、碎裂岩	50	15
F_7	300°NE∠65°	左旋平移逆断层	碎裂岩	15	50
F_8	300°NE∠65°	逆断层	碎裂岩	40	40

续表2-3

断层编号	断层产状	断层性质	断层带主要物质组成	断层与洞轴线夹角/(°)	断层破碎带宽度/m
F_9	295°SW∠50°	逆断层	糜棱岩、碎裂岩	26	154
F_{10}	275°NE∠80°	逆断层	糜棱岩、碎裂岩	60	50
F_{11}	25°NW∠78°	逆断层	糜棱岩、碎裂岩	50	30
F_{12}	290°NE∠70°	逆断层	糜棱岩、碎裂岩	40	10
F_{13}	315°NE∠68°	逆断层	糜棱岩、碎裂岩	60	68
F_{14}	325°NE∠70°	逆断层	糜棱岩、碎裂岩	70	25
F_{15}	315°NE∠68°	逆断层	糜棱岩、碎裂岩	47	15
F_{16}	310°NE∠75°	逆断层	碎裂岩	57	16
F_{17}	15°NW∠70°	右旋平移逆断层	碎裂岩	73	20

TBM 在掘进过程中遇到断层破碎带时,由于围岩稳定性较差,可能出现岩块脱落、结构面滑塌等现象,坍塌规模较大时还可能造成机械设备损坏、TBM 卡机等事故。

2.5 本章小结

本章对 EH 工程概况及 TBM 施工中存在的岩体参数智能感知、硬岩条件下的掘进性能、涌水、岩爆和围岩坍塌等关键问题进行了分析,后文将对这些问题进行系统研究,以期为 EH 工程实现信息化施工和安全风险管控提供理论依据。

3 TBM 施工隧道岩体参数智能感知

3.1 概　述

在隧道开挖过程中,工程地质条件对隧道的施工支护至关重要,尤其是隧道掌子面的围岩状态是判断后续支护方案的重要依据。在勘察设计阶段,由于技术、环境和费用等方面的限制,钻孔间距一般为 500~2000 m,只能对隧道沿线的地质情况进行部分揭露,基本掌握工程区的主要工程地质情况,而更为详细的地质情况需要在施工阶段进行揭露。在隧道施工阶段,通常的施工流程为:

(1)工程现场的地质工程师根据专业经验快速确定围岩的部分关键参数,并对围岩等级进行划分;

(2)施工技术人员根据围岩等级合理选择支护方案。

对于钻爆法施工隧道,这一常规的施工流程可以基本实现,由于光面爆破后的掌子面得到了充分揭露,现场的地质工程师可以对围岩情况进行详细的地质编录,并对围岩状态做出直观判断,施工技术人员有足够的时间制订一套合理的支护方案。然而对于 TBM 施工隧道,由于 TBM 护盾对洞壁的遮挡和作业空间有限,刀盘切割岩体后,施工人员很难对此时的围岩状态进行直观的判断,地质工程师仅能在停机时通过刀盘上的维修孔对掌子面进行观察,视野极其有限,很难通过直接观测或现场试验对围岩状态进行准确的判断。

此外,TBM 的结构设计也给现场的围岩状态判断带来了新的问题,如图 3-1 所示,TBM 护盾紧邻支护操作平台,这意味着围岩出护盾后就需要立即进行支护,如果没有及时完成支护作业,错过了支护操作平台,后面将无法完成钢拱架的安装和锚杆钻孔,这就需要施工技术人员对出护盾后的围岩情况进行快速判断,必要时进行停机处理,这显然不符合 TBM 的快速施工特点,且难以满足连续掘进的施工需求。

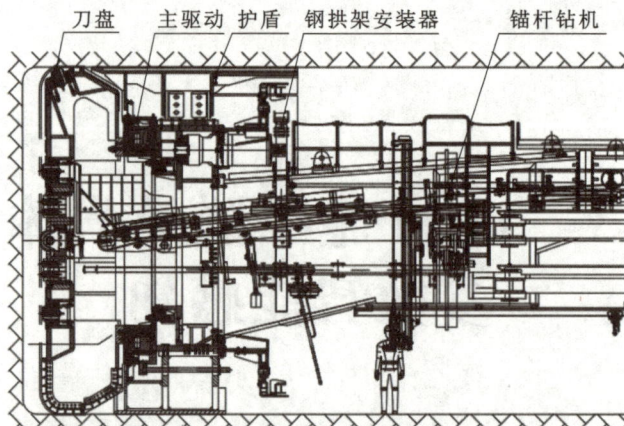

(a)TBM前部结构设计示意图

(b)TBM前部支护操作平台

图 3-1　TBM 前部结构

　　TBM 的破岩过程是一个岩机相互感知的动态过程,在掘进过程中,TBM 的掘进参数对围岩条件的变化非常敏感,在常规地质描述难以实现的情况下,亟需寻找一种准确可靠的岩体参数智能感知方法。根据 TBM 的施工特点,本章针对 SS 隧道 SD0+000～SD21+312 段的 TBM 智能掘进问题,以 TBM 的掘进参数为切入点,通过构建一个岩体参数智能感知数据库,采用机器学习算法对数据进行深度挖掘,着重分析 TBM 掘进参数和围岩参数的映射关系,为实现隧道信息化施工提供理论依据。

3.2　研究区概况

3.2.1　工程概况

SD0＋000～SD21＋312 段位于 SS 隧道的进口段,设计纵坡 1/5000,TBM 开挖直径 5.5 m,最大埋深 245 m。该段的地层岩性主要为泥盆系凝灰质砂岩和砾岩,石炭系安山岩和华力西期石英闪长斑岩,岩体较为完整。在地质构造上,该段发育有 5 条压性或压扭性断层,产状为 310°～350°SW∠69°～85°,该段的地质剖面图如图 3-2 所示。

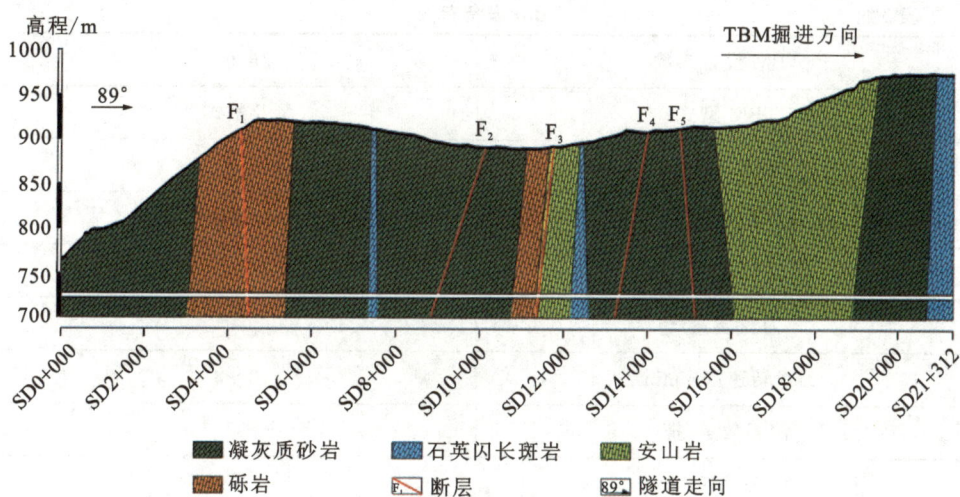

图 3-2　SS 隧道的地质剖面图(SD0＋000～SD21＋312)

3.2.2　TBM 技术性能

该洞段 TBM 掘进长度 19.431 km,采用一台刀盘直径 5.53 m 的开敞式 TBM 进行开挖,如图 3-3 所示。TBM 设备全长 215 m,主要由护盾(5 m)、主梁(15.49 m)、连接桥(39.5 m)、喷混桥(11.5 m)和 11 节配套台车组成,详细的 TBM 设备参数见表 3-1。

图 3-3　SS 隧道的开敞式 TBM

表 3-1　　　　　　　　　　　　　TBM 设备参数

TBM 设备参数	取值
TBM 型式	开敞式
TBM 长度/m	215
护盾长度/m	5
刀盘直径/m	5.53
刀盘质量/t	80
刀盘转速/(r/min)	0～8
滚刀数量/把	37
滚刀间距/m	75
滚刀直径/m	0.48
最大功率/kW	2100
掘进行程/m	1.8

　　TBM 在掘进过程中通过不断调整掘进参数完成一个掘进行程,一个行程结束后通过"换步"进入下一个掘进循环,TBM 开挖时的掘进参数变化特征在时间维度上主要由上升段和稳定段构成,如图 3-4 所示。在上升段,TBM 的掘进参数根据岩体特征的变化不断进行动态调整,岩机相互作用处于适应性阶段;在稳定段,TBM 的掘进参数值总体稳定,并呈波动性小幅变化,岩机相互作用处于稳定阶段,可以更好地反映在掘岩体的特性。

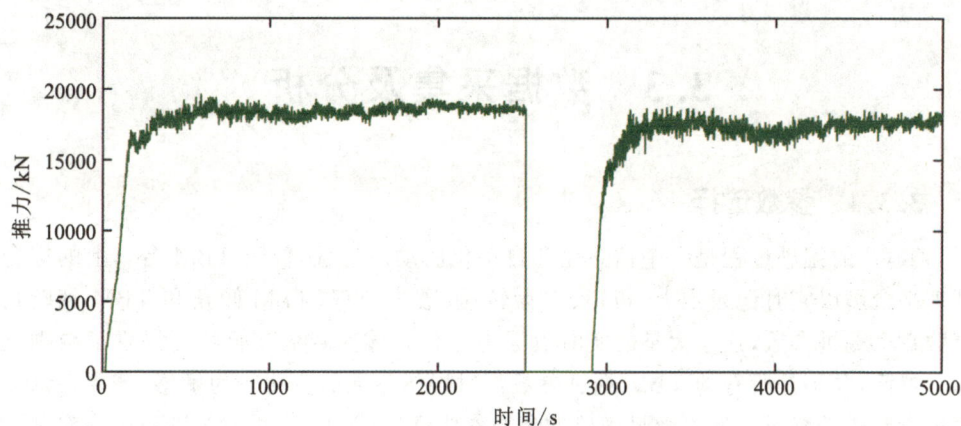

(a)推力随时间的变化特征

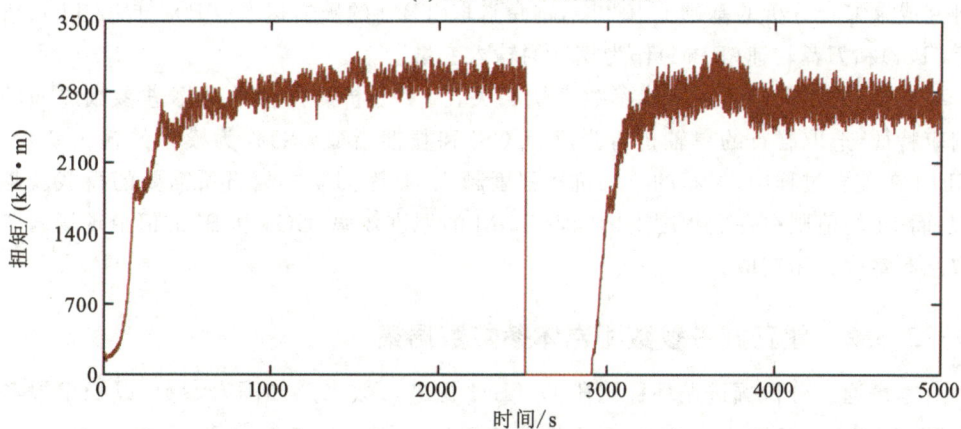

(b)扭矩随时间的变化特征

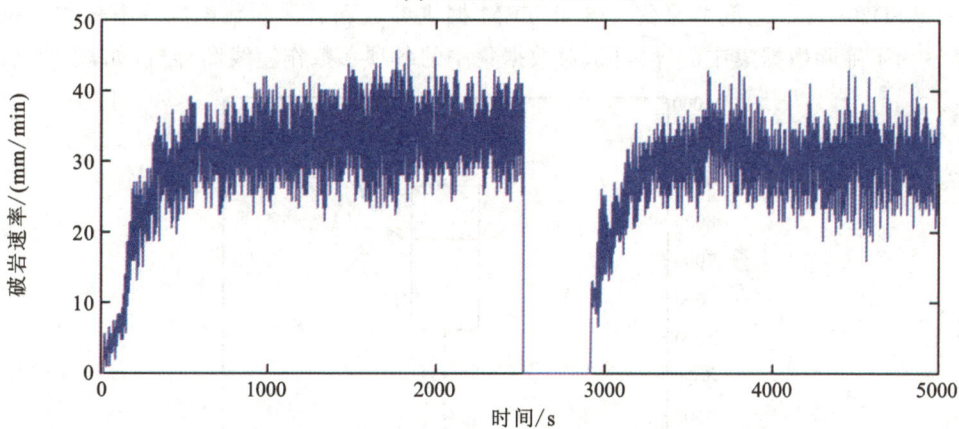

(c)破岩速率随时间的变化特征

图3-4 TBM的掘进循环及参数随时间的变化特征

3.3 数据采集及分析

3.3.1 参数选择

TBM 的掘进过程是一个信息化和自动化的动态过程,位于 TBM 台车上的综合管理平台可以实时记录推力、扭矩、刀盘转速、破岩速率、TBM 倾角和 TBM 翻转角等数百个掘进参数,这些大量的实时数据为分析岩体参数的变化特征提供了数据支撑。然而,并不是所有的 TBM 掘进参数都对岩体参数的变化较为敏感,需要在众多掘进参数中选择对岩体参数最敏感的参数作为智能感知模型的输入变量。在对前人研究成果综合分析的基础上[19,92,93],本章选取 TBM 的破岩速率(PR)、推力(Th)、扭矩(Tor)和刀盘转速(RPM)作为模型的输入变量。

TBM 的掘进参数和岩体参数密切相关,为了分析岩体参数和掘进参数之间的响应特征,选取岩石的单轴抗压强度(UCS)和脆性指数(BI)作为模型的输出变量,TBM 在破岩过程中,岩石的单轴抗压强度越大,则滚刀切割岩石所需的荷载就越大,而 BI 的值则在一定程度上影响着 TBM 的掘进效率,UCS 和 BI 的值由现场岩壁取芯和室内试验获取。

3.3.2 建立掘进参数和岩体参数数据集

本章通过分析掘进循环稳定段的 TBM 掘进参数来感知围岩参数,以稳定段各参数的平均值作为该参数在岩壁取芯位置的 TBM 掘进参数值,在桩号 SD00＋254～SD20＋435 之间共采集 376 组 TBM 掘进参数和岩体参数组成一个样本数据集。为了筛除数据集中的异常值,对数据集中的各项参数作箱线图分析,如图 3-5 所

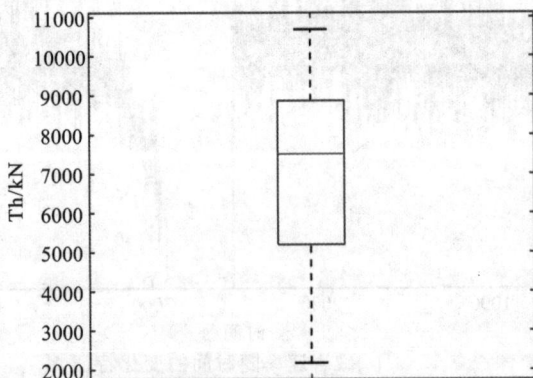

(a)推力

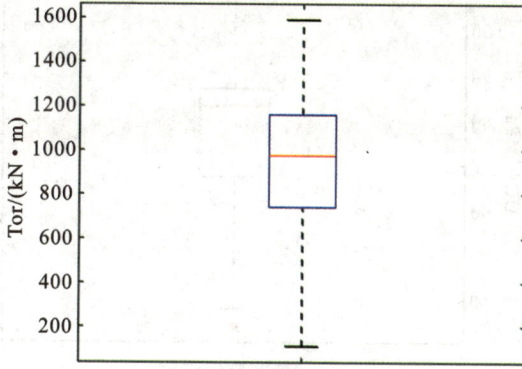

(b)扭矩

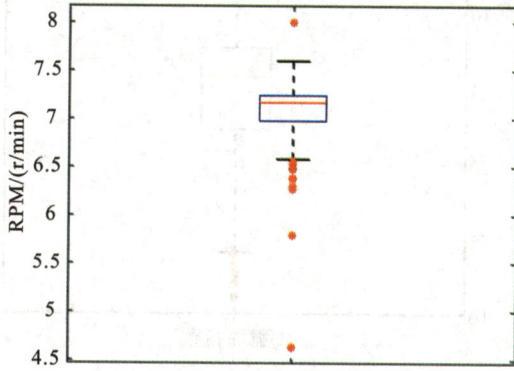

(c)刀盘转速

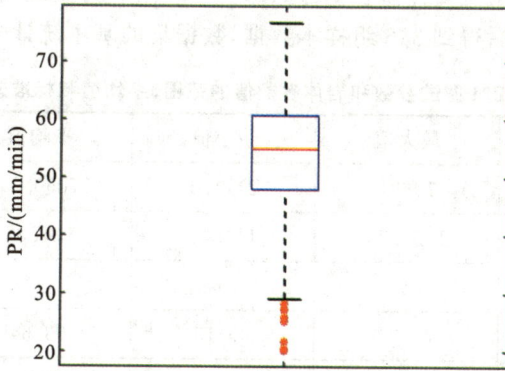

(d)破岩速率

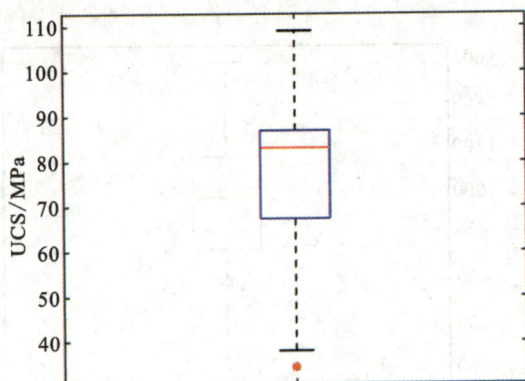

(e)单轴抗压强度

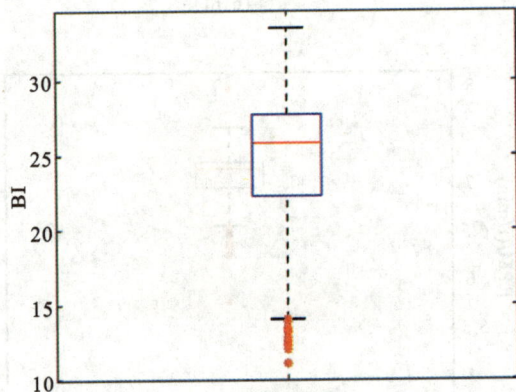

(f)脆性指数

图 3-5　原始数据集异常值分析

示,数据集中的异常值主要体现在 RPM、PR 和 BI 中。为了提高模型的稳定性,将这些异常数据删除,最后得到 346 组样本数据,数据集的基本统计分布和范围见表 3-2。

表 3-2　　　　　TBM 掘进参数和岩体参数值的范围、平均值和标准差

参数名称	最大值	最小值	平均值	标准差
Th/kN	10691	2171.6	7050.23	2127.34
Tor/(kN·m)	1589.25	111.41	936.37	293.32
RPM/(r/min)	8	4.63	7.1	0.29
PR/(mm/min)	76.73	20.15	53.64	9.81
UCS/MPa	109.1	34.3	76.25	14.99
BI	33.56	11.06	24.9	5.21

　　为了更直观地反映数据集中各参数的分布特征,对掘进参数和岩体参数的频率分布进行统计分析,如图 3-6 和图 3-7 所示。由图 3-6(a)可知,PR 的样本数据主要分布在 50～80 mm/min,约占样本总数的 89.88%;Th 的样本数据主要分布在 6000～10000 kN[图 3-6(b)],约占样本总数的 69.08%;RPM 的样本数据主要分布在 6.5～7.5 r/min[图 3-6(c)],其中分布于 7～7.5 r/min 之间的样本约占样本总数的 68.21%,表明 TBM 在掘进过程中的刀盘转速比较稳定;Tor 的样本数据主要分布在 700～1300 kN·m[图 3-6(d)],约占样本总数的 70.81%。由图 3-7(a)可知,UCS 的样本数据主要分布在 60～90 MPa,约占样本总数的 77.75%;BI 的样本数据主要分布在 20～30[图 3-7(b)],约占样本总数的 68.5%。

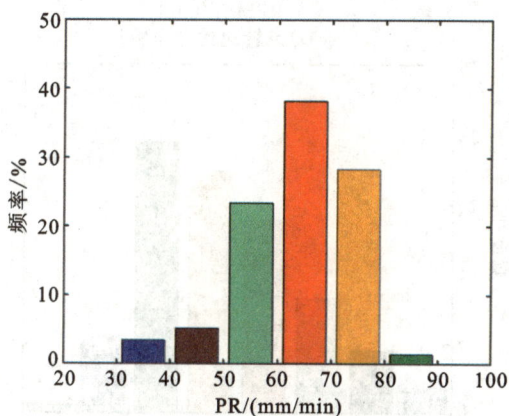

(a)破岩速率的分布特征

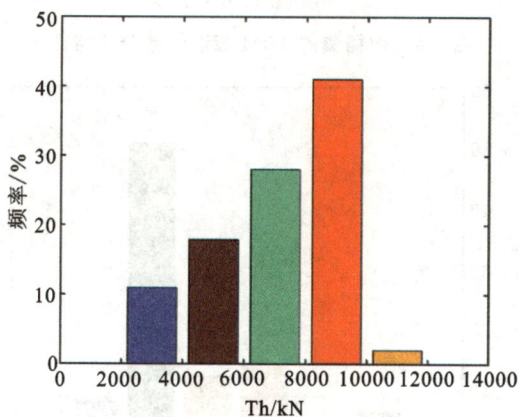

(b)推力的分布特征

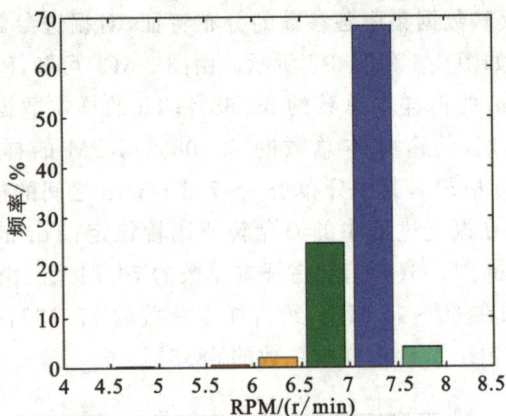

(c)刀盘转速的分布特征

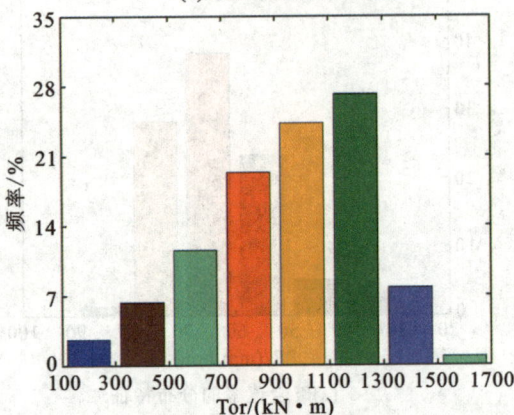

(d)扭矩的分布特征

图 3-6　数据集的 TBM 掘进参数分布特征

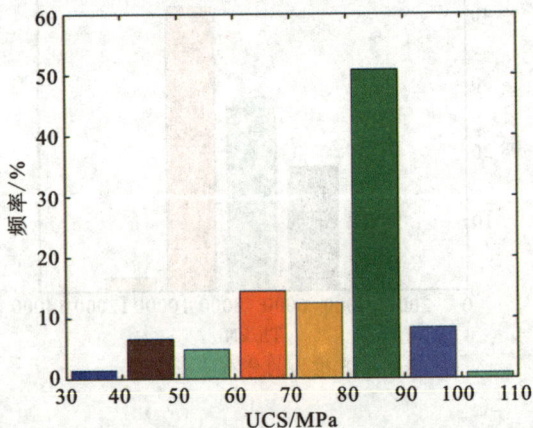

(a)单轴抗压强度的分布特征

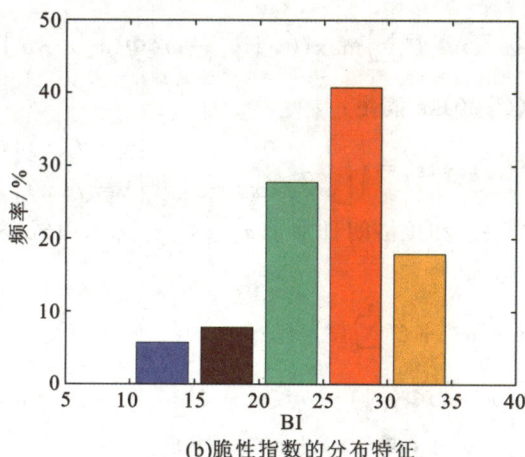

(b)脆性指数的分布特征

图 3-7　数据集的岩体参数分布特征

3.4　遗传算法优化的支持向量回归模型

3.4.1　SVR 算法

20 世纪 90 年代,为了分析数据集之间的统计关系,Vapnik 通过对统计学的系统分析构建了支持向量机(SVM)模型。[95,96]作为一种新的应用于数据挖掘的机器学习算法,SVM 在分析非线性映射关系方面具有独特优势,已经在不同研究领域中得到了广泛应用。[97-117]通过近年来的不断发展完善,SVM 主要用于解决 2 个方面的问题:应用于数据的模式识别时,称为支持向量分类(SVC);应用于数据的回归预测时,称为支持向量回归(SVR)。基于 TBM 施工过程的掘进参数,本书采用 SVR 算法对围岩参数进行智能感知。

在应用过程中,为了分析数据集在高维特征空间中的逻辑关系,SVR 模型通过寻找一个最优分类面,使训练集与最优分类面之间的误差最小,并构造出最优拟合的线性回归函数,然后采用这个函数模型对数据集进行回归预测。[118-120]设有 n 组训练样本,训练集 $T = \{(x_i, y_i)\}_i^n \in \mathbf{R}^n \times \mathbf{R}$,其中 x_i 为输入参数,y_i 为相应的输出参数。则在高维空间 $\mathbf{R}^n$ 上的线性回归函数 $f(x)$ 的表达式为:

$$f(x) = \boldsymbol{\omega}\boldsymbol{\Phi}(x) + b \tag{3-1}$$

式中:$\boldsymbol{\Phi}(x)$ 为反映数据集高维特征的映射函数,$\boldsymbol{\omega}$ 为权重向量,b 为偏置值。

为了减小训练集在回归过程中的拟合误差,引入不敏感损失系数 ε,使超平面和两类支持向量之间的间隔最大:

$$\min_{\omega,b} \frac{1}{2}\boldsymbol{\omega}^{T}\boldsymbol{\omega} + C\sum_{i=1}^{n}\max(0, \mid y_i - \boldsymbol{\omega}^{T}\boldsymbol{\Phi}(x_i) - b \mid - \varepsilon) \tag{3-2}$$

式中:C 为惩罚因子($C>0$),ε 满足:

$$L(f(x),y,\varepsilon) = \begin{cases} 0 & \mid y - f(x) \mid \leqslant \varepsilon \\ \mid y - f(x) - \varepsilon \mid & \mid y - f(x) \mid > \varepsilon \end{cases} \tag{3-3}$$

引入松弛变量 $\xi_i^{\triangledown}$、ξ_i^{*} 和拉格朗日乘子 φ_i、$\varphi_i^{\triangle}$、φ_j、$\varphi_j^{\triangle}$,由式(3-4)~式(3-5)求 $\boldsymbol{\omega}$ 和 b 的最优解:

$$\begin{cases} \min \dfrac{1}{2}\boldsymbol{\omega}^{2} + C\sum_{i=1}^{n}(\xi_i^{\triangledown} + \xi_i^{*}) \\ s.t \begin{cases} y_i - \boldsymbol{\omega}\boldsymbol{\Phi}(x_i) - b \leqslant \varepsilon + \xi_i^{\triangledown} & i = 1,2,\cdots,n \\ -y_i + \boldsymbol{\omega}\boldsymbol{\Phi}(x_i) + b \leqslant \varepsilon + \xi_i^{*} \\ \xi_i^{\triangledown}, \xi_i^{*} \geqslant 0 \end{cases} \end{cases} \tag{3-4}$$

$$\begin{cases} \max\left[-\dfrac{1}{2}\sum_{i=1}^{n}\sum_{j=1}^{n}(\varphi_i - \varphi_i^{\triangle})(\varphi_j - \varphi_j^{\triangle})\boldsymbol{\Phi}(x_i)\boldsymbol{\Phi}(x_j) - \sum_{i=1}^{n}(\varphi_i + \varphi_i^{\triangle})\varepsilon + \sum_{i=1}^{n}(\varphi_i - \varphi_i^{\triangle})y_i \right] \\ s.t \begin{cases} \sum_{i=1}^{n}(\varphi_i - \varphi_i^{\triangle}) = 0 \\ 0 \leqslant \varphi_i \leqslant C \\ 0 \leqslant \varphi_i^{\triangle} \leqslant C \end{cases} \end{cases}$$
$$\tag{3-5}$$

设 $\varphi_i = [\varphi_1, \varphi_2, \cdots, \varphi_n]$,$\varphi_i^{\triangle} = [\varphi_1^{\triangle}, \varphi_2^{\triangle}, \cdots, \varphi_n^{\triangle}]$,则 $\boldsymbol{\omega}$ 和 b 的最优解 $\boldsymbol{\omega}^{*}$ 和 b^{*} 为:

$$\boldsymbol{\omega}^{*} = \sum_{i=1}^{n}(\varphi_i - \varphi_i^{\triangle})\boldsymbol{\Phi}(x) \tag{3-6}$$

$$b^{*} = \frac{1}{n}\left\{ \sum_{0<\varphi_i<C}\left[y_i - \sum(\varphi_i - \varphi_i^{\triangle})K(x_i,x_j) - \varepsilon \right] + \left[y_i - \sum(\varphi_i - \varphi_i^{\triangle})K(x_i,x_j) + \varepsilon \right] \right\} \tag{3-7}$$

$$K(x_i,x_j) = \boldsymbol{\Phi}(x_i)\boldsymbol{\Phi}(x_j) \tag{3-8}$$

式中:$K(x_i,x_j)$ 为 SVR 的核函数。

在 $K(x_i,x_j)$ 的作用下,高维空间中的数据点可以被一个线性函数分割。根据不同函数的数学特性,$K(x_i,x_j)$ 的数学表达式分为线性核函数(LKF)、多项式核函数(PKF)、径向基核函数(RBF)和 Sigmoid 核函数(SKF)。

由于 RBF 不仅能实现非线性映射,还具有良好的鲁棒性和对称性,因此它在数据挖掘中得到了广泛的应用。通过设置合理的宽度参数 σ,可以使 RBF 对数据集的分布特征不敏感,具有较强的适应性。因此,本书在建立 SVR 模型时选取 RBF 作为核函数。

根据求得的最优解 $\boldsymbol{\omega}^{*}$ 和 b^{*}，回归函数 $f(x)$ 的最优表达式为：

$$f(x) = \boldsymbol{\omega}^{*}\boldsymbol{\Phi}(x) + b^{*} = \sum_{i=1}^{n}(\varphi_i - \varphi_i^{\Delta})\boldsymbol{\Phi}(x_i) + b^{*} \tag{3-9}$$

由 SVR 算法的原理可知，惩罚系数 C 和 RBF 参数 σ 对回归函数 $f(x)$ 的拟合性能有着重要影响，参数值的设置直接影响着 SVR 模型的预测精度。C 值决定着模型的复杂度和精确度，当 C 值较小时，对模型中存在误差的惩罚也较小，降低了模型的复杂度和精确度，使 SVR 模型在回归过程中出现欠拟合现象；此外，由于 SVR 模型在回归过程中以结构风险最小化为原则，C 值越大，结构风险越大，模型容易出现过拟合现象。σ 值反映了样本数据在高维空间中的范围宽度，当 σ 值较小时，模型易出现欠拟合现象，反之亦然。因此，采用 SVR 模型对样本数据进行回归预测时，合理确定 C 和 σ 可以有效提高模型回归拟合的准确性。

3.4.2 遗传算法

遗传算法（GA）是一种可以实现隐含并行计算和全局搜索能力的算法，它将生物进化论和基因遗传机制有机结合在一起，采用生物学理论中"优胜劣汰，适者生存"的规则对非线性复杂问题进行优化。[121-142] 在应用过程中，GA 算法首先通过对染色体编码形成基因，然后利用选择、交叉、变异等基因表达方式实现参数寻优。

3.4.2.1 染色体编码

GA 算法在搜索最优参数解时，需首先给定若干个初始解，然后以这些初始解构成的初始种群为搜索起始点，从而实现对种群中初始解个体的动态搜索寻优。在搜索寻优过程中，种群的规模是不变的，但个体是动态变化的，为了能够保留个体的信息，采用二进制对这些个体进行编码，将其转变为计算机语言，而这些二进制编码字符串称为染色体，染色体上的数字称为基因，一个基因组由一个数字段构成。设 δ 和 ρ 分别是种群中的 2 个个体，分别以 n_{δ} 和 n_{ρ} 位二进制对它们进行编码，得到基因 $\delta = [\delta_1, \delta_2, \cdots, \delta_{n_{\delta}}]$ 和 $\rho = [\rho_1, \rho_2, \cdots, \rho_{n_{\rho}}]$，并由此构成一个基因组 G，如图 3-8 所示。

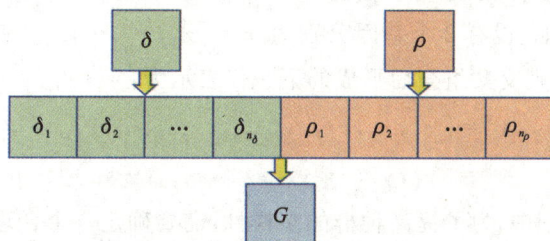

图 3-8　染色体的编码方式

3.4.2.2 适应度函数

适应度函数是评估染色体质量的目标函数,在一定程度上反映了染色体的适应能力,适应度函数值越小,个体的适应性越强[143-157]。GA 算法在参数寻优过程中主要基于适应度函数值进行全局搜索,通过遗传优化来判断个体是否接近或达到最优解,并能够刻画出每个染色体与最优染色体之间的差别。在数据挖掘过程中,均方误差(MSE)可以有效评估数据的变化特征,常被用来测试算法的精确度。因此,本章采用 MSE 作为 GA 算法的适应度函数:

$$MSE = \frac{1}{n} \sum_{i=1}^{n} (X_i - X_i^*)^2 \tag{3-10}$$

式中:X_i 和 X_i^* 分别表示实测值和预测值。

3.4.2.3 选择操作

适应度值描述了个体在种群中适应性的优劣程度,通过选择操作使适应能力差的个体不参与染色体的复制,只选择适应能力强的个体构成一个新的种群,并参与到下一个遗传操作。设种群规模为 m,则基于轮盘赌法个体被选中的概率 P 为:

$$P = \frac{f_i}{\sum_{i=1}^{m} f_i} \tag{3-11}$$

式中:f_i 为 m 中第 i 个个体的适应度函数值。

然而,在选择操作过程中,由于轮盘赌法的随机性,适应度函数值小的个体可能被漏选。因此,本章基于适应度函数值的大小,在种群中选择一定比例的最优个体直接复制到下一代,以避免部分适应性好的个体信息在随机选择中丢失。

3.4.2.4 交叉操作

交叉操作在 GA 算法寻优过程中起着重要作用,通过染色体的交叉重组不仅可以有效增大种群的多样性,还可以把优秀个体的基因信息保留至下一代,从而形成更加优良的个体。例如,设有 2 个基因分别为 $x = [x_1, x_2, \cdots, x_n]$ 和 $y = [y_1, y_2, \cdots, y_n]$,交叉点位于 l,则交叉组合后形成的下一代表示为:

$$x^{\triangledown} = [x_1, x_2, \cdots, x_l, y_{l+1}, y_{l+2}, \cdots, y_n] \tag{3-12}$$

$$y^{\triangledown} = [y_1, y_2, \cdots, y_l, x_{l+1}, x_{l+2}, \cdots, x_n] \tag{3-13}$$

在实际应用过程中,为了提高种群的多样性,需要确定一个合理的交叉概率 p^+,计算公式如下:

$$p_i^+ = \begin{cases} p_1 - \dfrac{(p_1 - p_2)(f_i - f_\triangle)}{f_1 - f_\triangle} & f_i \geqslant f_\triangle \\ p_1 & f_i < f_\triangle \end{cases} \tag{3-14}$$

式中：p_1 和 p_2 分别为 p^+ 的最大值和最小值，f_i 为执行交叉操作个体的适应度值，$f_\triangle$ 为种群适应度值均值，f_1 为种群适应度的最大值。一般情况下，p^+ 的取值范围 $[0.2,1]$。

3.4.2.5 变异操作

执行变异操作时，首先从种群中随机选出一个个体，在其染色体上随机确定一个变异位置，其次设定一个变异概率值，然后在变异位置上实施变异操作，生成一个新的个体。一般情况下，变异概率 p^- 的取值范围为 $[0.001,0.05]$。

3.4.3 建立 GA-SVR 模型

由 3.4.1 节可知，SVR 模型对参数值 C 和 σ 的确定具有较强的敏感性，然而在回归拟合时，参数值 C 和 σ 往往需要依靠经验或试算法来确定的大小，这在很大程度上增加了 SVR 模型预测结果的不稳定性，使其在应用过程中存在一定的局限性。而 GA 算法具有较强的全局搜索能力，可以根据适应度函数自适应搜索最优解。

为了提高 SVR 模型回归拟合的准确性，本章采用 GA 算法对 SVR 模型的 2 个重要参数 C 和 σ 进行搜索寻优，再将得到的最优解 (C^*, σ^*) 导入 SVR 模型，从而构建 GA-SVR 模型，如图 3-9 所示。GA-SVR 模型的主要计算过程如下：

(1)种群初始化：采用 C 和 σ 构成染色体，并随机选择一条染色体进行编码，生成染色体的初始种群；

(2)适应性评估：对训练数据集进行学习，采用式(3-10)确定个体的适应度值，并根据适应度值的大小对染色体进行适应性评估；

(3)遗传操作：利用选择、交叉、变异等基因表达方式对染色体进行迭代复制；

(4)判断是否满足终止条件：若染色体上的 C 和 σ 不再变化或达到最大迭代次数，则停止优化，并输出最优解 (C^*, σ^*)；

(5)参数导入：将最优参数 C^* 和 σ^* 导入 SVR 模型构成 GA-SVR 模型，进行回归预测。

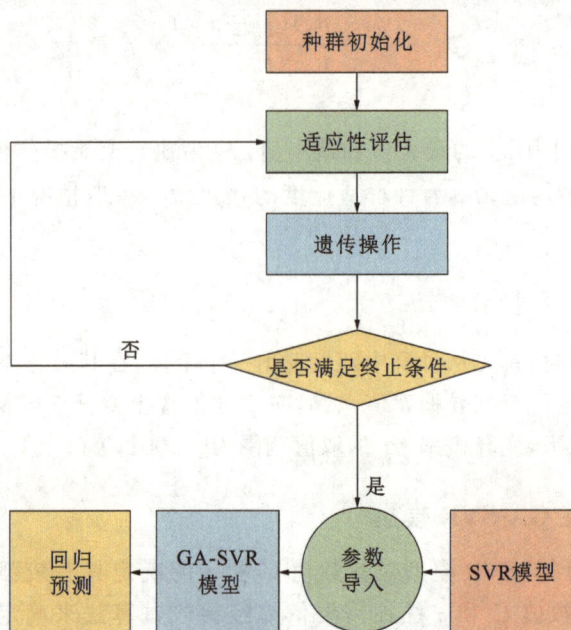

图 3-9　基于 GA 算法改进 SVR 模型的计算流程

3.5　基于 GA-SVR 模型的岩体参数智能感知

3.5.1　数据预处理

由于样本数据集中各项参数的量纲不同,为了提高回归模型的稳定性,采用式(3-15)对 346 组样本进行归一化处理。

$$X_{ij} = \frac{x_{ij} - \min(x_{ij})}{\max(x_{ij}) - \min(x_{ij})} \tag{3-15}$$

式中:x_{ij} 表示参数 i 的第 j 个样本值,X_{ij} 为归一化到[0,1]之间的参数值。

将归一化后的 346 组数据样本用于训练和测试提出的 GA-SVR 模型,其中训练集样本 290 组,测试集样本 56 组。

3.5.2　岩体参数预测结果

为了判断模型的回归效果,采用均方根误差 RMSE 和平方和相关系数 R^2 来评估模型的回归拟合效果。RMSE 和 R^2 的计算公式如下:

$$\text{RMSE} = \left(\frac{1}{n} \sum_{i=1}^{n} |X_i^* - X_i|^2 \right)^{\frac{1}{2}} \tag{3-16}$$

$$R^2 = 1 - \frac{\sum_{i=1}^{m} (X_i - X_i^*)^2}{\sum_{i=1}^{m} (X_i - \overline{X})^2} \tag{3-17}$$

式中：X_i 和 X_i^* 分别为预测指标的实测值和预测值，n 为样本数，$\overline{X}$ 为指标的实测平均值。

GA-SVR 模型回归过程的适应度变化曲线如图 3-10 所示。由图 3-10(a)可知，

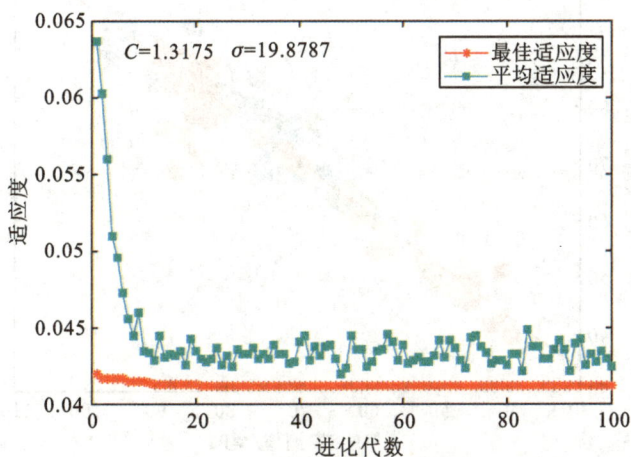

(a)UCS的模型适应度曲线

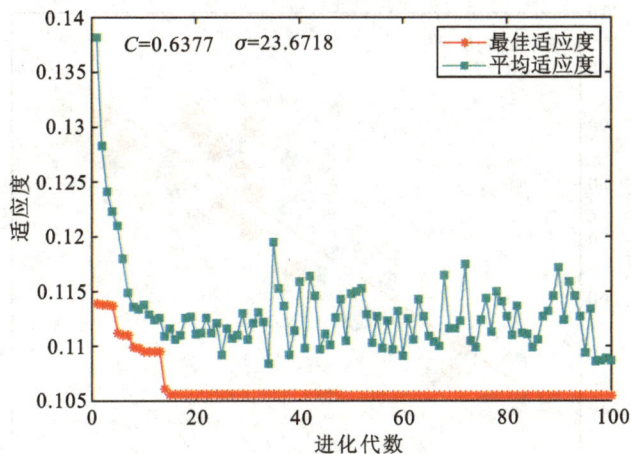

(b)BI的模型适应度曲线

图 3-10　UCS 和 BI 的模型适应度曲线

对于岩石的单轴抗压强度 UCS,通过 GA 算法对 SVR 模型优化后的参数 C 和 σ 的最优解为(1.3175,19.8787)。从图 3-10(b)可以看出,对于脆性指数 BI,参数 C 和 σ 的最优解为(0.6377,23.6718)。

基于 GA-SVR 模型的岩体参数预测结果如图 3-11 所示,对于 UCS 和 BI,测试集预测结果的 RMSE 分别为 7.1366 和 2.7710,相应的 R^2 分别为 0.8348 和 0.7613。RMSE 和 R^2 值反映了预测的岩体参数值和实测值较为接近,表明所建立的 GA-SVR 模型能够根据 TBM 掘进参数较准确地预测岩体参数。

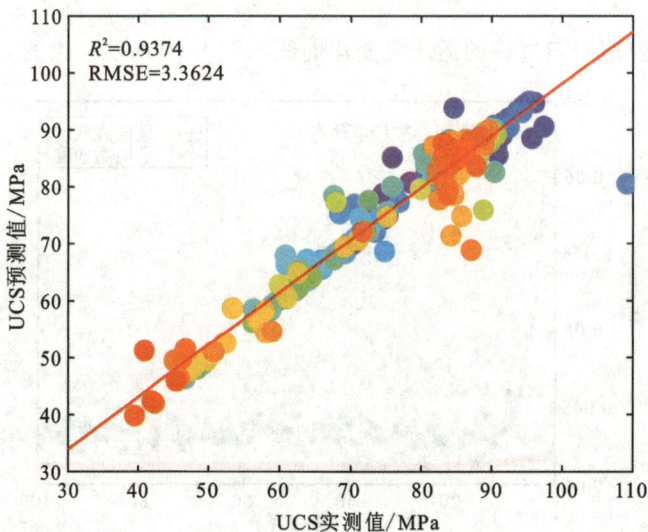

(a)UCS训练集回归结果

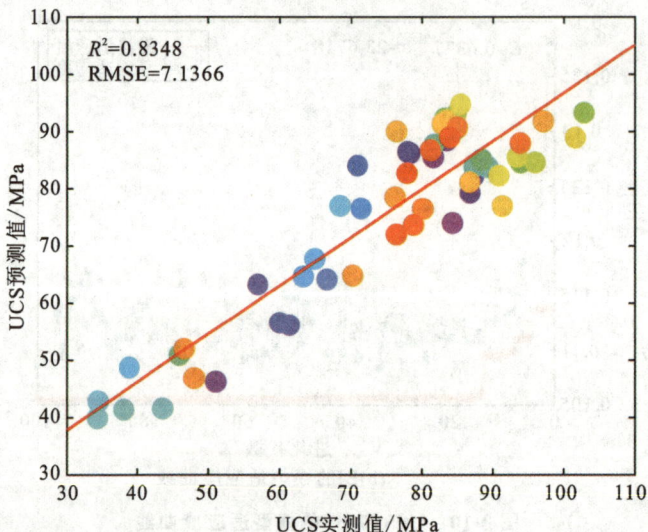

(b)UCS测试集回归结果

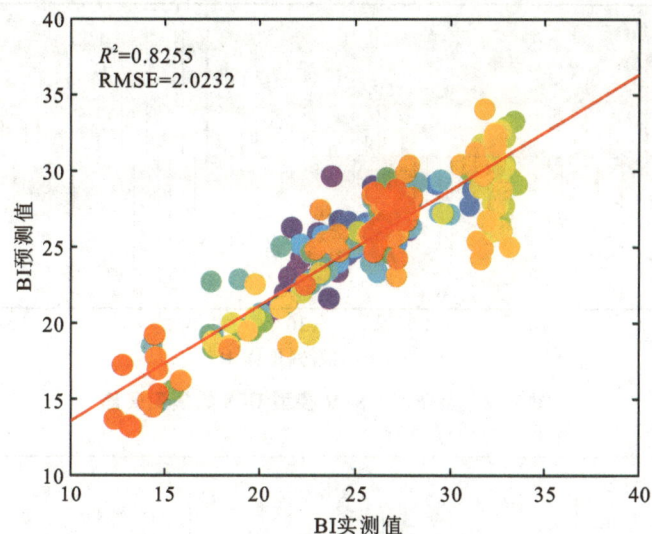

(c)BI训练集回归结果

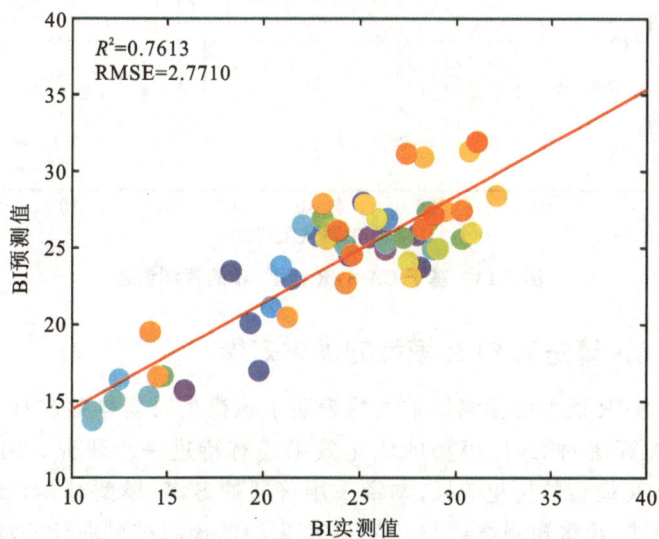

(d)BI测试集回归结果

图 3-11　UCS 和 BI 实测值和预测值的回归对比

对 GA-SVR 模型的预测误差进行分析,结果如图 3-12 和图 3-13 所示,UCS 的预测误差主要分布在[−10,10],其中有 4 组样本的预测误差大于 10 MPa,2 组样本的预测误差小于−10 MPa,共占预测样本集的 10.71%;BI 的预测误差主要分布在[−4,4],其中有 5 组样本的预测误差大于 4,4 组样本的预测误差小于−4,共占预测样本集的 16.07%。

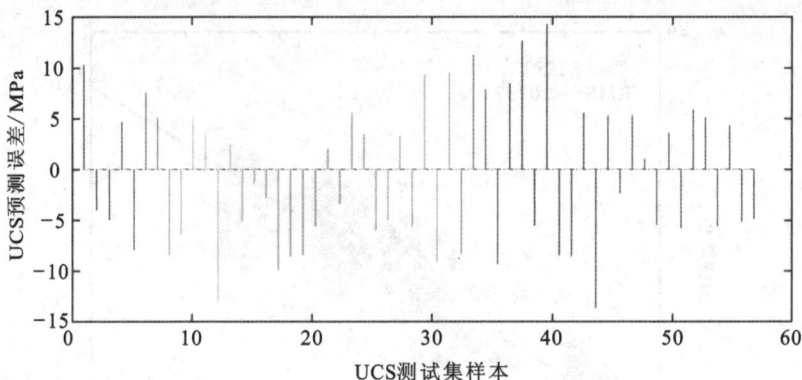

图 3-12 基于 GA-SVR 模型 UCS 的预测误差

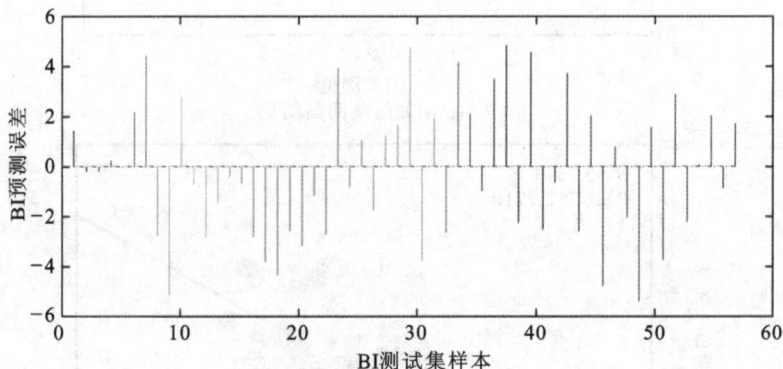

图 3-13 基于 GA-SVR 模型 BI 的预测误差

3.5.3 GA 算法对 SVR 模型的优化效果

基于 GA-SVR 模型的预测结果虽然表明了该模型对岩体参数具有良好的感知能力,然而 GA 算法对 SVR 模型的优化效果还有待进一步研究。因此,为了检验 GA 算法对 SVR 模型的优化效果,本章采用普通的 SVR 模型对 346 组样本数据集进行训练和测试,并将预测结果与 GA-SVR 模型的预测结果进行了对比,如图 3-14 和图 3-15 所示。

SVR 模型的预测结果显示,UCS 和 BI 的 RMSE 分别为 6.1643 和 2.9222,相应的 R^2 分别为 0.8051 和 0.7017。此外,对 SVR 模型的预测误差进行分析,如图 3-16 和图 3-17 所示,UCS 的预测误差大于 10 MPa 的有 3 组,小于－10 MPa 有 6 组,共占预测样本集的 16.07%;BI 的预测误差大于 4 的有 6 组,小于－4 MPa 有 5 组,占预测样本集的 19.64%。综上分析可知,相较于普通的 SVR 模型,通过 GA 算法改进的 GA-SVR 模型在岩体参数 UCS 和 BI 的拟合性能和预测准确度上均得到了提高。

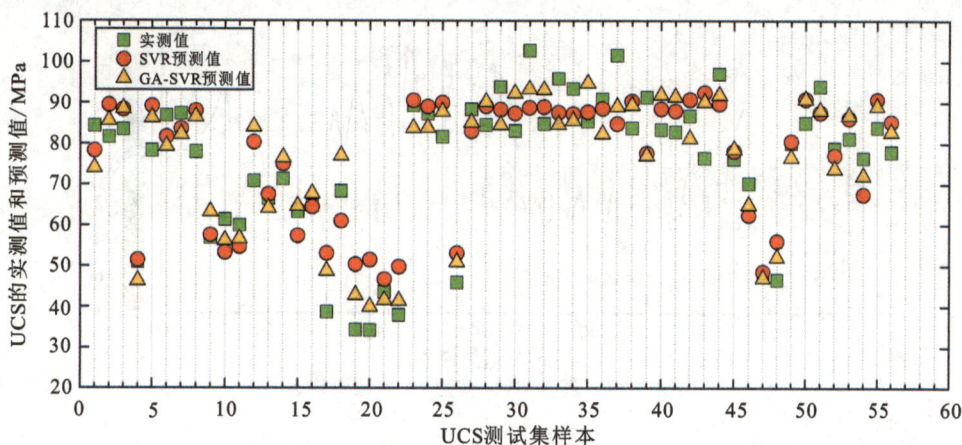

图 3-14　SVR 模型和 GA-SVR 模型的 UCS 预测结果对比

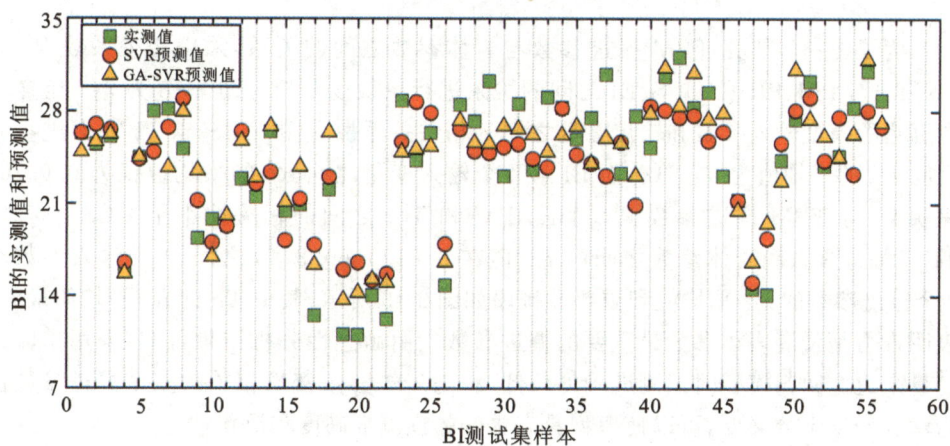

图 3-15　SVR 模型和 GA-SVR 模型的 BI 预测结果对比

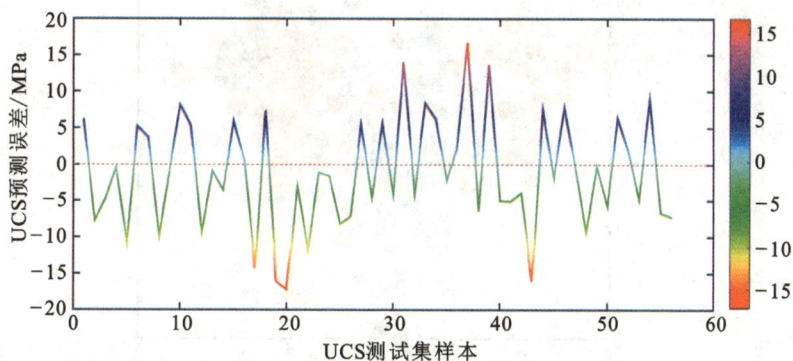

图 3-16　基于 SVR 模型 UCS 的预测误差

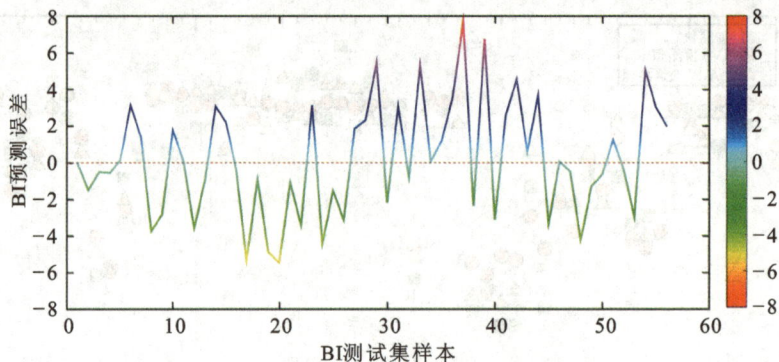

图 3-17　基于 SVR 模型 BI 的预测误差

3.6　参数敏感性分析

为了进一步研究 TBM 掘进参数与岩体参数之间的关系,采用相关系数 R^2 对 Th、Tor、RPM、PR 和 UCS、BI 之间的关系进行灵敏度分析。图 3-18 为 346 组样本数据集的模型输入参数和输出参数之间的相关关系散点图,UCS 与 TBM 掘进参数之间 R^2 的平均值为 0.1518,而 BI 与 4 个输入变量之间 R^2 的平均值仅为 0.0976,表明 BI 与 TBM 掘进参数 PR、Th、RPM 和 Tor 之间的相关性小于 UCS。同时,TBM 掘进参数和岩体参数之间的 R^2 值在 0.0135～0.3143 之间,4 个输入参数对 2 个输出参数的 R^2 平均值和重要性排序如图 3-19 所示,其中 Th 的 R^2 平均值最大,表明推力是预测岩体参数最重要的掘进参数。由敏感性分析结果可知,采用单输入变量来建立回归模型时预测准确度较低,将与岩体参数密切相关的多个掘进参数作为输入变量十分必要,可以使模型具有更好的预测准确度和泛化性。

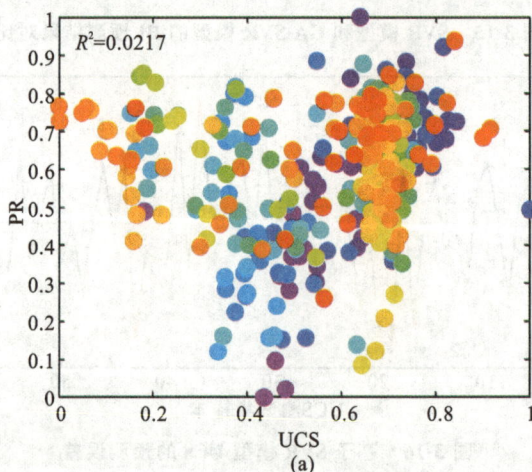

(a)

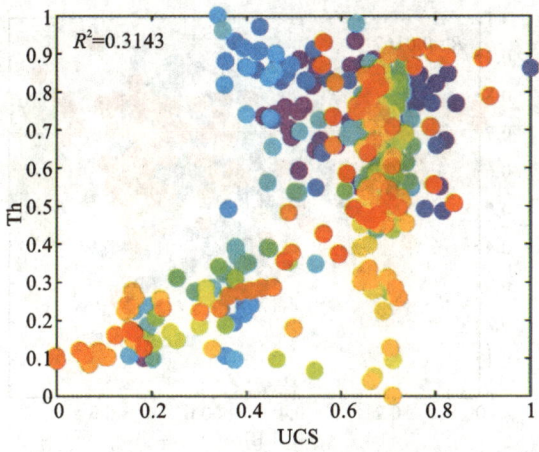

(b)

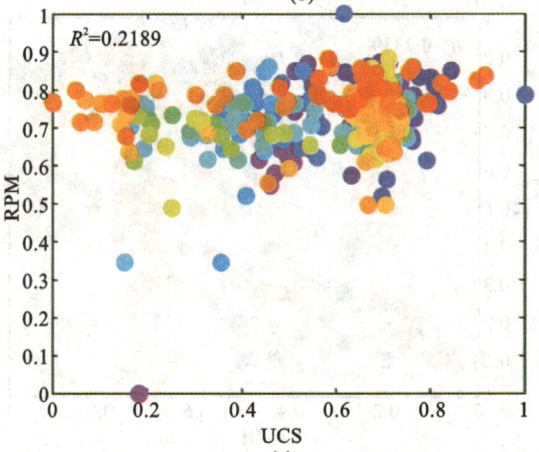

(c)

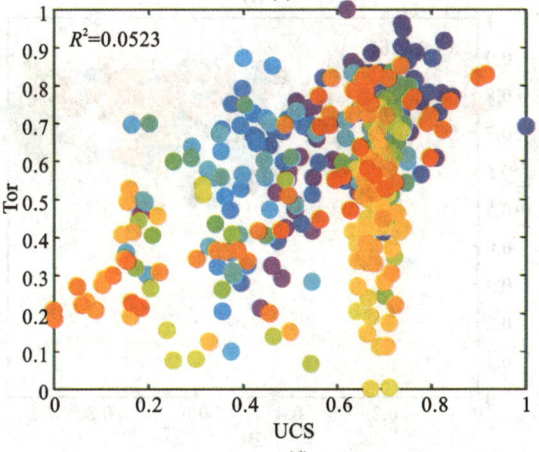

(d)

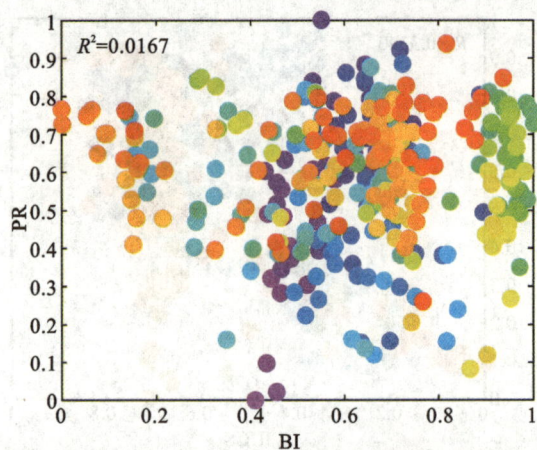

(e)

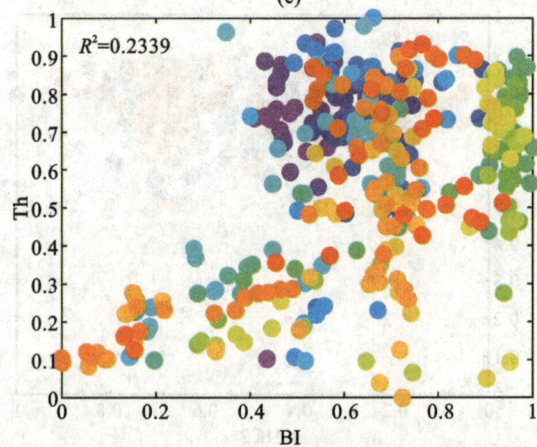

(f)

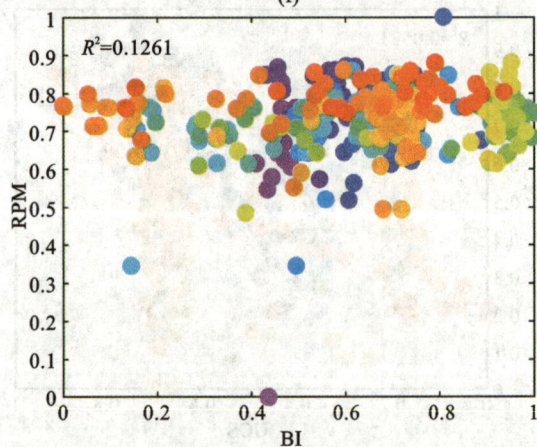

(g)

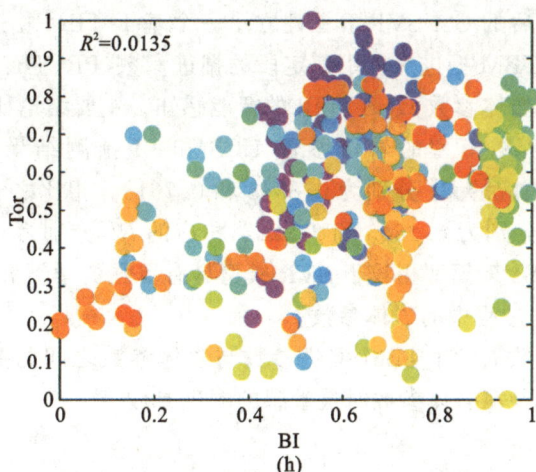

$R^2=0.0135$

图 3-18　TBM 掘进参数与岩体参数之间的相关关系

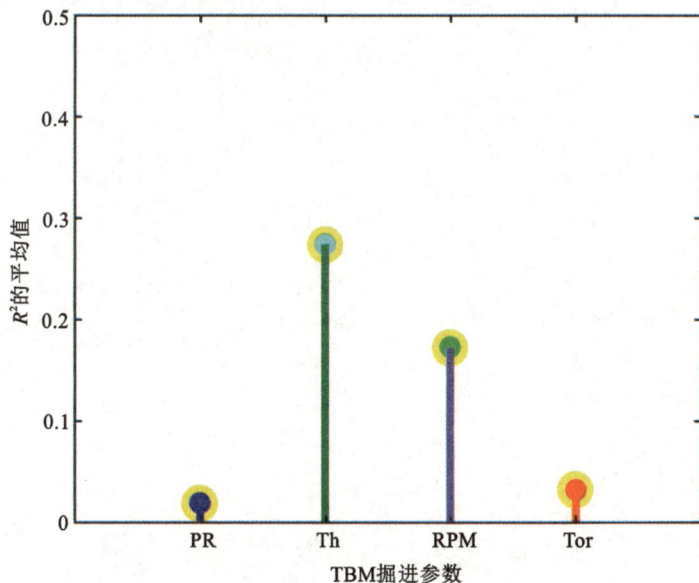

图 3-19　TBM 掘进参数对岩体参数的敏感性分析

3.7　本章小结

　　本章基于 EH 工程 SS 隧道 SD00＋254～SD20＋435 段的 TBM 掘进参数时序数据和地质编录情况建立了一个 346 组样本的数据库。采用 GA 算法对 SVR 模型进行改进,并用改进后的 GA-SVR 算法建立了一个基于 TBM 掘进参数的岩体参数智能感知模型。以 TBM 掘进过程中稳定段的掘进参数(PR、Th、RPM、Tor)均值作为模型输入,实现对岩体参数 UCS 和 BI 的智能感知。主要结论如下:

(1)基于 GA-SVR 模型的岩体参数 UCS 和 BI 预测结果的 RMSE 分别为 7.1366 和 2.7710,相应的 R^2 分别为 0.8348 和 0.7613。相比之下,普通 SVR 模型预测结果的 RMSE 分别为 6.1643 和 2.9222,相应的 R^2 分别为 0.8051 和 0.7017。预测结果表明,GA-SVR 模型相较于 SVR 模型具有更强的学习和预测能力,可以有效地预测 TBM 掘进过程中的岩体参数。

(2)采用相关系数 R^2 对 TBM 掘进参数与岩体参数之间的关系进行灵敏度分析,结果表明,Th 是预测岩体参数时最敏感的掘进参数。

4 硬岩条件下TBM掘进性能评估

4.1 概　　述

在实际工程中,除了正常掘进,TBM 的检修、轨道铺设、材料运输、机械故障修复等都需要 TBM 停机,这部分时间被称为停机时间,掘进时间和停机时间之和称为总操作时间,TBM 的掘进速度(AR)为 TBM 的掘进里程与总操作时间之比,AR 主要与隧道直径、水文地质条件、TBM 机械性能和施工管理水平有关。

相比于其他理论模型和经验模型,AI 算法已经成为隧道施工过程中 TBM 掘进性能评估的有力工具,并在相关地下工程取得了良好的应用效果,为 TBM 的掘进性能评估和工程进度优化提供了理论依据。然而对于硬岩及极硬岩条件下的隧道施工,如何准确地预测 TBM 的掘进速度仍然是实际工程中面临的一个巨大挑战。针对 KS 隧道 KS101＋768～KS130＋980 段在硬岩条件下 TBM 的掘进性能问题,本章将随机森林(RF)模型应用于 TBM 掘进速度的预测,并将该模型同粒子群算法优化的 BP 神经网络(PSO-BP)模型进行了对比。

4.2　研究区概况

KS 隧道 KS101＋768～KS130＋980 段采用 2 台刀盘直径为 7.03 m 的 TBM 进行开挖,最大埋深 489 m,纵坡为 1/2583。隧道沿线以花岗岩和凝灰岩分布为主,岩体较为完整,实测岩石最大饱和抗压强度值 236 MPa,岩体坚硬程度较高,主要以Ⅱ类围岩为主,该洞段的平面地质图如图 4-1 所示。该洞段的地下水不发育,水量较小,主要以渗滴水和线状流水为主。

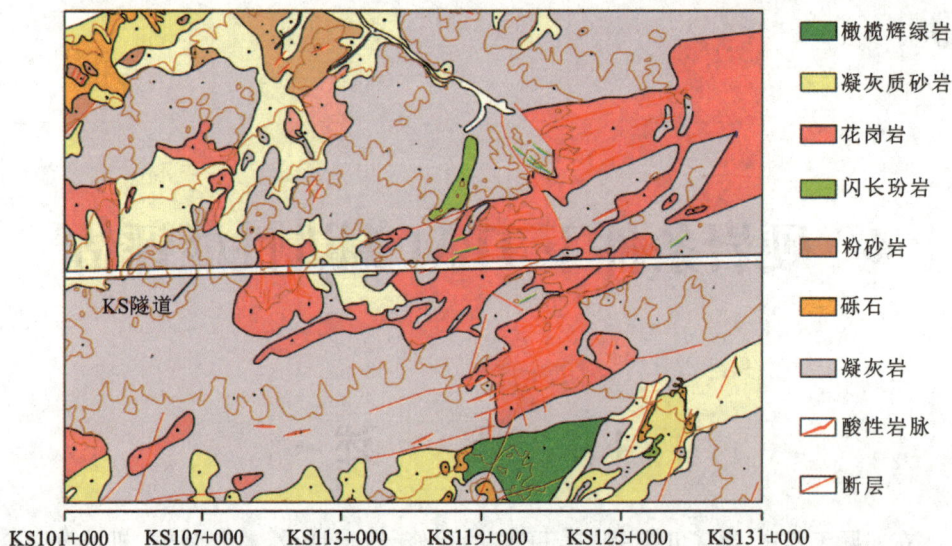

图例
橄榄辉绿岩
凝灰质砂岩
花岗岩
闪长玢岩
粉砂岩
砾石
凝灰岩
酸性岩脉
断层

KS101+000　KS107+000　KS113+000　KS119+000　KS125+000　KS131+000

图 4-1　KS101＋000～KS131＋000 段平面地质图

4.3　数据采集及分析

根据前人研究的相关成果[158-201]，从撑靴压力、推进位移和液压油箱温度等 221 个设备运行参数中选取推力（Th）、扭矩（Tor）和刀盘转速（RPM）作为影响 TBM 掘进速度的最重要的掘进参数。此外，岩石的单轴饱和抗压强度（UCS）、脆性指数（BI）、岩体完整性系数（K_v）和地下水状态（GW）也对 TBM 掘进速度有重要影响，如 UCS 越大，AR 越小。根据现场地质揭露，已完成掘进段的岩性主要为花岗岩和凝灰岩，地下水状态根据围岩出水量的大小分为 5 个等级：1（干燥）、2（渗水）、3（滴水）、4（线状流水）和 5（股状流水）。

本章以 TBM 的掘进里程为依据，收集了 630 d 的 TBM 掘进参数，数据采集频率为 1 条/s，不考虑 TBM 的停机检修时间，共采集有效数据 27216000 条。鉴于 TBM 的掘进行程为 1.8 m，一般情况下，TBM 一天可以掘进 6～30 个循环。本书选择一天所有循环中稳定段的参数（Th、Tor 和 RPM）均值作为 TBM 的掘进参数，UCS、BI、K_v 和 GW 根据现场试验和水文地质编录确定，TBM 的掘进速度则通过每天的掘进里程数据获取。将收集到的 630 组 TBM 掘进参数、岩体参数、地下水状态参数等组成一个样本数据集，数据集的基本统计分布和范围见表 4-1。

表 4-1 数据集中不同参数的范围、平均值和标准差

参数名称	最大值	最小值	平均值	标准差
UCS/ MPa	236	74.4	147.02	26.78
BI	73.75	22.5	45.96	8.62
K_v	0.89	0.53	0.82	0.06
GW	5	1	1.81	1.07
Th/kN	19980	5675.5	14672.81	3190.81
Tor/(kN·m)	3294	910	2129.1	400.21
RPM/(r/min)	4.85	8	7.24	0.4
AR/(m/d)	53.8	10	23.36	8.17

为了更直观地反映数据集中各参数的分布特征,对数据集中的各项参数作小提琴图进行分析,如图 4-2 所示。从图 4-2(a)可以看出,UCS 的样本数据主要分布在 115～180 MPa 之间,围岩较为坚硬,这一性质也反映在 TBM 的机械磨损上,在 UCS 较大的洞段,刀具磨损量远大于 UCS 较小的洞段,每天需要更换数把滚刀才能满足 TBM 的掘进需要;BI 的样本数据主要分布在 35～55 之间[图 4-2(b)],表明围岩的可切削性较好;K_v 的样本数据主要分布在 0.80～0.90 之间[图 4-2(c)],表明该洞段的围岩较为完整,减少了 TBM 掘进过程中支护工程量;GW 的样本数据主要分布在 1 和 2[图 4-2(d)],表明该段的围岩较为干燥,地下水不发育,流量较小,以渗水为主;Th 的样本数据主要分布在 10000～18000 kN 之间[图 4-2(e)],表明刀盘在破岩过程中需要提供较大的推力才能够完成相应的掘进行程;Tor 的样本数据主要分布在 1750～2750 kN·m 之间[图 4-2(f)],表明刀盘切削围岩时需要较大转矩;RPM 的样本

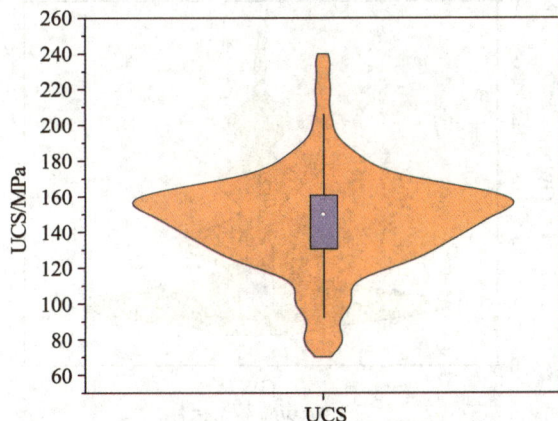

(a)UCS的分布特征

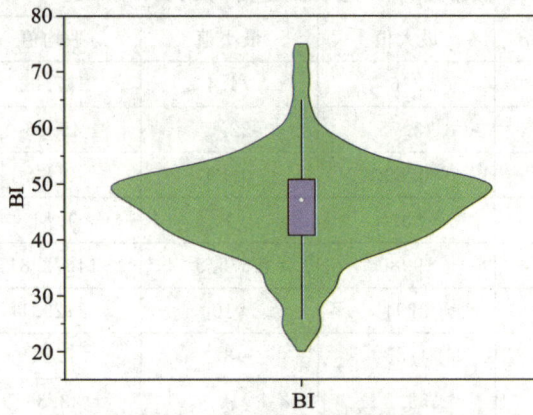

(b)BI的分布特征

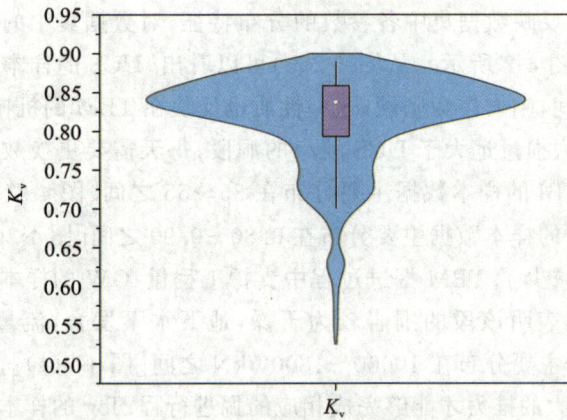

(c)K_v的分布特征

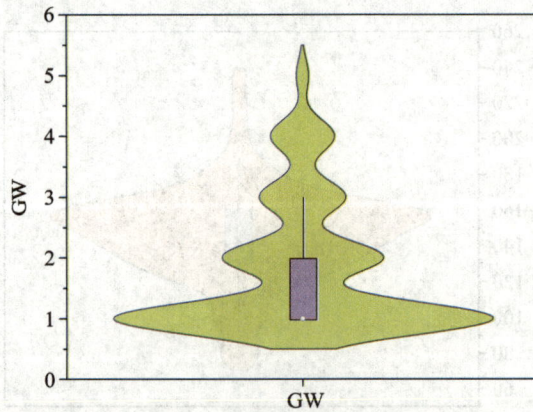

(d)GW的分布特征

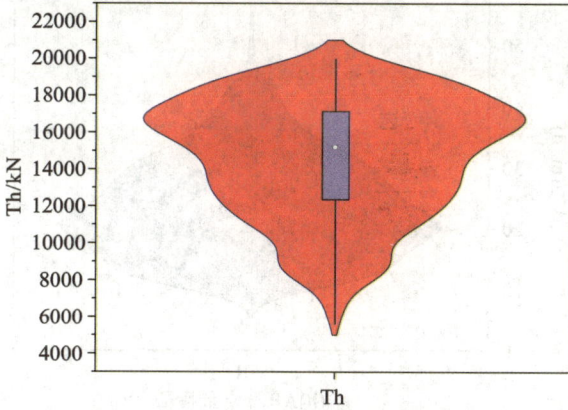

(e)Th的分布特征

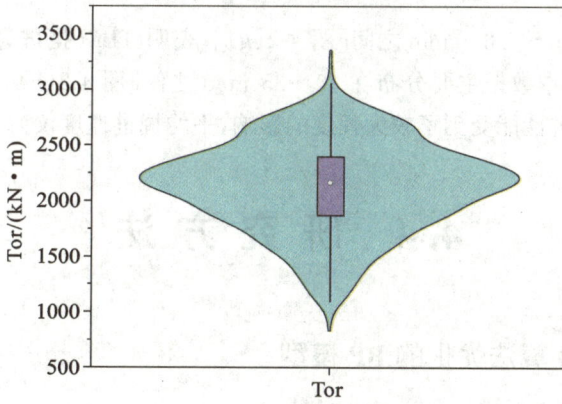

(f)Tor的分布特征

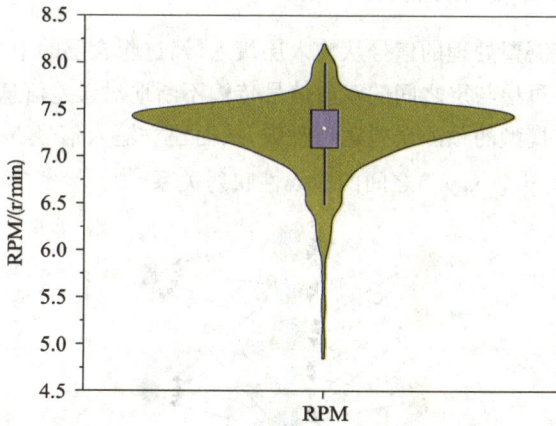

(g)RPM的分布特征

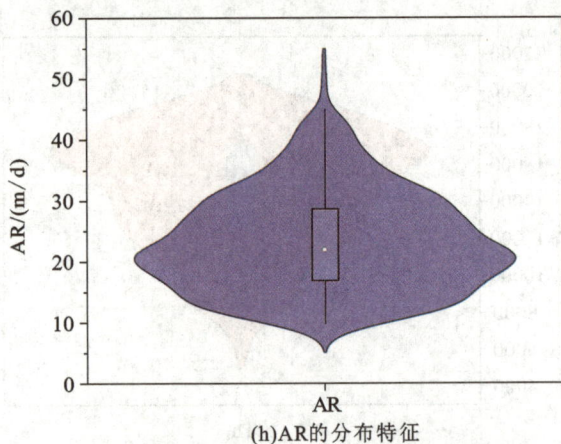

(h)AR的分布特征

图 4-2 数据集中不同参数的分布特征

数据主要分布在 7.0～7.6 r/min 之间［图 4-2(g)］，表明 TBM 掘进过程中的刀盘转速较为稳定；AR 的样本数据主要分布在 10～35 m/d 之间［图 4-2(h)］，表明在硬岩条件下 TBM 的快速掘进性能受到了较大程度的影响，平均掘进速度仅为 23.36 m/d。

4.4　研　究　方　法

4.4.1　PSO 算法优化的 BP 模型

4.4.1.1　BP 神经网络

BP 神经网络将需要处理的信号从输入层接入，经过隐含层的中继由输出层将完成处理的信号输出，通过层与层之间的双向信号传输不断地对误差信息进行调整，再通过重复的迭代计算，使模型的预测误差达到收敛，从而建立输入信号 $X=(x_1,x_2,\cdots,x_n)$ 与输出信号 $Y=(y_1,y_2,\cdots,y_m)$ 之间的非线性映射关系[137,139,140,202-229]，如图 4-3 所示。

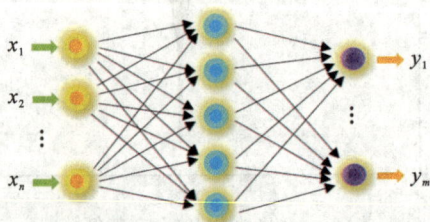

图 4-3 BP 神经网络拓扑结构图

BP 神经网络的回归过程如下：

（1）将原始数据归一化为[0,1]的输出，选择各层之间的激活函数 $f(x)$。根据不同函数的数学特性，本章在构建模型时选用 Sigmoid 函数作为不同网络层之间的激活函数，其函数特性如图 4-4 所示，数学表达式如下：

$$f(x) = \frac{1}{e^{-x} + 1} \tag{4-1}$$

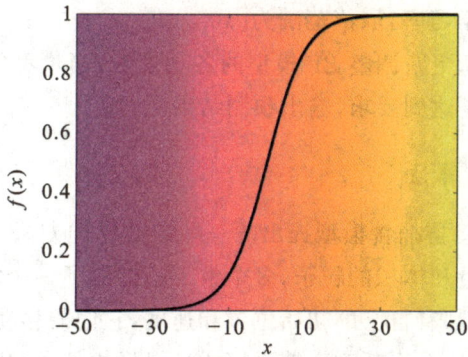

图 4-4　Sigmoid 函数示意图

（2）利用激活函数 $f(x)$ 将输入层的信号传递到隐含层，并采用式(4-2)确定隐含层的输出值 E_j：

$$E_j = f\left(\sum_{i=1}^{n} \xi_{ij} x_i - a_j\right) \quad j = 1, 2, \cdots, l \tag{4-2}$$

式中：ξ_{ij} 为输入层和隐含层之间的连接权值，a_j 为第 j 个神经单元的输出变量，l 为隐含层的节点数。

（3）再次通过激活函数将 E_j 传递到输出层，得到输出结果 O_k，计算公式如下：

$$O_k = \sum_{j=1}^{l} \xi_{jk} E_j - b_k \quad k = 1, 2, \cdots, m \tag{4-3}$$

式中：ξ_{jk} 为隐含层和输出层之间的连接权值，b_k 为第 k 个神经单元的偏置，m 为输出变量个数。

（4）模型在回归拟合过程中，主要利用预测误差实现对网络结构的动态调节，因此，将输出变量的实测值 Y_k 和预测值 O_k 的差值 e_k 作为目标函数[式(4-4)]，并设置一个误差阈值 ε，当 $e_k > \varepsilon$ 时，基于梯度下降法实现对各层之间的参数 ξ_{ij}、ξ_{jk}、a_j 和 b_k 的动态更新，更新计算式(4-5)所示：

$$e_k = Y_k - O_k \tag{4-4}$$

$$\begin{cases} \xi'_{ij} = \xi_{ij} + \mu E_j(1-E_j)x_i\sum_{j=1}^{l}e_k\xi_{jk} \\[2mm] \xi'_{jk} = \xi_{jk} + \mu E_j e_k \\[2mm] a'_j = a_j + \mu E_j(1-E_j)x_i\sum_{j=1}^{l}e_k\xi_{jk} \\[2mm] b'_k = b_k + e_k \end{cases} \tag{4-5}$$

式中:μ 为 BP 模型的学习率,取值范围为 $[10^{-6},1]$。

重复上述过程不断更新调整 BP 模型的各项参数,当模型的预测误差 $e_k \leqslant \varepsilon$ 时,表明模型的预测准确度达到要求,输出预测结果。

4.4.1.2 PSO 算法

PSO 算法是基于鸟群捕食模型提出的一种参数寻优方法,其将种群中的每一个成员视为一个没有质量和体积的粒子,多个粒子就构成了一个解空间。[130,179,230-258] 在解空间中,每一个粒子都有自己的初始位置和速度,它们的移动速度和方向受自身和其他粒子经验的影响,通过不断改变搜索模式追寻最优粒子,从而完成粒子在解空间中的最优搜索。在搜索寻优过程中,设第 i 个粒子当前时刻的位置和移动速度分别为 $x_i=(x_{i1},x_{i2},\cdots,x_{iK})$ 和 $v_i=(v_{i1},v_{i2},\cdots,v_{iK})$,利用式(4-6)和式(4-7)对 x_i 和 v_i 不断进行更新,从而实现粒子在解空间中的最优搜索。

$$v_{iK}^{m+1} = \varphi v_{iK}^m + \zeta_1\delta_1(P_{iK}^m - x_{iK}^m) + \zeta_2\delta_2(P_{gK}^m - x_{iK}^m) \tag{4-6}$$

$$x_{iK}^{m+1} = x_{iK}^m + v_{iK}^{m+1} \tag{4-7}$$

式中:K 为解空间的维数,φ 为惯性权重系数,m 为更新迭代次数,P_{iK}^m 为第 i 个粒子当前时刻的个体最优解,P_{gK}^m 为当前时刻种群的全局最优解,x_{iK}^m 和 v_{iK}^m 分别为迭代 m 次时粒子的位置和速度,ζ_1 和 ζ_2 为学习因子,一般取值范围为 $[0,2]$,δ_1 和 δ_2 为 $[0,1]$ 之间的随机数。

4.4.1.3 PSO-BP 模型

在 BP 神经网络模型中,初始权值和阈值需要根据经验设定,再通过试算法得到相对较优的模型参数,这在回归过程中可能导致模型的预测准确度较低。为了解决这一问题,很多学者尝试将优化算法引入 BP 模型,以此来提高模型的预测准确度。[221,246,259-272] 本章采用 PSO 算法对 BP 模型的 2 个初始参数进行寻优。PSO-BP 模型的主要计算步骤如下。

(1)根据数据集参数的拟合特征,确定模型输入变量个数 n、输出变量个数 m,并采用式(4-8)确定隐含层的节点数 l:

$$l = \sqrt{n+m} + \gamma \tag{4-8}$$

式中：γ 取值为 0 或 1。

（2）将归一化后的数据导入 PSO-BP 模型，并对模型参数进行初始化。

（3）采用式（4-6）和式（4-7）实现对粒子位置和速度的动态更新。

（4）当模型达到最大迭代次数或设定的误差精度时结束搜索寻优。

（5）将搜索寻优得到的最佳参数导入 BP 模型，利用构建的 PSO-BP 模型对样本数据进行回归拟合。

4.4.2 随机森林算法

随机森林（RF）是 Leo Breiman 在 Bagging 理论和决策树基础上提出的一种集成学习算法。[179,273-299] 在建立 RF 模型时，为了体现了随机森林算法的随机性，采用 Bootstrap 方法对原始数据集进行抽样，并利用决策树生成算法构建决策树森林。森林规模的大小对算法的精度有着重要影响，当决策树的数量变化对算法精度的影响不显著或算法精度较高时，此时的森林规模为最佳规模。作为一种具有监督性的数据挖掘算法，随机森林对输入变量间的多重共线性不敏感，对数据样本中的异常数据进行处理时波动性较小，并且可以最大程度上避免回归预测过程中的过拟合现象，是当前采用机器学习处理高维属性数据最好的数据挖掘算法之一。

4.4.2.1 Bootstrap 抽样方法

Bootstrap 抽样方法是一种有放回的重采样方法[300-307]，如图 4-5 所示，设样本数据集为 $X = \{x_1, x_2, \cdots, x_k\}$，采用 Bootstrap 方法对 X 进行随机抽样，并根据抽样结果构造 k 个样本子集，这些子集包含的数据维数与样本数据集 X 一致且相互独立。被选中的 k 个子集内的数据被称为袋内数据（IB），X 中余下的数据称为袋外数据（OOB），则 X 中每一个样本未被抽中的概率 P_i 为：

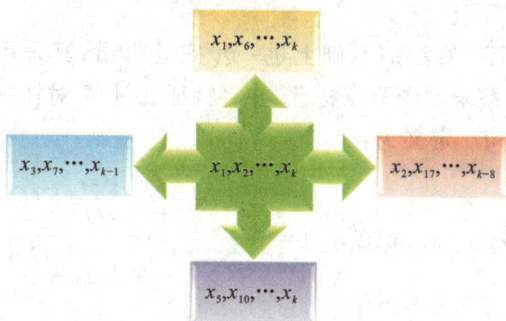

图 4-5 Bootstrap 抽样方法示意图

$$P_i = \left(1 - \frac{1}{k}\right)^k \qquad i = 1, 2, \cdots, k \tag{4-9}$$

当 k 足够大时,每个样本未被抽中的概率 P_i 为:

$$P_i = \lim_{k \to \infty} \left(1 - \frac{1}{k}\right)^k = e^{-1} \approx 0.368 \tag{4-10}$$

式(4-10)表明,在每次 Bootstrap 抽样过程中,样本数据集 X 中大约有 36.8% 的样本为 OOB 数据,这就保证了训练样本子集内元素的多样性,提高了算法的可靠性。

4.4.2.2 决策树算法

作为一种具有树状结构特征的分类模型,决策树的生成规则是构建 RF 模型的关键。基于树木分叉发芽原理,在生成决策树时采用一定的分叉规则在根节点处进行不断生长,并在叶子节点处结束生长。目前构造决策树的生成算法有很多,主要有 ID3 算法[308-314]、C4.5 算法[315-322] 和 CART 算法[323-330]。

(1)ID3 算法。

ID3 算法采用信息增益来刻画节点特征,通过计算信息增益最大的特征来建立决策树的当前节点。给定一个 m 维的样本数据集 G,特征变量 $T = \{T_1, T_2, \cdots, T_n\}$,$k$ 为数据集中的样本属性个数,如隧道的长度、直径、埋深等属性,通过 T 将 G 划分为若干个子集,并用 p_i 表示每个样本属性的概率值,则 G 的信息熵 $F(G)$ 为:

$$F(G) = -\sum_{i=1}^{k} p_i \log_2 p_i \tag{4-11}$$

特征 T 对样本数据集 G 的信息增益为:

$$\text{Gain}(G, T) = F(G) - \sum_{i=1}^{m} \frac{|G_i|}{|G|} F(G_i) \tag{4-12}$$

式中:$F(G_i)$ 为划分后子数据集 G_i 的信息熵。

(2)C4.5 算法。

C4.5 算法是在 ID3 算法的基础上进一步完善得出,其采用信息增益率替代了 ID3 算法中以信息增益来刻画节点特征,并将特征变量 T 对样本数据集 G 的信息增益率 $\text{Gain\_ration}(G, T)$ 定义为:

$$\text{Gain\_ration}(G, T) = \frac{F(G) - \sum_{i=1}^{m} \frac{|G_i|}{|G|} F(G_i)}{-\sum_{i=1}^{m} \frac{|G_i|}{|G|} \log_2 \frac{|G_i|}{|G|}} \tag{4-13}$$

(3)CART 算法。

CART 算法在生成决策树时,从根节点处开始在每个节点处生长出 2 个分叉,即生成的是一棵二叉树。相比于 ID3 算法和 C4.5 算法,CART 算法用基尼系数来选择特征。在生成决策树时,首先选择基尼系数最小的属性作为 CART 决策树的根节点,根节点包含了数据集 G_i 中的所有样本,在根节点处采用该属性的基尼系数为划分阈值对子集 G_i 进行划分,如果 G_i 中的所有元素属于同一类别,则该节点被标记为叶子节点并停止划分。如果 G_i 中的所有元素属于不同类别,则根据基尼系数在该节点中选择最佳划分特征继续划分,如此循环,使得非叶子节点都被划分为互不重叠的两个分支,生成的叶子节点不再分裂。

设样本数据集 G 中第 i 个属性的样本数量为 C_i,则 G 的基尼系数为:

$$\text{Gini}(G) = 1 - \sum_{i=1}^{k} \left(\frac{|C_i|}{|G|} \right)^2 \tag{4-14}$$

在生成决策树过程中,如果特征值 T_i 把样本数据集 G 划分为 G_1 和 G_2 两部分,则在特征 T 的条件下数据集 G 的基尼系数为:

$$\text{Gini}(G, T) = \frac{|G_1|}{|G|} \text{Gini}(G_1) + \frac{|G_2|}{|G|} \text{Gini}(G_2) \tag{4-15}$$

ID3 算法是在信息熵的基础上提出的多叉树算法,仅能够处理离散变量,不支持连续变量处理和"剪枝",在应用上存在一定的局限性。C4.5 算法针对 ID3 算法中存在的问题进行了改进,使其不仅能够处理连续变量和"剪枝",还在一定程度上改善了信息增益偏离的问题。与 ID3 算法和 C4.5 算法在决策树生成过程中的多叉生长不同,CART 算法在决策树建模时只进行二叉生长,在保证算法精度的同时,加快了算法的收敛速度。由于 CART 算法的独特优势,本章在建立 RF 模型时采用 CART 算法来生成决策树。

4.4.2.3 随机森林回归模型的建立

采用上述的 Bootstrap 抽样方法和 CART 算法两个模块来建立 RF 模型,如图 4-6 所示,RF 模型的主要计算流程如下。

(1)采用 Bootstrap 方法对样本数据集 G 进行随机抽样,得到 k 个样本子集 G_1,G_2,$\cdots$,G_k,这些子集包含的数据维数与样本数据集 G 一致且相互独立。

(2)将每个训练集中基尼系数最小的属性作为回归决策树的根节点,然后从特征变量 $T = \{T_1, T_2, \cdots, T_n\}$ 中随机选取 $s(s \leqslant n)$ 个特征作为决策树生长的子叉,以此不断分裂,直到生成叶子节点为止。每棵决策树在生长过程中不施加任何约束条件,最终得到 G_1,G_2,$\cdots$,G_k 生成的 k 个 CART 决策树。

(3)每棵回归树都会产生一个预测值 F,计算 k 个预测值的均值得到 RF 回归模型的预测结果 $\overline{F}$。

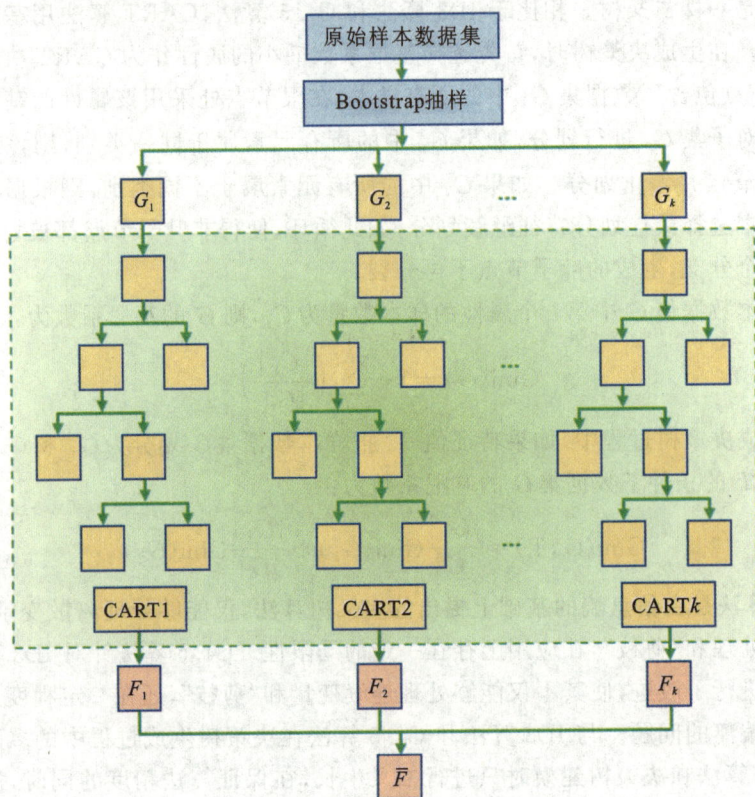

图 4-6　随机森林回归模型示意图

4.4.3　模型评价

为了检验 PSO-BP 模型和 RF 模型的回归效果,本章采用平均绝对百分误差 MAPE、相关系数 R^2、平均绝对误差 MAE 和均方根误差 RMSE 等 4 个统计拟合指标对模型的回归精度进行评价,计算公式如下:

$$\text{MAPE} = \frac{1}{m} \sum_{i=1}^{m} \left| \frac{y_i - f(x_i)}{y_i} \right| \times 100\% \tag{4-16}$$

$$R^2 = 1 - \frac{\sum_{i=1}^{m} [y_i - f(x_i)]^2}{\sum_{i=1}^{m} (y_i - \bar{y})^2} \tag{4-17}$$

$$\text{MAE} = \frac{1}{n} \sum_{i=1}^{n} |y_i - f(x_i)| \tag{4-18}$$

$$RMSE = \left[\frac{1}{n}\sum_{i=1}^{n} \mid y_i - f(x_i) \mid^2\right]^{\frac{1}{2}} \tag{4-19}$$

式中：m 为样本数，y_i 为 TBM 掘进过程中 AR 的实测值，$f(x_i)$ 为样本的预测值，$\bar{y}$ 为 AR 的实测平均值。

4.5 TBM 掘进速度的预测

4.5.1 PSO-BP 模型的 AR 预测

4.5.1.1 PSO-BP 模型参数确定

由 PSO-BP 模型可知，对模型预测精度有影响的主要参数为 BP 网络的隐含层节点数 l、粒子群的种群规模 S 和模型迭代次数 M。根据式(4-8)可知，l 的取值范围为[4,14]。参阅文献[120]和[268]，设 $S=30$、$m=200$，得到 l 取不同值条件下模型的 RMSE 和 R^2，如图 4-7 所示。当 $l=7$ 时，RMSE 值最小，R^2 值最大，模型的预测精度达到最高，此时模型的网络结构为 7-7-1。

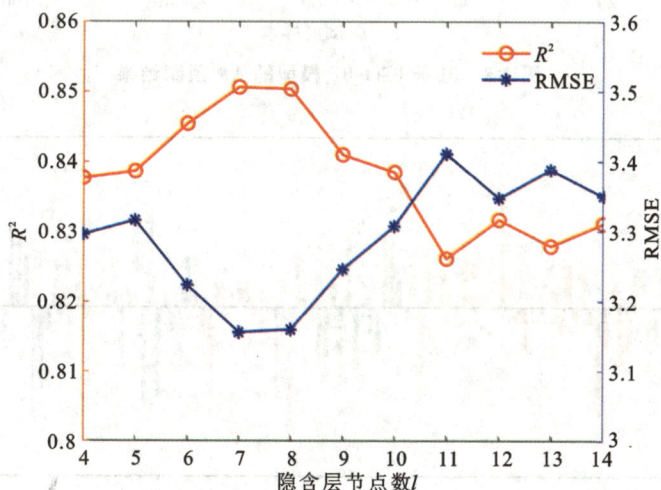

图 4-7　PSO-BP 网络在不同隐含层节点数下对 AR 的预测精度

4.5.1.2 PSO-BP 模型预测结果

采用式(3-15)对构建的 630 组样本数据集进行归一化处理，并从归一化后的数据样本中随机选取 510 组样本用于 PSO-BP 模型的训练,另外 120 组样本用于模型的测试,预测结果如图 4-8 所示。结果显示,模型的相关系数 R^2 和平均绝对百分误差 MAPE 分别为 0.8507 和 13.0080%,表明该模型对 AR 的预测性能较好,具有较高的准确度。此外,对 PSO-BP 模型的预测误差进行分析,如图 4-9 所示,AR 的预测误差主要分布在 $[-6 \text{ m/d}, 6 \text{ m/d}]$,其中有 3 组样本的预测误差大于 6 m/d,4 组样本的预测误差小于 -6 m/d,共占预测样本集的 5.83%,说明 AR 的预测值和实测值吻合程度较高。

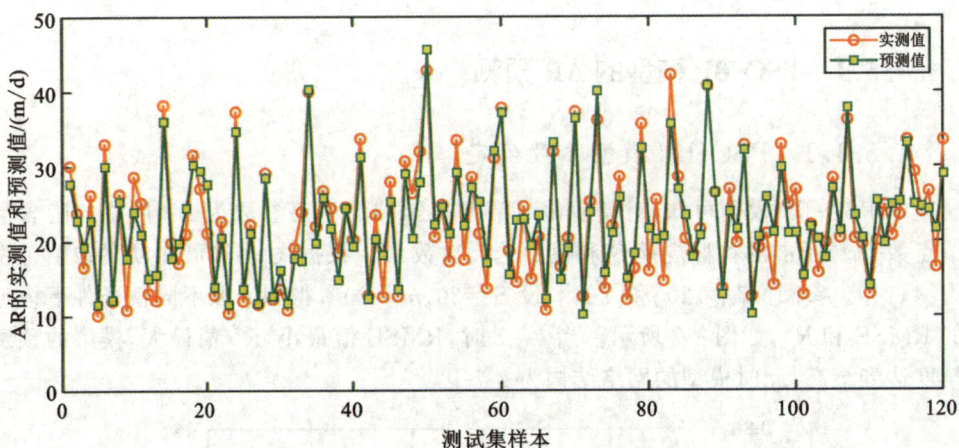

图 4-8　基于 PSO-BP 模型的 AR 预测结果

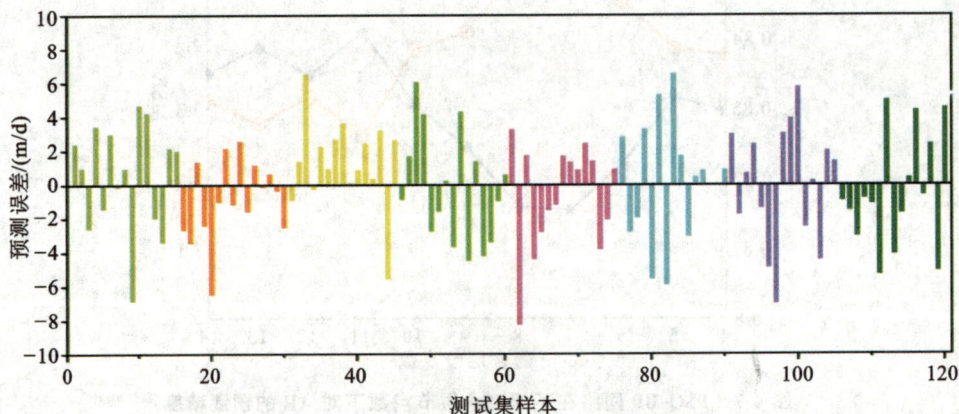

图 4-9　基于 PSO-BP 模型的 AR 预测误差

4.5.2 RF 模型的 AR 预测

4.5.2.1 RF 模型参数确定

在建立 RF 回归模型的过程中,为了降低 k 棵 CART 决策树之间的相关性,需要从 n 个输入参数中随机选取 s 个参数作为模型的特征变量,s 一般设置为 n 的 66%。[335] 此外,CART 决策树的数量 k 和最大深度 h_{max} 也对模型的回归结果有重要影响,k 值越大,模型的回归精度越高,在实际应用过程中,k 值满足使 RF 模型的预测误差趋于稳定即可。

本章采用 Python 中的 Sklearn 库对 TBM 的掘进速度进行 RF 回归,并通过网格搜索法确定 RF 模型的 3 个参数 s、k 和 h_{max}。首先,设置 s 的初始值为 $s=n\times$ 66%,即 $s=5$,h_{max} 为随机自由参数(无约束条件),k 的取值范围设为 $[1,200]$,随机从 630 组数据样本中选取 20% 用于模型测试,另外 80% 用于模型训练。以 5 为步长重复输入 k 值,并计算每次回归拟合结果的 R^2 和 RMSE,当 $k\geqslant95$ 时,模型的相关系数 R^2 稳定在 0.87 左右,RMSE 稳定在 2.92 左右,如图 4-10 所示。当 $k=110$ 时,R^2 最大,RMSE 最小,因此,在 RF 模型的回归过程中,设置 $k=110$。同理,可以确定 $h_{max}=20$ 时,模型的预测精度最高。对于特征变量 s,设置 $k=110$,$h_{max}=20$,s 的取值范围为 $[3,7]$,计算 s 取不同值时的 R^2、MAE、RMSE 和 MAPE,回归结果如表 4-2 所示,当 $s=7$ 时,掘进速度的预测精度最高,误差最小。综上分析,最终确定 RF 模型的 3 个关键参数取值分别为 CART 决策树的数量为 110 棵,CART 决策树的最大深度为 20,特征变量个数为 7。

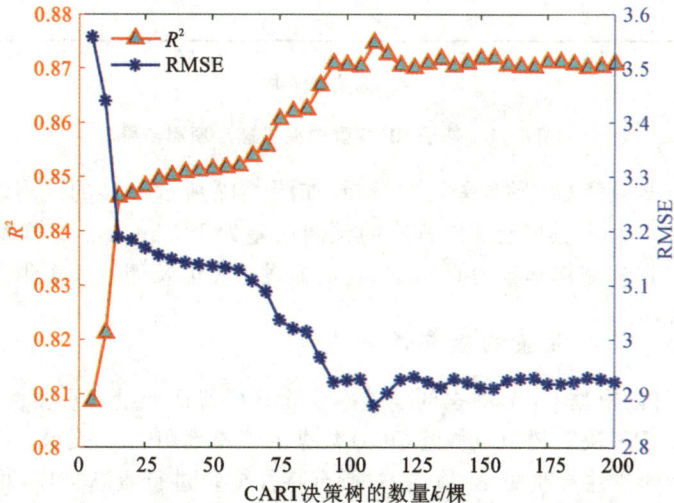

图 4-10　不同 CART 决策树数量下掘进速度的预测精度

表 4-2 不同特征变量数量 s 下掘进速度的预测精度

特征变量数量 s	R^2	MAE	RMSE	MAPE/%
3	0.8412	2.6785	3.2400	14.2753
4	0.8562	2.5573	3.0834	13.1130
5	0.8635	2.5265	3.0040	12.9490
6	0.8714	2.4393	2.9152	12.3770
7	0.8747	2.3857	2.8780	12.0682

4.5.2.2　RF 模型的预测结果

RF 模型的掘进速度预测结果如图 4-11 所示,模型的平均绝对百分误差 MAPE 和相关系数 R^2 分别为 12.0682% 和 0.8747,表明 RF 模型能够根据水文、地质条件和 TBM 掘进参数较准确地预测 TBM 的掘进速度。

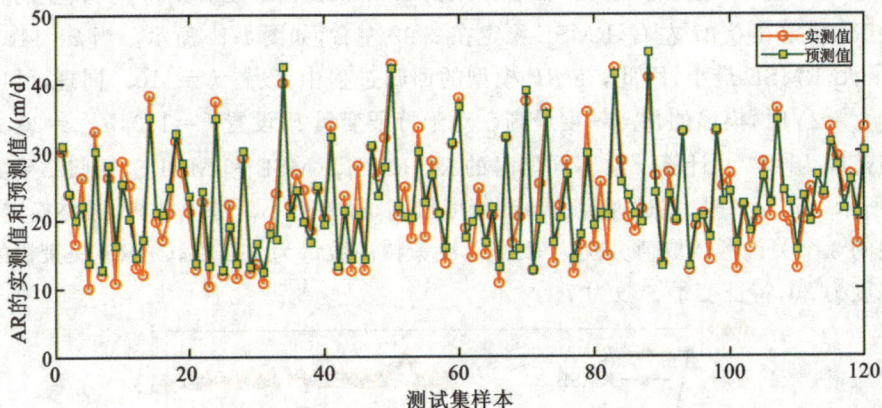

图 4-11　基于 RF 模型的掘进速度预测结果

此外,对 RF 模型的预测误差进行分析,如图 4-12 所示,AR 的预测误差主要分布在 $[-5\ \text{m/d}, 5\ \text{m/d}]$,其中有 4 组样本的预测误差大于 5 m/d,4 组样本的预测误差小于 -5 m/d,占预测样本集的 6.67%,说明掘进速度的预测值和实测值非常接近。

4.5.2.3　特征变量的重要性分析

RF 模型可以根据 OOB 数据的误差率变化分析特征变量的重要性,对于特征变量 x_j,每棵 CART 决策树节点 l 上 OOB 数据的误差率用 e_{OOB} 表示。在保持其他特征变量值不变的条件下改变 x_j 值,并对所有特征变量进行重新排序,重新计算得到 OOB 数据的误差率 $\tilde{e}_{OOB}$,则特征变量 x_j 的重要性得分 $\text{IS}(x_j)$ 为:

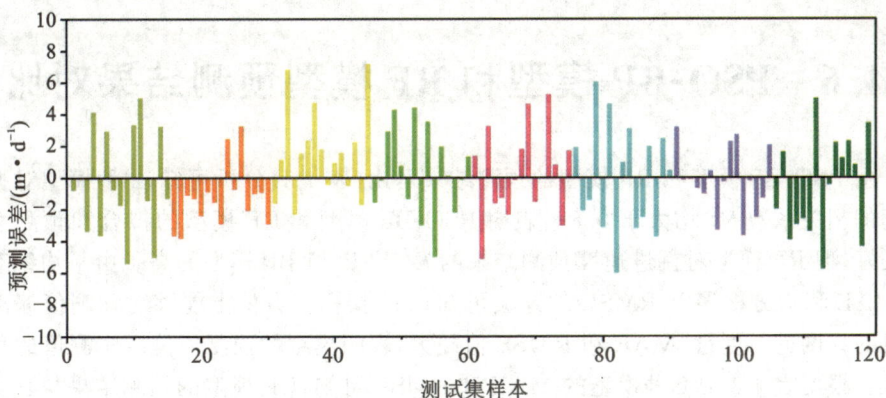

图 4-12　基于 RF 模型的掘进速度 AR 预测误差

$$\mathrm{IS}(x_j) = \frac{1}{k} \sum_l (\widetilde{e}_{\mathrm{OOB}} - e_{\mathrm{OOB}}) \tag{4-20}$$

对 x_j 的重要性得分进行归一化处理：

$$\mathrm{IS}(x_j^*) = \frac{\mathrm{IS}(x_j)}{\sum\limits_{j=1}^{n} \mathrm{IS}(x_j)} \tag{4-21}$$

为了分析不同输入变量对 TBM 掘进速度的影响程度，采用 RF 算法对特征变量进行重要性排序，如图 4-13 所示，在 7 个输入变量中，指标 Th 对 TBM 的掘进速度影响最大，指标 K_v 的影响次之，指标 GW 的影响最小。

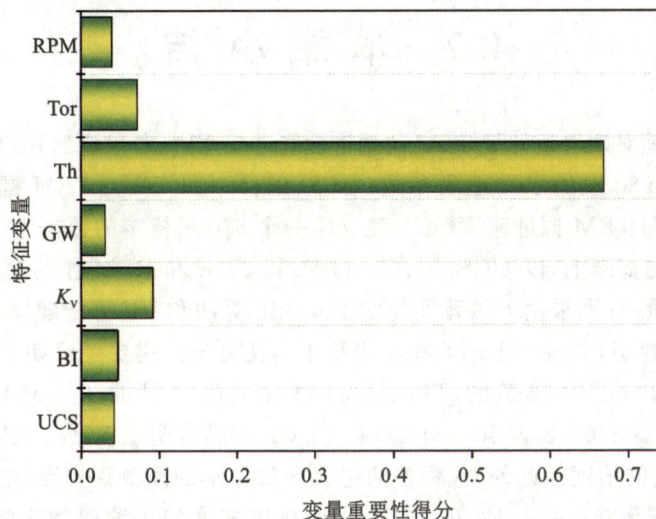

图 4-13　影响掘进速度的变量重要性

4.6　PSO-BP 模型和 RF 模型预测结果对比

由 PSO-BP 模型和 RF 模型的预测结果对比（表 4-3）分析可知，2 种模型对掘进速度的相关系数 R^2 均大于 0.85，表明 PSO-BP 模型和 RF 模型的拟合和预测性能均较好，但 RF 模型对掘进速度预测结果的 R^2 比 PSO-BP 模型的高。由平均绝对误差 MAE 和均方根误差 RMSE 的定义可知，2 个指标在数值上能够对预测值偏离实测值的程度进行度量，MAE 和 RMSE 值越大，表明模型的预测值偏离实测值的程度越大。根据表 4-3 中 2 种模型的 MAE 和 RMSE 可知，RF 模型的预测结果与真实值更为接近。此外，PSO-BP 模型和 RF 模型的平均绝对百分误差（MAPE）也均在 13.008％以内，且 RF 模型的 MAPE 更小。综上分析可知，PSO-BP 模型和 RF 模型对 TBM 掘进速度均有较好的回归拟合效果，但 RF 模型的预测精度更高，表明 RF 模型在掘进速度的预测上具有更高的准确性和更优的适应性。

表 4-3　　　　　　　　　　PSO-BP 模型和 RF 模型的预测结果对比

项目	R^2	MAE	RMSE	MAPE/％
PSO-BP 模型	0.8507	2.5786	3.1556	13.0080
RF 模型	0.8747	2.3857	2.8780	12.0682

4.7　本　章　小　结

为了准确地对硬岩条件下 TBM 的掘进性能进行评估，本章基于 KS 隧道 KS101＋768～KS130＋980 段的水文地质参数（UCS、BI、K_v 和 GW）、TBM 掘进参数（Th、Tor 和 RPM）和 TBM 掘进速度（AR）建立了一个 630 组样本的数据库。在综合考虑 AR 影响因素的基础上，以 UCS、BI、K_v、GW、Th、Tor 和 RPM 作为模型输入变量，AR 为输出变量，分别采用人工智能技术 PSO-BP 算法和 RF 算法建立了对 TBM 掘进速度的预测模型，并将 2 个回归模型进行了对比分析。主要结论如下：

（1）基于 PSO-BP 模型的 TBM 掘进速度预测结果的 R^2、MAE、RMSE 和 MAPE 分别为 0.8507、2.5786、3.1556 和 13.0080％，表明该模型对 AR 的预测性能较好，具有较高的精度。此外，该模型的绝大多数样本的预测误差范围在 [－6 m/d，6 m/d]，占预测集样本总数的 94.17％，说明掘进速度的预测值和实测值吻合程度较高。

(2)基于 RF 模型的 TBM 掘进速度预测结果的 R^2、MAE、RMSE 和 MAPE 分别为 0.8747、2.3857、2.8780 和 12.0682%,表明 RF 模型能够根据水文地质参数和 TBM 掘进参数较准确地预测 TBM 的掘进速度。此外,该模型的绝大多数样本的预测误差范围在[−5 m/d,5 m/d],占预测集样本总数的 93.33%,说明掘进速度的预测值和实测值非常接近。同时,利用 RF 模型中的 OOB 数据对输入变量的重要性进行分析,结果显示,在 7 个输入变量中,指标 Th 对 TBM 的掘进速度影响最大,指标 K_v 的影响次之,指标 GW 的影响最小。

(3)通过对 PSO-BP 模型和 RF 模型的预测结果对比分析可知,2 种模型对 TBM 掘进速度均有较好的预测效果,但是 RF 模型的预测精度高于 PSO-BP 模型,表明 RF 模型在掘进速度的预测上具有更高的准确性和更优的适应性。

5 基于云模型的干旱区
TBM施工隧道涌水风险预测

5.1 概　　述

在建设隧道的过程中,可能会遇到各种不确定性风险,而涌水是隧道开挖过程中危害性最大的地质灾害之一。[331,332]尤其是对于采用TBM施工的隧道,涌水不仅会减慢隧道开挖的施工进度,而且可能淹没昂贵的TBM机械设备。在干旱区修建隧道时,涌水还可能导致地下水位下降、地表植被退化和土地沙漠化。[333-335]因此,在隧道施工过程中准确、有效地预测涌水风险对保证工程安全和促进区域生态环境可持续发展具有重要意义。

隧道涌水是由水文、地质和施工等多种因素共同作用的动态过程,该过程具有复杂性、模糊性和随机性。虽然国内外研究人员从不同角度对涌水的发生机理进行了理论研究,并提出了相应的涌水风险预测方法,但在应用过程中仍存在一些不足之处。例如,由于勘探技术的局限性,地质分析方法无法准确获取隧道沿线的水文地质条件;神经网络方法在评价过程中需要大量的历史数据来构造学习样本;GIS方法主要根据地形、地貌等因素来确定涌水风险,忽略了涌水的复杂性。此外,目前很多对隧道涌水的研究都局限于岩溶隧道,且多为钻爆法施工隧道,对干旱区TBM施工隧道涌水问题的研究较少,因此有必要对干旱区TBM施工隧道发生涌水的影响因素进行分析,并预测其在TBM掘进过程中的风险。

为了提高涌水风险预测的准确性,本章综合考虑地质、水文、施工和动态监测因素对涌水的影响,建立一个适用于干旱区TBM施工隧道的涌水风险预测指标体系,并提出一种基于正态云模型的TBM施工隧道涌水风险多指标预测方法。并将该方法应用于SS隧道的SD50+617～SD52+160段,分析了该洞段在TBM开挖过程中的涌水风险,并对隧道涌水治理进行了系统试验研究。

5.2 隧道涌水致灾因子分析

隧道施工过程中,引起涌水的因素很多,原因也很复杂。目前对隧道涌水的研究多集中于岩溶隧道,根据文献[336]～[340]对岩溶隧道涌水的系统分析,选择地形地貌(Q_1)、不良地质条件(Q_2)、地层岩性(Q_3)、可溶岩与非可溶岩接触带(Q_4)、地层倾角(Q_5)、围岩强度(Q_6)、有效地下水位(Q_7)、水源补给(Q_8)、隧道开挖跨度(Q_9)、开挖扰动(Q_{10})、支护措施(Q_{11})、监控测量(Q_{12})和地质预报(Q_{13})等13个指标,其中Q_1～Q_6为地质因素,Q_7和Q_8为水文因素,Q_9～Q_{11}为施工因素,Q_{12}和Q_{13}为动态监测因素。此外,在这些涌水致灾因子中,Q_5～Q_7和Q_9为定量指标,Q_1～Q_4、Q_8和Q_{10}～Q_{13}为定性指标。为了定量描述隧道施工过程中的涌水风险,李术才等[341]、许振浩等[342]和 Wang 等[343]众多专家、学者在涌水风险研究中采用专家打分法对这些定性指标进行量化,以期能够采用数学语言实现隧道涌水风险分析的理论化、系统化,并根据这些指标的致灾能力将其划分为4个等级:低风险(Ⅰ)、中风险(Ⅱ)、高风险(Ⅲ)和极高风险(Ⅳ)。

5.2.1 地形地貌

地形地貌反映了隧道上方地势高低起伏的变化特征,在不同的地形地貌条件下,隧道涌水的风险不同。如果隧道上方地形起伏较大,有大面积凹陷,则大气降水和地下水容易在此汇集,隧道涌水的风险较大。反之,如果隧道上方地形起伏不大,地形相对平坦,隧道涌水的风险就较小。参阅文献[52]和[349],采用隧道上方的负地形面积来描述地形地貌特征对隧道涌水的影响,并采用专家打分法对其进行量化,具体量化标准见表5-1。

表 5-1 地形地貌量化分级

风险等级	Ⅰ	Ⅱ	Ⅲ	Ⅳ
定性描述	无负地形	小规模负地形	中等规模负地形	大规模负地形
定量赋分	[0,25)	[25,50)	[50,75)	[75,100]

5.2.2 不良地质条件

一般情况下,围岩中发育的断层和裂隙是影响隧道开挖的主要不良地质条件,断层和裂隙形成了地下水的下渗通道。在施工过程中,地下水在岩体中的空间分布平衡被破坏,储存在岩体中的地下水很容易沿着这些通道涌入隧道,增加了隧道发生涌水的概率。参阅文献[52]和[343],根据岩体中断层和裂隙的发育程度,不良地质条件的量化分级见表5-2。

表5-2　　　　　　　　　　　　不良地质条件量化分级

风险等级	Ⅰ	Ⅱ	Ⅲ	Ⅳ
定性描述	不发育地层	弱发育地层	中等发育地层	强发育地层
定量赋分	[0,25)	[25,50)	[50,75)	[75,100]

5.2.3　地层岩性

由于地层的发育条件不同,不同岩石遇水后的物理特性存在显著性差异,如可溶岩在地下水的作用下会发生一定程度的溶解,导致隧道在施工过程中发生涌水的风险较高。参阅文献[341]和[343],根据岩石遇水后的溶解程度,地层岩性的量化分级见表5-3。

表5-3　　　　　　　　　　　　地层岩性量化分级

风险等级	Ⅰ	Ⅱ	Ⅲ	Ⅳ
定性描述	不溶解	溶解程度弱	溶解程度中等	溶解程度强
定量赋分	[0,25)	[25,50)	[50,75)	[75,100]

5.2.4　可溶岩与非可溶岩接触带

地下水活动对非可溶岩的侵蚀作用较弱,但地下水的侵蚀作用很容易使可溶性岩体与非可溶性岩体的接触带发育形成空洞。参阅文献[343]和[344],根据接触带空洞的发育程度,可溶岩与非可溶岩接触带的量化分级见表5-4。

表5-4　　　　　　　　　　可溶岩与非可溶岩接触带量化分级

风险等级	Ⅰ	Ⅱ	Ⅲ	Ⅳ
定性描述	不发育	发育程度弱	发育程度中等	发育程度强
定量赋分	[0,25)	[25,50)	[50,75)	[75,100]

5.2.5　地层倾角

隧道内地层发育复杂多变,地下水在岩层中的渗透方向与地层倾角[岩层走向与隧道轴线的夹角(0~90°)]的大小有一定联系,地层倾角越大,地下水在岩层中的渗透速率越大。地层倾角涌水致灾风险分级见表5-5。

表 5-5   **地层倾角涌水致灾风险分级[36,347]**

风险等级	Ⅰ	Ⅱ	Ⅲ	Ⅳ
地层倾角/(°)	[0,10)	[10,35)	[35,75)	[75,90]

5.2.6　围岩强度

围岩强度是衡量岩体遇到扰动后能否保持稳定的重要指标,在隧道施工过程中,如果围岩强度低,围岩发生坍塌变形的可能性就较大,涌水风险就较高。选择围岩基本质量(BQ)作为围岩强度指标,并将围岩强度分为 4 个等级,详见表 5-6。

表 5-6   **围岩强度涌水致灾风险分级[343]**

风险等级	Ⅰ	Ⅱ	Ⅲ	Ⅳ
围岩强度	BQ>450	350<BQ≤450	250<BQ≤350	BQ≤250

5.2.7　有效地下水位

对于地下工程施工,地下水在岩层中的分布特征不仅与涌水密切相关,而且是涌水重要的驱动因素之一。当隧道发生涌水时,地下水不仅会侵蚀围岩,而且是物质运动的载体。地下水位越高,隧道承受的水压力越高,隧道发生涌水的风险就越大。将隧道底板与地下水位之间的高差 h 定义为有效地下水位,其涌水致灾风险分级见表 5-7。

表 5-7   **有效地下水位涌水致灾风险分级[52,339]**

风险等级	Ⅰ	Ⅱ	Ⅲ	Ⅳ
有效地下水位/m	0<h≤10	10<h≤30	30<h≤60	h>60

5.2.8　水源补给

一般来说,河流、湖泊、地表降水和岩体中的地下水是隧道涌水的主要补给来源,充足的水源和联通的地下水补给通道是导致涌水规模大、持续时间长的重要原因。如水源补给能力较强,隧道发生涌水的潜在风险就较高。因此,在分析涌水成因时,既要分析岩体中地下水的分布特征,又要考虑水源补给对隧道涌水的潜在威胁。参阅文献[49]和[345],水源补给分级见表 5-8。

表 5-8   **水源补给分级**

风险等级	Ⅰ	Ⅱ	Ⅲ	Ⅳ
定性描述	补给能力较弱	补给能力弱	补给能力中等	补给能力强
定量赋分	[0,25)	[25,50)	[50,75)	[75,100]

5.2.9 隧道开挖跨度

开挖跨度不仅影响着隧道的开挖方式,还对施工时的围岩稳定性产生不可忽视的影响。例如,对于钻爆法施工隧道,如果隧道的开挖跨度较大,需要采用上下台阶法进行施工,会对围岩稳定性产生较大影响。隧道开挖跨度 L 分级见表 5-9。

表 5-9 开挖跨度分级[134]

风险等级	I	II	III	IV
隧道开挖跨度/m	$L<7$	$7{\leqslant}L<11$	$11{\leqslant}L<15$	$L{\geqslant}15$

5.2.10 开挖扰动

在隧道开挖过程中,施工参数的选取、工程技术人员的施工管理水平都对隧道的开挖质量产生不同程度的影响。合理的施工参数和较高的施工管理水平可以减少对围岩的开挖扰动,开挖扰动程度越小,隧道发生涌水的可能性就越小。参阅文献[50]和[346],开挖扰动的量化分级见表 5-10。

表 5-10 开挖扰动量化分级

风险等级	I	II	III	IV
定性描述	扰动程度较小	扰动程度小	扰动程度较大	扰动程度大
定量赋分	$[0,25)$	$[25,50)$	$[50,75)$	$[75,100]$

5.2.11 支护措施

隧道施工过程中破坏了隧道周围地层的原有平衡,导致围岩变形或坍塌。隧道开挖完成后,为了减小围岩的沉降变形量,需要对围岩进行及时支护,而支护的时效性和刚度是衡量支护措施是否合理的重要指标。合理的支护措施是保证隧道施工安全的关键,同时能够避免围岩进一步风化和减小地下水对围岩的侵蚀。参阅文献[36]和[50],支护措施的量化分级见表 5-11。

表 5-11 支护措施量化分级

风险等级	I	II	III	IV
定性描述	支护及时、刚度大	支护较及时、刚度较大	支护基本及时、刚度一般	支护不及时、刚度较弱
定量赋分	$[85,100]$	$[70,85)$	$[60,70)$	$[0,60)$

5.2.12 监控测量

隧道施工过程中,水文地质条件和围岩变形在时间和空间上都在动态变化,监控测量是实现信息化设计与动态施工的重要手段。通过连续的现场观测,可以获得大量的围岩渗流、位移等动态信息,为判断围岩的稳定性和涌水的风险性提供依据。参阅文献[346]和[347],监控测量的量化分级见表5-12。

表5-12 　　　　　　　　　　　　　　　**监控测量量化分级**

风险等级	I	II	III	IV
定性描述	监测频率高、内容充分	监测频率较高、内容较充分	监测频率适中、内容一般	监测频率不够、内容不足
定量赋分	[85,100]	[70,85)	[60,70)	[0,60)

5.2.13 地质预报

地质预报是分析隧道掌子面前方岩体储水量大小及分布规律的重要技术手段。合理的地质预报方法不仅可以为施工人员提供早期的风险预警,而且为优化施工方案提供技术支撑。参阅文献[36]和[50],地质预报的量化分级见表5-13。

表5-13 　　　　　　　　　　　　　　　**地质预报量化分级**

风险等级	I	II	III	IV
定性描述	方法合理、结果可靠性高	方法较合理、结果可靠性较高	方法基本合理、结果可靠性一般	方法不合理、结果可靠性差
定量赋分	[85,100]	[70,85)	[60,70)	[0,60)

5.3 云模型理论

云模型是李德毅基于概率统计方法和模糊集理论提出的一种用于分析不确定性问题的数学理论。[348-372]该模型综合考虑了事物所具有的模糊性和随机性,并能够通过特征参数将这2种特性进行直观的数学反映,很好地实现了定性概念与定量数值之间的转换,已经在围岩稳定性分析、用水效率评价和灾害防治等领域得到了很好的应用[373-376]。

5.3.1 云和云滴

设 U 是用定量数值描述的一个论域，$U=\{x\}$，A 是 U 空间上采用定性语言描述的概念，采用一定的规则将 $x \in U$ 关于 A 的一次随机实现映射到 U 空间上，表示为 x 对 A 的确定度 $\mu_A(x) \in [0,1]$，其数学语言描述为：

$$\mu_A : U \rightarrow [0,1], \quad \forall x \in U \rightarrow \mu_A(x) \tag{5-1}$$

式中：x 在 U 上的分布称为云，$(x, \mu_A(x))$ 称为云滴。

根据云的定义，云由无数的云滴组成，它可以将定性概念转化为定量的值，每个云滴都是 U 空间中一个定性概念的定量表示，云滴的确定度反映了定性概念的模糊性和随机性。

5.3.2 云的数字特征

在云模型理论中，为了更好地描述云的特性，采用期望（E_x）、熵（E_n）和超熵（H_e）3 个数字特征来刻画 x 在 U 空间上的分布特性。设 $G(E_x, E_n, H_e)$ 是 U 空间上用定性语言描述的一个概念，如果 x 满足 $x \sim N(E_x, E_n'^2)$，而 E_n' 又满足 $E_n' \sim N(E_n, H_e^2)$，则 x 对 G 的确定度 $\mu_G(x)$ 满足：

$$\mu_G(x) = e^{-\frac{(x-E_x)^2}{2E_n'^2}} \tag{5-2}$$

此时，U 空间上所有满足式（5-2）的 x 集聚在一起就构成了一朵正态云。

在 U 空间中，云滴主要分布在区间 $[E_x - 3E_n, E_x + 3E_n]$，分布在此区间外的概率较小，对云模型整体特性的影响程度可以忽略不计，云滴的这种分布特征被称为 $3E_n$ 准则。根据 3 个数字特征可生成一个由无数云滴组成的正态云图，如图 5-1 所示。

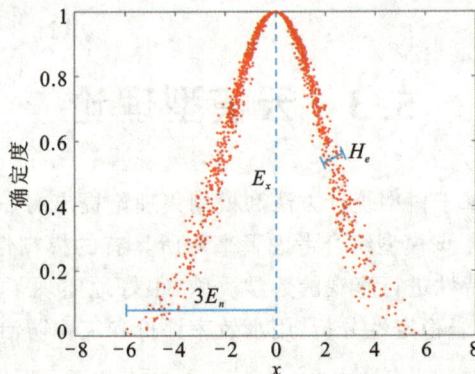

图 5-1 正态云的数字特征

由图 5-1 可知，E_x 的大小决定了正态云在横向坐标轴上的位置变化，在数学语言上可以描述为云滴在 U 空间上分布的数学期望值。根据期望 E_x 的数学含义，在熵 E_n 和超熵 H_e 不变的条件下，不同 E_x 的正态云图如图 5-2 所示。

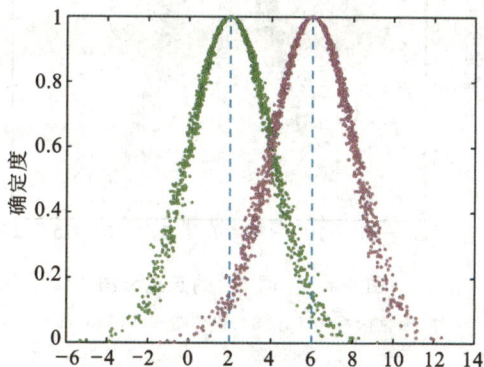

图 5-2 不同 E_x 的正态云图

注：绿色指 $G(2,2,0.15)$，粉色指 $G(6,2,0.15)$。

E_n 是定性概念在 U 空间上的不确定性度量，反映了 U 空间中可以被定性概念接受的云滴的取值范围。熵 E_n 在表征概念模糊度的同时，还可以直观反映云滴在此预测值的概率密度，E_n 越大，表明定性概念能够接受的数值宽度越大，概念的模糊性越强。在期望 E_x 和超熵 H_e 不变的条件下，不同 E_n 的正态云图如图 5-3 所示。

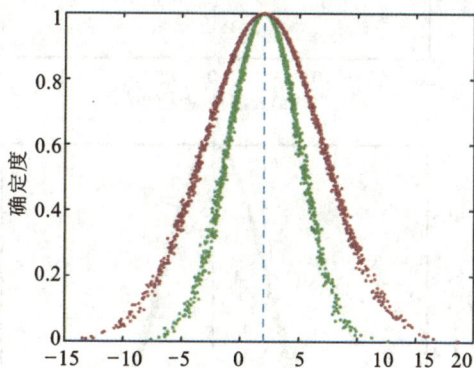

图 5-3 不同 E_n 的正态云图

注：绿色指 $G(2,3,0.15)$，粉色指 $G(2,5,0.15)$。

H_e 的大小不仅决定了正态云的分布厚度，还直观描述了云滴在 U 空间上的离散性。在期望 E_x 和熵 E_n 不变的条件下，不同 H_e 的正态云图如图 5-4 所示。此外，在云模型数字特征相同的情况下，云滴的数量也影响着正态云的形态，如图 5-5 所示。

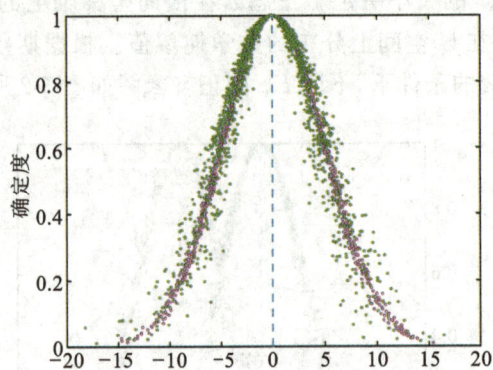

图 5-4　不同 H_e 的正态云图

注:绿色指 $G(0,5,0.8)$,粉色指 $G(0,5,0.15)$。

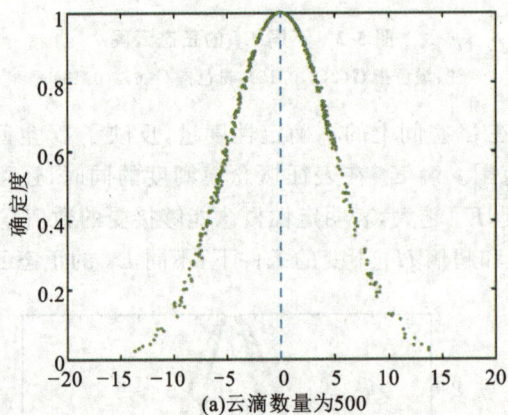

(a)云滴数量为500

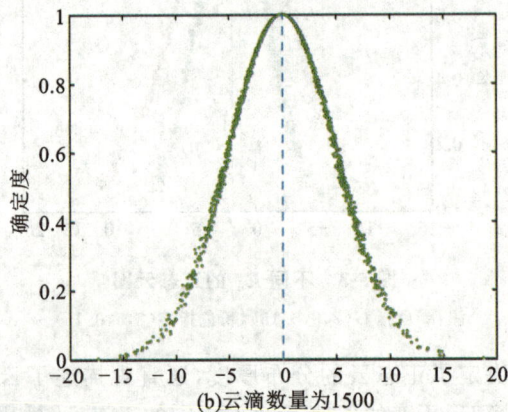

(b)云滴数量为1500

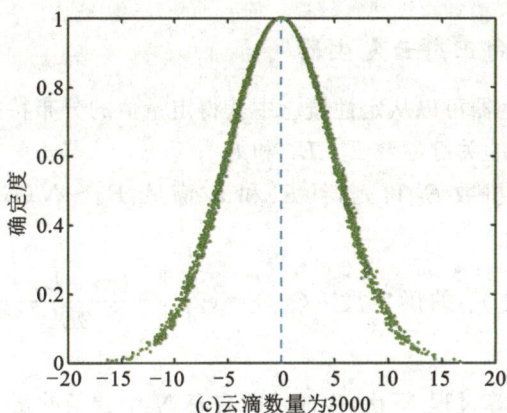

(c)云滴数量为3000

图 5-5　$G(0,5,0.15)$取不同云滴数量时的正态云图

5.3.3　云的基本运算

如果 $G_1(E_{x_1},E_{n_1},H_{e_1})$ 和 $G_2(E_{x_2},E_{n_2},H_{e_2})$ 分别为 U 空间上的两个云,则 G_1 和 G_2 满足:

$$G_1+G_2=\left(E_{x_1}+E_{x_2},\sqrt{E_{n_1}^2+E_{n_2}^2},\sqrt{H_{e_1}^2+H_{e_2}^2}\right) \tag{5-3}$$

$$G_1-G_2=\left(E_{x_1}-E_{x_2},\sqrt{E_{n_1}^2+E_{n_2}^2},\sqrt{H_{e_1}^2+H_{e_2}^2}\right) \tag{5-4}$$

$$G_1\times G_2=\left(|E_{x_1}E_{x_2}|,|E_{x_1}E_{x_2}|\sqrt{\left(\frac{E_{n_1}}{E_{x_2}}\right)^2+\left(\frac{E_{n_2}}{E_{x_2}}\right)^2},|E_{x_1}E_{x_2}|\sqrt{\left(\frac{H_{e_1}}{E_{x_2}}\right)^2+\left(\frac{H_{e_2}}{E_{x_2}}\right)^2}\right)$$
$$\tag{5-5}$$

$$\frac{G_1}{G_2}=\left(\frac{E_{x_1}}{E_{x_2}},\left|\frac{E_{x_1}}{E_{x_2}}\right|\sqrt{\left(\frac{E_{n_1}}{E_{x_2}}\right)^2+\left(\frac{E_{n_2}}{E_{x_2}}\right)^2},\left|\frac{E_{x_1}}{E_{x_2}}\right|\sqrt{\left(\frac{H_{e_1}}{E_{x_2}}\right)^2+\left(\frac{H_{e_2}}{E_{x_2}}\right)^2}\right) \tag{5-6}$$

5.3.4　正态云发生器

正态云发生器解决了定性概念 G 和定量数值在一定条件下实现相互转换的途径问题。根据正态云发生器的不同生成原理,可将正态云发生器分为用于实现定性到定量转换的正向正态云发生器(FCG)和实现定量到定性转换的逆向正态云发生器(BCG),如图 5-6 所示。

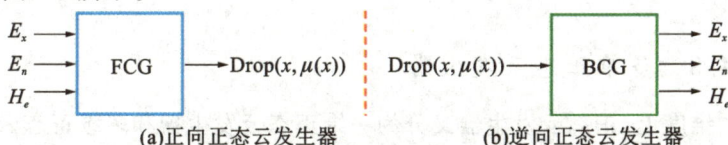

(a)正向正态云发生器　　　　　(b)逆向正态云发生器

图 5-6　两种不同类型的正态云发生器

5.3.4.1 正向正态云发生器

正向正态云发生器可以从定性概念中获得定量值的分布特征,其具体算法为:

(1)确定云模型的关键参数 E_x、E_n 和 H_e;

(2)分别生成随机数 E_n' 和 x_i,且 E_n' 和 x_i 满足:$E_n' \sim N(E_n, H_e^2)$,$x_i \sim N(E_x, E_n'^2)$;

(3)计算随机数 x_i 的确定度 $\mu(x_i) = \exp\left[-\dfrac{(x_i - E_{xi})^2}{2E_{ni}'^2}\right]$,并生成一个云滴 $(x_i, \mu(x_i))$;

(4)重复上述计算过程 N 次,生成一朵含有 N 个云滴的正态云。

5.3.4.2 逆向正态云发生器

逆向正态云发生器可以将精确数值转换为用期望 E_x、熵 E_n 和超熵 H_e 表示的定性语言,其具体算法为:

(1)设有一组样本数据 $R = \{R_1, R_2, \cdots, R_m\}$,则样本 R 的均值 $\overline{R}$、方差 S^2、期望 E_x 和一阶样本绝对中心距 J 分别为:

$$\overline{R} = \frac{1}{m}\sum_{i=1}^{m} R_i \tag{5-7}$$

$$S^2 = \frac{1}{m-1}\sum_{i=1}^{m}(R_i - \overline{R})^2 \tag{5-8}$$

$$E_x = \overline{R} \tag{5-9}$$

$$J = \frac{1}{m}\sum_{i=1}^{m}|R_i - \overline{R}| \tag{5-10}$$

(2)根据正态云的 $3E_n$ 准则,可得到云模型的数字特征熵 E_n:

$$E_n = \sqrt{\frac{\pi}{2}}J = \sqrt{\frac{\pi}{2}}\,\frac{1}{m}\sum_{i=1}^{m}|R_i - \overline{R}| \tag{5-11}$$

(3)计算样本的超熵 H_e:

$$H_e = (S^2 - E_n^2)^{\frac{1}{2}} = \sqrt{\frac{1}{m-1}\sum_{i=1}^{m}(R_i - \overline{R})^2 - \left(\sqrt{\frac{\pi}{2}}\,\frac{1}{m}\sum_{i=1}^{m}|R_i - \overline{R}|\right)^2} \tag{5-12}$$

5.3.4.3 多维正态云发生器

在云的维度上,正态云发生器又分为一维正态云发生器和多维正态云发生器,其中 FCG 和 BCG 属于一维正态云发生器,而多维正态云发生器是在一维正态云发生器的基础上扩展而来的。在多维云模型中,论域 $U=\{x_1,x_2,\cdots,x_n\}$,A 是 U 上用定性语言描述的一个概念,$x(x_1,x_2,\cdots,x_n)$ 满足 $x(x_1,x_2,\cdots,x_n)\sim N[E_x(E_{x_1},E_{x_2},\cdots,E_{x_n}),E'_n(E'_{n_1},E'_{n_2},\cdots,E'_{n_n})^2]$,且 $E'_n(E'_{n_1},E'_{n_2},\cdots,E'_{n_n})\sim N[E_n(E_{n_1},E_{n_2},\cdots,E_{n_n}),H_e(H_{e_1},H_{e_2},\cdots,H_{e_n})^2]$,则 $x(x_1,x_2,\cdots,x_n)$ 对 A 的确定度 $\mu_A(x(x_1,x_2,\cdots,x_n))$ 为:

$$\mu_A(x(x_1,x_2,\cdots,x_n))=\exp\left[-\sum_{i=1}^{n}\frac{(x_i-E_{x_i})^2}{2E'^2_{n_i}}\right] \tag{5-13}$$

此时,$x(x_1,x_2,\cdots,x_n)$ 在 U 空间上的分布称为 n 维正态云。

多维正向正态云发生器的具体算法为:

(1)计算期望 $E_x(E_{x_1},E_{x_2},\cdots,E_{x_n})$、熵 $E_n(E_{n_1},E_{n_2},\cdots,E_{n_n})$ 和超熵 $H_e(H_{e_1},H_{e_2},\cdots,H_{e_n})$;

(2)分别生成随机数 $E'_n(E'_{n_1},E'_{n_2},\cdots,E'_{n_n})$ 和 $x(x_1,x_2,\cdots,x_n)$,且 $E'_n(E'_{n_1},E'_{n_2},\cdots,E'_{n_n})$ 和 $x(x_1,x_2,\cdots,x_n)$ 满足 $E'_n(E'_{n_1},E'_{n_2},\cdots,E'_{n_n})\sim N[E_n(E_{n_1},E_{n_2},\cdots,E_{n_n}),H_e(H_{e_1},H_{e_2},\cdots,H_{e_n})^2]$,$x(x_1,x_2,\cdots,x_n)\sim N[E_x(E_{x_1},E_{x_2},\cdots,E_{x_n}),E'_n(E'_{n_1},E'_{n_2},\cdots,E'_{n_n})^2]$;

(3)计算随机数 $x(x_1,x_2,\cdots,x_n)$ 的确定度 $\mu(x(x_1,x_2,\cdots,x_n))$;

(4)生成一个云滴 $(x_{1_i},x_{2_i},\cdots,x_{n_i},\mu_i)$,重复上述过程 N 次,直至生成 N 个云滴。

根据多维云模型的云生成算法,生成一个期望为 $(0,0)$,熵为 $(2,2)$ 和超熵为 $(0.2,0.2)$ 的二维正态云,如图 5-7 所示。

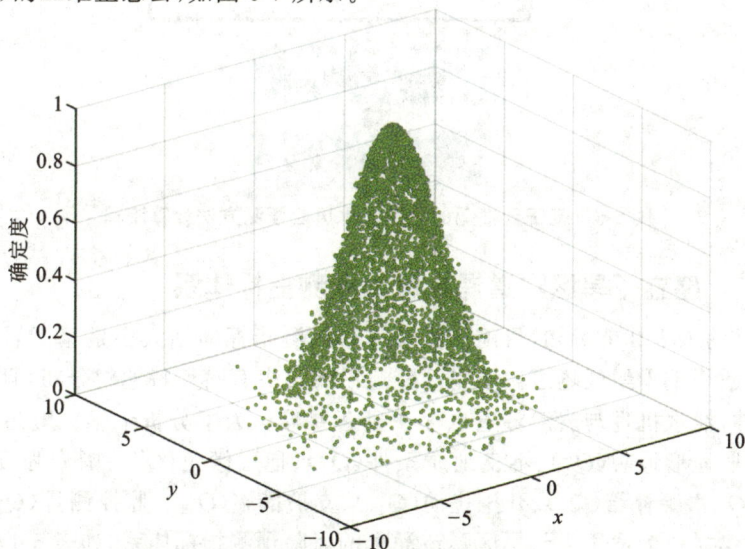

图 5-7 二维正态云图

5.4 基于云模型建立隧道涌水风险预测模型

干旱区隧道发生涌水,不仅危及工程建设,而且还会对隧道顶部相关区域的生态环境产生重要影响,因此,对干旱区隧道涌水的成因和风险进行分析具有重要的工程实用价值。基于正态云理论,本节提出一种干旱区 TBM 施工隧道涌水风险多指标预测方法,其流程如图 5-8 所示。首先,根据干旱区隧道涌水的致灾因子建立涌水风险预测指标体系;其次,采用综合权重算法确定各指标的权重,同时利用云生成算法生成隧道涌水云模型;然后根据指标的综合权重与云模型得到的各指标隶属于相应云的确定度计算综合确定度;最后,由综合确定度确定隧道的涌水风险等级。

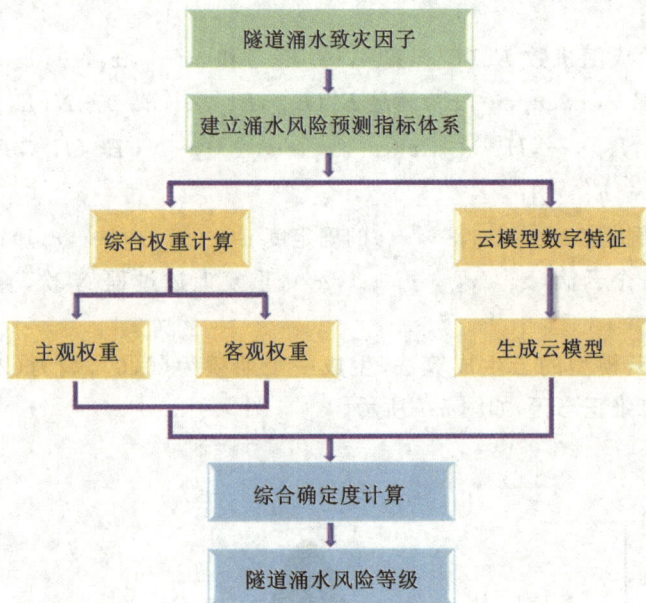

```
隧道涌水致灾因子
        │
建立涌水风险预测指标体系
   │              │
综合权重计算      云模型数字特征
 │     │              │
主观权重  客观权重    生成云模型
        │              │
     综合确定度计算
        │
   隧道涌水风险等级
```

图 5-8　基于云模型的隧道涌水风险预测方法计算流程

5.4.1　建立干旱区隧道涌水风险预测指标体系

由本书的 1.2.3 节可知,目前的涌水风险预测指标体系大多是基于岩溶隧道建立的,并不适用于干旱区隧道。干旱区隧道沿线很少有喀斯特地貌分布,且不存在岩溶地质条件,涌水机理与岩溶隧道也存在显著差异。为了分析干旱区隧道的涌水特征,本节选取地形地貌(Q_1)、不良地质条件(Q_2)、地层倾角(Q_5)、围岩强度(Q_6)、地下水位(Q_7)、水源补给(Q_8)、开挖扰动(Q_{10})、支护措施(Q_{11})、监控测量(Q_{12})和地质预报(Q_{13})建立一个适用于干旱区隧道涌水的风险预测指标体系,如表 5-14 所示。

表 5-14 涌水风险预测指标及分级标准

预测指标	I	II	III	IV
地形地貌(Q_1)	$[0,25)$	$[25,50)$	$[50,75)$	$[75,100]$
不良地质条件(Q_2)	$[0,25)$	$[25,50)$	$[50,75)$	$[75,100]$
地层倾角(Q_5)/(°)	$[0,10)$	$[10,35)$	$[35,75)$	$[75,90]$
围岩强度(Q_6)	BQ>450	350<BQ≤450	250<BQ≤350	BQ≤250
有效地下水位(Q_7)/m	$(0,10)$	$(10,30)$	$(30,60]$	>60
水源补给(Q_8)	$[0,25)$	$[25,50)$	$[50,75)$	$[75,100]$
开挖扰动(Q_{10})	$[0,25)$	$[25,50)$	$[50,75)$	$[75,100]$
支护措施(Q_{11})	$[85,100]$	$[70,85)$	$[60,70)$	<60
监控测量(Q_{12})	$[85,100]$	$[70,85)$	$[60,70)$	<60
地质预报(Q_{13})	$[85,100]$	$[70,85)$	$[60,70)$	<600

5.4.2　基于组合算法的涌水权重因子确定方法

5.4.2.1　层次分析法

层次分析法(AHP)是 Saaty 提出的一种采用定量语言将复杂的决策问题数学化的系统分析方法,它可以定量地分析研究对象之间潜在的逻辑关系,具有简便灵活、适用性强的特点。[377-392]AHP 法通过汇集多位相关领域专家意见对指标进行综合评判,从而得到指标的主观权重,AHP 法的具体步骤如下。

首先,根据所建立的预测指标体系,采用 Saaty 提出的 1～9 标度法(表 5-15)分析每个层次任意两个指标的相对重要性,得到预测指标的判断矩阵 $\tilde{A}$。

表 5-15 AHP 法的判断矩阵 $\tilde{A}$ 的构造准则

$\tilde{A}_{ij}$ 的赋值	指标重要性差异
1	$\tilde{A}_i$ 与 $\tilde{A}_j$ 同等重要
3	$\tilde{A}_i$ 比 $\tilde{A}_j$ 稍微重要
5	$\tilde{A}_i$ 比 $\tilde{A}_j$ 重要
7	$\tilde{A}_i$ 比 $\tilde{A}_j$ 重要很多
9	$\tilde{A}_i$ 比 $\tilde{A}_j$ 非常重要
2,4,6,8	相邻重要性程度之间的中间赋值

注:当 $\tilde{A}_j$ 与 $\tilde{A}_i$ 进行比较时,其重要性程度赋值是 $\tilde{A}_i$ 与 $\tilde{A}_j$ 比较时标量的倒数。

$$\tilde{A} = (a_{ij})_{n \times n} = \begin{bmatrix} \dfrac{\tilde{A}_1}{\tilde{A}_1} & \dfrac{\tilde{A}_1}{\tilde{A}_2} & \cdots & \dfrac{\tilde{A}_1}{\tilde{A}_n} \\[3mm] \dfrac{\tilde{A}_2}{\tilde{A}_1} & \dfrac{\tilde{A}_2}{\tilde{A}_2} & \cdots & \dfrac{\tilde{A}_2}{\tilde{A}_n} \\[2mm] \vdots & \vdots & & \vdots \\[2mm] \dfrac{\tilde{A}_n}{\tilde{A}_1} & \dfrac{\tilde{A}_n}{\tilde{A}_2} & \cdots & \dfrac{\tilde{A}_n}{\tilde{A}_n} \end{bmatrix} \tag{5-14}$$

式中：a_{ij} 为判断矩阵 $\tilde{A}$ 中的元素，且 a_{ij} 满足 $a_{ij} = 1/a_{ji}$。

其次，采用式(5-15)和式(5-16)计算 $\tilde{A}$ 的主观权重 w_i 和最大特征值 $\lambda_{\max}$：

$$w_i = \left(\prod_{j=1}^{n} \tilde{A}_{ij} \right)^{\frac{1}{n}} \Big/ \sum_{i=1}^{n} \left(\prod_{j=1}^{n} \tilde{A}_{ij} \right)^{\frac{1}{n}} \tag{5-15}$$

$$\lambda_{\max} = \sum_{i=1}^{n} \frac{(Mw)_i}{n w_i} \tag{5-16}$$

式中：M 为专家数量，n 为指标个数。

最后，为了进一步确定计算结果的可靠性，采用式(5-17)验证矩阵 $\tilde{A}$ 是否符合一致性要求：

$$CR = \frac{\lambda_{\max} - n}{(n-1)RI} \tag{5-17}$$

式中：RI 为随机一致性指标值，RI 的取值见表 5-16。

表 5-16   **随机一致性指标值**

n	1	2	3	4	5	6	7	8	9	10
RI	0	0	0.58	0.90	1.12	1.24	1.32	1.41	1.45	1.49

当 CR 小于 0.1 时，表明矩阵 $\tilde{A}$ 符合一致性要求，计算结果较为可靠。

5.4.2.2　熵值法

在信息论中，为了实现对系统的整体性评估，常用熵描述一个系统的混乱程度。系统中各种随机性事件发生概率的差异性越大，其混乱程度越大。采用熵值描述就是该事件反映的有效信息越丰富，在计算过程中其赋予的相应权值也越大，反之亦然。该方法可以尽量避免计算过程中的人为干扰，使权重分配更加符合工程实际。[393-406]

设有 m 个隧道涌水案例和 n 个预测指标，则构造的原始数据矩阵 $X = (x_{ij})_{m \times n}$ 可以表示为：

$$X = \begin{bmatrix} x_{11} & x_{12} & \cdots & x_{1n} \\ x_{21} & x_{22} & \cdots & x_{2n} \\ \vdots & \vdots & & \vdots \\ x_{m1} & x_{m2} & \cdots & x_{mn} \end{bmatrix} \tag{5-18}$$

为了消除不同涌水致灾因子的量纲差异,对矩阵 X 进行标准化处理。对于参数值越大,涌水风险越低的致灾因子,其标准化公式为:

$$b_{ij} = \frac{x_{ij} - \min(x_{ij})}{\max(x_{ij}) - \min(x_{ij})} \tag{5-19}$$

对于参数值越小,涌水风险越低的致灾因子,其标准化公式为:

$$b_{ij} = \frac{\max\{x_{ij}\} - x_{ij}}{\max\{x_{ij}\} - \min\{x_{ij}\}} \tag{5-20}$$

根据式(5-19)和式(5-20),则可以得到一个标准化的判断矩阵 $\widetilde{B}$:

$$\widetilde{B} = (b_{ij})_{m \times n} = \begin{bmatrix} b_{11} & b_{12} & \cdots & b_{1n} \\ b_{21} & b_{22} & \cdots & b_{2n} \\ \vdots & \vdots & & \vdots \\ b_{m1} & b_{m2} & \cdots & b_{mn} \end{bmatrix} \tag{5-21}$$

根据信息熵的基本原理,由式(5-22)和式(5-23)计算预测指标 X_j 的熵值 E_j:

$$r_{ij} = (1 + b_{ij}) / \sum_{i=1}^{m} (1 + b_{ij}) \tag{5-22}$$

$$E_j = -(\ln m)^{-1} \sum_{i=1}^{m} r_{ij} \ln r_{ij} \tag{5-23}$$

则预测指标 X_j 的客观权重 w_j 为:

$$w_j = \frac{1 - E_j}{\sum_{j=1}^{n} (1 - E_j)} \tag{5-24}$$

5.4.2.3 综合权重计算

综合权重就是将指标的主观权重和客观权重进行组合集成,使得到的指标权重既反映主观经验,又反映客观事实。根据主观权重 w_i 和客观权重 w_j,预测指标的综合权重 p 为:

$$p = k_1 w_i + k_2 w_j \tag{5-25}$$

式中:k_1 和 k_2 为权重系数,$k_1 + k_2 = 1$。当决策倾向于专家经验时,$k_1 \in [0.5, 1]$,$k_2 \in [0, 0.5]$;当决策倾向于工程实际时,$k_1 \in [0, 0.5]$,$k_2 \in [0.5, 1]$。本节取 k_1 和 k_2 均为 0.5。

5.4.3 云模型的生成

根据所建立的涌水风险预测指标体系和云模型理论,采用式(5-26)～式(5-28)确定预测指标隶属于不同涌水风险等级的 3 个云数字特征,然后利用正向正态云生成算法生成涌水风险预测云模型。

$$E_x = \frac{C_{\max} + C_{\min}}{2} \tag{5-26}$$

$$E_n = \frac{C_{\max} - C_{\min}}{6} \tag{5-27}$$

$$H_e = k \tag{5-28}$$

式中:$C_{\max}$、$C_{\min}$ 分别为涌水致灾因子对应不同涌水风险等级标准的上限值和下限值,根据实际情况,可将 k 设为合适的常数($k < 0.5$),参阅文献[359],本节取 k 值为 0.01。如果因子的等级范围只有一个上限或下限,如[$C_{\min}$, $+\infty$)或($-\infty$, $C_{\max}$],则上限值和下限值可由因子的参数值确定。

5.4.4 计算综合确定度

根据正向正态云生成算法得到预测指标 x 隶属于不同涌水风险等级云的确定度,然后结合指标的综合权重 p,利用式(5-29)得到隶属于不同涌水风险等级的综合确定度 U:

$$U = \sum_{i=1}^{n} \mu(x_i) p_i \tag{5-29}$$

式中:p_i 为第 i 个预测指标的综合权重,$\mu(x_i)$ 为第 i 个预测指标的确定度。

5.5 工程应用

5.5.1 工程概况

SS 隧道 SD50+300～SD52+500 段采用一台刀盘直径为 5.53 m 的敞开式 TBM 进行开挖,纵坡 1/5000。该段的地层岩性主要为凝灰质砂岩和凝灰岩,并发育 4 条小规模断层,断层宽度 0.3～5 m,该洞段的地质剖面图如图 5-9 所示。

该洞段沿线地表水贫乏,地下水主要以裂隙水的形式赋存于岩体中,补给源以北塔山的冰雪融水为主,部分洞段地下水储量十分丰富。在 2017 年 8 月—2019 年 2 月的 19 个月中,该洞段在 TBM 掘进过程中多次发生涌水,导致 TBM 长时间停机,

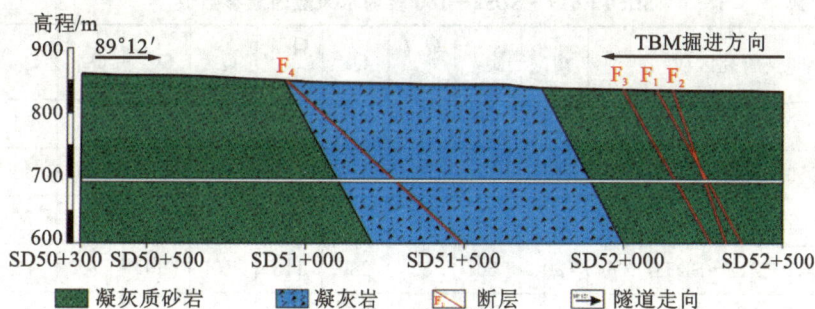

图 5-9　隧道的地质剖面图（SD50＋300～SD52＋500）

严重影响了 TBM 的掘进效率，如图 5-10 所示。因此，有必要对该段的涌水风险进行分析，以便为 TBM 的后续掘进提供风险预警。

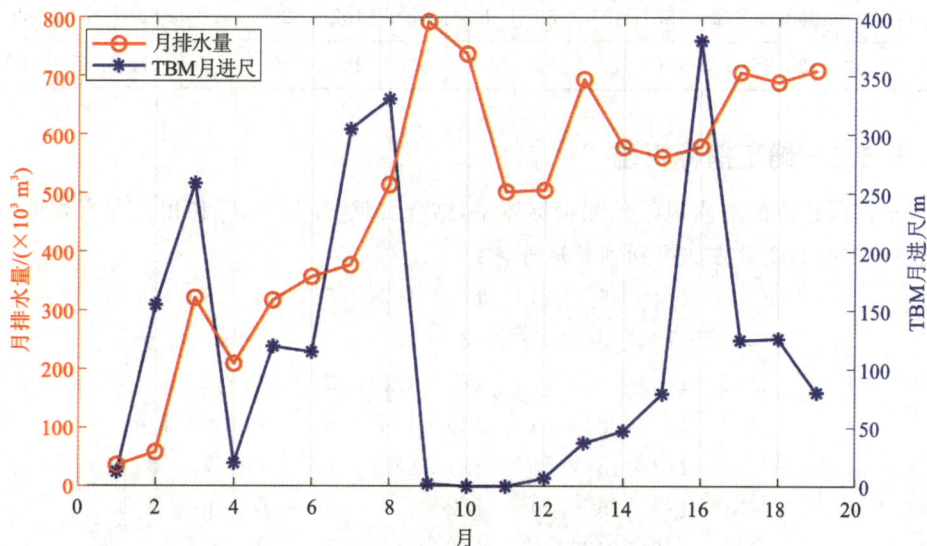

图 5-10　隧道月排水量和 TBM 月进尺实测数据

　　SS 隧道沿线均为戈壁荒漠地貌，是典型的干旱区隧道。根据 SD50＋300～SD52＋500 段的地质勘察、水文条件、施工管理和地质预报，本节选择 SD50＋617～SD52＋160 作为研究区，并将研究区划分为 10 个区段。邀请隧道灾害防治领域的 3 位教授、勘察设计研究院的 2 位高级工程师、施工单位现场负责水文地质编录的 2 位地质工程师和监理单位的 1 位地质工程师共 8 位专家，对 10 个区段的涌水致灾因子进行评分，得到相应区段的涌水风险因素参数值，见表 5-17。

表 5-17　　　　　SD50＋617～SD52＋160 段涌水风险因素参数值

序号	研究区段	Q_1	Q_2	Q_5/(°)	Q_6	Q_7/m	Q_8	Q_{10}	Q_{11}	Q_{12}	Q_{13}
1	SD50＋617～SD50＋660	10	35	62	420	120	10	40	80	80	80
2	SD50＋660～SD51＋170	10	15	65	380	117	10	35	90	80	90
3	SD51＋170～SD51＋212	10	60	54	340	108	10	65	75	75	70
4	SD51＋212～SD51＋264	20	50	55	340	113	10	60	70	75	65
5	SD51＋264～SD51＋280	15	85	60	300	118	10	80	65	75	40
6	SD51＋280～SD51＋917	10	20	62	380	115	10	30	90	85	90
7	SD51＋917～SD51＋980	10	35	63	330	112	10	45	80	80	80
8	SD51＋980～SD52＋060	20	45	60	400	115	10	40	85	80	85
9	SD52＋060～SD52＋135	40	80	62	320	102	20	65	60	70	50
10	SD52＋135～SD52＋160	45	85	66	320	104	30	70	55	65	50

5.5.2　确定指标权重

根据所建立的涌水风险预测指标体系,结合文献[35]、[140]和相关专家意见,利用表 5-15 中的度量方法得到判断矩阵 $\tilde{A}$:

$$\tilde{A} = \begin{bmatrix} 1 & 1/4 & 5 & 4 & 1/3 & 1/3 & 5 & 7 & 6 & 1 \\ 4 & 1 & 6 & 5 & 2 & 3 & 6 & 8 & 7 & 4 \\ 1/5 & 1/6 & 1 & 1/3 & 1/5 & 1/5 & 2 & 2 & 2 & 1/6 \\ 1/4 & 1/5 & 3 & 1 & 1/5 & 1/3 & 4 & 5 & 5 & 1/4 \\ 3 & 1/2 & 5 & 5 & 1 & 2 & 6 & 7 & 7 & 3 \\ 3 & 1/3 & 5 & 3 & 1/2 & 1 & 5 & 6 & 6 & 1 \\ 1/5 & 1/6 & 1/2 & 1/3 & 1/6 & 1/5 & 1 & 2 & 3 & 1/5 \\ 1/7 & 1/8 & 1/2 & 1/4 & 1/7 & 1/6 & 1/2 & 1 & 2 & 1/6 \\ 1/6 & 1/7 & 1/2 & 1/5 & 1/7 & 1/6 & 1/3 & 1/2 & 1 & 1/5 \\ 1 & 1/4 & 6 & 4 & 1/3 & 1 & 5 & 6 & 5 & 1 \end{bmatrix}$$

然后,利用式(5-15)和式(5-16)计算 $\tilde{A}$ 的权向量和最大特征值,计算结果为 $\lambda_{max}=10.8765$,$CR=0.0654<0.1$,从而得到预测指标的主观权重,见表 5-18。

对于预测指标 Q_1、Q_2、Q_5、Q_7、Q_8、Q_{10},其指标值越小,涌水风险越低。对于预测指标 Q_6、Q_{11}、Q_{12}、Q_{13},其指标值越大,涌水风险越低。根据表 5-17 中涌水风险因素参数值,利用式(5-19)和式(5-20)可得标准化矩阵 $\tilde{B}$:

$$\tilde{B} = \begin{bmatrix} 0.0000 & 0.0000 & 0.0000 & 0.2857 & 0.8889 & 0.0 & 0.20 & 0.0000 & 0.00 & 0.2 \\ 0.1429 & 0.0714 & 0.3333 & 0.2857 & 1.0000 & 0.5 & 0.30 & 0.1429 & 0.25 & 0.2 \\ 0.7143 & 0.5714 & 0.5000 & 0.8571 & 0.2778 & 1.0 & 0.80 & 0.8571 & 0.75 & 0.9 \\ 1.0000 & 0.7143 & 0.2500 & 0.3571 & 0.4444 & 1.0 & 0.70 & 0.7143 & 0.75 & 0.8 \\ 1.0000 & 0.9286 & 0.3333 & 0.7143 & 0.2778 & 1.0 & 1.00 & 1.0000 & 1.00 & 1.0 \\ 0.8571 & 0.0000 & 0.5000 & 0.1429 & 0.1111 & 1.0 & 0.00 & 0.2857 & 0.50 & 0.0 \\ 0.7143 & 0.5000 & 0.9167 & 0.0000 & 0.3889 & 1.0 & 0.40 & 0.4286 & 0.50 & 0.5 \\ 1.0000 & 0.3571 & 1.0000 & 0.4286 & 0.6667 & 1.0 & 0.30 & 0.5714 & 0.50 & 0.6 \\ 1.0000 & 1.0000 & 0.0833 & 0.7143 & 0.1667 & 1.0 & 0.90 & 1.0000 & 0.75 & 1.0 \\ 1.0000 & 0.7143 & 0.3333 & 1.0000 & 0.0000 & 1.0 & 0.80 & 0.7143 & 0.75 & 0.8 \end{bmatrix}$$

采用式(5-22)～式(5-25)分别确定涌水风险预测指标的客观权重和综合权重，见表5-18。

表5-18 涌水风险预测指标权重

指标权重	Q_1	Q_2	Q_5	Q_6	Q_7	Q_8	Q_{10}	Q_{11}	Q_{12}	Q_{13}
主观权重	0.1084	0.2672	0.0320	0.0541	0.2043	0.1591	0.0290	0.0210	0.0180	0.1067
客观权重	0.1029	0.1287	0.1005	0.0985	0.1074	0.0771	0.1010	0.1037	0.0720	0.1082
综合权重	0.1062	0.2118	0.0594	0.0719	0.1655	0.1263	0.0578	0.0541	0.0396	0.1073

5.5.3 生成涌水风险预测云模型

结合表5-14和表5-17,采用式(5-26)～式(5-28)计算可得指标隶属于不同风险等级的云数字特征,计算结果见表5-19。

表5-19 预测指标隶属不同风险等级的云数字特征

指标	风险等级			
	I	II	III	IV
Q_1	(12.5, 4.1667, 0.01)	(37.5, 4.1667, 0.01)	(62.5, 4.1667, 0.01)	(87.5, 4.1667, 0.01)
Q_2	(12.5, 4.1667, 0.01)	(37.5, 4.1667, 0.01)	(62.5, 4.1667, 0.01)	(87.5, 4.1667, 0.01)
Q_5	(5, 1.6667, 0.01)	(22.5, 4.1667, 0.01)	(55, 6.6667, 0.01)	(82.5, 2.5, 0.01)
Q_6	(550, 33.3333, 0.01)	(400, 16.6667, 0.01)	(300, 16.6667, 0.01)	(125, 41.6667, 0.01)
Q_7	(5, 1.6667, 0.01)	(20, 3.3333, 0.01)	(45, 5, 0.01)	(90, 10, 0.01)
Q_8	(12.5, 4.1667, 0.01)	(37.5, 4.1667, 0.01)	(62.5, 4.1667, 0.01)	(87.5, 4.1667, 0.01)
Q_{10}	(12.5, 4.1667, 0.01)	(37.5, 4.1667, 0.01)	(62.5, 4.1667, 0.01)	(87.5, 4.1667, 0.01)
Q_{11}	(92.5, 2.5, 0.01)	(77.5, 2.5, 0.01)	(65, 1.6667, 0.01)	(30, 10, 0.01)
Q_{12}	(92.5, 2.5, 0.01)	(77.5, 2.5, 0.01)	(65, 1.6667, 0.01)	(30, 10, 0.01)
Q_{13}	(92.5, 2.5, 0.01)	(77.5, 2.5, 0.01)	(65, 1.6667, 0.01)	(30, 10, 0.01)

根据正向正态云生成算法计算出 10 个洞段各指标隶属于不同涌水风险等级的确定度,计算结果见表 5-20。

表 5-20 预测指标的确定度

洞段序号	Q_1	Q_2	Q_5	Q_6	Q_7	Q_8	Q_{10}	Q_{11}	Q_{12}	Q_{13}
1	0.1987	0.8350	0.2579	0.4864	0.3761	0.2022	0.1975	0.0442	1.0000	0.1355
2	0.8366	0.1959	0.5776	0.4864	0.4871	0.1944	0.8352	0.0113	0.0111	0.1355
3	0.1944	0.1987	0.7557	1.0000	0.0441	0.8359	0.8355	0.0111	0.6036	0.0111
4	0.8359	0.8355	0.4875	0.1985	0.0888	0.8359	0.1984	0.6036	0.6036	0.6036
5	0.8359	0.1944	0.5776	0.4869	0.0441	0.8359	0.1966	0.6038	0.0111	0.6038
6	0.8355	0.8350	0.7557	1.0000	0.0199	0.8359	0.1979	1.0000	0.6047	0.6064
7	0.1944	0.0112	1.0000	0.4873	0.0707	0.8359	0.8352	0.0111	0.6047	1.0000
8	0.8359	0.8352	0.9888	0.0562	0.1985	0.8359	0.8357	0.6047	0.6047	0.0118
9	0.8359	0.8355	0.3264	0.4869	0.0259	0.8359	0.8361	0.6038	0.6036	0.6038
10	0.8359	0.8355	0.5776	0.4860	0.0110	0.8359	0.8355	0.6036	0.6036	0.6036

结合各指标的综合权重 p,采用式(5-29)计算出各洞段隶属于不同涌水风险等级的综合确定度,并以此判定隧道在不同致灾因子作用下的涌水风险等级;为了检验云模型的可靠性和准确性,采用理想点法和灰色关联投影法进行对比分析[407,408],预测结果见表 5-21,不同涌水风险等级中各指标的确定度分布如图 5-11 所示。

表 5-21 隧道涌水风险预测结果

隧道洞段	综合确定度				云模型	理想点法	灰色关联投影法
	$U(Ⅰ)$	$U(Ⅱ)$	$U(Ⅲ)$	$U(Ⅳ)$			
SD50+617~SD50+660	0.1943	0.3816	0.0343	0.0018	Ⅱ	Ⅱ	Ⅱ
SD50+660~SD51+170	0.4688	0.1072	0.0194	0.0043	Ⅰ	Ⅱ	Ⅱ
SD51+170~SD51+212	0.1943	0.0567	0.2893	0.0329	Ⅲ	Ⅲ	Ⅲ
SD51+212~SD51+264	0.1262	0.0240	0.2530	0.0117	Ⅲ	Ⅲ	Ⅲ
SD51+264~SD51+280	0.1943	0.0240	0.1709	0.2567	Ⅳ	Ⅳ	Ⅳ
SD51+280~SD51+917	0.3334	0.0464	0.0343	0.0073	Ⅰ	Ⅱ	Ⅱ
0SD51+917~SD51+980	0.1943	0.3098	0.0432	0.0147	Ⅱ	Ⅱ	Ⅱ
SD51+980~SD52+060	0.1260	0.1880	0.0449	0.0073	Ⅱ	Ⅱ	Ⅱ
SD52+060~SD52+135	0.0245	0.0889	0.1180	0.1373	Ⅳ	Ⅲ	Ⅳ
SD52+135~SD52+160	0	0.0466	0.1013	0.2561	Ⅳ	Ⅳ	Ⅳ

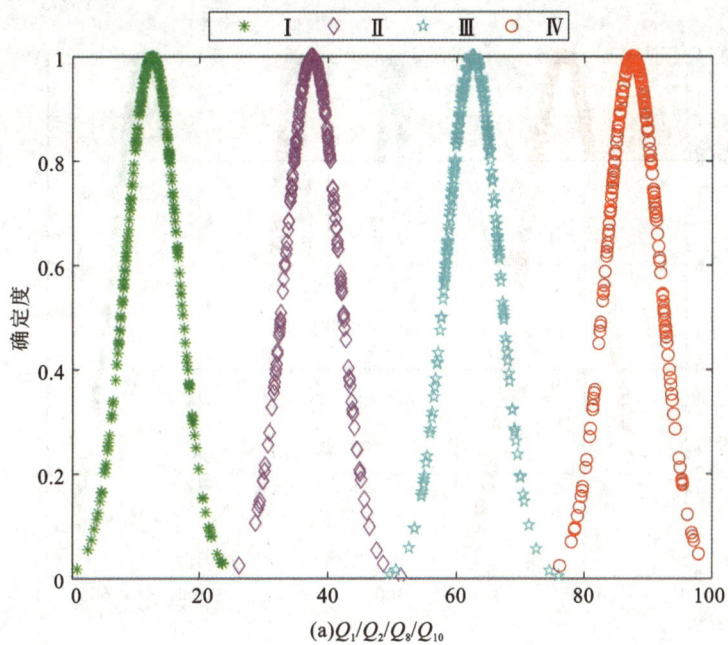

(a)$Q_1/Q_2/Q_8/Q_{10}$

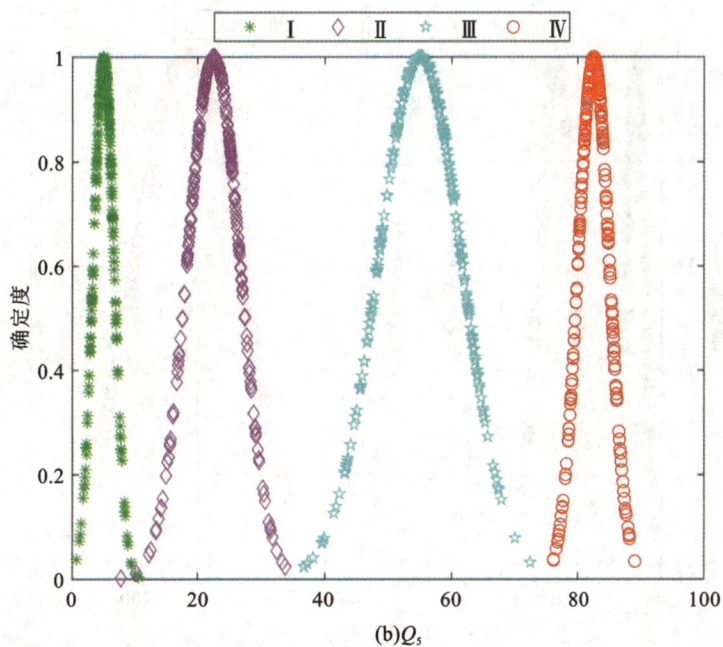

(b)Q_5

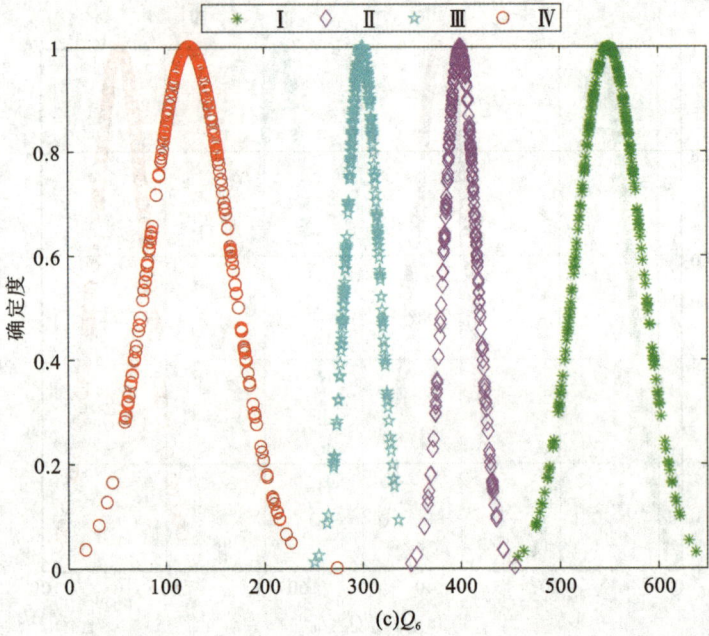

(c)Q_6

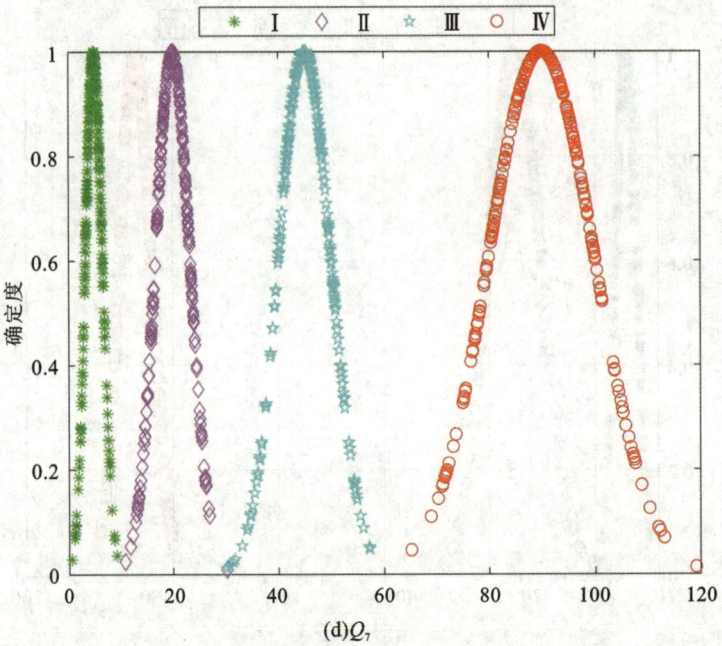

(d)Q_7

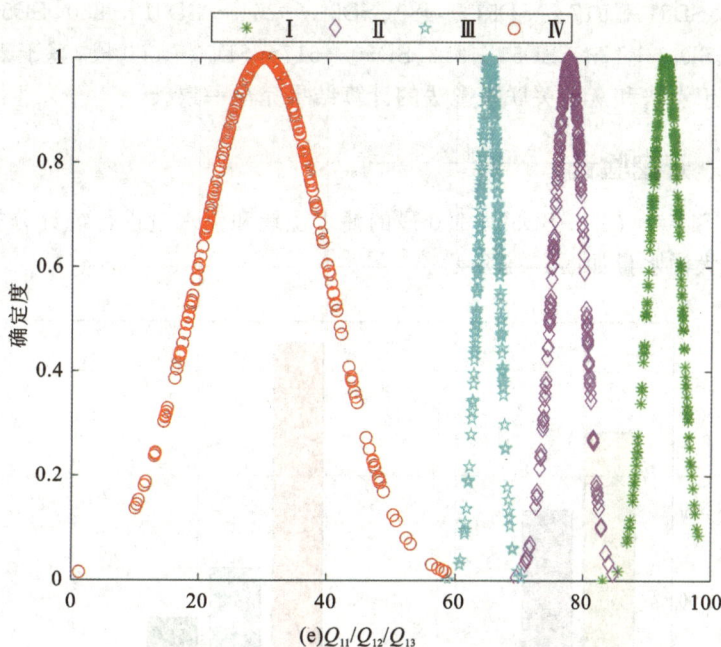

(e)$Q_{11}/Q_{12}/Q_{13}$

图 5-11　基于正向正态云发生器生成的不同预测指标隶属云

5.5.4　预测结果分析

通过对表 5-21 中预测结果的对比分析可知,SD52+060～SD52+135 段属于不同风险等级的综合确定度为 $U(\text{IV}) = 0.1373$,$U(\text{III}) = 0.1180$,$U(\text{II}) = 0.0889$,$U(\text{I}) = 0.0245$,基于最大综合确定度准则可知该段发生涌水的概率为 IV 级,与灰色关联投影法的计算结果一致,理想点法的计算结果为 III 级,低于上述两种方法。SD51+980～SD52+060 段的最大综合确定度为 $U(\text{II}) = 0.1880$,表明基于云模型的涌水风险预测结果为 II 级,与理想点法的计算结果一致,低于灰色关联投影法的计算结果。SD51+280～SD51+917 段和 SD50+660～SD51+170 段属于不同风险等级的综合确定度为 $U(\text{I}) > U(\text{II}) > U(\text{III}) > U(\text{IV})$,表明 SD51+280～SD51+917 段和 SD50+660～SD51+170 段的涌水风险等级为 I 级,与理想点法和灰色关联投影法计算结果相比,云模型的计算结果偏低。

综上分析,SD52+135～SD52+160、SD52+060～SD52+135 和 SD51+264～SD51+280 段的涌水风险等级为 IV 级,SD51+212～SD51+264 和 SD51+170～SD51+212 段的涌水风险等级为 III 级,SD51+980～SD52+060、SD51+917～SD51+980 和 SD50+617～SD50+660 段的涌水风险等级为 II 级。SD51+280～SD51+917 和 SD50+660～SD51+170 段的涌水风险等级为 I 级。在 SD52+135～

SD52＋160、SD51＋917～SD51＋980、SD51＋264～SD51＋280、SD51＋212～SD51＋264、SD51＋170～SD51＋212、SD50＋617～SD50＋660 段，基于云模型的预测结果与理想点法和灰色关联投影法的计算结果完全一致。

5.5.5 开挖验证

通过对 SD50＋617～SD52＋160 段的涌水位置和涌水量进行统计分析，10 个洞段的实测最大涌水量如图 5-12 所示。

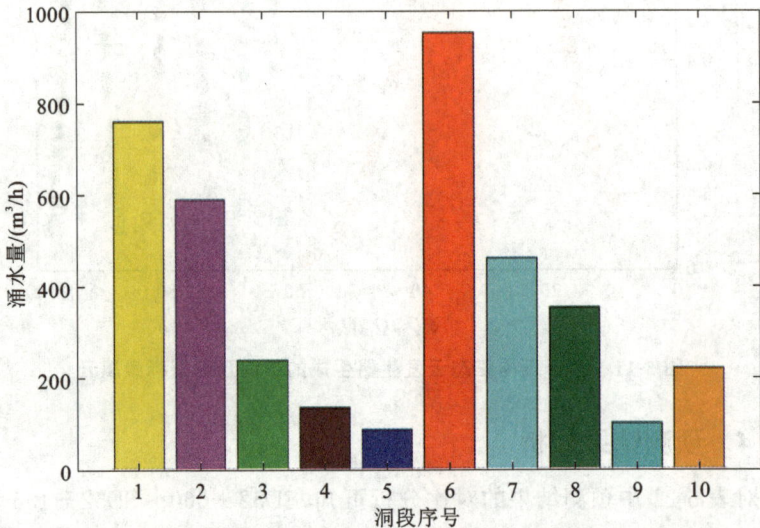

图 5-12 10 个洞段涌水量实测值

TBM 掘进到 SD52＋160 时，掌子面出现明显涌水，如图 5-13(a)所示，实测最大涌水量为 758 m³/h。SD52＋090 和 SD51＋265 右侧洞壁也出现大范围涌水，如图 5-13(b)、(c)所示，实测最大涌水量分别为 587 m³/h 和 950 m³/h。在 SD50＋660 位置，TBM 的护盾处出现多处涌水点，如图 5-13(d)所示，实测最大涌水量为 220 m³/h。

通过与基于云模型的涌水风险预测模型的预测结果对比分析，发现预测结果与隧道涌水实际情况吻合较好，表明该方法应用于隧道涌水风险预测的可靠性较高。

(a)SD52+160处涌水情况	(b)SD52+090处涌水情况
(c)SD51+265处涌水情况	(d)SD50+660处涌水情况

图 5-13　隧道涌水的实际情况

5.6　涌水治理技术研究

为了降低涌水危害,提高 TBM 的掘进效率,针对 SD50＋617～SD52＋160 段的涌水问题,分别采用纯水泥浆液、水泥和水玻璃双浆液、高聚物、聚氨酯对部分涌水洞段进行注浆堵水试验,注浆工艺流程如图 5-14 所示,具体试验方法见表 5-22。

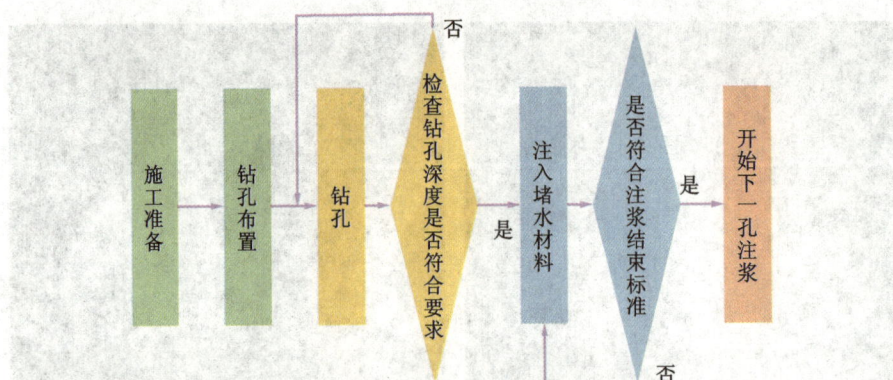

图 5-14　注浆堵水工艺流程

表 5-22　　　　　　　　　　　注浆堵水试验方法

注浆类型	堵水材料	试验位置
物理注浆	纯水泥浆液 水泥和水玻璃双浆液	SD52＋160 SD52＋160
化学注浆	高聚物(改性异氰酸酯和组合聚醚) 聚氨酯	SD52＋090 SD51＋265

5.6.1　纯水泥浆液堵水试验

　　SD52＋160 处的涌水主要来自掌子面发育的围岩裂隙,针对该处的涌水特点,采用 YT-28 手风钻沿裂隙进行左右穿缝布孔,并用纯水泥浆液进行堵水试验,具体试验参数见表 5-23。

表 5-23　　　　　　　　　　纯水泥浆液堵水试验参数

孔深/m	孔径/mm	孔数/个	水泥标号	水灰比	水泥用量/t	灌浆时间/d
0.7~1	56	11	42.5♯高抗硫水泥	0.5∶1	10.9	9

　　注浆完成后掌子面较小裂隙的涌水情况得到基本控制,但较大裂隙的涌水量没有明显降低,表明纯水泥浆液仅适用于小流量、低流速的涌水,对封堵大流量、高流速的涌水效果欠佳。

5.6.2　水泥和水玻璃双浆液堵水试验

　　由于纯水泥浆液的堵水效果不明显,在 SD52＋160 处采用水泥和水玻璃双浆液进行堵水试验,造孔方式采用全断面布置,具体试验参数见表 5-24。

表 5-24   **水泥和水玻璃双浆液堵水试验参数**

孔深/ m	孔径/ mm	孔数/ 个	水泥标号	水泥浆液 水灰比	水泥浆和 水玻璃配比	水泥 用量/t	水玻璃 用量/t	灌浆 时间/d
1～6	56	68	42.5♯高抗硫水泥	0.5∶1	1∶1	135.1	18.7	19

注浆堵水完成后掌子面大面积的涌水情况基本得到控制,多数裂隙灌浆后无渗水现象,掌子面最大涌水量从 758 m^3/h 降到 110 m^3/h,堵水效果较为明显,如图 5-15 所示。

(a)堵水前   (b)堵水后

图 5-15　SD52＋160 处堵水前后对比

5.6.3　高聚物堵水试验

虽然水泥和水玻璃双浆液的堵水效果明显,但钻孔量较大,钻孔深且历时长,严重影响 TBM 的掘进效率,而化学灌浆具有堵水时间短、施工灵活的特点,因此,在 SD52＋090 处采用改性异氰酸酯(A)和组合聚醚(B)的双组分高聚物进行堵水试验,具体试验参数见表 5-25。注浆堵水完成后该处的涌水情况基本得到控制,涌水量从最大时的 587 m^3/h 降到 50 m^3/h,堵水效果较为明显,如图 5-16 所示。

表 5-25   **高聚物堵水试验参数**

孔深/m	孔径/mm	A 和 B 的配比	注浆压力/MPa	注浆温度/℃
0.6～4	60	1∶1	7	37

(a)堵水前   (b)堵水后

图 5-16　SD52＋090 处堵水前后对比

5.6.4　聚氨酯堵水试验

虽然高聚物对大流量、高水压的强涌水具有明显效果,但其价格十分昂贵,达到16 万/t,大幅增加了工程造价。因此,为了降低堵水成本,采用价格相对适中的聚氨酯(3 万/t)在 SD51＋265 处进行注浆堵水试验,具体试验参数见表 5-26。

表 5-26   **聚氨酯注浆堵水试验参数**

孔深/m	孔径/mm	注浆压力/MPa	材料固化时间/s	体积膨胀倍率/倍
2.5	50	15	10	20~25

注浆堵水完成后洞壁的涌水情况基本得到控制,仅隧道底部轨道下方的部分涌水没有完全封堵,涌水量明显下降,堵水效果较好,如图 5-17 所示。

通过对 4 种材料的注浆堵水试验结果对比分析可知,化学注浆的堵水效果明显优于物理注浆,但其价格昂贵,并不适用于大规模的涌水治理。考虑到研究区段涌水规模大、涌水洞段长的特点,采用水泥和水玻璃双浆液及聚氨酯联合治理涌水更为合理。具体而言,对于线状涌水,采用水泥和水玻璃双浆液通过造孔注浆方式封闭出水点;对于股状涌水,采用聚氨酯进行封堵。采用这种联合堵水技术对其他涌水洞段进行涌水治理,取得了良好的治水效果,在减少涌水量的同时,也极大缓解了排水系统的工作负荷,提高了 TBM 的掘进效率。

(a)堵水前　　　　　　　　　　　　　　(b)堵水后

图 5-17　SD51＋265 处堵水前后对比

5.6.5　涌水风险管理

注浆堵水是一种被动的涌水治理方法,施工时对 TBM 的掘进效率影响较大,为了降低施工成本,应加强 TBM 掘进过程中的涌水风险管理。如果隧道的涌水风险等级为Ⅰ级,在开挖过程中应合理选择 TBM 的掘进参数,尽量减小对围岩的扰动,并加强支护措施。隧道的涌水风险等级为Ⅱ级时,应加强监控测量和地质预报,并及时对施工方案进行动态调整。当隧道涌水的风险等级为Ⅲ级或Ⅳ级时,应立即停止施工,并制订应急排水方案,同时在隧道掌子面前方进行超前注浆截水,注浆完成后再进行下一个开挖循环。

5.7　本 章 小 结

本章综合考虑水文因素、地质因素、施工因素和动态监测因素,分析了干旱区隧道涌水的致灾因子,提出了基于云模型的隧道涌水风险多指标预测方法。采用 AHP法和熵值法的耦合算法计算指标权重,使指标权重既反映主观经验,又反映客观事实,并通过正向正态云生成算法得到各指标隶属于相应云的确定度,最后由综合确定度判定隧道在不同致灾因子作用下的涌水风险等级。

将该模型应用于 SS 隧道 SD50＋617～SD52＋160 段的涌水风险分析,研究结果显示,基于该模型的涌水风险预测结果不仅与理想点法和灰色关联投影法的结果较为一致,而且与实际开挖情况吻合较好,表明基于云模型的隧道涌水风险多指标预测方法应用于实际工程中是可行的,具有较高的准确性和可靠性。

针对 SD50+617～SD52+160 段的涌水问题,分别采用纯水泥浆液、水泥和水玻璃双浆液、高聚物和聚氨酯对部分涌水洞段进行注浆堵水试验。试验结果表明,采用水泥和水玻璃双浆液及聚氨酯进行联合注浆堵水较为合理。对于线状涌水,采用水泥和水玻璃双浆液通过造孔注浆方式封闭出水点;对于股状涌水,采用聚氨酯进行封堵。

此外,根据不同的涌水风险等级,探讨了相应的风险管理响应机制,以期对其他相关工程的风险控制有所借鉴。

6 直觉模糊集在岩爆烈度分级预测中的应用

6.1 概　　述

岩爆是受多种内外因子共同驱动而产生的一种非常复杂的动力失稳现象,具有复杂性和突发性。随着隧道掘进的深度越来越大,岩爆发生的频率也越来越高,全球每年因岩爆产生的工程事故达数千起,岩爆已经成为制约隧道施工安全的重要不确定性隐患。

岩爆防治的关键在于预测。由于岩爆的发生机理十分复杂,为了提高岩爆风险分级的预测精度,国内外研究人员采用多个岩爆影响因子和不同理论应用于岩爆烈度分级预测研究[63-66,409-423](表 6-1),为岩爆防治奠定了重要的理论基础。

表 6-1　　　　　　　　　基于不同理论的岩爆烈度分级预测方法

序号	岩爆预测方法	参数选择
1	模糊综合评价法	σ_θ/σ_c, σ_c/σ_t, σ_c/σ_1, K_v, H, W_{et}
2	集对分析法	σ_θ/σ_c, σ_c/σ_t, I_s, W_{et}
3	概率数学模型	σ_θ, σ_c, σ_t, W_{et}, σ_θ/σ_c, σ_c/σ_t
4	属性识别数学模型	σ_θ/σ_c, σ_c/σ_t, K_v, W_{et},
5	可拓理论	σ_c, σ_c/σ_1, σ_θ/σ_c, σ_c/σ_t, H, K_v, W_{et},
6	灰色理论	σ_θ, σ_c, σ_t, σ_θ/σ_c, σ_c/σ_t, W_{et},
7	未确知测度理论	σ_θ/σ_c, σ_c/σ_t, W_{et},
8	功效系数法	W_{et}, σ_θ/σ_c, σ_c/σ_t, I_s
9	云模型理论	σ_θ/σ_c, σ_c/σ_t, K_v, W_{et}

续表6-1

序号	岩爆预测方法	参数选择
10	灰色白化权函数聚类方法	σ_θ/σ_c,σ_c/σ_t,K_v,W_{et}
11	未确知均值分类方法	σ_θ,σ_c,σ_t,W_{et}
12	Fisher 线性判别分析	σ_θ/σ_c,σ_c/σ_t,W_{et}
13	支持向量机	σ_θ,σ_c,σ_t,σ_θ/σ_c,σ_c/σ_t,W_{et}
14	人工神经网络	σ_θ,σ_c,σ_t,σ_θ/σ_c,σ_c/σ_t,H,W_{et}
15	自适应神经模糊推理系统	σ_θ,σ_c,σ_t,σ_θ/σ_c,σ_c/σ_t,W_{et}
16	贝叶斯网格	H,σ_θ,σ_c,σ_t,W_{et}
17	基因表达式编程	σ_θ,σ_c,σ_t,W_{et}
18	随机森林法	σ_θ,σ_c,σ_t,W_{et}
19	理想点法	σ_θ/σ_c,σ_c/σ_t,σ_1/σ_c,W_{et},K_v
20	变权-灰色目标决策模型	σ_θ,σ_c,σ_t,σ_θ/σ_c,σ_c/σ_t,W_{et}
21	证据理论	σ_θ/σ_c,σ_c/σ_t,W_{et}

注：σ_θ 为洞室最大切向应力；σ_c 为岩石单轴抗压强度；σ_t 为岩石单轴抗拉强度；σ_1 为最大主应力；I_s 为岩石点荷载强度；W_{et} 为弹性变形能指数；K_v 为岩石完整性系数；H 为隧道埋深。

本章综合考虑影响岩爆发生的内外驱动因子,采用多个指标并引入新的数学理论来提高岩爆预测的准确性,提出了一种基于直觉模糊集的岩爆烈度分级预测模型。将该模型应用于 KS 隧道的 KT4 施工支洞,分析了 KT4 隧道在高地应力环境下的岩爆风险,为长距离隧道岩爆风险预判提供了新的理论依据。

6.2　直觉模糊集理论

直觉模糊集理论是由 Atanassov 提出的用于分析不确定问题的一种数学方法[438],它通过隶属度与非隶属度 2 个参数来描述不确定性问题的模糊性,目前已被广泛应用于方案优选、信息处理和控制论等多个领域[424-440]。

6.2.1　直觉模糊集的定义

设 $X=\{x\}$ 是一个给定的论域,如果对任意 $x\in X$,存在 $\mu_{\hat{A}_I}(x):X\rightarrow[0,1]$,$v_{\hat{A}_I}(x):X\rightarrow[0,1]$,且满足 $0\leqslant\mu_{\hat{A}_I}(x)+v_{\hat{A}_I}(x)\leqslant1$,则称 $\hat{A}_I$ 为 X 上由参数 $\mu_{\hat{A}_I}(x)$ 和 $v_{\hat{A}_I}(x)$ 确定的一个直觉模糊集[441],即:

$$\hat{A}_{\mathrm{I}} = \left\{ x, \mu_{\hat{A}_{\mathrm{I}}}(x), v_{\hat{A}_{\mathrm{I}}}(x) \mid x \in X \right\} \tag{6-1}$$

式中：$\mu_{\hat{A}_{\mathrm{I}}}(x)$、$v_{\hat{A}_{\mathrm{I}}}(x)$ 分别表示 x 对 $\hat{A}_{\mathrm{I}}$ 的隶属度和非隶属度。

6.2.2 直觉模糊集的基本性质

设 $\hat{A}_{\mathrm{I}}$ 和 $\hat{B}_{\mathrm{I}}$ 是论域 X 上的 2 个直觉模糊集，则 $\hat{A}_{\mathrm{I}}$ 和 $\hat{B}_{\mathrm{I}}$ 满足：

$$\hat{A}_{\mathrm{I}} + \hat{B}_{\mathrm{I}} = \left\{ x, \mu_{\hat{A}_{\mathrm{I}}}(x) + \mu_{\hat{B}_{\mathrm{I}}}(x) - \mu_{\hat{A}_{\mathrm{I}}}(x)\mu_{\hat{B}_{\mathrm{I}}}(x), v_{\hat{A}_{\mathrm{I}}}(x)v_{\hat{B}_{\mathrm{I}}}(x) \mid x \in X \right\}$$
$$\tag{6-2}$$

$$\hat{A}_{\mathrm{I}} \cdot \hat{B}_{\mathrm{I}} = \left\{ x, \mu_{\hat{A}_{\mathrm{I}}}(x)\mu_{\hat{B}_{\mathrm{I}}}(x), v_{\hat{A}_{\mathrm{I}}}(x) + v_{\hat{B}_{\mathrm{I}}}(x) - v_{\hat{A}_{\mathrm{I}}}(x)v_{\hat{B}_{\mathrm{I}}}(x) \mid x \in X \right\}$$
$$\tag{6-3}$$

为了比较两个直觉模糊集之间的逻辑关系，记 $E(\hat{A}_{\mathrm{I}})$ 和 $E(\hat{B}_{\mathrm{I}})$ 分别为 $\hat{A}_{\mathrm{I}}$ 和 $\hat{B}_{\mathrm{I}}$ 的得分值，$S(\hat{A}_{\mathrm{I}})$ 和 $S(\hat{B}_{\mathrm{I}})$ 分别为 $\hat{A}_{\mathrm{I}}$ 和 $\hat{B}_{\mathrm{I}}$ 的精确值，则

$$E(\hat{A}_{\mathrm{I}}) = \mu_{\hat{A}_{\mathrm{I}}}(x) - v_{\hat{A}_{\mathrm{I}}}(x) \quad -1 \leqslant E(\hat{A}_{\mathrm{I}}) \leqslant 1 \tag{6-4}$$

$$S(\hat{A}_{\mathrm{I}}) = \mu_{\hat{A}_{\mathrm{I}}}(x) + v_{\hat{A}_{\mathrm{I}}}(x) \quad -1 \leqslant S(\hat{A}_{\mathrm{I}}) \leqslant 1 \tag{6-5}$$

$$E(\hat{B}_{\mathrm{I}}) = \mu_{\hat{B}_{\mathrm{I}}}(x) - v_{\hat{B}_{\mathrm{I}}}(x) \quad -1 \leqslant E(\hat{B}_{\mathrm{I}}) \leqslant 1 \tag{6-6}$$

$$S(\hat{B}_{\mathrm{I}}) = \mu_{\hat{B}_{\mathrm{I}}}(x) + v_{\hat{B}_{\mathrm{I}}}(x) \quad -1 \leqslant S(\hat{B}_{\mathrm{I}}) \leqslant 1 \tag{6-7}$$

根据 $\hat{A}_{\mathrm{I}}$ 和 $\hat{B}_{\mathrm{I}}$ 的得分值和精确值，可判断 $\hat{A}_{\mathrm{I}}$ 和 $\hat{B}_{\mathrm{I}}$ 的大小关系：

若 $E(\hat{A}_{\mathrm{I}}) > E(\hat{B}_{\mathrm{I}})$，则 $\hat{A}_{\mathrm{I}} > \hat{B}_{\mathrm{I}}$。

若 $E(\hat{A}_{\mathrm{I}}) = E(\hat{B}_{\mathrm{I}})$，则：

$$\begin{cases} \hat{A}_{\mathrm{I}} < \hat{B}_{\mathrm{I}} & S(\hat{A}_{\mathrm{I}}) < S(\hat{B}_{\mathrm{I}}) \\ \hat{A}_{\mathrm{I}} = \hat{B}_{\mathrm{I}} & S(\hat{A}_{\mathrm{I}}) = S(\hat{B}_{\mathrm{I}}) \\ \hat{A}_{\mathrm{I}} > \hat{B}_{\mathrm{I}} & S(\hat{A}_{\mathrm{I}}) > S(\hat{B}_{\mathrm{I}}) \end{cases} \tag{6-8}$$

6.3 基于直觉模糊集的岩爆风险预测模型

本章基于直觉模糊集理论提出了一种新的岩爆风险预测模型，如图 6-1 所示。首先，综合分析岩爆的内外驱动因子，建立岩爆风险预测指标集 $D = (D_1, D_2, \cdots, D_n)$ 和岩爆风险等级集 $R = (R_1, R_2, \cdots, R_t)$；其次，采用球面模糊层次分析法和灰色关联法的耦合算法计算预测指标的综合权重，并利用直觉模糊集理论建立直觉模糊判断矩阵，根据综合权重与直觉模糊判断矩阵计算样本隶属于风险等级集 R 的综合得分值；最后，根据综合得分值确定岩爆风险等级。

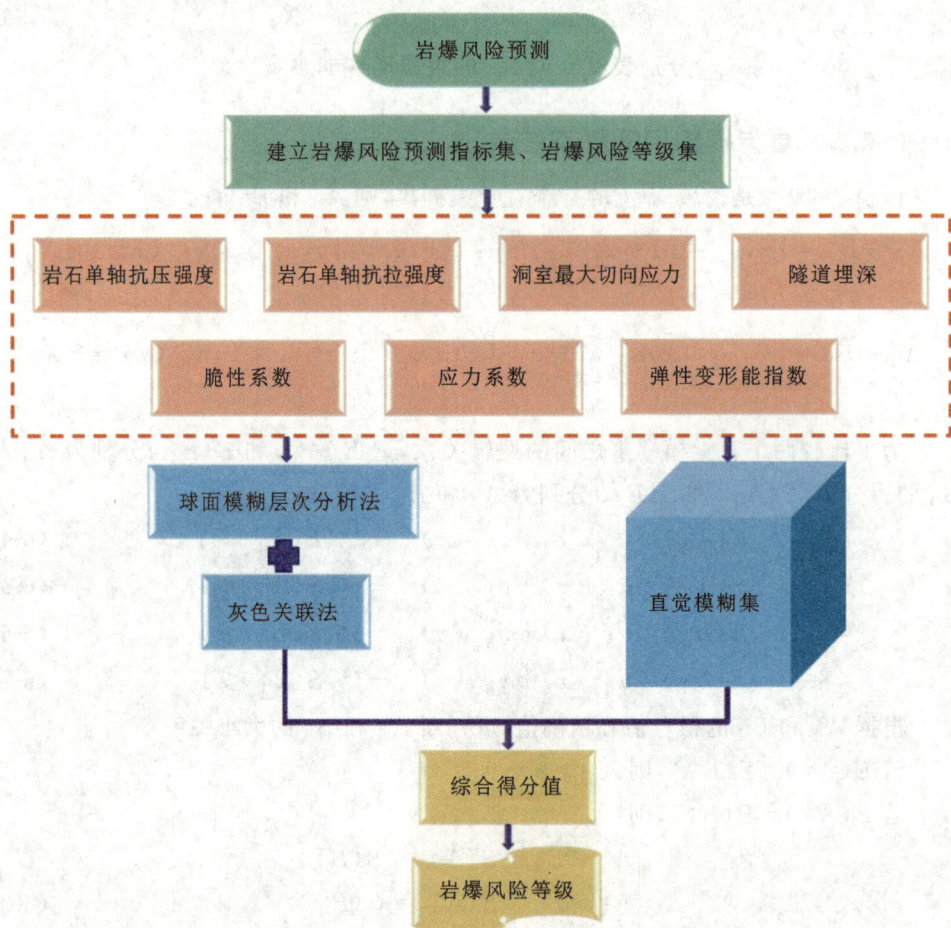

图 6-1　基于直觉模糊集的岩爆风险预测模型计算流程

6.3.1　建立岩爆风险预测指标集和风险等级集

在隧道开挖过程中,岩爆发生的不确定性程度较大。本章根据表 6-1 中前人的研究成果,并综合考虑影响岩爆发生的内外驱动因子,选取岩石单轴抗压强度 $\sigma_c(D_1)$、岩石单轴抗拉强度 $\sigma_t(D_2)$、洞室最大切向应力 $\sigma_\theta(D_3)$、隧道埋深 $H(D_4)$、脆性系数 $\sigma_c/\sigma_t(D_5)$、应力系数 $\sigma_\theta/\sigma_c(D_6)$ 和弹性变形能指数 $W_{et}(D_7)$ 建立岩爆风险预测指标集。结合文献[63]和[434]的岩爆烈度分级标准,将岩爆划分为四个等级:无岩爆(Ⅰ)、轻微岩爆(Ⅱ)、中等岩爆(Ⅲ)和强岩爆(Ⅳ),见表 6-2。

表 6-2 **岩爆影响因子及其分级标准**

岩爆等级	σ_c/MPa	σ_t/MPa	σ_θ/MPa	H/m	σ_c/σ_t	σ_θ/σ_c	W_{et}
Ⅰ	[0,80)	[0,5)	[0,24)	[0,50)	[40,60]	[0,0.3)	[0,2)
Ⅱ	[80,120)	[5,7)	[24,60)	[50,200)	[26.7,40)	[0.3,0.5)	[2,3.5)
Ⅲ	[120,180)	[7,9)	[60,126)	[200,700)	[14.5,26.7)	[0.5,0.7)	[3.5,5)
Ⅳ	[180,320]	[9,30)	[126,200]	>700	[0,14.5)	[0.7,1.0)	[5,10)

6.3.2 岩爆影响因子权重确定

6.3.2.1 球面模糊层次分析法

由于信息的不完整和不确定性，在 AHP 法和模糊集理论的基础上发展了模糊层次分析法，如梯形模糊层次分析法、犹豫模糊层次分析法和毕达哥拉斯模糊层次分析法。本章在 AHP 法的基础上引入球面模糊集，并将其用于指标权重计算。

(1)球面模糊集理论。

①球面模糊集的定义。

球面模糊集(SFS)隶属函数由隶属度(μ)、非隶属度(v)和不确定度(π)3 个参数组成，且每一个参数都可以在 0 到 1 之间独立定义，以满足它们的平方和最多等于 1。[442] 设 $\widetilde{A}_S = (\mu_{\widetilde{A}_S}, v_{\widetilde{A}_S}, \pi_{\widetilde{A}_S})$ 为论域 U_1 上的球面模糊集，则对任意 $x \in U_1$，$\widetilde{A}_S$ 满足：

$$\widetilde{A}_S = \{x, (\mu_{\widetilde{A}_S}(x), v_{\widetilde{A}_S}(x), \pi_{\widetilde{A}_S}(x)) | x \in U_1\} \tag{6-9}$$

$$0 \leqslant \mu_{\widetilde{A}_S}^2(x) + v_{\widetilde{A}_S}^2(x) + \pi_{\widetilde{A}_S}^2(x) \leqslant 1 \quad \forall x \in U_1 \tag{6-10}$$

式中：$\mu_{\widetilde{A}_S}(x)$、$v_{\widetilde{A}_S}(x)$ 和 $\pi_{\widetilde{A}_S}(x)$ 分别为 x 对 $\widetilde{A}_S$ 的隶属度、非隶属度和不确定度，$\mu_{\widetilde{A}_S}(x):U_1 \rightarrow [0,1]$，$v_{\widetilde{A}_S}(x):U_1 \rightarrow [0,1]$，$\pi_{\widetilde{A}_S}(x):U_1 \rightarrow [0,1]$。

②球面模糊集的基本运算。

设 $\widetilde{A}_S = (\mu_{\widetilde{A}_S}, v_{\widetilde{A}_S}, \pi_{\widetilde{A}_S})$ 和 $\widetilde{B}_S = (\mu_{\widetilde{B}_S}, v_{\widetilde{B}_S}, \pi_{\widetilde{B}_S})$ 分别为论域 U_1 和 U_2 上的球面模糊集，则球面模糊集的基本运算为：

$$\widetilde{A}_S \cup \widetilde{B}_S = \{\max\{\mu_{\widetilde{A}_S}, \mu_{\widetilde{B}_S}\}, \min\{\mu_{\widetilde{A}_S}, \mu_{\widetilde{B}_S}\},$$

$$\min\{\{1-[(\max\{\mu_{\widetilde{A}_S}, \mu_{\widetilde{B}_S}\})^2 + (\min\{\mu_{\widetilde{A}_S}, \mu_{\widetilde{B}_S}\})^2]\}^{\frac{1}{2}}, \max\{\pi_{\widetilde{A}_S}, \pi_{\widetilde{B}_S}\}\}\}$$

$$\tag{6-11}$$

$$\widetilde{A}_S \cap \widetilde{B}_S = \{\min\{\mu_{\widetilde{A}_S}, \mu_{\widetilde{B}_S}\}, \max\{\mu_{\widetilde{A}_S}, \mu_{\widetilde{B}_S}\},$$

$$\max\{\{1-[(\min\{\mu_{\widetilde{A}_S}, \mu_{\widetilde{B}_S}\})^2 + (\max\{\mu_{\widetilde{A}_S}, \mu_{\widetilde{B}_S}\})^2]\}^{\frac{1}{2}}, \min\{\pi_{\widetilde{A}_S}, \pi_{\widetilde{B}_S}\}\}\}$$

$$\tag{6-12}$$

$$\widetilde{A}_S \oplus \widetilde{B}_S = \{ (\mu^2_{\widetilde{A}_S} + \mu^2_{\widetilde{B}_S} - \mu^2_{\widetilde{A}_S}\mu^2_{\widetilde{B}_S})^{\frac{1}{2}}, v_{\widetilde{A}_S} v_{\widetilde{B}_S},$$

$$[(1-\mu^2_{\widetilde{B}_S})\pi^2_{\widetilde{A}_S} + (1-\mu^2_{\widetilde{A}_S})\pi^2_{\widetilde{B}_S} - \pi^2_{\widetilde{A}_S}\pi^2_{\widetilde{B}_S}]^{\frac{1}{2}} \} \tag{6-13}$$

$$\widetilde{A}_S \otimes \widetilde{B}_S = \{ \mu_{\widetilde{A}_S}\mu_{\widetilde{B}_S}, \sqrt{v^2_{\widetilde{A}_S} + v^2_{\widetilde{B}_S} - v^2_{\widetilde{A}_S}v^2_{\widetilde{B}_S}}, \sqrt{(1-v^2_{\widetilde{B}_S})\pi^2_{\widetilde{A}_S} + (1-v^2_{\widetilde{A}_S})\pi^2_{\widetilde{B}_S} - \pi^2_{\widetilde{A}_S}\pi^2_{\widetilde{B}_S}}$$

$$\tag{6-14}$$

$$\delta \cdot \widetilde{A}_S = \{ [1-(1-\mu^2_{\widetilde{A}_S})^\delta]^{\frac{1}{2}}, v^\delta_{\widetilde{A}_S}, [(1-\mu^2_{\widetilde{A}_S})^\delta - (1-\mu^2_{\widetilde{A}_S} - \pi^2_{\widetilde{A}_S})^\delta]^{\frac{1}{2}} \} \tag{6-15}$$

$$\widetilde{A}^\lambda_S = \{ \mu^\lambda_{\widetilde{A}_S}, 1-(1-v^2_{\widetilde{A}_S})^{\frac{1}{2}}, [(1-v^2_{\widetilde{A}_S})^\lambda - (1-v^2_{\widetilde{A}_S} - \pi^2_{\widetilde{A}_S})^\lambda]^{\frac{1}{2}} \} \tag{6-16}$$

③球面模糊集的算数平均值。

设 $\widetilde{A}_{S1}, \widetilde{A}_{S2}, \cdots, \widetilde{A}_{Sn}$ 为 n 个球面模糊集,则 n 个球面模糊集的算术平均值(spherical fuzzy sets arithmetic mean,SFSAM)为:

$$\text{SFSAM}_n(\widetilde{A}_{S1}, \widetilde{A}_{S2}, \cdots, \widetilde{A}_{Sn}) = \Big\{ \Big[1-\prod_{i=1}^{n}(1-\mu^2_{\widetilde{A}_{Si}})^{\frac{1}{n}}\Big]^{\frac{1}{2}},$$

$$\prod_{i=1}^{n} v^{\frac{1}{n}}_{\widetilde{A}_{Si}}, \Big[\prod_{i}^{n}(1-\mu^2_{\widetilde{A}_{Si}})^{\frac{1}{n}} - \prod_{i}^{n}(1-\mu^2_{\widetilde{A}_{Si}} - \pi^2_{\widetilde{A}_{Si}})^{\frac{1}{n}}\Big]^{\frac{1}{2}} \Big\} \tag{6-17}$$

(2)基于球面模糊集的模糊层次分析法。

球面模糊层次分析法(SFS-AHP)是将 SFS 和 AHP 法耦合在一起的一种新的模糊层次分析法[443],SFS-AHP 法的具体算法如下。

①构造球面模糊判断矩阵:根据建立的预测指标集 D,使用表 6-3 中的标度方法度量指标间的相对重要性,重要性用球面模糊数表示,由此构造球面模糊判断矩阵 M。

表 6-3　　　　　　　　　　球面模糊层次分析法的重要性度量标准

球面模糊数(μ, v, π)	两两比较
(0.9, 0.1, 0.0)	绝对高的重要性(AMI)
(0.8, 0.2, 0.1)	非常高的重要性(VHI)
(0.7, 0.3, 0.2)	高的重要性(HI)
(0.6, 0.4, 0.3)	略高的重要性(SMI)
(0.5, 0.4, 0.4)	同等重要(EI)
(0.4, 0.6, 0.3)	略低的重要性(SLI)
(0.3, 0.7, 0.2)	低的重要性(LI)
(0.2, 0.8, 0.1)	非常低的重要性(VLI)
(0.1, 0.9, 0.0)	绝对低的重要性(ALI)

$$\boldsymbol{M} = \begin{bmatrix} \dfrac{M_1}{M_1} & \dfrac{M_1}{M_2} & \cdots & \dfrac{M_1}{M_n} \\[2ex] \dfrac{M_2}{M_1} & \dfrac{M_2}{M_2} & \cdots & \dfrac{M_2}{M_n} \\[1ex] \vdots & \vdots & & \vdots \\[1ex] \dfrac{M_n}{M_1} & \dfrac{M_n}{M_2} & \cdots & \dfrac{M_n}{M_n} \end{bmatrix} = \begin{bmatrix} M_{11} & M_{12} & \cdots & M_{1n} \\ M_{21} & M_{22} & \cdots & M_{2n} \\ \vdots & \vdots & & \vdots \\ M_{n1} & M_{n2} & \cdots & M_{nn} \end{bmatrix} \tag{6-18}$$

②检验球面模糊判断矩阵 $\boldsymbol{M}$ 的一致性：运用式（6-19）和式（6-20）将表示重要程度的球面模糊数转换为重要性得分值（DF），然后采用式（5-17）对其进行验证，如果 CR<0.1，则说明判断矩阵 $\boldsymbol{M}$ 满足一致性要求。

对于 AMI、VHI、HI、SMI 和 EI，有

$$DF = \left\{ \left| 100 \times \left[(\mu_{\widetilde{A}_S} - \pi_{\widetilde{A}_S})^2 - (v_{\widetilde{A}_S} - \pi_{\widetilde{A}_S})^2 \right] \right| \right\}^{\frac{1}{2}} \tag{6-19}$$

对于 EI、SLI、LI、VLI 和 ALI，有

$$\frac{1}{DF} = \frac{1}{\left\{ \left| 100 \times \left[(\mu_{\widetilde{A}_S} - \pi_{\widetilde{A}_S})^2 - (v_{\widetilde{A}_S} - \pi_{\widetilde{A}_S})^2 \right] \right| \right\}^{\frac{1}{2}}} \tag{6-20}$$

③计算球面模糊集的算术平均值 SFSAM：采用式（6-17）计算 n 个球面模糊集的算术平均值 SFSAM。

④去模糊化：利用式（6-21）中的函数 Q 对 SFSAM 进行去模糊化。

$$Q(\bar{w}_j) = \left\{ \left| 100 \times \left[\left(3\mu_{\widetilde{A}_S} - \frac{\pi_{\widetilde{A}_S}}{2} \right)^2 - \left(\frac{v_{\widetilde{A}_S}}{2} - \pi_{\widetilde{A}_S} \right)^2 \right] \right| \right\}^{\frac{1}{2}} \tag{6-21}$$

⑤预测指标的权重向量 $w_j^{\triangle}$ 为：

$$w_j^{\triangle} = \frac{Q(\bar{w}_j)}{\sum\limits_{j=1}^{n} Q(\bar{w}_j)} \tag{6-22}$$

6.3.2.2 灰色关联分析法

灰色关联分析法（GRA）是一种通过对不同因素间蕴含一定关系的定量描述实现两者比较的数学方法。[444-457] 本节基于向量的夹角余弦原理，采用 GRA 法对岩爆影响因子进行赋权。

设有 m 组岩爆工程案例，n 个预测指标，则原始数据矩阵 $\boldsymbol{B} = (b_{ij})_{m \times n}$ 为：

$$\boldsymbol{B} = \begin{bmatrix} b_{11} & b_{12} & \cdots & b_{1n} \\ b_{21} & b_{22} & \cdots & b_{2n} \\ \vdots & \vdots & & \vdots \\ b_{m1} & b_{m2} & \cdots & b_{mn} \end{bmatrix} \tag{6-23}$$

在矩阵 $\boldsymbol{B}$ 中选取最优向量 $\boldsymbol{G} = (g_1, g_2, \cdots, g_m)^{\mathrm{T}}$ 和最劣向量 $\boldsymbol{L} = (l_1, l_2, \cdots, l_m)^{\mathrm{T}}$。对于越大越优型指标,最优向量 $\boldsymbol{G}$ 取 m 组数据中关于预测指标的最大值,最劣向量 $\boldsymbol{L}$ 取 m 组数据中关于预测指标的最小值。对于越小越优型指标,最优向量 $\boldsymbol{G}$ 取 m 组数据中关于预测指标的最小值,最劣向量 $\boldsymbol{L}$ 取 m 组数据中关于预测指标的最大值。向量 $\boldsymbol{G}$ 和 $\boldsymbol{L}$ 的构建公式如下:

$$G_j = \begin{cases} \max\limits_{1 \leqslant i \leqslant m} \{b_{ij}\} & j \in I_1 \\ \min\limits_{1 \leqslant i \leqslant m} \{b_{ij}\} & j \in I_2 \end{cases} \tag{6-24}$$

$$L_j = \begin{cases} \min\limits_{1 \leqslant i \leqslant m} \{b_{ij}\} & j \in I_1 \\ \max\limits_{1 \leqslant i \leqslant m} \{b_{ij}\} & j \in I_2 \end{cases} \tag{6-25}$$

式中:I_1 为越大越优型指标,I_2 为越小越优型指标。

根据得到的最优向量 $\boldsymbol{G}$ 和最劣向量 $\boldsymbol{L}$,构建 m 组数据与 $\boldsymbol{G}$、$\boldsymbol{L}$ 的相对偏差矩阵 $\boldsymbol{X}$ 和 $\boldsymbol{Y}$,其中 $\boldsymbol{X} = (x_{ij})_{m \times n}$ 为优偏差矩阵,$\boldsymbol{Y} = (y_{ij})_{m \times n}$ 为劣偏差矩阵。

$$x_{ij} = \frac{|g_i - b_{ij}|}{\max\limits_i\{|g_i - b_{ij}|\} - \min\limits_i\{|g_i - b_{ij}|\}} \tag{6-26}$$

$$y_{ij} = \frac{|l_i - b_{ij}|}{\max\limits_i\{|l_i - b_{ij}|\} - \min\limits_i\{|l_i - b_{ij}|\}} \tag{6-27}$$

根据向量的夹角余弦定理计算 $\boldsymbol{X}$ 的列向量 x_j 和 $\boldsymbol{Y}$ 的列向量 y_j 的夹角余弦 $\tilde{w}_j$:

$$\tilde{w}_j = \frac{\sum\limits_{j=1}^{n}(x_{ij} \cdot y_{ij})}{\left(\sum\limits_{j=1}^{n} x_{ij}^2\right)^{\frac{1}{2}} \cdot \left(\sum\limits_{j=1}^{n} y_{ij}^2\right)^{\frac{1}{2}}} \tag{6-28}$$

则预测指标的权重向量 w_j^* 为:

$$w_j^* = \frac{\tilde{w}_j}{\sum\limits_{j=1}^{n} \tilde{w}_j} \tag{6-29}$$

6.3.2.3 综合权重

根据 SFS-AHP 法和 GRA 法得到的权重 $w^{\triangle} = (w_1^{\triangle}, w_2^{\triangle}, \cdots, w_n^{\triangle})^{\mathrm{T}}$ 和 $w^* = $

$(w_1^*, w_2^*, \cdots, w_n^*)^\mathrm{T}$,预测指标的综合权重 w_j 为:

$$w_j = \langle \varphi_j, \eta_j \rangle = \langle \min(w_j^\triangle, w_j^*), 1 - \max(w_j^\triangle, w_j^*) \rangle \qquad (6\text{-}30)$$

式中: φ_j 和 η_j 分别表示预测指标 $D_j \in D$ 的重要性程度和非重要性程度,且满足 $0 \leqslant \varphi_j + \eta_j \leqslant 1$。

6.3.3 构建直觉模糊决策矩阵

设有 m 组岩爆样本, x_{in} 是第 i 组样本关于第 n 个预测指标的指标值, $[f_t, \overline{f_t}]$ 是指标 D_n 所对应的岩爆风险等级区间,则 x_{in} 对 $[f_t, \overline{f_t}]$ 的隶属度和非隶属度用直觉模糊数的形式表示为 $\langle \mu_{nt}, v_{nt} \rangle$, μ_{nt} 和 v_{nt} 的计算公式如下:

$$\mu_{nt} = \exp \left\{ - \frac{(x_{in} - c_{\mu t})^2}{2\sigma_{\mu t}^2} \right\} \qquad (6\text{-}31)$$

$$v_{nt} = 1 - \exp \left\{ - \frac{(x_{in} - c_{vt})^2}{2\sigma_{vt}^2} \right\} \qquad (6\text{-}32)$$

$$\sigma_{\mu t} = \begin{cases} \left[\dfrac{-(\overline{f_t} - c_{\mu t})^2}{2\ln\left(\frac{1-\alpha}{2}\right)} \right]^{\frac{1}{2}} & f_t \geqslant f_{\min}, \overline{f_t} < f_{\max} \\[4mm] \left[\dfrac{-(f_t - c_{\mu t})^2}{2\ln\left(\frac{1-\alpha}{2}\right)} \right]^{\frac{1}{2}} & f_t \geqslant f_{\min}, \overline{f_t} = f_{\max} \end{cases} \qquad (6\text{-}33)$$

$$\sigma_{vt} = \begin{cases} \left[\dfrac{-(\overline{f_t} - c_{vt})^2}{2\ln\left(1 - \frac{1-\alpha}{2}\right)} \right]^{\frac{1}{2}} & f_t \geqslant f_{\min}, \overline{f_t} < f_{\max} \\[4mm] \left[\dfrac{-(f_t - c_{vt})^2}{2\ln\left(1 - \frac{1-\alpha}{2}\right)} \right]^{\frac{1}{2}} & f_t \geqslant f_{\min}, \overline{f_t} = f_{\max} \end{cases} \qquad (6\text{-}34)$$

$$c_{\mu t} = c_{vt} = \begin{cases} f_t & f_t = f_{\min} \\[2mm] \dfrac{f_t + \overline{f_t}}{2} & f_t > f_{\min}, \overline{f_t} < f_{\max} \\[2mm] \overline{f_t} & \overline{f_t} = f_{\max} \end{cases} \qquad (6\text{-}35)$$

式中: $c_{\mu t}$、c_{vt}、$\sigma_{\mu t}$ 和 σ_{vt} 为确定 μ_{nt} 和 v_{nt} 时的计算参数, α 为直觉模糊不确定度,表征数据处理过程的模糊性, $\alpha \in [0, 1]$。参阅文献[458]和[459],本节取 $\alpha = 0.2$。

根据式(6-36),可得到样本的直觉模糊决策矩阵 $\boldsymbol{P}$:

$$P = \begin{bmatrix} \mu_{11}, \upsilon_{11} & \mu_{12}, \upsilon_{12} & \cdots & \mu_{1t}, \upsilon_{1t} \\ \mu_{21}, \upsilon_{21} & \mu_{22}, \upsilon_{22} & \cdots & \mu_{2t}, \upsilon_{2t} \\ \vdots & \vdots & & \vdots \\ \mu_{n1}, \upsilon_{n1} & \mu_{n2}, \upsilon_{n2} & \cdots & \mu_{nt}, \upsilon_{nt} \end{bmatrix}$$ (6-36)

采用综合权重 w_j 对矩阵 P 进行加权,得到加权直觉模糊判断矩阵 P_w:

$$P_w = \begin{bmatrix} \langle \varphi_1\mu_{11}, \eta_1 + \upsilon_{11} - \eta_1\upsilon_{11} \rangle & \langle \varphi_1\mu_{12}, \eta_1 + \upsilon_{12} - \eta_1\upsilon_{12} \rangle & \cdots & \langle \varphi_1\mu_{1t}, \eta_1 + \upsilon_{1t} - \eta_1\upsilon_{1t} \rangle \\ \langle \varphi_2\mu_{21}, \eta_2 + \upsilon_{21} - \eta_2\upsilon_{21} \rangle & \langle \varphi_2\mu_{22}, \eta_2 + \upsilon_{22} - \eta_2\upsilon_{22} \rangle & \cdots & \langle \varphi_2\mu_{2t}, \eta_2 + \upsilon_{2t} - \eta_2\upsilon_{2t} \rangle \\ \vdots & \vdots & & \vdots \\ \langle \varphi_n\mu_{n1}, \eta_n + \upsilon_{n1} - \eta_n\upsilon_{n1} \rangle & \langle \varphi_n\mu_{n2}, \eta_n + \upsilon_{n2} - \eta_n\upsilon_{n2} \rangle & \cdots & \langle \varphi_n\mu_{nt}, \eta_n + \upsilon_{nt} - \eta_n\upsilon_{nt} \rangle \end{bmatrix}$$
(6-37)

6.3.4 综合得分值计算

首先采用式(6-38)计算样本的综合值 U:

$$U = \sum_{i=1}^{n} P_{wt} \quad t = 1, 2, \cdots, 4; n = 1, 2, \cdots, 7$$ (6-38)

式中: U 为样本的综合值, P_{wt} 为加权直觉模糊判断矩阵。

然后由式(6-4)计算样本的综合得分值 $E(U)$,根据 $E(U)$ 的最大值确定最终的岩爆风险等级。

6.4 模型检验

为检验本章所提出的基于直觉模糊集的岩爆烈度分级预测模型的可行性和准确性,结合文献[460]~[462]中的国内外 35 组岩爆实际工程案例(表 6-4)对其进行检验,并对 35 组工程案例发生岩爆的岩性和每个岩爆预测指标值的分布规律进行了统计分析,其中 I 级岩爆有 6 组;II 级岩爆有 9 组;III 级岩爆有 20 组。岩爆等级统计如图 6-2 所示。此外,本章对各岩爆工程案例岩性和岩爆预测指标值的分布规律进行了统计分析(图 6-3 和图 6-4),并在此基础上分析了每个预测指标关于岩爆风险等级的分布特征,如图 6-5 所示。基于数据分析,可以更加直观地探究不同因子驱动下岩爆的发生规律。

表 6-4　　　　　　　　　　国内外地下工程岩爆案例

序号	工程案例	岩性	$\sigma_c/$ MPa	$\sigma_t/$ MPa	$\sigma_\theta/$ MPa	$H/$ m	σ_c/σ_t	σ_θ/σ_c	W_{et}	岩爆等级
1	渔子溪水电站引水隧道	花岗闪长岩	170	11.3	90	200	15.044	0.529	9	Ⅲ
2	二滩水电站2♯地下洞室	正长岩	220	7.4	90	194	29.730	0.409	7.3	Ⅱ
3	拉西瓦水电站地下厂房	花岗岩	176	7.3	55.4	300	24.110	0.315	9.3	Ⅲ
4	挪威西玛水电站地下厂房	花岗岩	180	8.3	48.75	700	21.687	0.271	5	Ⅲ
5	日本关越隧道	闪长岩	236	8.3	89	890	28.434	0.377	5	Ⅲ
6	锦屏水电站引水隧道	石灰岩	120	6.5	98.6	150	18.462	0.822	3.8	Ⅲ
7	秦岭隧道	混合岩	129	8.73	70.3	1600	14.777	0.545	6.43	Ⅲ
8	括苍山隧道	凝灰岩	133.4	9.3	35	204	14.344	0.262	2.9	Ⅱ
9	江边水电站引水隧道	黑云母花岗斑岩	148.4	8.47	66.77	827	17.52	0.45	5.08	Ⅲ
10	江边水电站引水隧道	黑云母花岗斑岩	127.9	4.43	35.82	1117	28.9	0.28	3.67	Ⅲ
11	江边水电站引水隧道	黑云母石灰岩	107.5	2.98	21.5	1124	36.04	0.2	2.29	Ⅰ
12	江边水电站引水隧道	黑云母石灰岩	96.41	2.01	18.32	1140	47.93	0.19	1.87	Ⅰ
13	通榆隧道 K21+740	石灰岩	78.1	3.2	43.62	1030	24.406	0.559	6	Ⅱ
14	大相岭隧道 YK55+119	流纹岩	59.7	1.3	25.7	362	45.923	0.43	1.7	Ⅰ
15	大相岭隧道 YK55+154	流纹岩	62.8	2.1	26.9	374	29.905	0.428	2.4	Ⅱ
16	大相岭隧道 YK55+819	流纹岩	72.1	2.1	40.4	775	34.333	0.56	1.9	Ⅱ
17	大相岭隧道 YK56+080	流纹岩	71.4	3.4	38.2	811	21	0.535	3.6	Ⅲ
18	大相岭隧道 YK56+109	流纹岩	69.1	3.2	45.7	816	21.594	0.661	4.1	Ⅲ

续表6-4

序号	工程案例	岩性	$\sigma_c/$ MPa	$\sigma_t/$ MPa	$\sigma_\theta/$ MPa	$H/$ m	σ_c/σ_t	σ_θ/σ_c	W_{et}	岩爆等级
19	大相岭隧道 YK56＋177	流纹岩	67.8	3.8	35.8	841	17.842	0.528	4.3	Ⅲ
20	大相岭隧道 YK56＋343	流纹岩	69.2	2.7	39.4	959	25.63	0.569	3.8	Ⅲ
21	大相岭隧道 YK61＋450	流纹岩	94	2.6	29.1	760	36.154	0.31	3.2	Ⅱ
22	大相岭隧道 YK61＋493	流纹岩	90	2.1	27.8	729	42.857	0.309	1.8	Ⅰ
23	大相岭隧道 YK61＋827	流纹岩	88	3.1	30.3	724	28.387	0.344	3	Ⅱ
24	金川二矿	橄榄岩	86.03	7.14	60	1000	12.049	0.697	2.85	Ⅱ
25	马路坪磷矿	砂岩	110	4.5	63.8	750	24.444	0.58	6.31	Ⅲ
26	马路坪磷矿	磷酸岩	120	5	44.4	750	24	0.37	5.1	Ⅱ
27	马路坪磷矿	砂岩	110	4.5	70.4	700	24.444	0.64	6.31	Ⅲ
28	马路坪磷矿	磷酸岩	120	5	57.6	700	24	0.48	5.1	Ⅲ
29	马路坪磷矿	磷酸岩	120	5	73.2	600	24	0.61	5.1	Ⅲ
30	北洺河铁矿	石灰岩	53.8	5.56	15.2	510	9.676	0.283	1.92	Ⅰ
31	程潮铁矿	石灰岩	82	10.9	18.7	469	7.523	0.228	1.5	Ⅰ
32	程潮铁矿	闪长岩	132	11.5	29.8	552	11.478	0.226	4.6	Ⅲ
33	程潮铁矿	闪长岩	156	10.8	33.6	583	14.444	0.215	5.2	Ⅲ
34	冬瓜山铜矿	矽卡岩	170	12.1	105.5	850	14.05	0.621	5.76	Ⅲ
35	冬瓜山铜矿	矽卡岩	190	17.1	105.5	790	11.111	0.555	3.97	Ⅲ

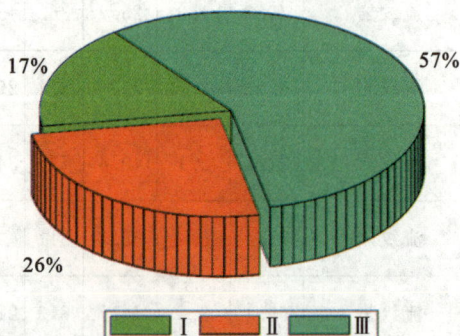

图 6-2　35 组岩爆工程案例的岩爆等级统计图

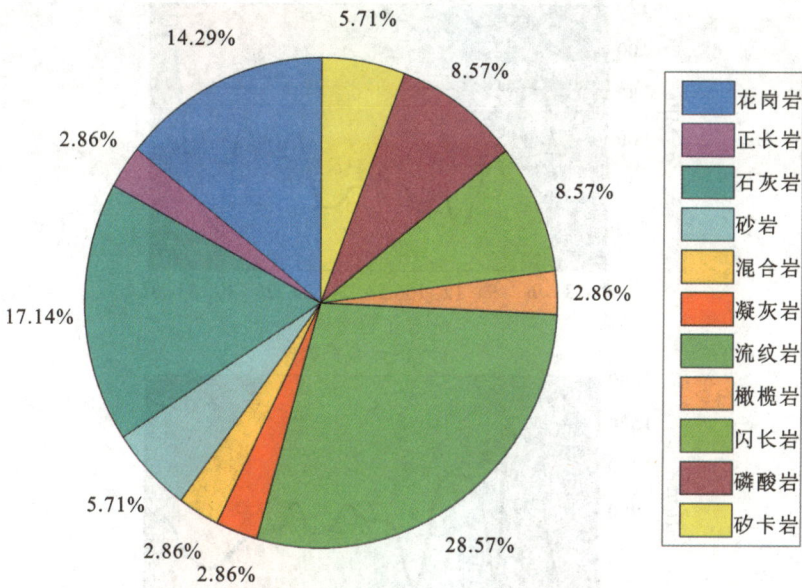

图 6-3　发生岩爆的岩性分布图

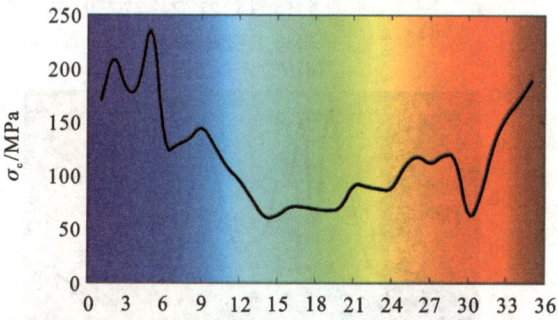

(a)σ_c的分布特征

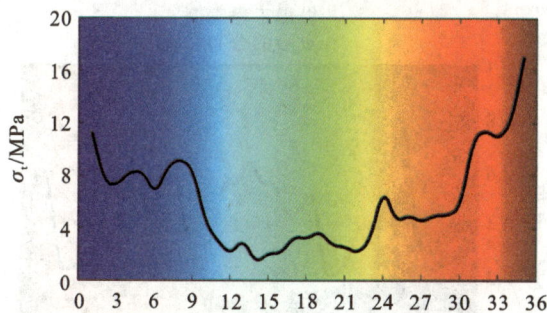

(b)σ_t的分布特征

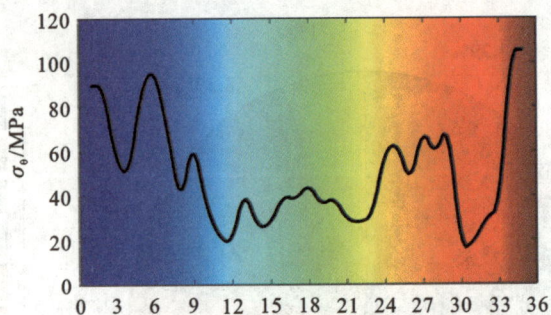

(c)σ_θ的分布特征

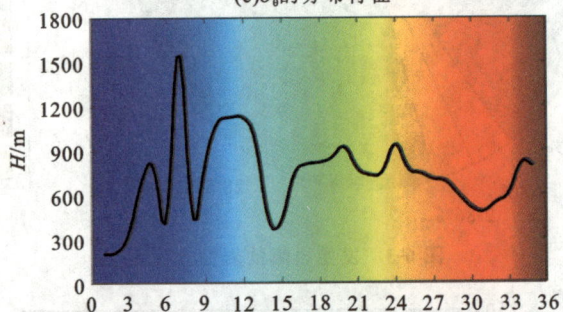

(d)H的分布特征

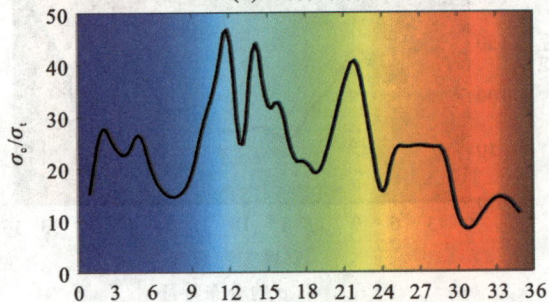

(e)σ_c/σ_t的分布特征

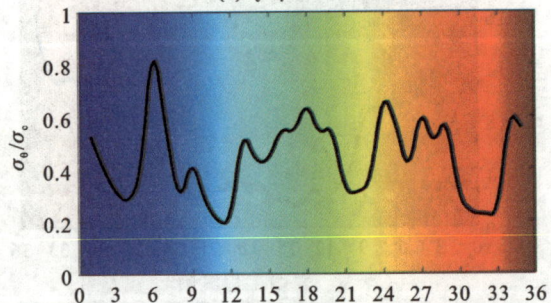

(f)σ_θ/σ_c的分布特征

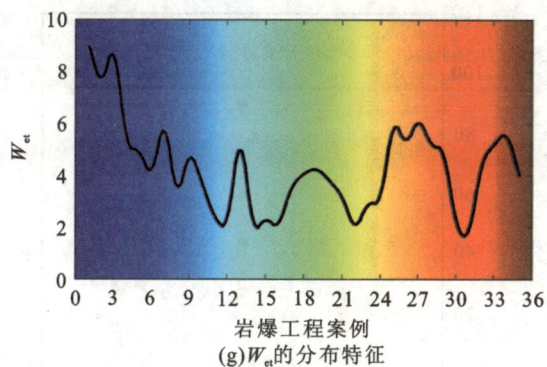

岩爆工程案例
(g)W_{et}的分布特征

图 6-4　预测指标的分布特征

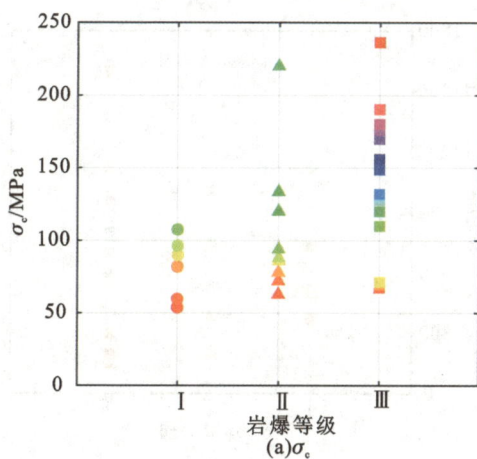

(a)σ_c

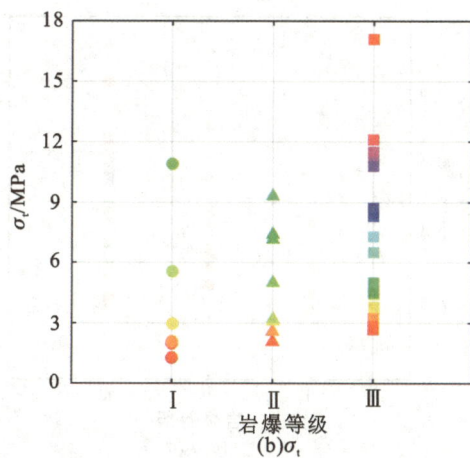

(b)σ_t

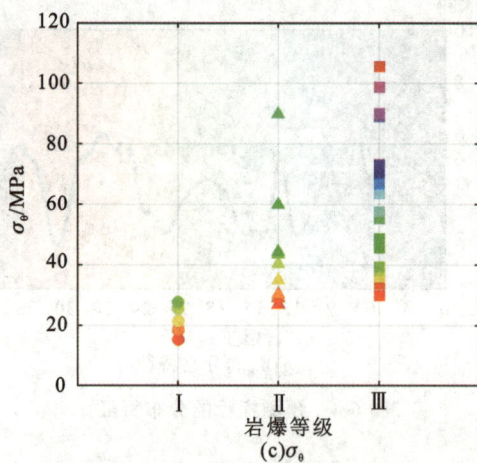

(c)σ_θ

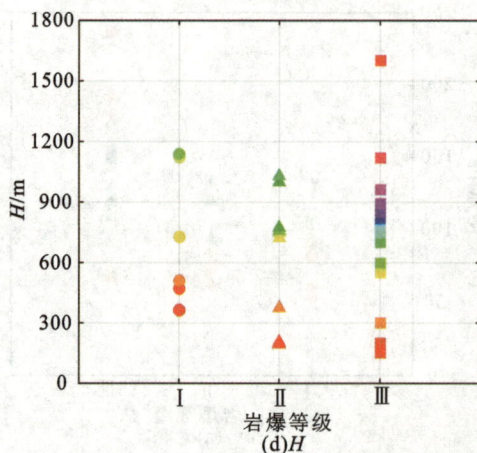

(d)H

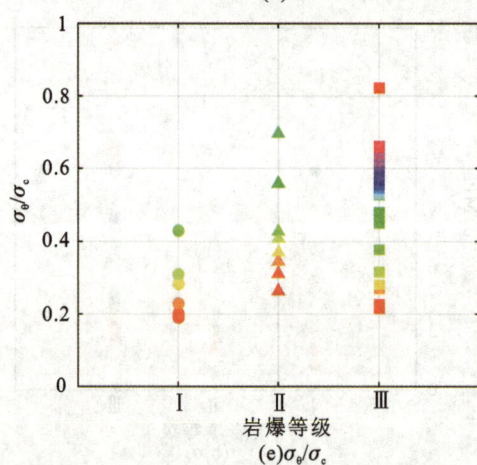

(e)σ_θ/σ_c

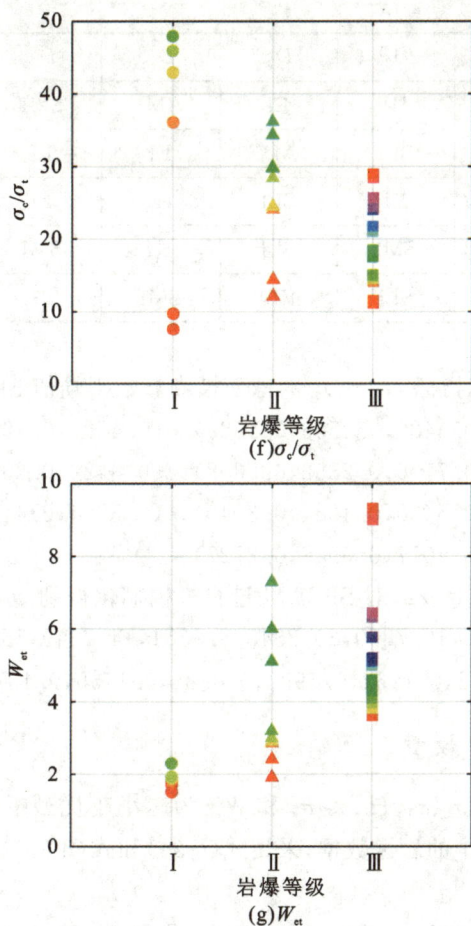

图 6-5　预测指标关于岩爆风险等级的分布特征

6.4.1　岩爆因子权重计算

6.4.1.1　SFS-AHP 权重

结合文献[422]、[433]和相关专家意见，采用表 6-3 中的度量标准建立岩爆因子的分析矩阵，见表 6-5。

表 6-5　　　　　　　　　　　　　岩爆因子的分析矩阵

预测指标	D_1	D_2	D_3	D_4	D_5	D_6	D_7
D_1	EI	HI	SLI	VHI	SMI	SMI	HI
D_2	LI	EI	LI	SMI	EI	SLI	SMI

续表6-5

预测指标	D_1	D_2	D_3	D_4	D_5	D_6	D_7
D_3	SMI	HI	EI	AMI	SMI	SMI	VHI
D_4	VLI	SLI	ALI	EI	LI	LI	SLI
D_5	SLI	EI	SLI	HI	EI	SLI	HI
D_6	SLI	SMI	SLI	HI	SMI	EI	HI
D_7	LI	SLI	VLI	SMI	LI	LI	EI

注:CR=0.0662<0.1。

根据式(6-17)计算指标 $D_1 \sim D_7$ 的球面模糊算数平均值 SFSAM:

$$SFSAM = \{(0.6422, 0.3536, 0.2589) \quad (0.4797, 0.4973, 0.3181)$$
$$(0.7136, 0.2852, 0.2308) \quad (0.3429, 0.6533, 0.2620)$$
$$(0.5430, 0.4384, 0.3040) \quad (0.5804, 0.4137, 0.2877)$$
$$(0.4017, 0.5948, 0.2727)\}$$

采用式(6-21)和式(6-22)对 SFSAM 进行去模糊化得到 $Q(\bar{w}_j)$ 和权重向量 $w_j^{\triangle}$:

$$Q(\bar{w}_j) = (17.9542, 12.7830, 20.2345, 8.9551, 14.7449, 15.9538, 10.6856)$$
$$w_j^{\triangle} = (0.1772, 0.1262, 0.1997, 0.0884, 0.1455, 0.1575, 0.1055)$$

6.4.1.2 GRA 权重

由表 6-2 可知,σ_c、σ_t、σ_θ、H、σ_θ/σ_c 和 W_{et} 为越小越优型指标,σ_c/σ_t 为越大越优型指标,并根据表 6-4 中的岩爆数据,采用式(6-24)和式(6-25)得到最优向量 G 和最劣向量 L:

$$G = (53.8, 1.3, 15.2, 150, 47.93, 0.19, 1.5)$$
$$L = (236, 17.1, 105.5, 1600, 7.523, 0.822, 9.3)$$

由式(6-26)和式(6-27)确定 G、L 的相对偏差矩阵 X 和 Y,并采用式(6-28)和式(6-29)计算 X 的列向量 x_j 和 Y 的列向量 y_j 的夹角余弦 $\tilde{w}_j$,得到指标的权重向量 w_j^*:

$$\tilde{w}_j = (0.5438, 0.5650, 0.4802, 0.6696, 0.5885, 0.5599, 0.5600)$$
$$w_j^* = (0.1371, 0.1424, 0.1210, 0.1688, 0.1483, 0.1411, 0.1412)$$

6.4.1.3 综合权重

根据得到的指标权重 $w^{\triangle}$ 和 w^*,利用式(6-30)得到指标的综合权重 w:

$$w = \{\langle 0.1371, 0.8228 \rangle, \langle 0.1262, 0.8576 \rangle, \langle 0.1210, 0.8003 \rangle, \langle 0.0884, 0.8312 \rangle,$$
$$\langle 0.1455, 0.8517 \rangle, \langle 0.1411, 0.8425 \rangle, \langle 0.1055, 0.8588 \rangle\}$$

6.4.2 建立直觉模糊矩阵

为了详细说明岩爆烈度分级预测模型的计算过程,本章以表 6-4 案例 1 为例建立直觉模糊决策矩阵。根据式(6-31)~式(6-36)建立直觉模糊决策矩阵 P:

$$P = \begin{bmatrix} \langle 0.0160,0.9004 \rangle & \langle 0,0.9981 \rangle & \langle 0.6655,0.2031 \rangle & \langle 0.3493,0.4437 \rangle \\ \langle 0.0093,0.9264 \rangle & \langle 0,1 \rangle & \langle 0,0.9962 \rangle & \langle 0.4836,0.3331 \rangle \\ \langle 0,0.9992 \rangle & \langle 0.0015,0.9736 \rangle & \langle 0.9925,0.0042 \rangle & \langle 0.1320,0.6766 \rangle \\ \langle 0,0.9997 \rangle & \langle 0.4,0.4 \rangle & \langle 0.4,0.4 \rangle & \langle 0.1726,0.6244 \rangle \\ \langle 0.0098,0.9243 \rangle & \langle 0.0010,0.9792 \rangle & \langle 0.4676,0.3454 \rangle & \langle 0.3729,0.4230 \rangle \\ \langle 0.0579,0.7957 \rangle & \langle 0.2177,0.5726 \rangle & \langle 0.6301,0.2270 \rangle & \langle 0.1045,0.7161 \rangle \\ \langle 0,1 \rangle & \langle 0,1 \rangle & \langle 0,1 \rangle & \langle 0.9640,0.0202 \rangle \end{bmatrix}$$

结合综合权重 w,得到加权直觉模糊判断矩阵 P_w:

$$P_w = \begin{bmatrix} \langle 0.0022,0.9824 \rangle & \langle 0,0.9997 \rangle & \langle 0.0912,0.8588 \rangle & \langle 0.0479,0.9014 \rangle \\ \langle 0.0012,0.9895 \rangle & \langle 0,1 \rangle & \langle 0,0.9995 \rangle & \langle 0.0610,0.9050 \rangle \\ \langle 0,0.9998 \rangle & \langle 0,0.9947 \rangle & \langle 0.1201,0.8011 \rangle & \langle 0.0160,0.9354 \rangle \\ \langle 0,1 \rangle & \langle 0.0354,0.8987 \rangle & \langle 0.0354,0.8987 \rangle & \langle 0.0153,0.9366 \rangle \\ \langle 0.0014,0.9888 \rangle & \langle 0,0.9969 \rangle & \langle 0.0680,0.9029 \rangle & \langle 0.0543,0.9144 \rangle \\ \langle 0.0082,0.9678 \rangle & \langle 0.0307,0.9327 \rangle & \langle 0.0889,0.8783 \rangle & \langle 0.0147,0.9553 \rangle \\ \langle 0,1 \rangle & \langle 0,1 \rangle & \langle 0,1 \rangle & \langle 0.1017,0.8617 \rangle \end{bmatrix}$$

6.4.3 计算综合得分值

根据式(6-38)计算样本综合值 U,然后由式(6-4)得到样本的综合得分值 $E(U)$:

$$U_1 = \sum_{i=1}^{7} P_{w1} = \langle 0.0129,0.9300 \rangle$$

$$U_2 = \sum_{i=1}^{7} P_{w2} = \langle 0.0653,0.8309 \rangle$$

$$U_3 = \sum_{i=1}^{7} P_{w1} = \langle 0.3450,0.4901 \rangle$$

$$U_4 = \sum_{i=1}^{7} P_{w2} = \langle 0.2749,0.5380 \rangle$$

$$E(U) = (-0.9171, -0.7656, -0.1451, -0.2631)$$

由上述计算结果可知,样本的得分值的大小关系为 $E(U_3) > E(U_4) > E(U_2) > E(U_1)$。因此,案例 1 隶属的岩爆风险等级排序为 Ⅲ > Ⅳ > Ⅱ > Ⅰ,表明案例 1 发生 Ⅲ 级岩爆的可能性最大,发生 Ⅰ、Ⅱ 和 Ⅳ 级岩爆的可能性较小。同理,基于本章提出的直觉模糊集岩爆烈度分级预测模型可以得到其他 34 组案例的岩爆风险等级,如表6-6 所示。

为了进一步检验本章模型的准确性,将云模型理论应用于 35 组案例的岩爆风险预测,并将本章方法、云模型理论的预测结果和工程实际岩爆等级进行了对比,结果见表 6-6。

表 6-6　　　　　　　　　　　基于不同方法的岩爆预测结果

工程案例	直觉模糊数得分值				本章方法预测结果	云模型理论预测结果	实际岩爆等级
	$E(U_1)$	$E(U_2)$	$E(U_3)$	$E(U_4)$			
1	−0.9171	−0.7656	−0.1451	−0.2631	Ⅲ	Ⅲ	Ⅲ
2	−0.7912	−0.3355	−0.3392	−0.3620	Ⅱ	Ⅲ**	Ⅱ
3	−0.7406	−0.4805	−0.2152	−0.3971	Ⅲ	Ⅲ	Ⅲ
4	−0.7241	−0.5856	−0.1462	−0.4361	Ⅲ	Ⅲ	Ⅲ
5	−0.7956	−0.5272	−0.2810	−0.3379	Ⅲ	Ⅲ	Ⅲ
6	−0.7985	−0.3826	−0.1155	−0.3388	Ⅲ	Ⅲ	Ⅲ
7	−0.8565	−0.7813	−0.1565	−0.2635	Ⅲ	Ⅲ	Ⅲ
8	−0.6172	−0.3209	−0.3933	−0.5093	Ⅱ	Ⅱ	Ⅱ
9	−0.8345	−0.6439	−0.0436	−0.3934	Ⅲ	Ⅲ	Ⅲ
10	−0.5120	−0.2821	−0.5268	−0.5390	Ⅱ*	Ⅱ*	Ⅲ
11	−0.2383	−0.2422	−0.8824	−0.6099	Ⅰ	Ⅰ	Ⅰ
12	−0.0855	−0.5008	−0.9385	−0.6338	Ⅰ	Ⅰ	Ⅰ
13	−0.5601	−0.4553	−0.4591	−0.4645	Ⅱ	Ⅱ	Ⅱ
14	−0.1517	−0.4660	−0.6996	−0.7259	Ⅰ	Ⅰ	Ⅰ
15	−0.3075	−0.1933	−0.6381	−0.6922	Ⅱ	Ⅱ	Ⅱ
16	−0.3666	−0.2701	−0.5875	−0.6205	Ⅱ	Ⅱ	Ⅱ
17	−0.5147	−0.4460	−0.3145	−0.5400	Ⅲ	Ⅲ	Ⅲ
18	−0.5533	−0.5720	−0.2311	−0.4812	Ⅲ	Ⅲ	Ⅲ
19	−0.5261	−0.5430	−0.2992	−0.4978	Ⅲ	Ⅲ	Ⅲ
20	−0.4920	−0.4501	−0.3534	−0.5387	Ⅲ	Ⅱ*	Ⅲ
21	−0.3431	−0.0907	−0.7696	−0.6390	Ⅱ	Ⅱ	Ⅱ
22	−0.2108	−0.3145	−0.8281	−0.6770	Ⅰ	Ⅰ	Ⅰ

续表6-6

工程案例	直觉模糊数得分值				本章方法预测结果	云模型理论预测结果	实际岩爆等级
	$E(U_1)$	$E(U_2)$	$E(U_3)$	$E(U_4)$			
23	-0.4002	-0.0867	-0.6989	-0.6303	Ⅱ	Ⅱ	Ⅱ
24	-0.7093	-0.4524	-0.3442	-0.3513	Ⅲ**	Ⅱ	Ⅱ
25	-0.7011	-0.4851	-0.2419	-0.4396	Ⅲ	Ⅲ	Ⅲ
26	-0.6358	-0.1979	-0.3946	-0.5172	Ⅱ	Ⅱ	Ⅱ
27	-0.7122	-0.5506	-0.2093	-0.4154	Ⅲ	Ⅲ	Ⅲ
28	-0.7032	-0.3498	-0.2577	-0.4972	Ⅲ	Ⅲ	Ⅲ
29	-0.7399	-0.5942	-0.0355	-0.4542	Ⅲ	Ⅲ	Ⅲ
30	-0.2578	-0.5011	-0.7027	-0.5226	Ⅰ	Ⅰ	Ⅰ
31	-0.3499	-0.6475	-0.7033	-0.4610	Ⅰ	Ⅰ	Ⅰ
32	-0.6235	-0.6696	-0.3246	-0.4022	Ⅲ	Ⅲ	Ⅲ
33	-0.6585	-0.6890	-0.3180	-0.3991	Ⅲ	Ⅲ	Ⅲ
34	-0.9398	-0.9826	-0.1684	-0.2131	Ⅲ	Ⅲ	Ⅲ
35	-0.9274	-0.8934	-0.1783	-0.1978	Ⅲ	Ⅲ	Ⅲ

注：* 表明预测结果小于实际岩爆等级，** 表明预测结果大于实际岩爆等级。

由表6-6可知，与实际岩爆等级相比，基于直觉模糊集的岩爆预测结果准确率为94.3%，基于云模型理论的岩爆预测结果准确率为91.4%，表明基于直觉模糊集的岩爆烈度分级预测模型的可靠性较好。

6.5 工程应用

6.5.1 研究区概况

KT4隧道是KS隧道的最长施工支洞，位于KS隧道KS225+500桩号处，与KS隧道成51°夹角，隧道全长6.433 km，纵坡11%，最大埋深729 m，开挖直径8.5 m，是目前我国采用TBM施工的最长倾斜隧道。隧道全线以凝灰质砂岩分布为主，岩体较为完整。洞段内发育5条小的断层，走向为NE或SW，倾角以60°~75°陡倾为主，KT4隧道的地质剖面图如图6-6所示。在隧道埋深较大的洞段，地应力测试结果的最大水平主应力为29.8 MPa，方向为NE23°，属于高地应力区。

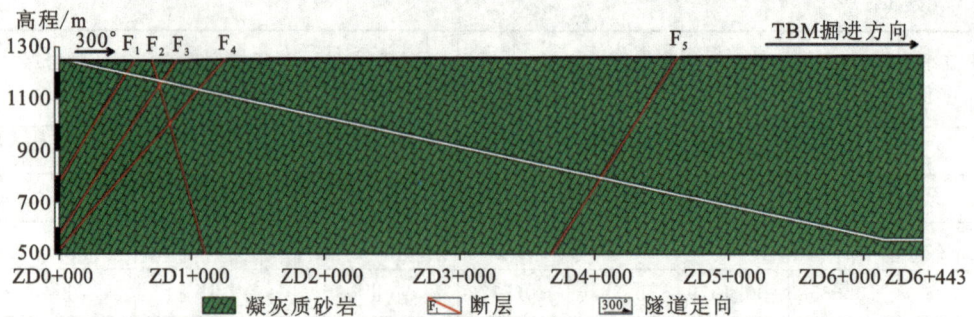

图 6-6　KT4 隧道地质剖面图(ZD0+000~ZD6+443)

6.5.2　岩爆预测结果

为了分析本章提出的岩爆烈度分级预测模型在 KT4 隧道的适用性,本节选取 ZD4+903~ZD6+417 段为研究区,并根据隧道的设计勘察地质报告和地应力测试结果得到围岩的力学性能、应力条件和隧道埋深等岩爆风险因子参数值,见表 6-7。

表 6-7　　　　　　　　　ZD4+903~ZD6+417 段岩爆风险因子参数值

隧道洞段	σ_c/MPa	σ_t/MPa	σ_θ/MPa	H/m	σ_c/σ_t	σ_θ/σ_c	W_{et}
ZD4+903~ZD4+917	92	4.5	47.9	581	20.4	0.52	5.2
ZD4+922~ZD4+927	87	4.1	51.2	583	21.2	0.59	5.8
ZD5+976~ZD6+028	95	3.7	54.1	699	25.7	0.57	5.5
ZD6+110~ZD6+190	88	4.3	52.6	713	20.5	0.60	6.2
ZD6+190~ZD6+241	92	2.9	45.8	722	31.7	0.50	3.3
ZD6+265~ZD6+278	102	3.6	46.2	727	28.3	0.45	3.5
ZD6+384~ZD6+417	97	3.5	47.3	727	27.7	0.49	3.2

根据本章提出的岩爆烈度分级预测模型,得到 ZD4+903~ZD6+417 段的岩爆风险预测结果,见表 6-8。

表 6-8　　　　　　　　　　　　岩爆风险预测结果

隧道洞段	直觉模糊数得分值				岩爆预测结果	
	$E(U_1)$	$E(U_2)$	$E(U_3)$	$E(U_4)$	本章模型	云模型
ZD4+903~ZD4+917	−0.5885	−0.2568	−0.3074	−0.5307	Ⅱ	Ⅱ,Ⅲ
ZD4+922~ZD4+927	−0.5804	−0.4103	−0.2560	−0.5007	Ⅲ	Ⅲ
ZD5+976~ZD6+028	−0.5717	−0.3173	−0.3405	−0.5294	Ⅱ	Ⅱ

续表6-8

隧道洞段	直觉模糊数得分值				岩爆预测结果	
	$E(U_1)$	$E(U_2)$	$E(U_3)$	$E(U_4)$	本章模型	云模型
ZD6＋110～ZD6＋190	−0.5966	−0.4091	−0.2827	−0.4726	Ⅲ	Ⅲ
ZD6＋190～ZD6＋241	−0.4569	−0.0277	−0.5861	−0.6307	Ⅱ	Ⅱ
ZD6＋265～ZD6＋278	−0.5092	−0.0082	−0.5541	−0.6175	Ⅱ	Ⅱ
ZD6＋384～ZD6＋417	−0.5043	−0.0437	−0.5366	−0.6158	Ⅱ	Ⅱ

由表 6-8 可知,ZD4＋903～ZD4＋917、ZD5＋976～ZD6＋028、ZD6＋190～ZD6＋241、ZD6＋265～ZD6＋278 和 ZD6＋384～ZD6＋417 段的岩爆风险等级为Ⅱ级,ZD4＋922～ZD4＋927 和 ZD6＋110～ZD6＋190 段的岩爆风险等级为Ⅲ级。对于 ZD5＋976～ZD6＋028 段,其直觉模糊数得分值为 $E(U_2)>E(U_3)>E(U_4)>E(U_1)$,表明该段发生Ⅱ级岩爆的可能性最大,但由于 $E(U_2)$ 和 $E(U_3)$ 的值相差不大,该洞段也存在发生Ⅲ级岩爆的可能性,发生Ⅰ和Ⅳ级岩爆的可能性较小。对于 $ZD6＋190～ZD6＋241、ZD6＋265～ZD6＋278$ 和 $ZD6＋384～ZD6＋417$ 段,其直觉模糊数得分值为 $E(U_2)>E(U_1)>E(U_3)>E(U_4)$,但 $E(U_2)$ 的值远大于其他3个得分值,因此3个洞段隶属的岩爆风险等级为Ⅱ级,发生其他等级岩爆的可能性很小。此外,本章模型和云模型的岩爆预测结果显示,2种方法的预测结果基本一致,进一步表明了本章提出的岩爆烈度分级预测模型具有较高的准确性和适用性。

6.5.3 KT4 隧道岩爆实际情况

在 TBM 掘进过程中,KT4 隧道发生多次岩爆,造成 TBM 部分液压油脂输送管路和照明设备损坏,严重威胁洞内施工人员的人身安全。通过对 KT4 隧道在施工过程中岩爆发生的实际情况进行编录和分析,发现 TBM 掘进完成后,洞壁光滑完整,约 6～10 h 后岩体开始出现无规律的崩落现象,崩落岩体多呈中间厚、边缘薄的片状或块状,并伴随有鞭炮声或"嘣"的声音,且多出现在隧道顶部区域,一般岩爆崩落区深度为 0.3～0.8 m,最大深度达 1.5 m。不同隧道洞段发生岩爆时的具体情况如表 6-9 和图 6-7 所示。

表 6-9   **KT4 隧道发生岩爆的实际情况**

隧道洞段	岩爆实际情况描述	岩爆等级
ZD4＋903～ZD4＋917	岩爆呈弹坑状分布,深度为 0.3～0.5 m	Ⅱ
ZD4＋922～ZD4＋927	岩体呈片状脱落,并发出鞭炮声,形成长 5 m,宽 4 m,深 1.5 m 的崩落区	Ⅲ

续表6-9

隧道洞段	岩爆实际情况描述	岩爆等级
ZD5+976~ZD6+028	岩爆区域岩体新鲜、完整,岩体呈片状或块状崩落,崩落区深度为 0.4~0.8 m	Ⅱ
ZD6+110~ZD6+190	岩体呈片状或块状崩落,并伴有鞭炮声或"嘣"的声音,最大崩落区长 15 m,宽 4.5 m,深度为 0.3~0.6 m	Ⅲ
ZD6+190~ZD6+241	岩体呈片状或块状崩落,崩落区深度为 0.3~0.5 m	Ⅱ
ZD6+265~ZD6+278	岩体呈片状或块状崩落,崩落区深度为 0.3~0.6 m	Ⅱ
ZD6+384~ZD6+417	岩体呈片状或块状崩落,崩落区深度为 0.3~0.8 m	Ⅱ

(a)ZD4+922~ZD4+927段岩爆情况   (b)ZD5+976~ZD6+028段岩爆情况

(c)ZD6+110~ZD6+190段岩爆情况   (d)ZD6+265~ZD6+278段岩爆情况

图 6-7　KT4 隧道岩爆的实际情况

　　通过与基于直觉模糊集岩爆烈度分级预测模型的预测结果对比分析,发现 KT4 隧道 TBM 掘进过程中岩爆实际等级与预测结果完全吻合,表明本章提出的岩爆风险预测模型应用在实际工程中是可行的。

6.6 本章小结

本章将球面模糊集引入指标权重计算,通过与 GRA 法进行耦合,形成一种新的权重算法。基于岩爆的发生机理,将直觉模糊集理论引入岩爆风险预测,提出了一种基于直觉模糊集的岩爆风险预测模型。在权重计算的基础上,通过构建直觉模糊判断矩阵 P 计算样本隶属于不同风险等级的综合得分值 $E(U)$,并根据 $E(U)$ 的最大值确定岩爆的风险等级。

结合国内外 35 组岩爆工程实例对本章模型进行检验,并与云模型理论预测结果和实际情况进行对比。预测结果表明,基于直觉模糊集的岩爆风险预测结果的准确率为 94.3%,基于云模型理论的岩爆预测结果准确率为 91.4%,表明基于直觉模糊集的岩爆烈度分级预测模型的可靠性较好。

将本章模型应用于 KS 隧道 KT4 施工支洞的岩爆风险分析,研究结果显示,基于该模型的岩爆风险预测结果与 TBM 掘进过程中岩爆实际等级完全吻合,表明这种新的岩爆风险预测模型应用在实际工程中具有较高的可行性和适用性,可为相关工程提供参考。

7 基于变权物元可拓模型的
隧道坍塌风险二维评价

7.1 概　　述

岩体在没有受到外界扰动的情况下一般处于自然应力平衡状态,不会产生较大位移。隧道开挖使得围岩的自然应力平衡状态被破坏,当围岩的强度小于应力时,开挖后的岩面就会产生向洞内的位移,从而引发隧道坍塌。

随着地下工程建设的快速发展,隧道开挖里程不断延伸,隧道坍塌已经成为隧道施工过程中最常见的工程问题之一。相对于隧道长度不大的常规隧道,超长隧道的开挖面临着地质条件多样性更突出、施工条件更艰巨的工程难题,增加了隧道开挖过程中不确定性风险的概率,尤其是隧道穿越断层破碎带等不良地质地段时,隧道发生围岩坍塌的可能性更大。对于 TBM 施工隧道,围岩坍塌不仅降低了 TBM 的掘进效率,还可能导致 TBM 卡机、设备损毁等严重工程事故,图 7-1 为 TBM 在穿越断层破碎带时刀盘被卡死。

为了解决隧道施工过程中的围岩坍塌问题,对隧道进行坍塌风险评估成为保障隧道安全施工的有效措施之一。为此,致力于隧道灾害防治的研究人员基于不同理论提出了各种隧道坍塌风险评价模型,这些方法虽然极大地推动了隧道坍塌风险评价的研究进展,但在应用过程中仍存在一定的局限性,如目前的风险评价方法中主要采用风险等级作为评判隧道坍塌风险的一维测度,很少采用二维模型来评价隧道的坍塌风险。

针对上述问题,本章提出了一个变权物元可拓的隧道坍塌风险二维评价模型。在改进传统物元可拓模型的同时,通过引入变权理论使评价对象主动参与坍塌风险评价过程,并在一维风险等级评价方法的基础上,通过引入模糊熵理论构建了一个二维评价系统,从而更好地提高隧道坍塌风险评价的准确性。

(a)刀座内塌方渣料   (b)人工清理刀盘内塌方渣料

图 7-1 TBM 穿越断层破碎带时刀盘被卡死

7.2 物元可拓理论

物元可拓理论是以物元理论和可拓集理论为基础形成的一种交叉数学理论,其通过定性与定量 2 个视角来分析客观存在的矛盾问题。[463-485] 物元理论以物元为中心,采用形式化的语言描述不同事物之间蕴含的内在关系。可拓集理论以可拓集为基础,将经典的数学方法拓展到分析事物之间的不相容性和多样性领域。两者的集成实现了不同科学研究领域间的融合,为解决客观存在的矛盾问题提供了理论依据。目前,物元可拓理论已经在不同领域中得到了越来越广泛的应用,如电能质量评价、基坑安全风险评估和矿山环境评价等领域。[475,486,487]

7.2.1 物元理论

7.2.1.1 物元的概念

假定存在一个客观事物,为了认识事物并将其与其他事物区别开来,根据事物自身所具有的特性为该事物赋予一个名称,用 N 表示,如 KS 隧道是一个事物,SS 隧道是另外一个事物,在描述时用 N_1 代表 KS 隧道,用 N_2 代表 SS 隧道。任何事物都具有与众不同的特征,如 KS 隧道具有距离长、埋深大、水文地质条件复杂和开挖直径大等特征,这些特征是 KS 隧道的具体表现形式,体现了 KS 隧道的本质特性及其与其他事物间的内在区别,事物 N 所具有的特征用 C 表示。事物 N 的每一个特征 C

都可以采用合理的方式进行量化,这种量化可以是定量的,也可以是定性的,如 KS 隧道的长度(283 km)、最大埋深(774 m)和开挖直径(7 m)就是 KS 隧道的长度特征、埋深特征和直径特征的定量描述,而水文地质条件复杂与否为 KS 隧道水文地质特征的定性描述,特征 C 的具体量值用 V 表示。将事物 N、特征 C 和量值 V 结合在一起就构成了一个物元 R:

$$R = (事物,特征,量值) = (N,C,V) \tag{7-1}$$

物元实现了事物、特征和量值的有机统一,是采用物元分析矛盾问题的基础逻辑细胞,它以形式化的语言描述了事物的可变性及其变换过程,使人们能够对事物本身和事物间蕴含的复杂关系认识得更加全面和深刻。

在物元理论中,$R = N(v)$ 表征了事物质与量之间蕴含的关系。设存在一个事物 N,其具有 n 个特征 $C = \{C_1,C_2,\cdots,C_n\}$,每个特征都有一个用形式语言描述的量值 $V = \{V_1,V_2,\cdots,V_n\}$,则物元 $\boldsymbol{R}$ 的矩阵形式为:

$$\boldsymbol{R} = (N,C,V) = \begin{bmatrix} N & C_1 & V_1 \\ & C_2 & V_2 \\ & \vdots & \vdots \\ & C_n & V_n \end{bmatrix} \tag{7-2}$$

7.2.1.2　节域

给定一个物元 $R = (N,C,V)$,量值 V 的数值宽度称为量域,用 $V(C)$ 表示,如 $V(隧道的埋深) = (0,774 \text{ m})$。对于一个二维物元 $\boldsymbol{R} = \begin{bmatrix} \tilde{N} & C_1 & e \\ & C_2 & h \end{bmatrix}$,$e$ 和 h 分别为 C_1 和 C_2 的量值,与其对应的量域分别为 $V(C_1)$ 和 $V(C_2)$,即 $e \in V(C_1)$,$h \in V(C_2)$。如果 e 和 h 之间存在函数关系 $h = f(e)$,则称 $f(e)$ 为事物 $\tilde{N}$ 关于特征 C 的性质函数,$f(e)$ 满足:

$$h = f(e) = \begin{cases} P_1 & e \in V_1 \\ P_2 & e \in V_2 \\ \vdots & \vdots \\ P_i & e \in V_i \end{cases} \quad i = 1,2,\cdots,n \tag{7-3}$$

式中:V_i 为事物 $\tilde{N}$ 关于 P_i 的节域。

7.2.2　可拓集理论

可拓学是蔡文提出的一门多学科交叉的横断学科,作为可拓学的重要理论基础,可拓集理论融合了经典集合理论和模糊集理论,采用形式化的语言描述事物拓展的可能性,是采用物元分析客观存在矛盾问题的基石。[488-490]假定存在一个集合 P 和一个评价对象 Q,P 和 Q 之间蕴含着某种逻辑关系,在经典集合理论中,通常用数字 0 和 1 来表征 Q 是否属于 P,从而得到一个确定的评价结果。在模糊集理论中,评价对象 Q 是否属于集合 P 存在模糊性和不确定性,采用[0,1]之间的数字来刻画 Q 属于 P 的不确定程度,得到的结果具有模糊性。与经典集合理论和模糊集理论相比,可拓集理论更加关注事物的可变性,分别采用稳定域和可拓域实现事物由量变到质变的定量化表达,具体而言,就是用关联函数来表征评价对象 Q 属于集合 P 的隶属程度,关联函数的取值范围为$(-\infty,+\infty)$,$Q \in P$ 时,隶属度大于 0;$Q \notin P$ 时,隶属度小于 0。

7.2.2.1 可拓集的定义

给定一个论域 C 和可拓变换 $T=(T_C,T_k,T_c)$,对于任意 $c \in C$,在实域 I 中都存在一个映射 k 与其相对应,则关于 c 的一个可拓集 $M(T)$ 可表示为:

$$M(T)=\{(c,y,y')|c \in T_C C,y=k(c),y'=T_k k(T_C C) \in I\} \qquad (7-4)$$

式中:$y=k(c)$ 为 $M(T)$ 的可拓函数,$k(c)$ 为 c 关于 M 的关联度,T_C、T_k 和 T_c 分别为论域 C、可拓函数 k 和元素 $c \in C$ 的可拓变换,则称

$$M_+=\{c|c \in C,k(c) \geqslant 0\} \qquad (7-5)$$

为 M 的正域。

$$M_-=\{c|c \in C,k(c) \leqslant 0\} \qquad (7-6)$$

为 M 的负域。

$$M_0=\{c|c \in C,k(c)=0\} \qquad (7-7)$$

为 M 的零域。由此可知,当 $c \in M_0$ 时,c 满足 $c \in M_+$ 和 $c \in M_-$。

对于一个事物 N,可拓集可以用稳定域和可拓域以定量化和定性化的语言描述事物量变到质变的过程,设存在一个可拓集 M:

$$M=\{(c,y)|c \in C,y=k(c) \in (-\infty,+\infty)\} \qquad (7-8)$$

给定一个变换 T,则 M 的正稳定域 M_{++}、负稳定域 M_{--}、正可拓域 M_{-+} 和负可拓域 M_{+-} 分别表示为:

$$M_{++}(T)=\{c|c \in C,k(c)>0,k(T_c)>0\} \qquad (7-9)$$

$$M_{--}(T)=\{c|c \in C,k(c)<0,k(T_c)<0\} \qquad (7-10)$$

$$M_{-+}(T)=\{c|c \in C,k(c) \leqslant 0,k(T_c)>0\} \qquad (7-11)$$

$$M_{+-}(T)=\{c|c \in C,k(c) \geqslant 0,k(T_c)<0\} \qquad (7-12)$$

7.2.2.2 物元可拓集

与传统可拓集相比,物元可拓集的研究对象由论域中的元素转变为物元,物元是

物元可拓集分析矛盾问题的基本单元。设存在一个论域 C 和物元 $S = \{R \mid R = (N, c, v), N \in C, v \in C\}$，对于任意物元 $R \in S$，在映射 k 下都有一个实数值 $k(R) \in (-\infty, +\infty)$ 与其相对应，则在物元 S 上的物元可拓集 $M(R)$ 可表示为：

$$M(R) = \{(R, y) \mid R \in S, y = k(R) = k(v) \in (-\infty, +\infty)\} \tag{7-13}$$

与可拓集的正域和负域相似，物元可拓集 $M(R)$ 的正域、负域和零域分别为：

$$M_+(R) = \{R \mid R \in S, k(R) \geqslant 0\} \tag{7-14}$$

$$M_-(R) = \{R \mid R \in S, k(R) \leqslant 0\} \tag{7-15}$$

$$M_0(R) = \{R \mid R \in S, k(R) = 0\} \tag{7-16}$$

式中：$M_+(R)$、$M_-(R)$ 和 $M_0(R)$ 分别为 $M(R)$ 的正域、负域和零域。

综上所述，物元可拓理论集成了物元理论和可拓集理论在分析客观矛盾上的数学表达，在相互融合的基础上进一步提高了分析解决问题的能力，增强了理论的适用性，为探究多学科交叉问题的内在结构和彼此间的蕴含关系提供了数学上的可能性。

7.2.2.3 关联函数

关联函数是物元可拓理论定量化描述事物 N 与量值 V 之间蕴含关系的关键数学工具，在采用物元分析矛盾问题时，关联函数刻画了事物 N 关于量值 V 符合要求的程度。应用于分析不同问题时，关联函数在距离、位值和函数形式上会产生一些适应性变化。

（1）距离。

在经典数学理论中，实数空间中两点 x 和 y 之间的距离为：

$$l(x, y) = |x - y| \tag{7-17}$$

在可拓学理论中，实数点 x 与区间 $E = (E_1, E_2)$ 的距离为：

$$l(x, (E_1, E_2)) = \left| x - \frac{E_1 + E_2}{2} \right| - \frac{1}{2}(E_2 - E_1) = \begin{cases} E_1 - x & x \leqslant \dfrac{E_1 + E_2}{2} \\ x - E_2 & x \geqslant \dfrac{E_1 + E_2}{2} \end{cases}$$

$$\tag{7-18}$$

如果实数空间中存在一个点 x^*，且 x^* 的取值范围为 $\left(E_1, \dfrac{E_1 + E_2}{2}\right)$，则点 x 关于 x^* 和 (E_1, E_2) 的距离为：

$$l = (x, x^*, (E_1, E_2)) = \begin{cases} E_1 - x & x \leqslant E_1 \\ x - E_2 & x \geqslant x^* \\ \dfrac{E_2 - x^*}{E_1 - x^*}(x - E_1) & E_1 < x < x^* \end{cases} \quad x^* \in \left(E_1, \dfrac{E_1 + E_2}{2}\right)$$

$$\tag{7-19}$$

$$l=(x,x^*,\langle E_1,E_2\rangle)=\begin{cases} E_1-x & x\leqslant x^* \\ x-E_2 & x\geqslant E_2 \\ \dfrac{E_1-x^*}{E_2-x^*}(E_2-x) & x^*<x<E_2 \end{cases} \quad x^*\in\left(\dfrac{E_1+E_2}{2},E_2\right)$$

(7-20)

(2)位值。

设 $X_1=(E_1,E_2)$，$X_2=(E_3,E_4)$，X_1 和 X_2 满足关系 $X_1\subset X_2$ 且无公共点，则 x 关于区间 (E_1,E_2) 和 (E_3,E_4) 的位值为：

$$D(x,(E_1,E_2),(E_3,E_4))=\begin{cases} l(x,X_2)-l(x,X_1) & x\in X_1 \\ -l(x,X_1)-1 & x\notin X_1 \end{cases}$$

(7-21)

(3)简单关联函数。

设 $X=(E_1,E_2)$，如果存在一点 $p\in(E_1,E_2)$，则 x 关于点 p 和区间 (E_1,E_2) 的简单关联函数为：

$$k(x)=\begin{cases} \dfrac{x-E_1}{p-E_2} & x\leqslant p \\ \dfrac{E_2-x}{E_2-p} & x>p \end{cases}$$

(7-22)

当 $p=(E_1+E_2)/2$ 时，关联函数 $f(x)$ 取得最大值，此时 $k(x)$ 为：

$$k(x)=\begin{cases} \dfrac{2(x-E_1)}{E_2-E_1} & x\leqslant\dfrac{E_1+E_2}{2} \\ \dfrac{2(E_2-x)}{E_2-E_1} & x\geqslant\dfrac{E_1+E_2}{2} \end{cases}$$

(7-23)

(4)初等关联函数。

设 $X_1=(E_1,E_2)$，$X_2=(E_3,E_4)$，$X_1\subset X_2$ 且没有交集，则 x 关于区间 (E_1,E_2) 和 (E_3,E_4) 的初等关联函数为：

$$k(x)=\dfrac{l(x,X_1)}{l(x,X_2)-l(x,X_1)}$$

(7-24)

当 (E_1,E_2) 和 (E_3,E_4) 存在公共点 $x^\triangle$ 时，则对任意 $x\neq x^\triangle$，初等关联函数 $k(x)$ 为：

$$k(x)=\begin{cases} \dfrac{l(x,X_1)}{l(x,X_2)-l(x,X_1)} & l(x,X_2)-l(x,X_1)\neq 0 \\ -l(x,X_1)-1 & l(x,X_2)-l(x,X_1)=0 \end{cases}$$

(7-25)

7.3 变权理论

变权理论的主要思想最早由汪培庄提出,他认为在决策过程中评价指标的权重应在时间和空间上不断进行动态调整。[491-503] 近年来,通过众多学者的不断研究,变权理论更趋完善,其在动态调整指标权重的同时,也分析了不同影响因子的重要程度和不同影响因子之间的均衡性,从而实现最终决策满足不同偏好的要求。目前,变权理论已经在岩爆分级、网络诊断和目标识别等领域得到了广泛的应用[504-506],并取得了良好的效果。

设存在一个映射:$D:[0,1]^m \rightarrow [0,1]$,$X=(x_1,x_2,\cdots,x_m) \rightarrow W_i(x_1,x_2,\cdots,x_m)$,当 $W_i(X)$ 满足以下性质时,称 $W(X)=(W_1(X),W_1(X),\cdots,W_1(X))$ 为变权向量。

(1)归一性:$\sum_{i=1}^{m} W_i(x_1,x_2,\cdots,x_m)=1$。

(2)连续性:$W_i(x_1,x_2,\cdots,x_m)$ 关于每个变元 $x_i(i=1,2,\cdots,m)$ 连续。

(3)单调性:给定两个数 φ_i 和 μ_i,$\varphi_i \leqslant \mu_i$ 且 $\varphi_i \in [0,\varphi_i]$,$\mu_i \in [0,1]$,则 $W_i(x_1,x_2,\cdots,x_m)$ 关于 x_i 在 $[0,\varphi_i]$ 上单调递减,在 $[\mu_i,1]$ 上单调递增。

根据变权的定义构造映射 $S:[0,1]^m \rightarrow [0,1]^m$,$X \rightarrow S(X)=(S(x_1),S(x_2),\cdots,S(x_m))$,则称 $S(X)$ 为一个 m 维的状态变权向量,且 $S(X)$ 满足以下性质:

(1)当 $x_i \leqslant x_j$ 时,$S_i(X) \leqslant S_j(X)$,则 $S(X)$ 为激励性状态变权向量;

(2)当 $x_i \leqslant x_j$ 时,$S_i(X) \geqslant S_j(X)$,则 $S(X)$ 为惩罚性状态变权向量。

设 $W^*=(w_1,w_2,\cdots,w_m)$ 为指标的常权向量,则 W^* 和 $S(X)$ 的 Hadamard 乘积即为指标的变权向量 $W(X)$:

$$W(X)=\frac{w_i S_i(X)}{\sum_{i=1}^{m} w_i S_i(X)} \quad i=1,2,\cdots,m \tag{7-26}$$

7.4 基于变权物元可拓模型的隧道坍塌风险二维评价模型

标准物元可拓模型集成了物元理论和可拓集理论的基本理论框架,通过构造经典域、节域和关联函数来分析事物的模糊性、多样性和不相容性,为分析事物的本质特征提供了独特的研究视角。然而标准物元可拓模型在实际应用过程中仍存在一些局限性,如待评价物元中某一个指标的量值超出了节域的取值范围时,将该量值输入模型计算会出现关联函数分母为零的现象。此外,采用关联度和最大隶属度准则进行等级评定时无法揭示被评价事物自身界限的模糊性,不能对同一等级的事物做进一步的描述,导致在评价过程中出现信息缺失。

鉴于标准物元可拓模型在应用过程中存在的不足,本章在模型计算时采用规格化处理方式对隧道坍塌风险的经典域和待评价洞段的物元矩阵进行初始化,并将贴近度准则引入物元可拓集理论,以提高模型评价的准确性。同时,将变权理论、物元可拓理论和模糊熵理论进行融合,提出一个基于变权物元可拓的隧道坍塌风险二维评价模型。首先对隧道坍塌风险进行分级,并构建坍塌风险物元模型;其次通过对 CRITIC 法和变权理论的融合确定坍塌因子的变权权重;然后将指标权重值代入改进的变权物元可拓模型中,计算评价对象关于不同风险等级的贴近度,并根据最大的贴近度值确定隧道的坍塌风险;最后引入模糊熵理论对隧道坍塌风险的复杂程度进行二维评价。

7.4.1 构建隧道坍塌风险物元模型

假定影响隧道坍塌的风险因子有 n 个,隧道坍塌风险等级为 t 个。在物元可拓理论中,将隧道坍塌风险等级记为事物 V,评价指标 $\boldsymbol{I}=(I_1,I_2,\cdots,I_n)$ 看成 V 的特征向量,$\boldsymbol{X}=(x_1,x_2,\cdots,x_n)$ 为与 $\boldsymbol{I}$ 对应的量值,则隧道坍塌风险的物元矩阵为:

$$\boldsymbol{R}=(V,\boldsymbol{I},\boldsymbol{X})=\begin{bmatrix} V_1 & I_1 & x_1 \\ & I_2 & x_2 \\ & \vdots & \vdots \\ & I_n & x_n \end{bmatrix} \tag{7-27}$$

每个评价指标 I_i 对不同坍塌风险等级 V_j 都有一个响应范围 $X_{ji}=\langle a_{ji},b_{ji}\rangle$,即评价指标 $\boldsymbol{I}$ 的量域,则隧道坍塌风险的经典域为:

$$\boldsymbol{R}_j=(V_j,I_i,X_{ji})=\begin{bmatrix} V_j & I_1 & x_{j1} \\ & I_2 & x_{j2} \\ & \vdots & \vdots \\ & I_n & x_{jn} \end{bmatrix}=\begin{bmatrix} V_j & I_1 & \langle a_{j1},b_{j1}\rangle \\ & I_2 & \langle a_{j2},b_{j2}\rangle \\ & \vdots & \vdots \\ & I_n & \langle a_{jn},b_{jn}\rangle \end{bmatrix} \tag{7-28}$$

节域物元由全部坍塌风险等级 Q、评价指标 I_i 和 Q 关于 I_i 的数值宽度构成,则隧道坍塌风险的节域物元 $\boldsymbol{R}_Q$ 为:

$$\boldsymbol{R}_Q=(Q,I_i,X_{Qi})=\begin{bmatrix} Q & I_1 & x_{Q1} \\ & I_2 & x_{Q2} \\ & \vdots & \vdots \\ & I_n & x_{Qn} \end{bmatrix}=\begin{bmatrix} Q & I_1 & \langle a_{Q1},b_{Q1}\rangle \\ & I_2 & \langle a_{Q2},b_{Q2}\rangle \\ & \vdots & \vdots \\ & I_n & \langle a_{Qn},b_{Qn}\rangle \end{bmatrix} \tag{7-29}$$

式中:Q 为坍塌风险等级全体,$X_{Qi} = \langle a_{Qi}, b_{Qi} \rangle$ 为 Q 关于 I_i 的数值宽度。

设存在一个待评价的隧道洞段 P_θ,该段不同评价指标的实测数据用物元表征,可确定待评价隧道洞段的物元矩阵 R_θ 为:

$$R_\theta = (P_\theta, I, X) = \begin{bmatrix} P_\theta & I_1 & x_1 \\ & I_2 & x_2 \\ & \vdots & \vdots \\ & I_n & x_n \end{bmatrix} \tag{7-30}$$

式中:$x_i (i = 1, 2, \cdots, n)$ 为待评价隧道洞段不同评价指标的实测数据。

为了避免待评价物元中指标实测值超出节域的取值范围而导致关联函数分母为零的情况,采用 $\langle a_{Qi}, b_{Qi} \rangle$ 对隧道坍塌风险的经典域 R_j 和待评价物元矩阵 R_θ 进行规格化处理,分别得到归一化的 $R_j^\otimes$ 和 $R_\theta^\oplus$:

$$R_j^\otimes = (V_j, I_i, X_{ji}^\otimes) = \begin{bmatrix} V_j & I_1 & \left(\dfrac{a_{j1}}{b_{Q1}}, \dfrac{b_{j1}}{b_{Q1}} \right) \\ & I_2 & \left(\dfrac{a_{j2}}{b_{Q2}}, \dfrac{b_{j2}}{b_{Q2}} \right) \\ & \vdots & \vdots \\ & I_n & \left(\dfrac{a_{jn}}{b_{Qn}}, \dfrac{b_{jn}}{b_{Qn}} \right) \end{bmatrix} \tag{7-31}$$

$$R_\theta^\oplus = \begin{bmatrix} P_\theta & I_1 & \dfrac{x_1}{b_{Q1}} \\ & I_2 & \dfrac{x_2}{b_{Q2}} \\ & \vdots & \vdots \\ & I_n & \dfrac{x_n}{b_{Qn}} \end{bmatrix} \tag{7-32}$$

7.4.2　确定指标的变权权重

为了使评价指标的权重更好地体现不同风险因子在决策中的作用,本章采用变权理论确定指标权重。由式(7-26)可知,变权向量 $W(X)$ 主要与常权向量 W^* 和状态变权向量 $S(X)$ 有关。因此,要确定指标的变权权重,需首先确定评价指标的常权重,本章采用 CRITIC 法计算评价指标的常权重。

7.4.2.1 CRITIC 权重

CRITIC 法是由 Diakoulaki 提出的用于分析不同指标间变异特征和冲突特征的差异驱动型客观赋权法,该方法不仅能够对指标的分布特征进行有效分析,还可以反映不同指标间的相互影响程度。[507,508] 传统的 CRITIC 法采用标准差来反映数据的真实信息,通过计算不同指标之间的相关系数来评判指标之间的相关性。然而在实际应用过程中发现采用标准差描述数据存在一定的局限性,其不能很好地反映指标间量纲和数量级的变异性,因此本节采用变异系数对 CRITIC 法进行改进,具体步骤如下。

(1)构造原始评估矩阵。

设有 m 个待评价的隧道洞段,n 个坍塌风险评价指标,x_{ij} 为第 i 个隧道洞段第 j 个评价指标的参数值,由此构造评估矩阵 $\boldsymbol{X}$ 为:

$$\boldsymbol{X} = (x_{ij})_{m \times n} \tag{7-33}$$

(2)对矩阵 $\boldsymbol{X}$ 进行标准化处理。

采用 Z-score 方法对评估矩阵中的 x_{ij} 进行标准化处理:

$$x_{ij}^* = \frac{x_{ij} - \bar{x}_j}{s_j} \quad i = 1, 2, \cdots, m; j = 1, 2, \cdots, n \tag{7-34}$$

$$\bar{x}_j = \frac{1}{m} \sum_{i=1}^{m} x_{ij} \tag{7-35}$$

$$s_j = \left[\frac{1}{m-1} \sum_{i=1}^{m} (x_{ij} - \bar{x}_j) \right]^{\frac{1}{2}} \tag{7-36}$$

$$\boldsymbol{X}^* = (x_{ij}^*)_{m \times n} \tag{7-37}$$

式中:$\bar{x}_j$ 和 s_j 分别为第 j 个坍塌风险指标的均值和标准差,$\boldsymbol{X}^*$ 为 $\boldsymbol{X}$ 标准化后的矩阵。

(3)计算评价指标的变异系数 v_j。

$$v_j = \frac{s_j}{\bar{x}_j} \quad j = 1, 2, \cdots, n \tag{7-38}$$

(4)根据矩阵 $\boldsymbol{X}^*$ 计算评价指标间的皮尔逊相关系数。

$$f_{kl} = \frac{\sum_{i=1}^{m} (x_{ik}^* - \overline{x_k^*})(x_{il}^* - \overline{x_l^*})}{\sqrt{\sum_{i=1}^{m} (x_{ik}^* - \overline{x_k^*})^2} \sqrt{\sum_{i=1}^{m} (x_{il}^* - \overline{x_l^*})^2}} \tag{7-39}$$

式中:f_{kl} 为第 k、l 个指标间的相关系数,x_{ik}^* 和 x_{il}^* 分别为待评价隧道段 i 关于指标 k 和 l 的参数值,$\overline{x_k^*}$ 和 $\overline{x_l^*}$ 分别为 x_{ik}^* 和 x_{il}^* 的均值。由此可以得到相关系数矩阵

$\boldsymbol{F}=(f_{kl})_{n\times n}$，且 $\boldsymbol{F}$ 中的元素满足 $f_{kl}=f_{lk}(k=1,2,\cdots,n;l=k+1,k+2,\cdots,n)$。

（5）计算指标的独立性系数。

$$\mu_j=\sum_{k=1}^{n}(1-f_{kj}) \tag{7-40}$$

（6）确定指标权重。

根据变异系数 v_j 和独立性系数 μ_j，采用式（7-41）和式（7-42）可得指标的综合性系数 ψ_j 和指标权重 $\boldsymbol{W}_j^*$：

$$\psi_j=v_j\sum_{k=1}^{n}(1-f_{kj}) \tag{7-41}$$

$$\boldsymbol{W}_j^*=\frac{\psi_j}{\sum\limits_{j=1}^{n}\psi_j} \tag{7-42}$$

式中：综合系数 ψ_j 表征第 j 个坍塌风险评价指标蕴含了多少有效信息，ψ_j 值的大小决定了该指标在整个指标体系内的重要程度，ψ_j 值越大，其赋予的权重也越大。

7.4.2.2　变权权重

为了体现待评价的隧道洞段在坍塌风险评价中的主动性，基于因素空间理论，$\boldsymbol{S}_i(\boldsymbol{X})$ 可以由隧道坍塌风险评价指标实测值和其相对应的节域来确定，$\boldsymbol{S}_i(\boldsymbol{X})$ 的计算公式如下：

$$\boldsymbol{S}_i(\boldsymbol{X})=e^{\xi(d_{i\max}-d_{i\min})} \tag{7-43}$$

$$d_{i\max}=\max\{|x_i-a_{Qi}|,|b_{Qi}-x_i|\} \tag{7-44}$$

$$d_{i\min}=\min\{|x_i-a_{Qi}|,|b_{Qi}-x_i|\} \tag{7-45}$$

式中：ξ 为变权因子，表征了各坍塌风险评价指标的均衡性要求，$\xi>0$ 时，表示对指标均衡性要求不是很高，此时 $\boldsymbol{S}_i(\boldsymbol{X})$ 为激励性状态变权向量；$\xi<0$ 时，表示对指标的均衡性有一定要求，此时 $\boldsymbol{S}_i(\boldsymbol{X})$ 为惩罚性状态变权向量；$\xi=0$ 时，表示为常权模型。通过参阅文献[504]和[509]和综合考虑各指标的均衡性，本章取 $\xi=-1$。

根据得到的常权向量 $\boldsymbol{W}^*$ 和状态变权向量 $\boldsymbol{S}(\boldsymbol{X})$，式（7-26）可以改写为：

$$\boldsymbol{W}_i(\boldsymbol{X})=\frac{w_i\exp[\xi(d_{i\max}-d_{i\min})]}{\sum\limits_{i=1}^{n}w_i\exp[\xi(d_{i\max}-d_{i\min})]} \tag{7-46}$$

7.4.3　非对称贴近度计算

为了避免最大隶属度准则在等级评价过程中出现信息缺失的情况，采用非对称贴近度替代最大隶属度准则进行坍塌风险评价。根据最大贴近度准则可知，待评价物元 $\boldsymbol{R}_\theta$ 在不同坍塌风险等级下的非对称贴近度为：

$$\gamma_j(\boldsymbol{R}_\theta) = 1 - \frac{1}{n(n+1)} \sum_{i=1}^n D_j(\tilde{x}_i) W_i(\boldsymbol{X}) \qquad (7\text{-}47)$$

$$D_j(\tilde{x}_i) = \left| \tilde{x}_i - \frac{\tilde{a}_{ij} + \tilde{b}_{ij}}{2} \right| - \frac{\tilde{b}_{ij} - \tilde{a}_{ij}}{2} \qquad (7\text{-}48)$$

式中：$\tilde{x}_i$、$\tilde{a}_{ij}$ 和 $\tilde{b}_{ij}$ 为规格化处理后的待评价物元和经典域中的元素，$D_j(\tilde{x}_i)$ 为待评价物元 $\boldsymbol{R}_\theta^\oplus$ 与经典域 $\boldsymbol{R}_j^\otimes$ 的距离，$\gamma_j(\boldsymbol{R}_\theta)$ 为待评价物元 $\boldsymbol{R}_\theta$ 在不同坍塌风险等级下的贴近度值。

7.4.4 确定隧道坍塌风险等级

对贴近度 $\gamma_j(\boldsymbol{R}_\theta)$ 进行标准化处理，得到标准化贴近度 $\gamma_j^*(\boldsymbol{R}_\theta)$：

$$\gamma_j^*(\boldsymbol{R}_\theta) = \frac{\gamma_j(\boldsymbol{R}_\theta) - \min[\gamma_j(\boldsymbol{R}_\theta)]}{\max[\gamma_j(\boldsymbol{R}_\theta)] - \min[\gamma_j(\boldsymbol{R}_\theta)]} \qquad (7\text{-}49)$$

由 $\gamma_j^*(\boldsymbol{R}_\theta)$ 可得隧道的坍塌风险等级 V：

$$V = \max\{\gamma_1^*(\boldsymbol{R}_\theta), \gamma_2^*(\boldsymbol{R}_\theta), \cdots, \gamma_t^*(\boldsymbol{R}_\theta)\} \qquad (7\text{-}50)$$

7.4.5 引入模糊熵理论构建第二维评价系统

模糊熵是在模糊集的基础上通过引入熵来衡量模糊集的模糊性程度的一种方法，在处理模糊信息方面具有一定优势。[503,510-512] 在隧道坍塌风险评价过程中，当不同评价指标隶属的风险等级差异性较大时，仅采用等级作为评价结果很难全面反映该隧道段坍塌风险的真实状态。因此，本章在改进的变权物元可拓模型基础上引入模糊熵理论，将模糊熵 H 作为第二维辅助评价参量，用来表征隧道坍塌风险评价结果的复杂性程度，实现从坍塌风险等级和复杂度 2 个维度构建一个二维评价系统 (V, H)。模糊熵 H 的计算公式为：

$$H = -\frac{1}{\ln[t^t(t-1)^{1-t}]} \sum_{j=1}^t \left[\gamma_j^* \ln\gamma_j^* + (1-\gamma_j^*)\ln(1-\gamma_j^*) \right] \qquad (7\text{-}51)$$

式中：H 为模糊熵，t 为风险等级数，γ_j^* 为待评价隧道段在坍塌风险评价指标下的贴近度。

隧道坍塌风险评价结果的复杂程度与模糊熵 H 的对应关系为：模糊性低，$H \in [0, 0.25)$；模糊性一般，$H \in [0.25, 0.5)$；模糊性较高，$H \in [0.5, 0.75)$；模糊性高，$H \in [0.75, 1]$。当 $H \in [0.5, 1]$ 时，各评价指标隶属的坍塌风险等级离散程度较大，表明隧道坍塌风险评价结果的复杂程度较高。当 $H \in [0, 0.5)$ 时，各评价指标隶属的坍塌风险等级一致性较好，表明隧道坍塌风险评价结果的复杂程度较低。

7.5 工 程 应 用

7.5.1 研究区概况

KS隧道 KS260＋052～KS262＋835 段采用一台刀盘直径为 7.03 m 的 TBM 进行开挖，其地层岩性主要为凝灰岩和凝灰质砂岩，发育较大的断层 3 条，小规模断层 5 条，其中 F_3 断层宽 32 m，F_4 断层宽 25 m，F_5 断层宽 20 m，其他 5 条小规模断层宽度在 0.7～5.3 m 之间，断层带以糜棱岩及碎裂岩为主，该段的地质剖面图如图 7-2 所示。此外，该段无地表水系发育，地表水极为贫乏，地下水发育程度较低，以渗滴水和线状流水为主。本章选取该段内 8 个具有代表性的典型洞段作为隧道坍塌风险的评价对象，阐述变权物元可拓的二维评价模型在围岩坍塌风险评价中的应用。

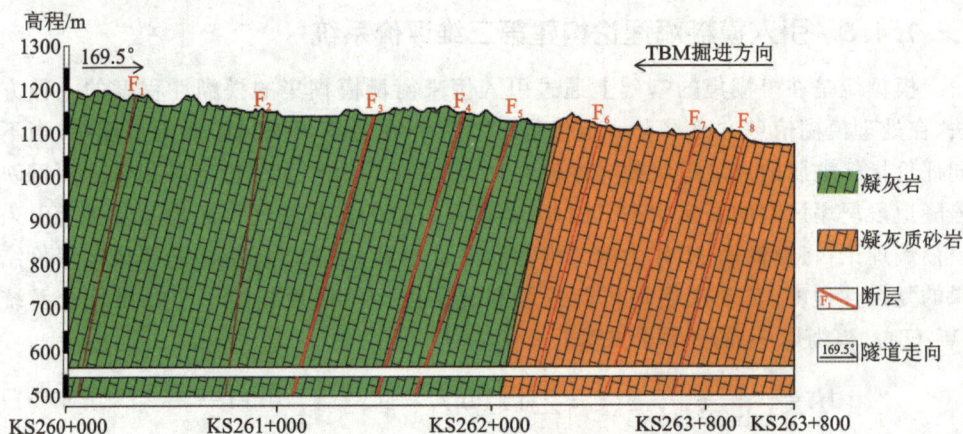

图 7-2 KS260＋052～KS262＋835 段地质剖面图

7.5.2 隧道坍塌风险评价指标选取

围岩失稳坍塌的影响因素有很多，且不同因素的影响机理复杂，根据已有研究成果[72,75,513-515]的分析，这些因素总体上可分为自然因素和地质因素。由于隧道发生坍塌的过程十分复杂，对每个影响隧道坍塌的因素都进行细致、全面的分析是难以实现的，并且还要考虑相关资料在工程施工过程中是否容易获取。通过对隧道坍塌的影响程度和资料的易获性进行综合分析，本章选取岩石单轴饱和抗压强度（I_1）、断层破碎带宽度（I_2）、岩体纵波波速（I_3）、岩体完整性系数（I_4）、隧道埋深（I_5）、岩石质量指标 RQD(I_6)、软化系数(I_7)、主要结构面倾角(I_8)和地下水渗水量(I_9)等 9 个因素建立隧道坍塌风险评价指标体系。借鉴文献[72]、[513]和[515]对隧道坍塌风险的分级标准,将隧道坍塌的风险概率分为不可能发生(V_1)、发生的可能性较小(V_2)、偶尔发生(V_3)、可能发生(V_4)和很可能发生(V_5)五个等级,隧道坍塌风险评价指标及其分级标准见表 7-1。

表 7-1　隧道坍塌风险评价指标及其分级

评价指标	V_1	V_2	V_3	V_4	V_5
I_1/MPa	>150	(100,150]	(50,100]	(10,50]	[0,10]
I_2/m	[0,2]	(2,5]	(5,10]	(10,20]	>20
I_3/(km/s)	>4.5	(3.5,4.5]	(2.5,3.5]	(1.5,2.5]	[0,1.5]
I_4	[0.90,1.0]	[0.75,0.90)	[0.50,0.75)	[0.20,0.50)	[0,0.20)
I_5/m	>60	(40,60]	(20,40]	(10,20]	[0,10]
I_6/%	[0,25)	[25,50)	[50,75)	[75,90)	[90,100]
I_7	[0.75,1]	[0.6,0.75)	[0.45,0.6)	[0.4,0.45)	[0,0.4)
I_8/(°)	[60,90]	[30,60)	[10,30)	[5,10)	[0,5)
I_9/[L/(min·10 m)]	[0,5)	[5,10)	[10,25)	[25,125)	[125,300]

根据 KS 隧道的设计勘察地质报告,8 个隧道区段的坍塌风险因素参数值见表 7-2。

表 7-2　KS260+052～KS262+835 段坍塌风险因素参数值

隧道区段	区段桩号	I_1/MPa	I_2/m	I_3/(km/s)	I_4	I_5/m	I_6/%	I_7	I_8/(°)	I_9/[L/(min·10 m)]
$K_1^{\#}$	KS260+052～KS260+065	55	5.3	3.2	0.48	572	52.7	0.41	70	5
$K_2^{\#}$	KS260+760～KS260+765	62	1.6	3.5	0.68	557	54.8	0.49	52	0
$K_3^{\#}$	KS261+085～KS261+117	42	32	1.7	0.37	550	47.6	0.35	70	5
$K_4^{\#}$	KS261+474～KS261+499	47	25	2.2	0.42	564	51.2	0.40	60	7
$K_5^{\#}$	KS261+658～KS261+678	50	20	1.4	0.35	542	45.3	0.32	66	5
$K_6^{\#}$	KS262+217～KS262+225	78	2.3	4.5	0.85	535	67.2	0.65	37	10
$K_7^{\#}$	KS262+550～KS262+555	70	0.7	4.2	0.75	516	57.4	0.62	52	8
$K_8^{\#}$	KS262+830～KS262+835	65	1.8	4.0	0.7	497	66.5	0.6	78	5

7.5.3 物元模型建立

为了消除不同评价指标之间量纲不统一的问题,采用式(7-31)和式(7-32)对表 7-1 和表 7-2 中的数据进行规格化处理,结果见表 7-3 和表 7-4。

表 7-3   坍塌风险评价指标等级评判标准(无量纲)

评价指标	V_1	V_2	V_3	V_4	V_5
I_1	0.75~1	0.5~0.75	0.25~0.5	0.05~0.25	0~0.05
I_2	0~0.05	0.05~0.125	0.125~0.25	0.25~0.5	0.5~1
I_3	0.9~1	0.7~0.9	0.5~0.7	0.3~0.5	0~0.3
I_4	0.9~1	0.75~0.9	0.5~0.75	0.2~0.5	0~0.2
I_5	0.1~1	0.067~0.1	0.033~0.067	0.017~0.033	0~0.017
I_6	0.9~1	0.75~0.9	0.5~0.75	0.25~0.5	0~0.25
I_7	0.75~1	0.6~0.75	0.45~0.6	0.4~0.45	0~0.4
I_8	0.67~1	0.33~0.67	0.11~0.33	0.056~0.11	0~0.056
I_9	0~0.017	0.017~0.033	0.033~0.083	0.083~0.417	0.417~1

表 7-4   KS260+052~KS262+835 段坍塌风险因素参数值(无量纲)

隧道区段	I_1	I_2	I_3	I_4	I_5	I_6	I_7	I_8	I_9
$K_1^{\#}$	0.275	0.1325	0.64	0.48	0.953	0.527	0.41	0.778	0.017
$K_2^{\#}$	0.31	0.04	0.7	0.68	0.928	0.548	0.49	0.578	0.00
$K_3^{\#}$	0.21	0.8	0.34	0.37	0.917	0.476	0.35	0.778	0.017
$K_4^{\#}$	0.235	0.625	0.44	0.42	0.94	0.512	0.4	0.667	0.023
$K_5^{\#}$	0.25	0.5	0.28	0.35	0.903	0.453	0.32	0.733	0.017
$K_6^{\#}$	0.39	0.0575	0.9	0.85	0.892	0.672	0.65	0.411	0.033
$K_7^{\#}$	0.35	0.0175	0.84	0.75	0.86	0.574	0.62	0.578	0.027
$K_8^{\#}$	0.325	0.045	0.8	0.7	0.828	0.665	0.6	0.867	0.017

7.5.3.1　经典域和节域

由表 7-3 可知,不同评价指标隶属不同坍塌风险等级的经典域 $\boldsymbol{R}_i^{\otimes}$ 和节域 $\boldsymbol{R}_Q$ 为:

$$\boldsymbol{R}_1^{\otimes} = \begin{bmatrix} V_1 & I_1 & (0.75,1.00) \\ & I_2 & (0.00,0.05) \\ & I_3 & (0.9,1.0) \\ & I_4 & (0.9,1.0) \\ & I_5 & (0.1,1.0) \\ & I_6 & (0.9,1.0) \\ & I_7 & (0.75,1.0) \\ & I_8 & (0.67,1.00) \\ & I_9 & (0.000,0.017) \end{bmatrix} \quad \boldsymbol{R}_2^{\otimes} = \begin{bmatrix} V_2 & I_1 & (0.50,0.75) \\ & I_2 & (0.050,0.125) \\ & I_3 & (0.7,0.9) \\ & I_4 & (0.75,0.90) \\ & I_5 & (0.067,0.100) \\ & I_6 & (0.75,0.90) \\ & I_7 & (0.60,0.75) \\ & I_8 & (0.33,0.67) \\ & I_9 & (0.017,0.333) \end{bmatrix}$$

$$\boldsymbol{R}_3^{\otimes} = \begin{bmatrix} V_3 & I_1 & (0.25,0.50) \\ & I_2 & (0.125,0.25) \\ & I_3 & (0.5,0.7) \\ & I_4 & (0.50,0.75) \\ & I_5 & (0.033,0.067) \\ & I_6 & (0.50,0.75) \\ & I_7 & (0.45,0.60) \\ & I_8 & (0.11,0.33) \\ & I_9 & (0.033,0.083) \end{bmatrix} \quad \boldsymbol{R}_4^{\otimes} = \begin{bmatrix} V_4 & I_1 & (0.05,0.25) \\ & I_2 & (0.25,0.50) \\ & I_3 & (0.3,0.5) \\ & I_4 & (0.2,0.5) \\ & I_5 & (0.017,0.033) \\ & I_6 & (0.25,0.50) \\ & I_7 & (0.40,0.45) \\ & I_8 & (0.056,0.110) \\ & I_9 & (0.083,0.417) \end{bmatrix}$$

$$\boldsymbol{R}_5^{\otimes} = \begin{bmatrix} V_5 & I_1 & (0.00,0.05) \\ & I_2 & (0.5,1.0) \\ & I_3 & (0.0,0.3) \\ & I_4 & (0.0,0.2) \\ & I_5 & (0.000,0.017) \\ & I_6 & (0.00,0.25) \\ & I_7 & (0.0,0.4) \\ & I_8 & (0.000,0.056) \\ & I_9 & (0.417,1.000) \end{bmatrix} \quad \boldsymbol{R}_Q = \begin{bmatrix} Q & I_1 & (0.0,1.0) \\ & I_2 & (0.0,1.0) \\ & I_3 & (0.0,1.0) \\ & I_4 & (0.0,1.0) \\ & I_5 & (0.0,1.0) \\ & I_6 & (0.0,1.0) \\ & I_7 & (0.0,1.0) \\ & I_8 & (0.0,1.0) \\ & I_9 & (0.0,1.0) \end{bmatrix}$$

7.5.3.2 待评价物元

由表 7-4 可知，隧道区段 $K_1^{\#} \sim K_8^{\#}$ 的待评价物元矩阵为：

$$
R_1^{\oplus} =
\begin{bmatrix}
P_1 & I_1 & 0.275 \\
 & I_2 & 0.1325 \\
 & I_3 & 0.64 \\
 & I_4 & 0.48 \\
 & I_5 & 0.953 \\
 & I_6 & 0.527 \\
 & I_7 & 0.41 \\
 & I_8 & 0.778 \\
 & I_9 & 0.017
\end{bmatrix}
\quad
R_2^{\oplus} =
\begin{bmatrix}
P_2 & I_1 & 0.31 \\
 & I_2 & 0.04 \\
 & I_3 & 0.7 \\
 & I_4 & 0.68 \\
 & I_5 & 0.928 \\
 & I_6 & 0.548 \\
 & I_7 & 0.49 \\
 & I_8 & 0.578 \\
 & I_9 & 0
\end{bmatrix}
\quad
R_3^{\oplus} =
\begin{bmatrix}
P_3 & I_1 & 0.21 \\
 & I_2 & 0.8 \\
 & I_3 & 0.34 \\
 & I_4 & 0.37 \\
 & I_5 & 0.917 \\
 & I_6 & 0.476 \\
 & I_7 & 0.35 \\
 & I_8 & 0.778 \\
 & I_9 & 0.017
\end{bmatrix}
$$

$$
R_4^{\oplus} =
\begin{bmatrix}
P_4 & I_1 & 0.235 \\
 & I_2 & 0.625 \\
 & I_3 & 0.44 \\
 & I_4 & 0.42 \\
 & I_5 & 0.94 \\
 & I_6 & 0.512 \\
 & I_7 & 0.4 \\
 & I_8 & 0.667 \\
 & I_9 & 0.023
\end{bmatrix}
\quad
R_5^{\oplus} =
\begin{bmatrix}
P_5 & I_1 & 0.25 \\
 & I_2 & 0.5 \\
 & I_3 & 0.28 \\
 & I_4 & 0.35 \\
 & I_5 & 0.903 \\
 & I_6 & 0.453 \\
 & I_7 & 0.32 \\
 & I_8 & 0.733 \\
 & I_9 & 0.017
\end{bmatrix}
\quad
R_6^{\oplus} =
\begin{bmatrix}
P_6 & I_1 & 0.39 \\
 & I_2 & 0.0575 \\
 & I_3 & 0.9 \\
 & I_4 & 0.85 \\
 & I_5 & 0.892 \\
 & I_6 & 0.672 \\
 & I_7 & 0.65 \\
 & I_8 & 0.411 \\
 & I_9 & 0.033
\end{bmatrix}
$$

$$
R_7^{\oplus} =
\begin{bmatrix}
P_7 & I_1 & 0.35 \\
 & I_2 & 0.0175 \\
 & I_3 & 0.84 \\
 & I_4 & 0.75 \\
 & I_5 & 0.86 \\
 & I_6 & 0.574 \\
 & I_7 & 0.62 \\
 & I_8 & 0.578 \\
 & I_9 & 0.027
\end{bmatrix}
\quad
R_8^{\oplus} =
\begin{bmatrix}
P_8 & I_1 & 0.325 \\
 & I_2 & 0.045 \\
 & I_3 & 0.8 \\
 & I_4 & 0.7 \\
 & I_5 & 0.828 \\
 & I_6 & 0.665 \\
 & I_7 & 0.6 \\
 & I_8 & 0.867 \\
 & I_9 & 0.017
\end{bmatrix}
$$

7.5.4 权重确定

7.5.4.1 确定 CRITIC 权重

根据表 7-2 和式(7-34)～式(7-37)计算标准化评估矩阵 $\boldsymbol{X}^*$,见表 7-5。

表 7-5 标准化评估矩阵

指标	$K_1^\#$	$K_2^\#$	$K_3^\#$	$K_4^\#$	$K_5^\#$	$K_6^\#$	$K_7^\#$	$K_8^\#$
I_1	-0.2952	0.2748	-1.3536	-0.9465	-0.7023	1.5776	0.9262	0.5191
I_2	-0.4606	-0.7551	1.6643	1.1072	0.7093	-0.6993	-0.8267	-0.7391
I_3	0.0950	0.3485	-1.1721	-0.7497	-1.4256	1.1932	0.9398	0.7709
I_4	-0.4943	0.5463	-1.0666	-0.8064	-1.1706	1.4308	0.9105	0.6503
I_5	1.2085	0.6117	0.3332	0.8902	0.0149	-0.2636	-1.0196	-1.7755
I_6	-0.3273	-0.0667	-0.9602	-0.5134	-1.2456	1.4721	0.2559	1.3852
I_7	-0.5419	0.0774	-1.0064	-0.6193	-1.2386	1.3161	1.0838	0.9290
I_8	0.7119	-0.6550	0.7119	-0.0475	0.4082	-1.7940	-0.6550	1.3194
I_9	-0.2137	-1.9233	-0.2137	0.4701	-0.2137	1.4959	0.8121	-0.2137

根据矩阵 $\boldsymbol{X}^*$,由式(7-39)计算可得评价指标间的皮尔逊相关系数矩阵 $\boldsymbol{F}$,见表 7-6。

表 7-6 各评价指标的皮尔逊相关系数矩阵

指标	I_1	I_2	I_3	I_4	I_5	I_6	I_7	I_8	I_9
I_1	1.0000	-0.8747	0.9312	0.9662	-0.5392	0.8596	0.9374	-0.6211	0.3614
I_2	-0.8747	1.0000	-0.8972	-0.8453	0.4103	-0.7306	-0.7930	0.3442	0.0006
I_3	0.9312	-0.8972	1.0000	0.9616	-0.4847	0.8995	0.9558	-0.4686	0.2708
I_4	0.9662	-0.8453	0.9616	1.0000	-0.5449	0.8945	0.9724	-0.6019	0.2707
I_5	-0.5392	0.4103	-0.4847	-0.5449	1.0000	-0.6201	-0.6592	-0.0773	-0.2762
I_6	0.8596	-0.7306	0.8995	0.8945	-0.6201	1.0000	0.9287	-0.3340	0.3632
I_7	0.9374	-0.7930	0.9558	0.9724	-0.6592	0.9287	1.0000	-0.4963	0.4008
I_8	-0.6211	0.3442	-0.4686	-0.6019	-0.0773	-0.3340	-0.4963	1.0000	-0.3788
I_9	0.3614	0.0006	0.2708	0.2707	-0.2762	0.3632	0.4008	-0.3788	1.0000

根据皮尔逊相关系数矩阵 F，结合式（7-38）和式（7-40）～式（7-42），可得变异系数 v、独立性系数 μ、综合性系数 ψ 和指标权重 W^*，见表 7-7。

表 7-7　　　　　评价指标的变异系数、独立性系数、综合性系数和权重

指标	变异系数	独立性系数	综合性系数	指标权重
I_1	0.2095	5.9793	1.2526	0.0461
I_2	1.1333	11.3857	12.9032	0.4744
I_3	0.3834	5.8316	2.2358	0.0822
I_4	0.3343	5.9268	1.9811	0.0728
I_5	0.0464	10.7912	0.5008	0.0184
I_6	0.1456	5.7391	0.8357	0.0307
I_7	0.2691	5.7534	1.5483	0.0569
I_8	0.2172	10.6339	2.3098	0.0849
I_9	0.5199	6.9875	3.6331	0.1336

7.5.4.2　确定变权权重

根据变权理论，采用式（7-43）～式（7-46）确定状态变权向量 $S(X)$ 和变权向量 $W(X)$，分别见表 7-8 和表 7-9。

表 7-8　　　　　　　　　　　　评价指标的状态变权向量

指标	$K_1^\#$	$K_2^\#$	$K_3^\#$	$K_4^\#$	$K_5^\#$	$K_6^\#$	$K_7^\#$	$K_8^\#$
I_1	0.6376	0.6839	0.5599	0.5886	0.6065	0.8025	0.7408	0.7047
I_2	0.4795	0.3985	0.5488	0.7788	1.0000	0.4127	0.3810	0.4025
I_3	0.7558	0.6703	0.7261	0.8869	0.6440	0.4493	0.5066	0.5488
I_4	0.9608	0.6977	0.7711	0.8521	0.7408	0.4966	0.6065	0.6703
I_5	0.4039	0.4246	0.4346	0.4148	0.4463	0.4569	0.4868	0.5186
I_6	0.9474	0.9085	0.9531	0.9763	0.9103	0.7089	0.8624	0.7189
I_7	0.8353	0.9802	0.7408	0.8187	0.6977	0.7408	0.7866	0.8187
I_8	0.5738	0.8559	0.5738	0.7165	0.6271	0.8371	0.8559	0.4803
I_9	0.3803	0.3679	0.3803	0.3855	0.3803	0.3932	0.3880	0.3803

表 7-9 评价指标的变权向量

指标	$K_1^\#$	$K_2^\#$	$K_3^\#$	$K_4^\#$	$K_5^\#$	$K_6^\#$	$K_7^\#$	$K_8^\#$
I_1	0.0513	0.0583	0.0444	0.0372	0.0354	0.0736	0.0675	0.0666
I_2	0.3973	0.3502	0.4481	0.5074	0.6011	0.3901	0.3576	0.3920
I_3	0.1085	0.1021	0.1027	0.1001	0.0671	0.0736	0.0824	0.0926
I_4	0.1222	0.0941	0.0967	0.0852	0.0684	0.0721	0.0874	0.1002
I_5	0.0130	0.0145	0.0138	0.0105	0.0104	0.0168	0.0177	0.0196
I_6	0.0508	0.0517	0.0504	0.0412	0.0354	0.0434	0.0524	0.0453
I_7	0.0830	0.1034	0.0726	0.0640	0.0503	0.0840	0.0886	0.0957
I_8	0.0851	0.1347	0.0839	0.0836	0.0675	0.1417	0.1438	0.0837
I_9	0.0887	0.0910	0.0874	0.0707	0.0644	0.1047	0.1025	0.1043

7.5.5 确定坍塌风险等级

利用式(7-47)～式(7-49)计算待评价洞段对不同风险等级的贴近度,并对其进行标准化。此外,根据模糊熵理论,由式(7-51)计算得到不同待评价物元的模糊熵,从而建立一个二维评价系统(V,H)。同时,为验证变权物元可拓模型的可靠性,采用标准物元可拓模型和模糊综合评价法进行比较,结果见表 7-10。

表 7-10 KS260+052～KS262+835 段隧道坍塌风险等级评定

隧道区段	贴近度					模糊熵	本章模型	标准物元可拓模型	模糊综合评价法
	V_1	V_2	V_3	V_4	V_5				
$K_1^\#$	0.580	0.814	1.000	0.703	0.000	0.7067	V_3(模糊性较高)	V_3	V_3
$K_2^\#$	0.795	1.000	0.953	0.561	0.000	0.5523	V_2(模糊性较高)	V_2	V_2
$K_3^\#$	0.000	0.148	0.379	0.695	1.000	0.6782	V_5(模糊性较高)	V_5	V_4
$K_4^\#$	0.000	0.243	0.533	0.903	1.000	0.6253	V_5(模糊性较高)	V_5	V_5
$K_5^\#$	0.000	0.206	0.511	1.000	0.854	0.6460	V_4(模糊性较高)	V_4	V_4
$K_6^\#$	0.804	1.000	0.854	0.481	0.000	0.6409	V_2(模糊性较高)	V_2	V_2
$K_7^\#$	0.873	1.000	0.844	0.480	0.000	0.6022	V_2(模糊性较高)	V_2	V_2
$K_8^\#$	0.947	1.000	0.894	0.523	0.000	0.4949	V_2(模糊性一般)	V_2	V_2

由表 7-10 可知,采用本章模型时,$K_1^\#$ 段的坍塌风险概率为 V_3 级(偶尔发生),$K_2^\#$、$K_6^\#$、$K_7^\#$ 和 $K_8^\#$ 段的坍塌风险概率为 V_2 级(发生的可能性较小),$K_3^\#$ 和 $K_4^\#$ 段

的坍塌风险概率为 V_5 级(很可能发生),$K_5^\#$ 段的坍塌风险概率为 V_4 级(可能发生)。结合 KS260＋052～KS262＋835 段的实际开挖情况,$K_1^\#$ 段围岩节理裂隙发育,TBM 掘进过程中局部轻微掉块;$K_2^\#$、$K_6^\#$、$K_7^\#$ 和 $K_8^\#$ 段围岩局部裂隙较为发育,但围岩整体稳定性较好,TBM 施工过程中未发生岩块脱落现象;$K_3^\#$、$K_4^\#$ 和 $K_5^\#$ 段受断层破碎带的影响,围岩完整性较差,TBM 掘进过程中掉块严重,其中 $K_3^\#$ 段围岩还存在局部结构面滑塌现象。

综上分析,基于变权物元可拓的隧道坍塌风险二维评价模型与标准物元可拓模型、模糊综合评价法的评定结果基本一致,且与实际 TBM 开挖情况吻合较好,仅在 $K_3^\#$ 段与模糊综合评价法的评价结果存在一定差异,表明运用本章模型评价隧道坍塌风险是有效可行的。虽然 3 种方法在隧道坍塌风险评价中都取得了良好的效果,但与采用等级 V 作为评判隧道坍塌风险的一维测度相比,本章通过引入模糊熵 H 构建了一个二维评价系统 (V, H),既从宏观角度考虑了隧道坍塌风险等级,又从微观角度考虑了各指标等级归属的复杂程度,从而使评价结果更加科学合理。

7.6　本章小结

基于物元可拓理论、CRITIC 赋权法和变权理论,本章提出采用等级 V 作为评判隧道坍塌风险的一维测度,通过对 CRITIC 法和变权理论的融合确定隧道坍塌因子的变权权重,并采用规格化处理方式对隧道坍塌风险的经典域和待评价洞段的物元矩阵进行初始化,同时引入非对称贴近度准则代替最大隶属度准则,避免了评价过程中出现信息缺失的情况。

在以等级评价作为最终结果的一维评价测度方法的基础上,引入模糊熵作为第二维辅助评价参量,构建了一个二维评价系统 (V, H),既从宏观角度考虑了隧道坍塌风险等级,又从微观角度考虑了各指标等级归属的复杂程度,从而使评价结果更加科学合理。

将变权物元可拓的隧道坍塌风险二维评价模型应用于 KS 隧道,分析了 KS260＋052～KS262＋835 段 TBM 掘进过程中围岩的坍塌风险概率,并与标准物元可拓模型、模糊综合评价法和工程实际情况进行了对比。结果表明,该模型与标准物元可拓模型、模糊综合评价法的评价结果基本一致,且与实际 TBM 开挖情况吻合较好,表明运用该模型评价隧道坍塌风险是有效可行的,为隧道坍塌风险预测提供了一种新的可靠预判方法。

第二篇　岩土工程地质灾害危险性评估和稳定性分析

8 序 言

8.1 研究背景及意义

8.1.1 泥石流灾害

泥石流是指在沟谷密集、地形复杂的区域,由暴雨或其他自然灾害引发,携带大量泥沙和石块的特殊洪流。泥石流往往以沟谷为单位发生。泥石流灾害具有突发性、瞬时性、破坏力强等特点。这一灾害不仅会严重破坏生态环境,而且由于其突发性特点,对人民的生命财产安全也构成了威胁。

我国是世界上受泥石流灾害影响最严重的国家之一。泥石流密集地发生在大兴安岭—燕山山脉—太行山山脉—巫山山脉—雪峰山山脉以西,集中于青藏高原东南部,以及陇南—陕西、晋西、冀北东部。随着近年来气候变化的加剧,在极端气候条件(尤其是降水)和特殊地形条件下,我国发生了多起严重的泥石流灾害,如 2010 年 8 月 8 日甘肃舟曲发生的特大泥石流、2012 年 5 月 10 日甘肃岷县发生的特大冰雹山洪泥石流、2013 年 7 月 10 日四川汶川因暴雨引发的群发性泥石流。

近年来,随着全球变暖导致的极端气候的加剧,以及人类活动的影响,生态环境尤其是处于发展中的山区环境变得更加脆弱。根据《全国地质灾害防治"十三五"规划》,截至 2015 年底,我国共有泥石流灾害隐患点 31687 处,受泥石流威胁的城市 130 余座,乡镇 400 多个,且多位于经济较不发达地区。2019 年,我国的泥石流灾害共计 599 起,直接经济损失超过 27 亿。[516] 频发的泥石流给当地居民的人身安全以及各类基础设施(矿山、水电站、公路等)造成了威胁,制约着这些地区的经济发展。因此,对泥石流灾害预先进行易发性评估,绘制易发性评级图,对防灾减灾有着极为重要的意义。泥石流易发性评估工作作为防灾减灾工作的基础,能反映某一地区的泥石流活动现状,为政府制订防灾减灾策略提供可靠的依据。

8.1.2 滑坡灾害

滑坡是指斜坡上的岩土体在重力作用下，受自然或人为因素影响，沿一定的软弱带或软弱面向下滑动，是一种地形地貌塑造和改变的过程。滑坡的发生使得滑坡体及周边岩土体的物质结构由不稳定变为相对稳定。随着人类社会的不断发展，一方面，人类活动使滑坡发生的频率增加；另一方面，受滑坡影响的人类设施和人民生命财产也不断增多，滑坡这种自然现象也就演变成一种地质灾害[517]。

中国处于亚欧板块、太平洋板块和印度洋板块的连接处。受板块活动的影响，地质构造运动活跃且山地众多，因此地质灾害多发。滑坡灾害在地质灾害中对人类造成的影响的范围和损失最大，相关统计结果显示，2010 年至 2021 年我国发生滑坡灾害共 88052 起，造成 5000 余人伤亡或失踪，直接经济损失高达 550 亿元。自汶川大地震发生以来，四川省的地震活动进入高发期，由此直接或者间接导致的滑坡地质灾害也进入多发期，对周边人员的安全造成严重的威胁。

滑坡易发性评价能够在一定区域内对滑坡可能发生的位置和发生概率进行定量的评估，以合理且精确的评估结果进行科学治理和监测[518]，能在一定程度上减少人员伤亡，降低财产损失。因此对滑坡易发性评价方法的研究具有重大的理论和现实意义。

8.1.3 岩爆灾害

随着社会经济的高速发展，地表浅部资源已经逐渐无法满足社会需求，更多工程建设和资源开采不断向地下深部延伸，例如交通、水利水电、采矿等行业。我国"十四五"规划中也明确提出，未来的科学技术领域要向深地深海、空天科技、量子信息等多个科技前沿领域发展。相较于浅部地下工程，深部岩体环境存在较大差异，表现为"三高一扰动"，即高地应力、高渗透地压、高地温和强烈开采扰动。在地下工程中，岩爆是一种常见的地质灾害，严重威胁作业人员的生命健康并影响设备的正常运行，甚至会导致局部地震，危害周边居民的房屋建筑。且随着地下工程开采深度的增加，施工难度越来越大，受高地应力影响，岩爆灾害愈发频繁，造成的后果愈发严重。

世界上首次岩爆记录来源于 1738 年英国某锡矿，此后岩爆现象陆续被记载，一直影响着矿山开采等地下工程。至今，不少国家都出现了不同程度的岩爆灾害，1898年，埋深超过 3500 m 的印度科拉尔(Kolar)石英脉型金矿床在开采到 320 m 深度时开始有岩爆现象发生。在中国，首次被记载的岩爆现象来源于 1933 年的辽宁抚顺煤矿[519]，共发生 2000 余次，造成巨大伤亡损失；1976 年红透山铜矿也开始记载岩爆灾害，在 1995—2004 年期间累计记录岩爆事故 49 起，严重影响施工进度；我国秦岭隧道全长 18 km，埋深 500 m 以上的路段累计长达 9 km，其中最大埋深达 1.6 km，施工期间共计发生轻微和中等岩爆 39 起,强烈岩爆 4 起;二郎山隧道全长 4176 m,自建设以来累计发生岩爆 200 余次,岩爆总长度约占隧道全长三分之一;锦屏二级水电站是雅砻江干流上的重要梯级电站,其引水隧道最大埋深达 2.5 km,预估最大地应力达 72 MPa,2009 年在其排水洞 TBM 掘进施工期间发生了一次极强岩爆,造成 30 m 长的塌方,破坏深度最深达 9 m,事故共造成 7 人遇难,1 人受伤,大量设备被埋,经济损失无法估量。

据预测,到 2025 年我国将有 30% 以上骨干有色矿山进入深部开采,如冬瓜山铜矿可达 2 km,红透山铜矿可达 1.7 km[520]。随着地下工程深度的增加,高地应力及复杂的岩体赋存环境等因素使得岩爆灾害防治面临的挑战越来越严峻。从现有的工程实例来看,在工程初始阶段,及时准确地对岩爆发生的倾向性进行评判,可有效降低甚至避免岩爆带来的危害,因此作为岩爆防治核心工作的岩爆等级评判是十分必要且迫切的。

8.1.4　深埋地下洞室

随着世界经济快速发展,浅部空间资源正逐渐减少,考虑到未来社会与经济发展的需求,社会上满足人们对生活空间的需求,经济上满足能源开挖采集与废物处理的需求,我国正进一步扩展空中空间资源和地下空间资源,尤其是地下深部空间资源,地下深部空间的开拓是未来社会和经济发展的必然趋势。目前,地下洞室的使用途径主要集中在能源、交通和废料处置等方面,具体包括储气洞库、储油洞库、大型水利水电站、隧道交通及核废料处置库等。

在水利水电工程方面,据不完全统计,截至 2016 年底,我国已建成的水工隧道超过 10000 km,在建与待建的水工隧道总长超过 3000 km。总体来说,大型水电站集中在西北和西南地区,主要有白鹤滩水电站、拉西瓦水电站、溪洛渡水电站、向家坝水电站、锦屏水电站、糯扎渡水电站、小湾水电站和龙滩水电站等。能源不仅是保障国内供应的经济问题,更是关乎国家能源地缘政治的战略问题。地下水封洞库凭借其污染小、占地少和安全性高等优点被越来越广泛地应用,已建的地下水封洞库有位于山东黄岛、广东惠州、辽宁锦州等地的储油洞库以及位于呼图壁、相国寺等地的储气洞库。近年来,凭借着噪声低、污染小和能抵抗多种自然灾害等优点,城市地下空间正逐渐兴起。

尽管多种使用途径的地下空间正逐渐兴起并得到广泛应用,但是这些地下洞室具有埋深深、规模大、结构复杂、施工难度大等特点,且有岩土工程本身所具备的复杂性和不确定性,因此,地下洞室的开挖稳定性评估和工程岩体力学的行为分析一直是岩土工程界研究的重点与难点。在复杂地质环境中开挖地下洞室,必然改变原本洞室周围的初始应力场,造成洞室周围一定范围内岩体发生卸载回弹与应力重分布,一且卸载回弹或应力重分布所产生的二次应力超过岩体的承载能力,洞室周边的岩体将出现失稳情况,小至洞室岩块掉落,支护结构部分破坏,大到岩体出现冒顶、坍塌等,这些地质灾害严重威胁着人员及设备安全。鉴于深埋地下洞室受洞室尺寸、洞室岩体质量、洞室开挖方式和初始地应力等多种因素的共同影响,目前没有相关的深埋地下空间规范可循,可类比的工程实例也较少,并且洞室开挖作为一种不可逆的行为,一旦出现问题,将难以解决或调整,给国家和人民带来难以估量的损失。因此,对深埋地下洞室的设计、施工及运营期间的围岩稳定性进行研究,对确保开挖的顺利进行以及更加科学合理地发展地下空间有着十分重要且积极的意义。所得到的成果可为水利水电工程、煤矿工程和城市地下空间等实际工程的设计、施工和运营提供一定的理论依据和技术支持,具有良好的社会、经济效益和广泛的应用前景。

8.2 主要研究内容

地质灾害评估是一项复杂、系统的工作,不仅涉及的学科众多,而且内容广泛。本篇重点对部分地质灾害的发生原因、机制和影响程度进行系统研究,主要研究内容如下。

(1)基于博弈论组合加权-正态云模型,考虑泥石流补给段长度比(X_1)、主沟纵坡长度比(X_2)、山体坡度(X_3)、流域面积(X_4)、相对高差(X_5)、森林覆盖率(X_6)和日最大降雨量(X_7),提出了一种评价泥石流灾害易发性等级的新方法。

(2)基于证据熵权-灰色关联法和证据理论,考虑泥石流灾害的补给段长度比(X_1)、主沟纵坡长度比(X_2)、山体坡度(X_3)、流域面积(X_4)、相对高差(X_5)、森林覆盖率(X_6)和日最大降雨量(X_7),提出了一种评价泥石流灾害易发性等级的新方法。

(3)在综合考虑岩土体特征值(P_1)、新构造运动特征值(P_2)、边坡高度(P_3)、坡角(P_4)、年平均降雨量(P_5)和场地地震烈度(P_6)的基础上,提出了一种基于主成分分析-云模型的边坡地震稳定性多指标评价方法。

(4)考虑堆载 q、岩石单位容重 γ、水平地震加速度系数 k_h、岩石单轴抗压强度 σ_c、竖向地震加速度系数 k_v、水深 h_1、几何参数 m_i 和 GSI 等因素对岩石边坡稳定性的影响,采用改进修正拟动力法对双剪切岩体岩质边坡的稳定性进行分析。

(5)考虑岩爆深度(Q_1)、岩石单轴抗压强度(Q_2)、岩石脆性系数(Q_3)、岩石应力系数(Q_4)以及弹性能量指数(Q_5),采用基于熵权-灰色关联理论对岩爆强度风险进行评估。

(6)考虑岩体单轴饱和抗压强度 UCS 岩体深度 H、岩体完整系数 K_v、单位质量 γ、岩体质量指标 RQD、地下水质量等因素 k_1、主结构面与轴线夹角的量化系数 k_2

以及岩体软化系数 K_R,采用博弈灰色目标模型对围岩质量进行评价。

(7)考虑再生混凝土表观密度(Z_1)、孔隙率(Z_2)、强度(Z_3)、破碎指数(Z_4)、微量元素含量(Z_5)、土壤含水率(Z_6)和吸水率(Z_7),采用主成分分析-云模型对再生混凝土粗集料的质量等级进行综合评价。

(8)考虑裂缝宽度(S_1)、裂缝长度(S_2)和裂缝深度(S_3),采用基于博弈论组合加权-正态云模型对混凝土坝裂缝危险等级进行评价。

9　泥石流灾害的易发性评价

9.1　概　　述

随着西部大开发战略的不断推进,泥石流灾害已成为制约经济发展和国民生活质量的严重问题。泥石流灾害风险评价是解决泥石流问题的前提。然而,泥石流的发生和演变是一个非常复杂的问题,其影响因素错综复杂,相互作用,难以定量评估。因此,泥石流灾害易发性评价具有十分重要的意义。

9.2　基于灰色系统-变模糊集耦合模型的泥石流灾害易发性评价

已经有许多国家的研究人员进行了泥石流易发性评价的研究,主要研究方法分为三种类型:启发式方法、物理模型方法和机器学习方法。启发式方法主要依靠由感质推导的泥石流指标因子描绘研究区内的泥石流。物理模型方法试图在发生地质灾害时重现斜坡的基本情况,以确定坡道的安全系数,例如,Gu 等[521]利用直觉模糊集-TOPSIS 模型评估都坝河流域泥石流的易发性水平。然而,调整模型参数需要花费大量的时间。因此,对于区域泥石流,该模型的预测仍然存在一些局限性。近年来,随着计算机科学的发展,机器学习方法被广泛应用于泥石流灾害的易发性水平的评估,如人工神经网络模型[522]、决策树模型[523]、Logit 模型[524]、随机森林[525]和支持向量机[526]等。这些方法可以直接计算泥石流的易发性指数,避免了人为主观因素的干扰。

虽然上述方法极大地推动了泥石流灾害易发性评价理论的发展,但仍有待完善,如计算过程复杂,且许多方法的评价过程往往是单一的。针对上述方法的不足,本章引入灰色系统-变模糊集对马颈子镇泥石流灾害易发程度进行评价。该方法具有精度高、相对于传统的变量模糊集理论不需要大量数据、操作简单等优点。此外,它还可以为难以量化和应减少人为因素影响的评价指标提供解决方案,是对传统变量模糊集模型很好的改进。

9.2.1 工程概况

马颈子镇坐落于四川省彝族自治州雷波县西部,距离雷波县城大约 40 km,研究区年平均气温为 12~16 ℃。冬天持续三个多月,五月到九月是雨季,降雨量达到全年降雨量的 80%,年平均降雨量为 850 mm。

马颈子镇的地貌特征是以深切的构造侵蚀为主。E 形山谷的最低海拔约为650 m,与山峰最高点的相对高差约为 1130 m。山丘几乎与沟壑平行,斜坡的整体轮廓非常陡峭,平均坡度约为 50°。研究区的地形地貌如图 9-1 所示。

图 9-1 研究区地形地貌

研究区内有 6 条支流沟:碉楼沟、1♯支沟、2♯支沟、3♯支沟、尔定西支沟、法庭后支沟。

9.2.2 研究方法

可变模糊理论是对传统变量模糊集合理论的改进和扩展,其基础是辩证唯物主义和事物发展的相对性和动态可变性,它的定义如下:

假设 U 是一个模糊概念的域,F 和 F^c 分别代表在闭合域中的吸引域和排斥域;对于任何 u,存在 $u \in U$。$\mu_F(u)$ 和 $\mu_{F^c}(u)$ 两个都是隶属度函数,它们分别代表着相对 F 和 F^c 的单元 u 的吸引和排斥程度。假设[527]:

$$D_F(u) = \mu_F(u) - \mu_{F^c}(u) \tag{9-1}$$

式中:$D_F(u)$ 为 u 到 F 的相对差分函数。

假设 $X_0 = [a,b]$ 是一个在实轴上的吸引区间,则意味着 $0 < D_F(u) < 1$;假设 $[c,d]$ 是一个排斥特征的区间,则意味着 $-1 < D_F(u) < 0$;若 $X = [c,d]$ 且 $X_0 \in X$,则 x 的位置如图 9-2 所示。

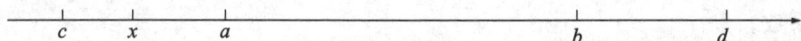

图 9-2　吸引区间和排斥区间中点 x 的线性关系

根据相关的定义,存在点 F 使 $\mu_F(u)=1$ 且 $D_F(u)=1$,那么当 x 坐落于点 F 的左侧时,表达式为[528]:

$$\mu_F(u)=\begin{cases}0.5\left[1+\left(\dfrac{x-a}{F-a}\right)^\beta\right] & x\in[a,F]\\[3mm]0.5\left[1-\left(\dfrac{x-a}{d-a}\right)^\beta\right] & x\in[d,a]\end{cases} \tag{9-2}$$

当 x 坐落于点 F 的右侧时,表达式为:

$$\mu_F(u)=\begin{cases}0.5\left[1+\left(\dfrac{x-b}{F-b}\right)^\beta\right] & x\in[F,b]\\[3mm]0.5\left[1-\left(\dfrac{x-b}{e-b}\right)^\beta\right] & x\in[b,e]\end{cases} \tag{9-3}$$

9.2.3　灰色系统理论

灰色系统理论是邓聚龙教授针对小样本的模糊性和信息缺乏问题提出的一种系统方法[528,529]。作为核心参数的灰色关联度需要通过灰色关联分析来计算,其基本原理是利用序列曲线几何图形的相似性来确定各因素之间的关联度,几何形状越接近,因素之间相关性越强。基本概念如下:

假设一个系统的特征行为序列是 $X_0=(x_0(1),x_0(2),x_0(3),\cdots,x_0(n))$,相关因子序列可以表示如下:

$$X_1=(x_1(1),x_1(2),x_1(3),\cdots,x_1(n))$$
$$X_2=(x_2(1),x_2(2),x_2(3),\cdots,x_2(n))$$
$$\cdots\cdots \tag{9-4}$$
$$X_m=(x_m(1),x_m(2),x_m(3),\cdots,x_m(n))$$

进而可以得到[530]:

$$\gamma(X_0,X_i)=\frac{1}{n}\sum_{k=1}^n\gamma(x_0(k),x_i(k)) \tag{9-5}$$

$\gamma(X_0,X_i)$ 代表序列 X_0 和 X_i 之间的相互关系为:

$$\gamma(x_0(k),x_i(k))=\frac{\min\limits_i\min\limits_k|x_0(k)-x_i(k)|+\xi\max\limits_i\max\limits_k|x_0(k)-x_i(k)|}{|x_0(k)-x_i(k)|+\xi\max\limits_i\max\limits_k|x_0(k)-x_i(k)|}$$

$$\tag{9-6}$$

式中:$k=1,2,3,\cdots,n$;$i=1,2,3,\cdots,m$;$\gamma(x_0(k),x_i(k))$ 被称为关联系数;ξ 被称为

分辨率系数。

9.2.4 耦合模型

耦合模型的计算过程如下。

(1)评估对象和指标集的确定。假设存在 m 个评价方案和 n 个评价指标,其最优指标值为 $A_0=(a_{01},a_{02},a_{03},\cdots,a_{0n})$,则最优值与参考值的组合矩阵为:

$$\boldsymbol{B}=\begin{bmatrix} a_{01} & a_{02} & a_{03} & \cdots & a_{0n} \\ a_{11} & a_{12} & a_{13} & \cdots & a_{1n} \\ \vdots & \vdots & \vdots & & \vdots \\ a_{m1} & a_{m2} & a_{m3} & \cdots & a_{mn} \end{bmatrix}_{(m+1)\times n} \tag{9-7}$$

(2)指标的无量纲化处理。假设 c_{i1} 是第 i 个指标在所有方案中的最小值,c_{i2} 是第 i 个指标在所有方案中的最大值,那么用式(9-8)进行无量纲化处理[531]:

$$x_{ij}=\frac{c_{i2}-a_{ij}}{c_{i2}-c_{i1}} \tag{9-8}$$

式中:x_{ij} 是 a_{ij} 的无量纲数值,$x_{ij}\in(0,1)$;$i=1,2,3,\cdots,n$;$j=1,2,3,\cdots,m$。

因此矩阵 $\boldsymbol{B}$ 的无量纲矩阵 $\boldsymbol{X}$ 为:

$$\boldsymbol{X}=\begin{bmatrix} x_{01} & x_{02} & x_{03} & \cdots & x_{0n} \\ x_{11} & x_{12} & x_{13} & \cdots & x_{1n} \\ \vdots & \vdots & \vdots & & \vdots \\ x_{m1} & x_{m2} & x_{m3} & \cdots & x_{mn} \end{bmatrix}_{(m+1)\times n} \tag{9-9}$$

(3)序列差、最大差和最小差的计算公式分别为[532]:

$$\Delta_{0i}=(\Delta_{0i}(1),\Delta_{0i}(2),\Delta_{0i}(3),\cdots,\Delta_{0i}(n)) \tag{9-10}$$

$$\Delta_{\max}=\max_i \max_j\{\Delta_{0i}(j)\} \tag{9-11}$$

$$\Delta_{\min}=\min_i \min_j\{\Delta_{0i}(j)\} \tag{9-12}$$

式中:$\Delta_{0i}=|x_{0j}-x_{ij}|$。

(4)灰色关联系数的确定[533]。

$$\gamma_{ij}=\frac{\Delta_{\min}+\xi\Delta_{\max}}{\Delta_{0i}(j)+\xi\Delta_{\max}} \tag{9-13}$$

式中:ξ 为分辨率系数。

(5)相对隶属度的确定。

$$\boldsymbol{\mu}(u)_{n\times m}=\begin{bmatrix} \mu(u)_{11} & \mu(u)_{12} & \mu(u)_{13} & \cdots & \mu(u)_{1m} \\ \mu(u)_{21} & \mu(u)_{22} & \mu(u)_{23} & \cdots & \mu(u)_{2m} \\ \vdots & \vdots & \vdots & & \vdots \\ \mu(u)_{n1} & \mu(u)_{n2} & \mu(u)_{n3} & \cdots & \mu(u)_{nm} \end{bmatrix} \tag{9-14}$$

(6)权重系数的确定。

熵值法是利用熵的概念来定义平均信息量的方法,其计算过程如下。

①不同指标的正交化。

对于正指标,有

$$r_{ij} = \frac{x_{ij} - x_{i\min}}{x_{i\max} - x_{i\min}} \tag{9-15}$$

对于负指标,有

$$r_{ij} = \frac{x_{i\max} - x_{ij}}{x_{i\max} - x_{i\min}} \tag{9-16}$$

式中:x_{ij} 是使用方案 i 评估指标相应的数值。

②指标权重的确定。

根据归一化指数矩阵,指标权重可以描述为[534]:

$$\omega_j = \frac{1 - s_j}{n - \sum_{j=1}^{n} s_j} \tag{9-17}$$

式中:

$$s_j = -k \sum_{i=1}^{n} b_{ij} \ln(b_{ij})$$

$$b_{ij} = \frac{x_{ij}}{\sum_{i=1}^{n} x_{ij}}$$

式中:s_j 为第 j 个指标的熵值,反映数据离散程度(s_j 越大,离散程度越小);k 为调节系数,$k = \frac{1}{\ln n}$。

(7) 综合隶属度的计算。

综合隶属度表达式为:

$$v_F(u)_j = \frac{1}{1 + \left(\dfrac{\sum_{i=1}^{o} \{ \omega_i [1 - \mu_F(u)_{ij}] \}^g}{\sum_{i=1}^{o} [\omega_i \mu_F(u)_{ij}]^g} \right)^{\frac{l}{g}}} \tag{9-18}$$

式中:o 是识别指标值;ω_i 是指标权重;F 是等级参数;l 和 g 分别代表汉明距离和欧几里得距离。

根据式(9-18),综合隶属度为[535]:

$$\boldsymbol{U} = (u')_{m \times n} \tag{9-19}$$

式中：U 为符合隶属度矩阵；u' 为标准化的综合隶属度，有

$$u' = \frac{v_F(u)_j}{\sum\limits_{j=1}^{m} v_F(u)_j} \qquad (9\text{-}20)$$

(8) 评估结果的确定。

基于式(9-20)，可以得到综合隶属度，它们的评价水平如下：

$$H = (1,2,\cdots,c) \cdot U \qquad (9\text{-}21)$$

$$\bar{H} = \sum_{i=1}^{4} \frac{H_i}{4} \qquad (9\text{-}22)$$

式中：H 为高级特征值；c 为不同状态数量；H_i 为等级为 i 的特征值；$\bar{H}$ 为等级特征值的平均值。

如果 $n-0.5 \leqslant H \leqslant n+0.5$，那么结果是等级 n（n 是正整数）。

9.2.5 评价模型的构建

9.2.5.1 评价指标的确定

泥石流的形成机理和演化过程十分复杂，影响因素众多，评价指标的选择将直接影响最终的评价结果。在评价模型中，评价指标往往是根据工程现场的实际情况来选择的，否则会出现更大的偏差。根据实际调查资料，选取 10 个评价因子作为马颈子镇泥石流的评价指标，分别是泥石流一次最大流量(N_1)、疏松物质储量(N_2)、流域面积(N_3)、沟长(N_4)、相对高差(N_5)、边坡坡度(N_6)、主沟纵坡坡度(N_7)、补给段长度比(N_8)、最大日降雨量(N_9)和流域内发育的断层条件(N_{10})。

根据相关规范，10 个评价指标可分为表 9-1 中的 4 个等级：易发性 I 级(低)、易发性 II 级(中)、易发性 III 级(大)和易发性 IV 级(强大)。表 9-2 列出了 6 条支流沟 10 个评价指标的监测值。

表 9-1　　　　　　　　　　　　泥石流灾害易发性等级

评价指标	易发性等级			
	I	II	III	IV
$N_1/(10^4 \cdot m^3)$	$\leqslant 1$	$(1,10]$	$(10,100]$	$(100,150]$
$N_2/(10^4 \cdot m^3/km^2)$	$\leqslant 1$	$(1,5]$	$(5,10]$	$(10,15]$
N_3/km^2	$\leqslant 0.5$	$(0.5,10]$	$(10,35]$	$(35,53]$
N_4/km	$\leqslant 1$	$(1,5]$	$(5,10]$	$(10,15]$

续表9-1

评价指标	易发性等级			
	Ⅰ	Ⅱ	Ⅲ	Ⅳ
N_5/km	≤0.2	(0.2,0.5]	(0.5,1]	(1,1.5]
$N_6/(°)$	≤15	(15,20]	(20,25]	(25,50]
$N_7/‰$	≤268	(268,466]	(466,625]	(625,900]
$N_8/\%$	≤10	(10,30]	(30,60]	(60,90]
N_9/mm	≤25	(25,50]	(50,100]	(100,150]
$N_{10}/条$	≤1	(1,3]	(3,5]	(5,10]

表 9-2　　　　　　　　　　**各支流沟的监测值**

评价指标	监测值					
	碉楼沟	1#支沟	2#支沟	3#支沟	尔定西支沟	法庭后支沟
$N_1/(10^4 \cdot m^3)$	8.78	0.15	0.09	0.13	0.35	0.23
$N_2/(10^4 \cdot m^3/km^2)$	12.13	1.9	1.1	2.2	1.5	1.58
N_3/km^2	0.85	0.2	0.12	0.18	0.3	0.32
N_4/km	1.6	0.8	0.73	0.8	0.95	0.97
N_5/km	0.81	0.6	0.69	0.62	0.72	0.72
$N_6/(°)$	45	37	35	30	22	22
$N_7/‰$	504	710	802	706	661	705
$N_8/\%$	47	45	36	29	63	49
N_9/mm	130	70	70	70	70	70
$N_{10}/条$	2	4	1	0	5	1

9.2.5.2　评价框架的构建

泥石流灾害易发性评价对人们的生命财产安全有重要影响,因此对泥石流灾害易发性水平进行评价具有重要意义。首先,为了评价泥石流灾害的易发程度,建立完整的评价指标体系。其次,根据熵值法确定各评价指标的权重系数,同时利用耦合理论确定相对隶属度。最后,确定综合隶属度的大小,评价泥石流灾害的易发性(图 9-3)。

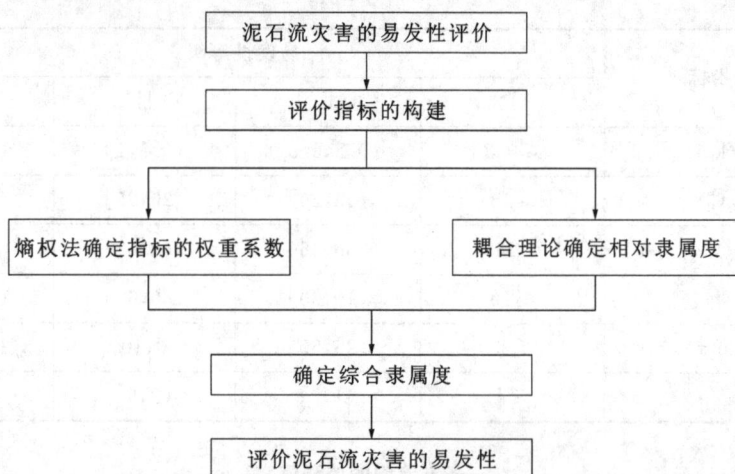

图 9-3　泥石流灾害易发性评价过程

9.2.5.3　泥石流灾害易发性的确定

(1)权重系数的确定。

根据熵值法理论和表 9-2,各评价指标权重系数如表 9-3 所示。

表 9-3　　　　　　　　　　　　　评价指标权重系数

评价指标	N_1	N_2	N_3	N_4	N_5	N_6	N_7	N_8	N_9	N_{10}
权重系数	0.5188	0.1855	0.0884	0.0157	0.002	0.0132	0.0036	0.0111	0.0134	0.1483

(2)相对隶属度矩阵的确定。

根据表 9-2,选择碉楼沟的数据作为样本。以表 9-2 中碉楼沟的实际监测值为最优值,以表 9-1 中等级间隔的中间值为参考值,组合矩阵可表示为:

$$B = \begin{bmatrix} 8.78 & 12.13 & 0.85 & 1.6 & 0.81 & 45 & 504 & 47 & 130 & 2 \\ 0.5 & 0.5 & 0.25 & 0.5 & 0.1 & 7.5 & 134 & 5 & 12.5 & 0.5 \\ 5.5 & 3 & 5.25 & 3 & 0.35 & 17.5 & 367 & 20 & 37.5 & 2 \\ 55 & 7.5 & 22.5 & 7.5 & 0.75 & 22.5 & 545.5 & 45 & 75 & 4 \\ 125 & 12.5 & 44 & 12.5 & 1.25 & 37.5 & 762.5 & 75 & 125 & 7.5 \end{bmatrix}$$

根据式(9-8)和式(9-9),无量纲矩阵 X 为:

$$X = \begin{bmatrix} 0.9842 & 0.9775 & 0.9999 & 0.9984 & 1 & 0.9122 & 0 & 0.9082 & 0.7433 & 0.9976 \\ 0.997 & 0.997 & 0.9989 & 0.997 & 1 & 0.9947 & 0 & 0.9634 & 0.9074 & 0.997 \\ 0.986 & 0.9928 & 0.9866 & 0.9928 & 1 & 0.9532 & 0 & 0.9464 & 0.8987 & 0.9955 \\ 0.9004 & 0.9876 & 0.9601 & 0.9876 & 1 & 0.9601 & 0 & 0.9188 & 0.8637 & 0.994 \\ 0.8374 & 0.9852 & 0.9438 & 0.9852 & 1 & 0.9524 & 0 & 0.9031 & 0.8374 & 0.9918 \end{bmatrix}$$

然后根据式(9-10)~式(9-14),相对隶属度矩阵为:

$$\mu = \begin{bmatrix} 0.8646 & 0.8079 & 0.9875 & 0.983 & 1 & 0.716 & 1 & 0.5979 & 0.3333 & 0.9925 \\ 0.8812 & 0.9509 & 0.8702 & 0.9509 & 1 & 0.9062 & 1 & 0.8284 & 0.904 & 0.9819 \\ 0.4896 & 0.9408 & 0.7555 & 0.9408 & 1 & 0.923 & 1 & 0.7481 & 0.7012 & 0.9825 \\ 0.5658 & 0.9717 & 0.8349 & 0.9717 & 1 & 0.9143 & 1 & 0.8398 & 0.7576 & 0.9734 \end{bmatrix}$$

(3)综合隶属度矢量的确定。

根据式(9-18),并结合矩阵 μ,得出综合隶属度矩阵如表9-4所示。

表9-4   综合隶属度矩阵

l 和 g	$v_F(u)_1$	$v_F(u)_2$	$v_F(u)_3$	$v_F(u)_4$
$l=1, g=1$	0.8745	0.9099	0.6913	0.7443
$l=1, g=2$	0.8636	0.8908	0.5669	0.6281
$l=2, g=1$	0.9798	0.9903	0.8337	0.8945
$l=2, g=2$	0.9757	0.9852	0.6315	0.7404

根据式(9-18),正交化的综合隶属度如表9-5所示。

表9-5   正交化的综合隶属度

l 和 g	v'			
$l=1, g=1$	0.2716	0.2826	0.2147	0.2312
$l=1, g=2$	0.2928	0.302	0.1922	0.213
$l=2, g=1$	0.2649	0.2678	0.2254	0.2419
$l=2, g=2$	0.2927	0.2956	0.1895	0.2222

(4)泥石流灾害易发性等级的确定。

根据式(9-18),结合表9-5,得到6条支流沟的特征值,见表9-6。

表9-6   6条支流沟的特征值

支流沟	特征值				平均值
	$l=1, g=1$	$l=1, g=2$	$l=2, g=1$	$l=2, g=2$	
碉楼沟	2.6054	2.3525	2.6442	2.5411	2.5358
1#支沟	2.3032	2.1919	2.3482	2.1477	2.2478
2#支沟	2.2034	2.092	2.2484	2.048	2.1480
3#支沟	2.3018	2.1906	2.3481	2.1475	2.247
尔定西支沟	2.6094	2.4931	2.6491	2.5078	2.5649
法庭后支沟	2.6054	2.5021	2.6485	2.4477	2.5509

将本节方法的结果与其他方法进行比较列于表 9-7 中。从表 9-7 中可以看出,6 条支流沟泥石流灾害的易发性等级是不同的。由于 1# ~3# 支沟泥石流灾害易发性等级较低,不必进行加固,但应建立相关的安全意识。其余支流沟由于易发性等级很高,因此应采取必要的加固措施,例如在相应边坡上设置钢丝网,以防止泥石流灾害的发生。

表 9-7　　　　　　　　　　　　　不同方法结果的对比

支流沟	本节方法	现行规范	模糊层次分析法
碉楼沟	Ⅲ	Ⅲ	Ⅲ
1# 支沟	Ⅱ	Ⅱ	Ⅱ
2# 支沟	Ⅱ	Ⅰ	Ⅲ
3# 支沟	Ⅱ	Ⅱ	Ⅱ
尔定西支沟	Ⅲ	Ⅲ	Ⅳ
法庭后支沟	Ⅲ	Ⅲ	Ⅲ

根据表 9-7 中评价模型的评价结果,可以发现本节方法的评价结果与现行规范几乎一致[536]。本节方法的准确率达到 83%,高于模糊层次分析法(67%)的结果。相对于模糊层次分析法,本节提出的方法具有较高的准确性和客观性,因为模糊层次分析法依赖专家的经验。结果表明,利用该模型评价马颈子镇泥石流灾害易发性是可行的。该方法提供了泥石流灾害易发性等级的准确结果和详细资料。以碉楼沟为例,疏松物质储量 N_2 为 $12.13×10^4$ m^3/km^2,根据表 9-1 易发性等级应属于 Ⅳ 级。但由所提供的模式获得的其他指数的隶属度属于Ⅲ级,因此碉楼沟泥石泥易发性等级属于Ⅲ级的概率比属于Ⅰ级、Ⅳ级和Ⅱ级的概率更大。因此,碉楼沟泥石流的易发性等级只属于 Ⅲ级,几乎不可能属于 Ⅰ、Ⅳ 和 Ⅱ级。此外,3# 支沟泥石流灾害易发性等级比 1# 支沟更可能为Ⅱ级,因为 3# 支沟泥石流灾害易发性等级的平均特征值高于 1# 支沟泥石流灾害易发性等级。利用本节建议的模型得到的结果准确地预测了泥石流灾害的易发性,并进一步确定了泥石流灾害在同一等级上的排名。

在相对隶属度的计算过程中,传统的变量模糊集模型只考虑了与实际值相对应且与实际值相邻的评价区间,其他区间均为 0,这样会导致与指标相关的大量数据丢失。耦合模型建立的相对隶属度矩阵考虑了更多与评价指标相关的信息,隶属关系的表达更加全面合理。此外,灰色关联分析在处理小样本泥石流灾害易发性评价数据的模糊计算方面具有明显的优势,计算过程简单有效。

此外,在计算过程中,耦合模型采用灰色关联度代替传统的相对隶属度,从而避免了传统分析方法中数值的不确定性。特别是在进行非线性变化的定性问题时,传统的分析方法高度依赖专家经验,而耦合模型中没有这样的问题,可以尽可能保证计算结果的客观性和准确性。

与传统方法相比,本节模型在处理小样本的模糊计算方面具有明显的优势,其计算过程简单有效,能够尽可能保证计算结果的客观性和准确性。但是该模型仍然存在一定的局限性,例如,应更多地考虑不同指标的复杂性和随机性,以实现各指标的定性和定量特征之间的转换,因此该方法仍有很大的改进空间。

总之,基于灰色系统-变模糊集耦合模型的研究结果为评价泥石流灾害的易发性等级和提高评估的准确性提供了一种替代方法。

9.3 基于博弈论组合加权-正态云模型的泥石流灾害易发性评价

9.3.1 工程概况

研究区位于甘肃临洮,地处黄土高原西南部洮河流域的下游。研究区以黄土为主,含泥岩、砂岩和花岗岩。泥石流沟大部分为东西向分布,由源区向洮河方向逐渐减小;形成区和循环区位于中山地貌区,泥石流沟较长。泥石流沟大多位于海拔 $1750\sim2500$ m 处,东家岭最高海拔为 2577.7 m,洮河最低边缘海拔 1735 m,区内海拔 $1850\sim2450$ m,相对高差为 $100\sim600$ m。由于相对高差显著且有大量松散坡面沉积,山体两侧泥石流沟分布广泛。经过长期的风化和雨水侵蚀,泥石流沟两侧的岩体容易滑落,形成物质资源。

研究区坡度较大,一般为 $20°\sim40°$,坡面沟壑深度一般为 $30\sim70$ m,宽度大多为 $30\sim50$ m。在洮河西岸,泥石流沟两侧坡度较陡,有些坡度达到 $40°$。因此,在降水过程中,冲沟中会迅速形成积水。当水量达到一定程度时,会促进泥石流地质灾害的发生。

9.3.2 研究方法

9.3.2.1 组合赋权方法

标准权重分为主观权重、客观权重和综合权重。组合赋权法是一种常用的方法,将两种或三种主、客观权重相结合得到综合权重,可以在一定程度上减少单一方法引起的误差[537]。本节应用熵值法和 CRITIC 方法对指标权重进行计算,并利用博弈论方法得到综合权重。

(1)熵值法。

熵值法是根据各评价指标的信息有效程度确定权重系数的一种客观加权方法。熵值法可以反映指标数据之间的离散程度。其计算过程如下:

①构建有效指标的初始矩阵。

假设有 m 个评价指标和 n 个评价对象，则 x_{ij} 是第 i 个评价指标在第 j 个评价对象处的相应值，其原始评价矩阵可表示为[538]：

$$X=(x_{ij})_{m \times n} \quad i=1,2,\cdots,m;j=1,2,\cdots,n \tag{9-23}$$

②正交化和前处理。

由于指标类型和维度差异不同，为了排除这些差异的影响，需要对每个指标进行无量纲化处理，这些指标表示如下：

$$Y=(y_{ij})_{m \times n} \quad i=1,2,\cdots,m,j=1,2,\cdots,n \tag{9-24}$$

正指标是：

$$y_{ij}=\frac{x_{ij}-\min(x_{ij})}{\max(x_{ij})-\min(x_{ij})} \tag{9-25}$$

负指标是：

$$y_{ij}=\frac{\max(x_{ij})-x_{ij}}{\max(x_{ij})-\min(x_{ij})} \tag{9-26}$$

式中：y_{ij} 是第 j 个评价对象的第 i 个评价指标的标准值。

③计算第 i 个评价指标的熵[539]。

$$h_i=\frac{1}{\ln n}\sum_{j=1}^{n}e_{ij}\ln e_{ij} \tag{9-27}$$

$$e_{ij}=\frac{y_{ij}}{\sum_{j=1}^{n}y_{ij}} \tag{9-28}$$

④计算权重 ω_{i1}。

$$\omega_{1i}=\frac{1-h_i}{m-\sum_{i=1}^{m}h_i} \tag{9-29}$$

式中：$0<\omega_{1i}\leqslant 1,\sum_{i=1}^{m}\omega_{1i}=1,i=1,2,\cdots,m$。

（2）CRITIC 方法。

CRITIC 模型是 Diakoulaki 提出的一种客观赋权方法，它通过计算指标的变异性和冲突性来综合衡量指标的权重。其计算程序如下：

①假想有 m 个评价对象和 n 个评价指标，构建一个矩阵 $A=(a_{ij})_{m \times n}$，其中 $i=1,2,\cdots,m;j=1,2,\cdots,n$。

②基于 Z 分数法矩阵 A 被标准化，标准化后的表达式为：

$$a_{ij}^{*}=\frac{a_{ij}-\bar{a}_j}{S_j} \tag{9-30}$$

式中：$\bar{a}_j = \dfrac{1}{a}\sum\limits_{i=1}^{m} a_{ij}$，$S_j = \sqrt{\dfrac{\sum\limits_{i=1}^{m}(a_{ij}-\bar{a}_j)}{a-1}}$，$\bar{a}_j$ 和 S_j 分别代表第 j 个评价指标的均值和方差。

③计算不同指标的变异系数，计算方法如下[540]：

$$\mathrm{BY}_j = \frac{s_j}{\bar{a}_j} \tag{9-31}$$

式中：BY_j 是 j 个评价指标的变异系数。

④根据标准化矩阵计算相关系数 $\boldsymbol{A}^*$，它的表达式为：$\boldsymbol{A}^* = (r_{kl})_{n\times n}$（$k=1,2,\cdots,m;l=1,2,\cdots,m$），$r_{kl}$ 是第 k 和 l 个指标的相关系数。

$$r_{kl} = \frac{\sum\limits_{i=1}^{m}(a_{ik}-\bar{a}_k)(a_{il}-\bar{a}_l)}{\sqrt{\sum\limits_{i=1}^{m}(a_{ik}-\bar{a}_k)^2}\sqrt{\sum\limits_{l=1}^{m}(a_l-\bar{a}_l)^2}} \tag{9-32}$$

式中：a_{ik} 和 a_{il} 分别为标准化矩阵 $\boldsymbol{A}^*$ 中第 i 个评价对象第 l 和 k 个指标监测值的标准值的平均值；$r_{kl}=r_{lk}$。

⑤ 计算不同评价指标独立程度定量系数，计算式如下：

$$\eta_j = \sum\limits_{k=1}^{n}(1-|r_{kj}|) \quad j=1,2,\cdots,n \tag{9-33}$$

⑥ 综合信息的量化系数和各指标的独立程度，求解如下：

$$C_j = \mathrm{BY}_j \sum\limits_{k=1}^{n}(1-r_{kj}) \tag{9-34}$$

⑦ 确定每个评价指标的权重，可以表示为[541]：

$$\omega_j = \frac{C_j}{\sum\limits_{j=1}^{n} C_j} \tag{9-35}$$

（3）博弈论的组合加权法。

基于博弈论，将熵值法与 CRITIC 方法相结合，得到综合权重 $\boldsymbol{\omega}$。其步骤如下[542,543]：

①采用熵值法和 CRITIC 方法分别得到权重 $\boldsymbol{\omega}_1$ 和 $\boldsymbol{\omega}_2$。假设 a_1 和 a_2 分别是线性组合系数，则权重 $\boldsymbol{\omega}_1$ 和 $\boldsymbol{\omega}_2$ 可以线性化为：

$$\boldsymbol{\omega} = a_1\boldsymbol{\omega}_1^{\mathrm{T}} + a_2\boldsymbol{\omega}_2^{\mathrm{T}} \tag{9-36}$$

②根据博弈论，对式(9-36)中的线性组合系数 a_1 和 a_2 进行优化，其表达式如下：

$$\min \|a_k\boldsymbol{\omega}_k^{\mathrm{T}} - \boldsymbol{\omega}_k\|^2 \quad k=1,2 \tag{9-37}$$

③根据矩阵的微分特性,优化式(9-37)一阶导数条件的线性微分方程为:

$$\begin{bmatrix} \boldsymbol{\omega}_1\boldsymbol{\omega}_1^{\mathrm{T}} & \boldsymbol{\omega}_1\boldsymbol{\omega}_2^{\mathrm{T}} \\ \boldsymbol{\omega}_2\boldsymbol{\omega}_1^{\mathrm{T}} & \boldsymbol{\omega}_2\boldsymbol{\omega}_2^{\mathrm{T}} \end{bmatrix} = \begin{bmatrix} \boldsymbol{\omega}_1\boldsymbol{\omega}_1^{\mathrm{T}} \\ \boldsymbol{\omega}_2\boldsymbol{\omega}_2^{\mathrm{T}} \end{bmatrix} \tag{9-38}$$

④通过式(9-38)得到最优组合系数 a_1 和 a_2,归一化过程为 $a_1^* = \dfrac{a_1}{a_1+a_2}$,$a_2^* = \dfrac{a_2}{a_1+a_2}$,然后基于博弈论得到综合权重 $\boldsymbol{\omega}$ 为:

$$\boldsymbol{\omega} = a_1^*\boldsymbol{\omega}_1 + a_2^*\boldsymbol{\omega}_2 \tag{9-39}$$

9.3.2.2　正交云模型

x、E、D 被定义为一个共同的定量集。E 被称为域,D 是在域 E 里的定量概念。对于任意在域 E 中的研究变量 x,存在着一个带有稳定倾向 $u(x) \in [0,1]$ 的随机数,那么 $u(x)$ 被称为相应于 D 的 x 的隶属度或确定度。在域 E 里隶属度的分布被定义为隶属云。假如 x 满足 $x \sim N(E_x, E_n'^2)$ 和 $E_n' \sim N(E_n, H_e^2)$,那么 $u(x)$ 的表达式为:

$$u(x) = \exp\left[-\frac{(x-E_x)^2}{2E_n'^2}\right] \tag{9-40}$$

域 E 里分布确定度 $u(x)$ 也称为正交云或者高斯云。在云模型中分别采用期望 E_x、熵 E_n 和超熵 H_e 来表示数字特征;E_x 代表在域中某概念的点;E_n 反映了概念的接受范围;H_e 表示熵的不确定性,其大小反映云滴的厚度,它们可分别表示为[544,545]:

$$E_x = \frac{c^+ + c^-}{2} \tag{9-41}$$

$$E_n = \frac{c^+ - c^-}{6} \tag{9-42}$$

$$H_e = k \tag{9-43}$$

式中:c^+ 和 c^- 分别对应具体指标的等级标准的上限和下限;超熵 H_e 可以选择一个合适的常数 k,在本节研究中设定为 0.01。

9.3.3　评价模型的构建

9.3.3.1　评价指标的确定

评价指标应具有明确的物理意义,指标之间相互独立且易于进行定量处理。结合研究区的实际调查,选取 7 个因子作为泥石流评价指标,评价因子具体如下。

(1)补给段长度比(X_1)。

补给段长度比表示补给段累计长度与主沟长度的比值,反映补给范围和补给量。

补给段长度比越大,补给条件越好,泥石流易发性越高。

(2)主沟纵坡长度比(X_2)。

主沟纵坡长度比直接反映泥石流的势能。主沟纵坡长度越大,泥石流的势能越大,泥石流的易发性越高。

(3)山体坡度(X_3)。

山体坡度间接反映了泥石流势能的大小。山体坡度越大,泥石流的势能越大,泥石流的易发性越高。

(4)流域面积(X_4)。

流域面积反映了出砂和汇流的状态,其数值越大,泥石流易发性越高。

(5)相对高差(X_5)。

相对高差指整个流域的最大相对高差。相对高差越大意味着泥石流的强度越大,泥石流的势能越大,泥石流的易发性越高。

(6)森林覆盖率(X_6)。

森林覆盖率为森林覆盖面积与流域面积的比值,其数值越大,泥石流易发性越低。

(7)日最大降雨量(X_7)。

日最大降雨量间接反映了泥石流的动能。日最大降雨量越大,泥石流的动能越大,泥石流易发性越高。

研究区评价指标的监测值如表 9-8 所示。

表 9-8　　　　　　　　　　研究区评价指标的监测值

沟渠序号	X_1/%	X_2	X_3/(°)	X_4/m²	X_5/m	X_6/%	X_7/mm
1	53	2	45	21.6	625	50	143.8
2	65	13	42	2.5	620	40	64.7
3	42	14	55	1.3	260	25	44.5
4	72	4	47	11	460	7	143.8
5	53	4	44	23	370	8	143.8
6	65	14	55	0.6	354	70	64.7
7	62	14	45	0.7	430	65	64.7
8	68	17	38	0.9	620	48	44.5

选取 8 条沟渠作为典型泥石流沟,其名称和序号分别为:丘布拉沟(1)、张家沟(2)、扎什沟(3)、占沟(4)、泉沟(5)、火祖光沟(6)、章内拉沟(7)和沙沟(8)。根据工程研究的特点,将泥石流易发性评价因子分为特定等级标准,如表 9-9 所示。具体分为 4 个等级:Ⅰ(低危险)、Ⅱ(中危险)、Ⅲ(高危险)和 Ⅳ(极度危险)。

表9-9 泥石流易发性的分类标准

评价指标	易发性等级			
	Ⅰ	Ⅱ	Ⅲ	Ⅳ
$X_1/\%$	≤10	10～30	30～60	≥60
X_2	≤3	3～6	6～12	≥12
$X_3/(°)$	≤15	15～25	25～32	≥32
X_4/m^2	≤5	5～10	10～100	≥100
X_5/m	≤100	100～300	300～500	≥500
$X_6/\%$	≥60	30～60	10～30	≤10
X_7/mm	≤25	25～50	50～100	≥100

9.3.3.2 评价框架的构建

评价框架的流程图如图9-4所示。首先确定预测指标和相应的区间,然后采用博弈论组合加权法对样本数据进行权重计算。特征参数 E_x、E_n 和 H_e 基于云模型的评价指标的分类区间计算。最后,综合隶属度 M[式(9-44)]可以使用待估的数据并结合评价指标的权重进行评估。根据最大隶属度准则可以确定泥石流灾害的最终易发性等级。

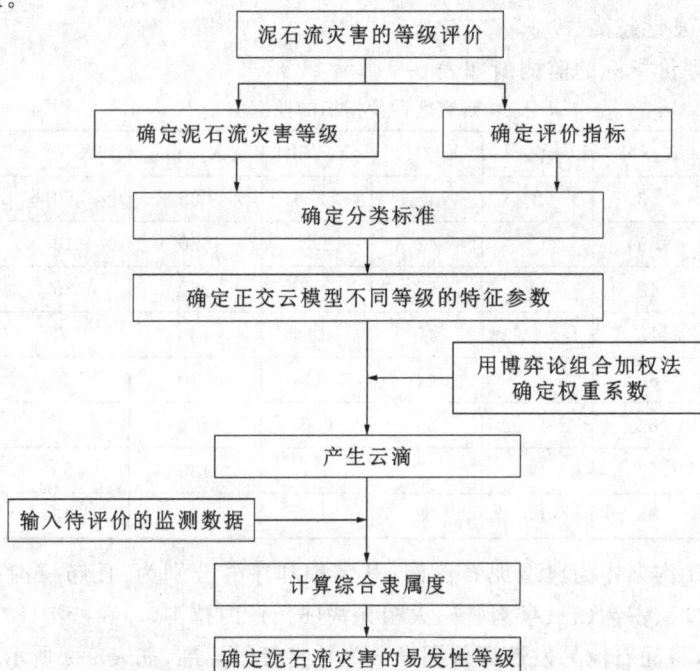

图 9-4 评价框架流程图

$$M = \sum_{i=1}^{n} u_i \omega_i \tag{9-44}$$

9.3.3.3　确定权重系数

(1)基于熵值法计算权重系数 ω_1。

根据式(9-23)～式(9-29),结合表 9-8,可以得到相应的权重系数:

$$\omega_1 = \begin{bmatrix} 0.0106 & 0.116 & 0.0061 & 0.5702 & 0.0346 & 0.1658 & 0.0967 \end{bmatrix}$$

(2)基于 CRITIC 方法计算权重系数 ω_2。

根据式(9-30)～式(9-32),并结合表 9-8,得到相关系数:

$$r = \begin{bmatrix} 1 & 0.0667 & 0.4129 & 0.2688 & 0.4695 & 0.1761 & 0.0138 \\ 0.0667 & 1 & 0.0166 & 0.8383 & 0.1742 & 0.4436 & 0.9397 \\ 0.4129 & 0.0166 & 1 & 0.2003 & 0.7946 & 0.0697 & 0.132 \\ 0.2688 & 0.8383 & 0.2003 & 1 & 0.1305 & 0.4978 & 0.9154 \\ 0.4695 & 0.1742 & 0.7946 & 0.1305 & 1 & 0.2092 & 0.1172 \\ 0.1761 & 0.4436 & 0.0697 & 0.4978 & 0.2092 & 1 & 0.5244 \\ 0.0138 & 0.9397 & 0.132 & 0.9154 & 0.1172 & 0.5244 & 1 \end{bmatrix}$$

根据式(9-33),计算指标独立程度定量系数为:

$$\eta = \begin{bmatrix} 4.5923 & 3.521 & 4.374 & 3.1489 & 4.1049 & 4.0792 & 3.3577 \end{bmatrix}$$

同样,根据式(9-34)、式(9-35),评价指标的权重为:

$$\omega_2 = \begin{bmatrix} 0.1461 & 0.1228 & 0.1478 & 0.131 & 0.1526 & 0.1498 & 0.1498 \end{bmatrix}$$

(3)计算综合权重。

根据式(9-36)～式(9-39),并结合权重系数 ω_1 和 ω_2,可以得到综合权重 ω:

$$\omega = \begin{bmatrix} 0.0211 & 0.1165 & 0.0171 & 0.5362 & 0.0437 & 0.1646 & 0.1008 \end{bmatrix}$$

9.3.3.4　正交云模型数字特征的确定

在表 9-9 的基础上,结合式(9-41)～式(9-43),给出泥石流正交云模型的数字特征,如表 9-10 所示。

表 9-10　　　　　　　**泥石流正交云模型的数字特征**

危险等级	数字特征	X_1	X_2	X_3	X_4	X_5	X_6	X_7
I	E_x	5	1.5	7.5	2.5	50	90	12.5
	E_n	1.667	0.5	2.5	0.833	16.667	15	4.167
	H_e	0.01	0.01	0.01	0.01	0.01	0.01	0.01

续表9-10

危险等级	数字特征	X_1	X_2	X_3	X_4	X_5	X_6	X_7
	E_x	20	4.5	20	7.5	200	45	37.5
II	E_n	3.333	0.5	1.667	0.833	33.333	5	4.167
	H_e	0.01	0.01	0.01	0.01	0.01	0.01	0.01
	E_x	45	9	28.5	55	400	20	75
III	E_n	5	1	1.167	15	33.333	3.333	8.333
	H_e	0.01	0.01	0.01	0.01	0.01	0.01	0.01
	E_x	90	18	48	150	750	5	150
IV	E_n	15	3	8	25	125	1.667	25
	H_e	0.01	0.01	0.01	0.01	0.01	0.01	0.01

根据表 9-10,使用正向云生成器计算了不同评价指标对应的云模型的特征分布,如图 9-5 所示。

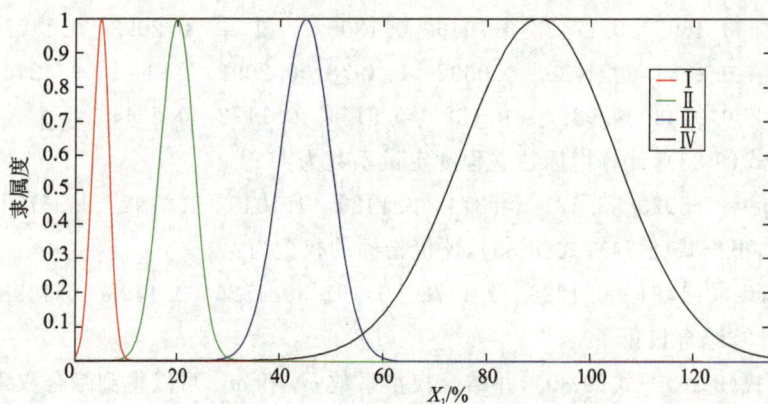

(a)补给段长度比

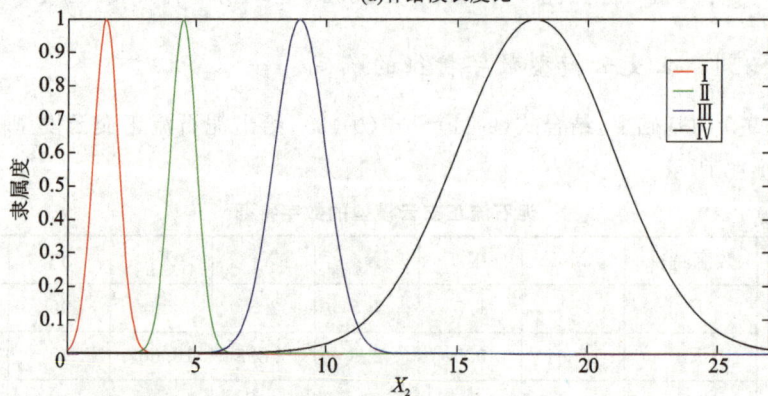

(b)主沟纵坡长度比

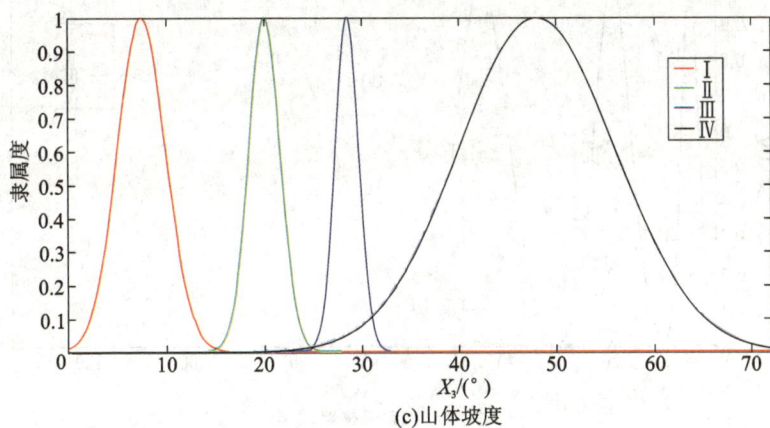

(c)山体坡度

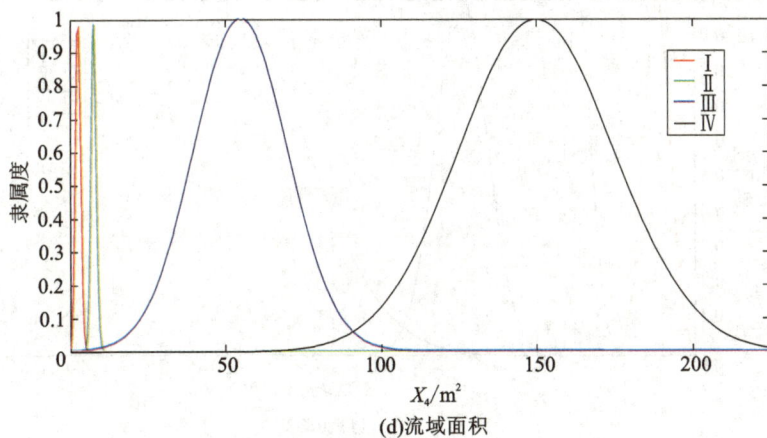

(d)流域面积

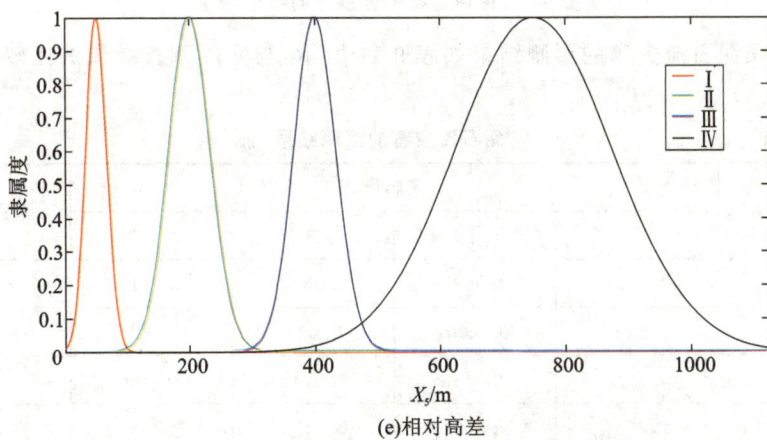

(e)相对高差

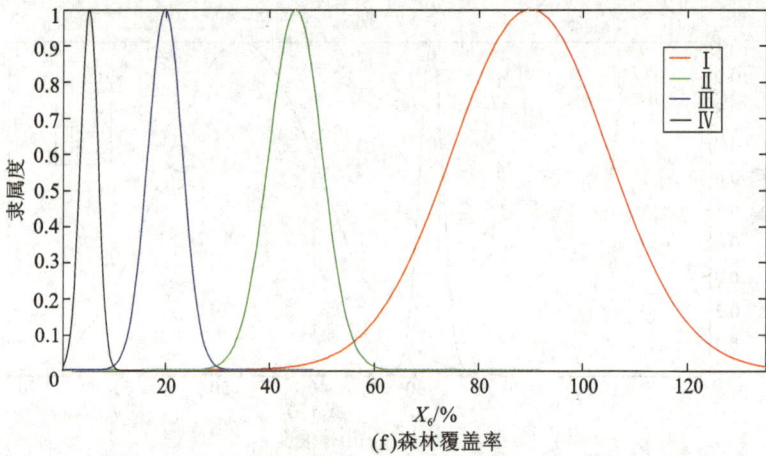

(f)森林覆盖率

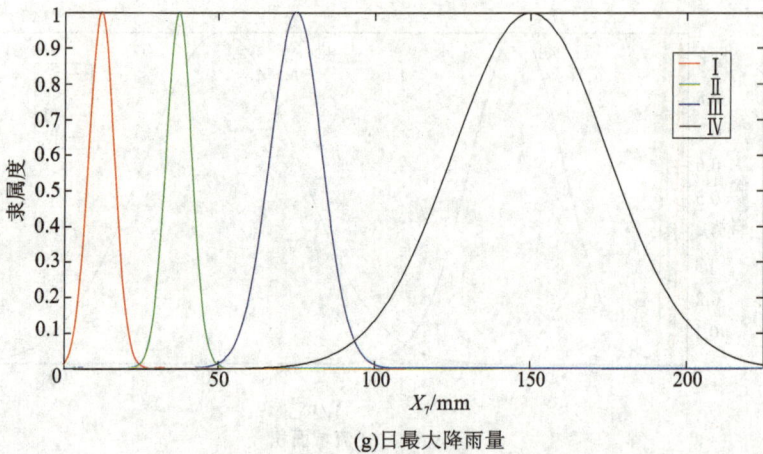

(g)日最大降雨量

图 9-5 评估指标的云模型的特征分布

各沟渠泥石流灾害的预测结果如表 9-11 所示,与实际调查结果的比较如图 9-6 所示。

表 9-11   **泥石流灾害的预测结果**

沟渠编号	隶属度				预测结果
	I	II	III	IV	
1	0.0754	0.0998	0.0508	0.1412	IV
2	0.5362	0.0998	0.047	0.0726	I
3	0.019	0.0332	0.0711	0.0596	III
4	0	0.0707	0.0159	0.2081	IV

续表9-11

沟渠编号	隶属度				预测结果
	Ⅰ	Ⅱ	Ⅲ	Ⅳ	
5	0	0	0.1607	0.1664	Ⅳ
6	0.1075	0	0.1138	0.0648	Ⅲ
7	0.063	0	0.0761	0.0692	Ⅲ
8	0.0881	0.1621	0	0.1507	Ⅱ

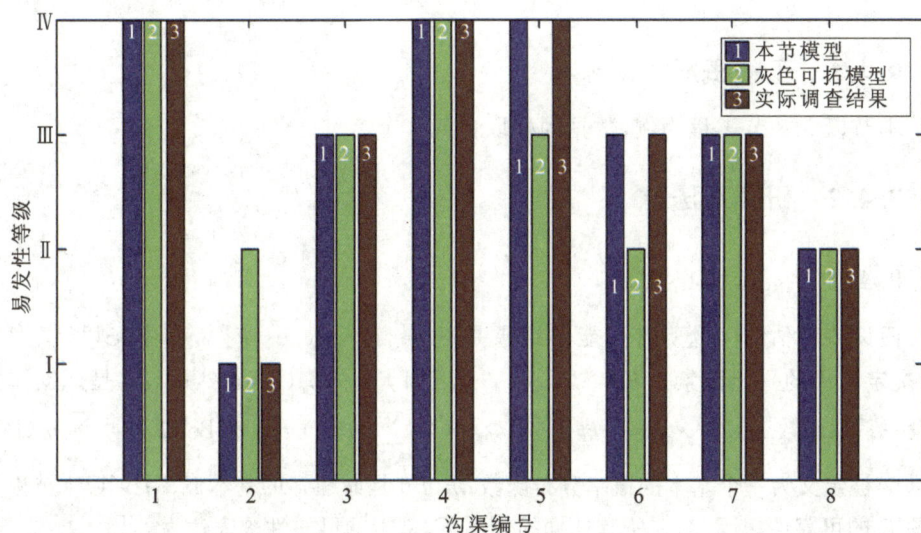

图 9-6 三种方法的对比结果

从表 9-11 可以看出,1、4、5 号沟渠泥石流灾害易发性等级为Ⅳ级,3、6、7 号沟渠泥石流灾害易发性等级为Ⅲ级,2 号沟渠泥石流灾害易发性等级为Ⅰ级,8 号沟渠泥石流灾害易发性等级为Ⅱ级。这表明就泥石流灾害易发性而言,1、4、5 号沟渠极度危险,3、6、7 号沟渠危险性高,2 号沟渠危险性低,8 号沟渠危险性中等。因此,除 2 号沟渠外,其他沟渠均应采取必要的加固措施,如在边坡上安装钢锚杆等,以防止泥石流灾害的发生。

根据图 9-6 对比结果可以得出,本节建议的方法得到的结果与实际调查的结果一致[546]。该方法的准确率达到 100%,高于灰色可拓模型的预测结果(62.5%),因此,采用博弈论组合加权-正态云模型进行泥石流灾害评价是可行的。该方法可为泥石流灾害评价提供更多细节,如 1 号沟渠流域面积为 21.6 m²,按表 9-9 划分应为Ⅲ级,但利用本节模型得到的其他指标的基本隶属度属于Ⅳ级,因此 1 号沟渠的泥石流易发性等级属于Ⅳ级的概率高于Ⅰ、Ⅱ、Ⅲ级。因此,1号沟渠泥石流灾害应属于Ⅳ级,几乎不可能属于Ⅰ、Ⅱ、Ⅲ级。此外,由于6号沟渠的隶属度属于Ⅲ级(0.1138)高于7号沟渠的隶属度(0.0761),6号沟渠的泥石流易发性等级比7号沟渠更可能达到Ⅲ级。利用该模型得到的结果准确地反映了泥石流灾害的易发性等级。

9.4 基于证据熵权-灰色关联法的泥石流灾害易发性评价

9.4.1 工程概况

本节以9.3节工程为例,数据同样取自9.3节。

9.4.2 研究方法

9.4.2.1 证据理论

假设待评估的问题所有可能的结果是 $\Theta = \{F_1, F_2, \cdots, F_d\}$,其中,$\Theta$ 指识别框架;决定结果的一组因素是 $E = \{E_1, E_2, \cdots, E_d\}$,其中 $E_i(i = 1, 2, \cdots, d)$ 是证据体。假设一系列函数 $m: 2^\Theta \to [0, 1]$ 满足 $m(\Phi) = 0$,$\sum_{A \subseteq \Theta} m(F) = 1$ 和 $\mathrm{Bel}(F) = \sum_{B \subseteq F} m(B)$,那么 m 被定义为一个基本的概率分布函数;$m(F)$ 是命题 F 的基本概率;$\mathrm{Bel}(F)$ 被称为命题 F 的可靠性。因此,在所有证据的作用下,基本的可靠性被表达为[547,548]:

$$m(F) = m_1(F) + m_2(F) + \cdots + m_n(F)$$
$$= \frac{1}{k} \sum_{F_1 \cap F_2 \cap \cdots \cap F_n = F} m_1(F_1) m_2(F_2) \cdots m_n(F_n) \tag{9-45}$$

式中:

$$k = \begin{cases} \sum_{F_1 \cap F_2 \cap \cdots \cap F_n \neq \varphi} m_1(F_1) m_2(F_2) \cdots m_n(F_n) \\ 1 - \sum_{F_1 \cap F_2 \cap \cdots \cap F_n = \varphi} m_1(F_1) m_2(F_2) \cdots m_n(F_n) \end{cases} \tag{9-46}$$

式中:k 是标准化系数。

9.4.2.2 基本可靠度分布函数的构建

证据体的可靠性受信息来源的可靠性及其价值的影响。信息源的可靠性可以通过信息源的确定度可靠性 s_i 和基本可靠度 $m_i(\delta)$ 来反映。确定度可靠性越高,信源越可靠,可靠性越高。将证据体分为正指标和负指标,正指标的特征为正指标值越大,事件发生的概率越大,可靠性越高;负指标则具有相反的特征,负指标值越大,事件发生的概率越小,可靠性越低[549-551]。

假设有一个分类问题,并且分类的结果受到 d 种证据体的影响。$R(+)$ 是由评价指标区间上限组成的矩阵,$R(-)$ 是由评价指标区间下限组成的矩阵,它们的表达式如下:

$$R(+)=\begin{bmatrix} x_1^{1+} & x_2^{1+} & x_3^{1+} & \cdots & x_d^{1+} \\ x_1^{2+} & x_2^{2+} & x_3^{2+} & \cdots & x_d^{2+} \\ x_1^{3+} & x_2^{3+} & x_3^{3+} & \cdots & x_d^{3+} \\ \vdots & \vdots & \vdots & & \vdots \\ x_1^{n+} & x_2^{n+} & x_3^{n+} & \cdots & x_d^{n+} \end{bmatrix} \tag{9-47}$$

$$R(-)=\begin{bmatrix} x_1^{1-} & x_2^{1-} & x_3^{1-} & \cdots & x_d^{1-} \\ x_1^{2-} & x_2^{2-} & x_3^{2-} & \cdots & x_d^{2-} \\ x_1^{3-} & x_2^{3-} & x_3^{3-} & \cdots & x_d^{3-} \\ \vdots & \vdots & \vdots & & \vdots \\ x_1^{n-} & x_2^{n-} & x_3^{n-} & \cdots & x_d^{n-} \end{bmatrix} \tag{9-48}$$

设 p_i 是由证据 E_i 产生的可靠性,其基本可靠度分布为[552-554]:

$$\begin{cases} m_i(F_i)=s_i p_i \\ m_i(\delta)=1-s_i \end{cases} \tag{9-49}$$

上式中,相应的正指标为:

$$p_i=\begin{cases} 0 & p_i \leqslant 0 \\ 0.5+\dfrac{x_i-x_i^{1+}}{2(x_i^{n+}-x_i^{1+})} & 0<p_i<1 \\ 1 & p_i \geqslant 1 \end{cases} \tag{9-50}$$

相应的负指标为:

$$p_i=\begin{cases} 0 & p_i \leqslant 0 \\ 0.5+\dfrac{x_i^{1-}-x_i}{2(x_i^{1-}-x_i^{n-})} & 0<p_i<1 \\ 1 & p_i \geqslant 1 \end{cases} \tag{9-51}$$

9.4.2.3 评价体系的构建

将式(9-47)和式(9-48)中分类等级临界点处的相应指标代入式(9-49),得到了各指标分类极限的可靠性 M:

$$M = \begin{bmatrix} m_1(F_1) & m_2(F_1) & m_3(F_1) & \cdots & m_d(F_1) \\ m_1(F_2) & m_2(F_2) & m_3(F_2) & \cdots & m_d(F_2) \\ m_1(F_3) & m_2(F_3) & m_3(F_3) & \cdots & m_d(F_3) \\ \vdots & \vdots & \vdots & & \vdots \\ m_1(F_{n-1}) & m_2(F_{n-1}) & m_3(F_{n-1}) & \cdots & m_d(F_{n-1}) \end{bmatrix} \tag{9-52}$$

将矩阵 M 中所有行向量与基本可靠度 $\{m_1(\delta), m_2(\delta), m_3(\delta), \cdots, m_d(\delta)\}$ 代入式(9-45),每个等级的临界可靠性如下:

$$p = \{p_1, p_2, p_3, \cdots, p_{n-1}\} \tag{9-53}$$

最后,各指标根据 p 的综合信度进行分类。

9.4.3　可靠性计算

为了客观、合理地确定各指标分类极限的可靠性,采用了熵权-灰色关联法。首先用熵理论计算各指标的权重,然后用灰色关联法确定各指标的可靠性。

9.4.3.1　权重系数的确定

在指标 j 下确定目标 i 隶属指标度,构建客观的隶属度矩阵 $G = (g_{ij})_{m \times n}$,获得正交的隶属度矩阵 $Y = (y_{ij})_{m \times n}$:

$$Y = (y_{ij})_{m \times n} = \left(\frac{g_{ij}}{\sum\limits_{i=1}^{m} g_{ij}} \right)_{m \times n} \tag{9-54}$$

指标 j 的熵为:

$$\omega_j = \frac{1 - E_j}{n - \sum\limits_{j=1}^{n} E_j} \tag{9-55}$$

式中:$0 \leqslant \omega_j \leqslant 1$ 且 $\sum\limits_{j=1}^{n} \omega_j = 1$。那么将指标 j 的系数代入 $(y_{ij})_{m \times n}$,获得权重隶属度矩阵:

$$X = (x_{ij})_{m \times n} = (\omega_j \cdot y_{ij})_{m \times n} \tag{9-56}$$

9.4.3.2　基本可靠度分布函数的确定

设 r_{ij} 为综合灰色关联系数。本节采用综合相关法计算相关系数,避免了单独使用最佳相关法或最差相关法得到的失真结果。r_{ij} 的计算方法如下[555-557]。

最优的相关系数 r_{ij}^{+}:

$$r_{ij}^{+} = \frac{\min\limits_{i}\min\limits_{j}|x_{ij}-X^{+}| + \xi\max\limits_{i}\max\limits_{j}|x_{ij}-X^{+}|}{|x_{ij}-X^{+}| + \xi\max\limits_{i}\max\limits_{j}|x_{ij}-X^{+}|} \tag{9-57}$$

最差的相关系数 r_{ij}^{-}：

$$r_{ij}^{-} = \frac{\min\limits_{i}\min\limits_{j}|x_{ij}-X^{-}| + \xi\max\limits_{i}\max\limits_{j}|x_{ij}-X^{-}|}{|x_{ij}-X^{-}| + \xi\max\limits_{i}\max\limits_{j}|x_{ij}-X^{-}|} \tag{9-58}$$

式中：$X^{+} = \max\limits_{\substack{1\leqslant i\leqslant m \\ 1\leqslant j\leqslant n}} x_{ij} = \{x_1^{+}, x_2^{+}, \cdots, x_n^{+}\}$ 是理想的最优序列；$X^{-} = \max\limits_{\substack{1\leqslant i\leqslant m \\ 1\leqslant j\leqslant n}} x_{ij} = \{x_1^{-}, x_2^{-}, \cdots, x_n^{-}\}$ 是理想的最差序列。取 $\xi = 0.5$，得到综合灰色关联系数：

$$r_{ij} = \frac{1}{\left(1 + \dfrac{r_{ij}^{+}}{r_{ij}^{-}}\right)^2} \tag{9-59}$$

指标 j 的 z 阶可靠度是：

$$D(I_j) = \frac{1}{m}\left|\sum_{i=1}^{m}(r_{ij})\right|^{\frac{1}{z}} \tag{9-60}$$

式中：$z = 2$。

各指标不同目标的基本可靠度分布函数为：

$$m_j(i) = [1 - D(I_j)]y_{ij} \tag{9-61}$$

式中：$m_j(i)$ 是在指标 j 的作用下目标 i 的基本可靠度分布函数，$\sum\limits_{i=1}^{m} m_j(i) < 1$。然后将这部分基本可靠度分布函数分配给识别框架 Θ，即所有目标的隶属度。因此，指标 j 的确定度可靠性和基本可靠度分别如下[540,541,543]：

$$s_i = \sum_{i=1}^{m} m_j(i) \tag{9-62}$$

$$m_i(\delta) = m_j(i+1) = 1 - \sum_{i=1}^{m} m_j(i) \tag{9-63}$$

9.4.4　评价模型的构建

9.4.4.1　评价指标的确定

相关评价指标见 9.3.3.1 节。

9.4.4.2　评价框架的构建

为了评价洮河流域泥石流灾害，建立了一个新的泥石流灾害模型，其流程图如图 9-7 所示。首先，收集分类标准的不同证据体，然后根据上述证据体，利用熵权-灰色关联法理论确定基本可靠度;接着,根据相关的基本可靠度,运用证据理论的综合规则,将其结果作为识别框架;再对实际监测数据进行分析,在识别框架中进行决策;最后,建立泥石流预测模型,得到评价结果。

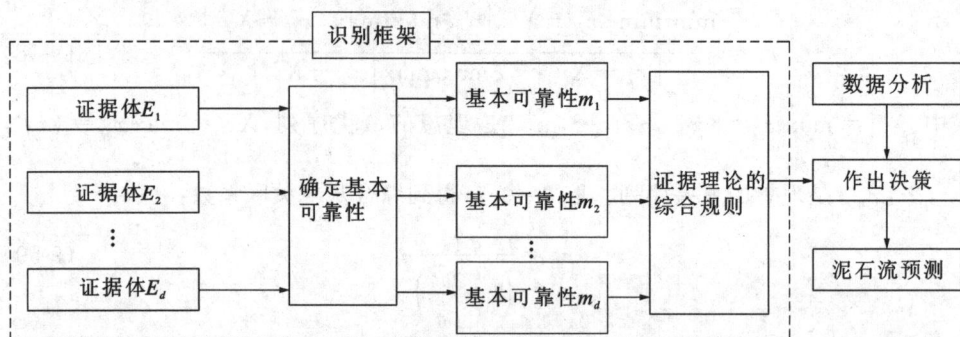

图 9-7　泥石流预测流程图

9.4.4.3　泥石流易发性等级的确定

从表 9-9 可以看出,随着评价指标 X_6 的增大,泥石流的易发性等级下降,因此,X_6 属于负指标,其余指标属于正指标。根据式(9-47)、式(9-48),并结合表 9-9,泥石流易发性分类矩阵可表示为:

$$R(+)=\begin{bmatrix} 10 & 3 & 15 & 5 & 100 & 90 & 25 \\ 30 & 6 & 25 & 10 & 300 & 60 & 50 \\ 60 & 12 & 32 & 100 & 500 & 30 & 100 \\ 90 & 18 & 64 & 190 & 700 & 10 & 150 \end{bmatrix}$$

$$R(-)=\begin{bmatrix} 0 & 0 & 0 & 0 & 0 & 60 & 0 \\ 10 & 3 & 15 & 5 & 100 & 30 & 25 \\ 30 & 6 & 25 & 10 & 300 & 10 & 50 \\ 60 & 12 & 32 & 100 & 500 & 0 & 100 \end{bmatrix}$$

9.4.4.4　确定度可靠性的构建

根据表 9-9,并结合式(9-54)、式(9-55),得到不同指标的权重系数为:

$$\pmb{\omega}=\begin{bmatrix} 0.016 & 0.116 & 0.0061 & 0.5702 & 0.0346 & 0.1658 & 0.0967 \end{bmatrix}$$

根据式(9-56),加权隶属度矩阵可以表示为:

$$X = \begin{bmatrix} 0.0012 & 0.0027 & 0.0007 & 0.1999 & 0.0058 & 0.0265 & 0.0195 \\ 0.0014 & 0.0175 & 0.0007 & 0.0231 & 0.0057 & 0.0212 & 0.0088 \\ 0.0009 & 0.0189 & 0.0009 & 0.012 & 0.0024 & 0.0132 & 0.006 \\ 0.0016 & 0.0054 & 0.0008 & 0.1018 & 0.0043 & 0.0037 & 0.0195 \\ 0.0012 & 0.0108 & 0.0007 & 0.2129 & 0.0034 & 0.0042 & 0.0195 \\ 0.0014 & 0.0189 & 0.0009 & 0.0056 & 0.0033 & 0.0371 & 0.0088 \\ 0.0014 & 0.0189 & 0.0007 & 0.0065 & 0.004 & 0.0344 & 0.0088 \\ 0.0015 & 0.0229 & 0.0006 & 0.0083 & 0.0057 & 0.0254 & 0.006 \end{bmatrix}$$

理想的最优序列：

$$X^+ = \begin{bmatrix} 0.0016 & 0.0229 & 0.0009 & 0.2129 & 0.0058 & 0.0371 & 0.0195 \end{bmatrix}$$

理想的最差序列：

$$X^- = \begin{bmatrix} 0.0009 & 0.0027 & 0.0006 & 0.0056 & 0.0024 & 0.0037 & 0.006 \end{bmatrix}$$

最大差分和最小差分分别是：

$$\max_i \max_j |x_{ij} - X_{ij}^+| = 0.2073$$
$$\min_i \min_j |x_{ij} - X_{ij}^+| = 0$$
$$\max_i \max_j |x_{ij} - X_{ij}^-| = 0.2073$$
$$\min_i \min_j |x_{ij} - X_{ij}^-| = 0$$

基于式(9-59)，可以得到如下的灰色关联系数矩阵：

$$r = \begin{bmatrix} 0.2502 & 0.2964 & 0.2502 & 0.0792 & 0.242 & 0.2253 & 0.2204 \\ 0.2493 & 0.2298 & 0.2502 & 0.501 & 0.2425 & 0.2467 & 0.2682 \\ 0.2517 & 0.2239 & 0.2493 & 0.5396 & 0.2581 & 0.2808 & 0.2815 \\ 0.2483 & 0.2836 & 0.2498 & 0.2683 & 0.2491 & 0.3242 & 0.2204 \\ 0.2502 & 0.2589 & 0.2502 & 0.0625 & 0.2533 & 0.3218 & 0.2204 \\ 0.2493 & 0.2239 & 0.2493 & 0.5625 & 0.2538 & 0.1854 & 0.2682 \\ 0.2493 & 0.2239 & 0.2502 & 0.5592 & 0.2505 & 0.1952 & 0.2682 \\ 0.2488 & 0.2076 & 0.2507 & 0.5528 & 0.2425 & 0.2297 & 0.2815 \end{bmatrix}$$

根据式(9-60)，得到了不同指标的可靠度：

$$D(I_1) = 0.0883$$
$$D(I_2) = 0.0867$$
$$D(I_3) = 0.0884$$
$$D(I_4) = 0.1561$$
$$D(I_5) = 0.088$$
$$D(I_6) = 0.0904$$

$$D(I_7)=0.0899$$

根据式(9-61),各指标不同目标的基本可靠度可表示为:

$$M=\begin{bmatrix} 0.1007 & 0.0213 & 0.1106 & 0.2959 & 0.1525 & 0.1452 & 0.1832 \\ 0.1234 & 0.1381 & 0.1032 & 0.0343 & 0.1512 & 0.1162 & 0.0824 \\ 0.0798 & 0.1487 & 0.1351 & 0.0178 & 0.0634 & 0.0727 & 0.0567 \\ 0.1368 & 0.0425 & 0.1155 & 0.1507 & 0.1122 & 0.0204 & 0.1832 \\ 0.1007 & 0.0849 & 0.1081 & 0.3151 & 0.0903 & 0.0233 & 0.1832 \\ 0.1234 & 0.1487 & 0.1351 & 0.0082 & 0.0864 & 0.2034 & 0.0824 \\ 0.1178 & 0.1487 & 0.1106 & 0.0096 & 0.1049 & 0.1889 & 0.0824 \\ 0.1292 & 0.1806 & 0.0933 & 0.0123 & 0.1512 & 0.1395 & 0.0567 \end{bmatrix}$$

根据式(9-62)、式(9-63)得到各指标的确定度可靠性和基本可靠度,如表 9-12 所示。

表 9-12　　　　　　　　　　　　　　证据体的可靠性

可靠性	X_1	X_2	X_3	X_4	X_5	X_6	X_7
s_i	0.9117	0.9133	0.9115	0.8439	0.912	0.9096	0.9101
$m_i(\delta)$	0.0883	0.0867	0.0885	0.1561	0.088	0.0904	0.0899

9.4.4.5　识别框架的构建

将表 9-9 分类标准中的指标数据代入式(9-45),构造基本可靠度的分布函数,然后进行不同置信区间之间的合成,其结果如表 9-13 所示。

表 9-13　　　　　　　　　　　　　　识别框架的标准分类

易发性等级	Ⅰ	Ⅱ	Ⅲ	Ⅳ
可靠性区间	<0.4999	[0.4999,0.9829]	(0.9829,1)	≥1

9.4.4.6　泥石流灾害危险等级的确定

丘布拉沟(1 号沟渠)的数据为例,将数据代入式(9-45)和式(9-46)。丘布拉沟的基本可靠度分布见表 9-14。各沟渠的泥石流灾害预测结果见表 9-15。

表 9-14　　　　　　　　　　　丘布拉沟的基本可靠度分布

基本可靠度分布	发生泥石流	不发生无泥石流	基本可靠度
m_1	0.7009	0.2108	0.0883
m_2	0.4262	0.4871	0.0867

续表9-14

基本可靠度分布	发生泥石流	不发生无泥石流	基本可靠度
m_3	0.7348	0.1054	0.0885
m_4	0.4598	0.3841	0.1561
m_5	0.855	0.057	0.088
m_6	0.6822	0.2274	0.0904
m_7	0.8875	0.0226	0.0899

表 9-15 **各沟渠的泥石流灾害预测结果**

沟渠编号	综合可靠性	本节建议的方法	灰色可拓模型	实际调查结果
1	1	Ⅳ	Ⅳ	Ⅳ
2	0.9999	Ⅲ	Ⅳ	Ⅲ
3	0.9992	Ⅲ	Ⅲ	Ⅲ
4	1	Ⅳ	Ⅳ	Ⅳ
5	1	Ⅳ	Ⅲ	Ⅳ
6	0.9991	Ⅲ	Ⅱ	Ⅲ
7	0.9994	Ⅲ	Ⅲ	Ⅲ
8	0.9999	Ⅲ	Ⅲ	Ⅲ

从表 9-15 中可以看出,1～8 号沟的泥石流灾害易发性等级不同。泥石流灾害的易发性等级在 1、4 和 5 号沟渠处为Ⅳ级,其余沟渠处为Ⅲ级。这意味着泥石流灾害的易发性等级对 1、4 和 5 号沟渠是极度危险的,其他沟渠是高度危险的,所有沟渠的泥石流灾害合格率为零。因此,必须采取必要的加固措施,防止所有沟渠发生泥石流灾害,如应在边坡固定钢锚杆等。

根据表 9-15 中评价模型的比较结果,可以得出结论,本节建议的方法得到的结果完全符合实际调查结果。该方法的准确率达到 100%,高于灰色可拓模型的结果(62.5%)[545]。结果表明,应用证据熵权-灰色关联理论模型进行泥石流灾害评价是可行的。由表 9-15 可知,由于 2 号沟渠的综合可靠性属于Ⅲ级(0.9999),高于 3 号沟渠的综合可靠性(0.9992),2 号沟渠的易发性等级更有可能属于Ⅲ级。利用该模型得到的结果准确地反映了泥石流灾害的易发性等级,并进一步确定了同一等级上不同沟渠的易发性等级排序。

应用证据理论对不同信息资源的证据体进行评估,评价结果表明了不同因素间的相互作用,相对于灰色可拓模型,本节建议的模型可以提高预测精度,确定不同证据体的可靠性,并反映其他证据体之间的重要性差异,提高了泥石流灾害的预测效率。

9.5 结 论

(1)考虑泥石流一次最大流量(N_1)、疏松物质储量(N_2)、流域面积(N_3)、沟长(N_4)、相对高差(N_5)、边坡坡度(N_6)、主沟纵坡坡度(N_7)、补给段长度比(N_8)、最大日降雨量(N_9)以及流域内发育的断层条数(N_{10}),提出了一种评价泥石流灾害易发性等级的新方法。首先利用灰色系统变量模糊集确定评价样本的相对隶属度矩阵;然后采用耦合模型计算加权系数,利用平均特征值确定泥石流灾害易发性;最后,将该方法应用于泥石流灾害易发性等级的评价,并将其结果与现行规范和模糊层次分析法进行了比较,所得结果与现行规范几乎一致,准确率达到 83%。利用该模型得到的结果准确地表明了泥石流灾害的易发性等级,并进一步确定了泥石流灾害在同一易发性水平上的排序。

(2)基于博弈论组合加权-正态云模型,考虑泥石流补给段长度比(X_1)、主沟纵坡长度比(X_2)、山体坡度(X_3)、流域面积(X_4)、相对高差(X_5)、森林覆盖率(X_6)和日最大降雨量(X_7),提出了一种评价泥石流灾害易发性等级的新方法。首先,确定了 7 个不同的评价指标;然后,基于博弈论组合赋权法确定了 7 个评价指标的权重系数;最后,用熵权-正态云方法计算了其他指标的隶属度。将该方法应用于泥石流灾害易发性评价,结果表明:1、4、5 号沟渠泥石流灾害易发性等级为Ⅳ级,3、6、7 号沟渠泥石流灾害易发性等级为Ⅲ级,2 号沟渠泥石流灾害易发性等级为Ⅰ级,8 号沟渠泥石流灾害易发性等级为Ⅱ级,因此,除 2 号沟渠外,其他沟渠应采取必要的加固措施,如在边坡上固定钢锚杆等。利用该方法得到的结果与实际调查结果完全一致,优于灰色可拓模型。结果表明,用该方法预测泥石流灾害易发性是可行的。

(3)考虑泥石流补给段长度比(X_1)、主沟纵坡长度比(X_2)、山体坡度(X_3)、流域面积(X_4)、相对高差(X_5)、森林覆盖率(X_6)和日最大降雨量(X_7),提出了一种评价泥石流灾害易发性的新方法。首先确定 7 个的证据体;然后利用熵权-灰色关联法计算证据体的确定度可靠性;最后运用证据理论计算了泥石流灾害的综合可靠性,确定泥石流灾害的易发性。该方法得出 1、4、5 号沟渠泥石流灾害易发性等级为Ⅳ级,其余沟渠泥石流灾害易发性等级为Ⅲ级,应采取必要的加固措施,防止各沟渠泥石流灾害的发生,如在边坡上固定钢锚杆等。该方法得到的结果与实际调查结果完全一致,优于灰色可拓模型。相对于传统的灰色可拓模型,该方法的结果具有更高的可靠性和有效性,在评价过程中可以考虑区间范围,也可以反映其他证据体之间的重要性差异。因此,该方法可以很好地预测区间形式的等级标准,准确地反映了泥石流灾害的易发性等级。

10 危岩带稳定性分析 和滑坡易发性评估

10.1 概　述

危岩带和滑坡易发性评估是在一定区域内对危岩带和滑坡可能发生的位置和发生概率进行定量的评估[558]，以合理且精确的评估结果进行科学治理和监测，能在一定程度上减少人员伤亡，降低财产损失。因此危岩带和滑坡易发性评价方法的研究具有重大的理论和现实意义。

10.2 重庆市钓鱼洞危岩带稳定性 分析及防治工程措施

钓鱼洞危岩带位于重庆市巫溪县中岗乡茶园村二社，全长约 510 m，按位置和分布分为 6 段，分别为 1 号危岩带、2 号危岩带、3 号危岩带、4 号危岩带、5 号危岩带、6 号危岩带，发育 8 处危岩单体；威胁茶园村二社共计 15 户 60 人，房屋约 45 间，面积约 4700 m²，乡道（田茶路）约 365 m。自 20 世纪 90 年代以来，该危岩带先后发生多次不等规模崩塌，近年来雨水增多，该危岩带危岩崩塌频率持续增加，严重威胁下方居民的生命财产安全，并对下方公路、过往行人及车辆带来严重的安全隐患，因此对钓鱼洞危岩带的防治尤为重要。

10.2.1　钓鱼洞危岩带特征

10.2.1.1　1号危岩带结构特征

1号危岩带(图10-1)岩体为寒武系上统三游洞群薄层至中厚层状灰岩,岩层产状为23°∠54°,总体坡向为172°,陡崖近乎垂直。结构面切割母岩岩体,形成不规则块体,风化作用及自重作用使得与母岩部分结合的岩体持续松动形成危岩单体,与母岩结合强度较低或已脱离母岩,致陡坡上小规模松动的危岩块体分布广泛,在外部作用力及自身重力等作用下易发生掉块,部分危岩块体已经产生了崩落,其崩落方向与陡坡坡向基本一致。1号危岩带基座多数分布在斜坡中下部,岩性为薄层至中厚层状灰岩。由于裂隙发育,岩体在裂隙切割下破碎,在外部作用力及自身重力等作用下发生掉块,形成凹岩腔,导致上部岩体临空,不利于上部岩体稳定。

10.2.1.2　2号危岩带结构特征

2号危岩带(图10-2)岩体为寒武系上统三游洞群薄层至中厚层状灰岩,岩层产状为23°∠54°,坡向约140°～151°,陡崖近乎垂直,存在凹腔。构造裂隙切割母岩岩体,形成不规则块体,风化作用及自重作用使得与母岩部分结合的岩体持续松动形成危岩单体,与母岩结合强度较低或已脱离母岩。2号危岩带发育一处危岩单体 W_1,受未贯通的岩体抗拉强度控制,易产生倾倒式破坏;小规模松动的危岩块体分布广泛,易发生掉块;部分危岩块体或单体已经产生了崩落,其崩落方向与陡坡坡向基本一致。2号危岩带基座岩性为灰岩,薄层至中厚层状构造,在公路边坡切坡后,危岩带风化裂隙较发育,岩体被裂隙和层面切割成块体,由于底部局部岩块掉落导致上部岩块底部临空。在危岩体重压作用下,基座岩体已有压碎迹象,在暴雨工况下,基座稳定性将进一步降低,不利于上部岩体稳定。

图10-1　1号危岩带

图10-2　2号危岩带

10.2.1.3　3号危岩带结构特征

3号危岩带(图10-3)岩体为寒武系上统三游洞群薄层至中厚层状灰岩,岩层产状为23°∠54°,陡崖坡向约140°,为切向坡,陡崖近乎垂直,坡角53°～90°,危岩块体主崩方向与陡崖坡向基本一致。受近乎垂直的构造裂隙LX_3切割形成危岩单体W_2,易产生倾倒式破坏;具小规模松动的危岩块体,易发生掉块。岩层反倾,基脚岩体较破碎。3号危岩带基座位于危岩体下部,岩性为灰岩,薄层至中厚层状构造,受反倾岩体自重作用倾倒挤压,可见基脚位置岩体破碎;同时,基座发育两处顺层面方向溶洞,地表不可见底,溶蚀严重,基座强度降低且溶洞形成一定临空面,在危岩体重压作用下,基座岩体已有压碎迹象,在暴雨工况下,基座稳定性将进一步降低,不利于危岩体的稳定,容易发生倾倒式失稳。同时,底部局部岩块掉落导致上部岩块底部临空,不利于上部岩体稳定。

10.2.1.4　4号危岩带结构特征

4号危岩带(图10-4)岩体为寒武系上统三游洞群中厚层至巨厚层状白云岩,局部薄层至中厚层状灰岩,岩层产状为23°∠54°,坡向约93°～118°,为切向坡,陡崖近乎垂直,坡角58°～90°,危岩块体主崩方向与陡崖坡向基本一致。下部岩体崩落,顶部岩体凸出悬空,受裂隙与岩层层面切割严重,岩体较破碎,与母岩结合强度较低,存在安全隐患。风化作用及自重作用使得与母岩部分结合的岩体持续松动形成危岩单体。4号危岩带基座岩性为灰岩和白云岩,薄层至巨厚层状构造,在公路边坡切坡后,危岩带风化裂隙较发育,岩体被裂隙和层面切割成块体,底部局部岩块掉落导致

图10-3　3号危岩带

图10-4　4号危岩带

上部岩块底部临空。在危岩体重压作用下,基座岩体已有压碎迹象,在暴雨工况下,基座稳定性将进一步降低,不利于上部岩体稳定,容易发生倾倒式失稳。

10.2.1.5　5号危岩带结构特征

5号危岩带(图10-5)岩体为寒武系上统三游洞群薄层白云岩,岩层产状为12°∠83°,坡向约51°,为顺向坡,陡崖近乎垂直,坡角约82°,危岩块体主崩方向与陡崖坡向基本一致。受裂隙与岩层层面切割,与母岩结合强度较低,风化作用及自重作用使得与母岩部分结合的岩体持续松动形成危岩单体。5号危岩带基座位于危岩下部,基座岩性为白云岩,薄层状构造,地表裂隙发育、结合差,危岩带存在外倾临空结构面。在危岩体重压作用下,基座岩体已有压碎迹象,在暴雨或连续强降雨工况下,基座稳定性将进一步降低,不利于危岩的整体稳定。

10.2.1.6　6号危岩带结构特征

6号危岩带(图10-6)岩体为寒武系上统三游洞群厚层状白云岩,岩层产状为23°∠65°,坡向约150°,坡角约40°,为切向坡,危岩体主崩方向与陡崖坡向基本一致。受裂隙与岩层层面切割,与母岩结合强度较低,风化作用及自重作用使得与母岩部分结合的岩体持续松动形成危岩单体。6号危岩带基座位于危岩的下部,基座岩性为厚层白云岩,裂隙发育,岩体结合差,多被裂隙切割成块状,基底较不完整。危岩单体底部发育一条外倾结构面,在暴雨或连续强降雨工况下,基座稳定性将进一步降低,不利于危岩的整体稳定。

图10-5　5号危岩带　　　　　　　　　图10-6　6号危岩带

10.2.2 钓鱼洞危岩带影响因素和稳定性分析

10.2.2.1 影响因素

研究区危岩带的形成与崩塌主要受地质因素、地质构造因素、外动力作用的影响。

(1)地质因素。

研究区地形多以高陡的斜坡地形为主,具备危岩形成的必要条件。其中1~3号危岩带由薄层至中厚层状灰岩构成,为脆性岩石,危岩带灰岩岩质较硬,抗风化能力强,易在裂隙的切割下脱离母岩。

(2)地质构造因素。

研究区内危岩的形成主要受裂隙结构面控制,由于裂隙切割岩体,促使边界条件形成,在外部因素触发下易导致危岩崩塌。

(3)外动力作用。

①大气降水。

降水带来地表水通过危岩体后缘的裂缝渗入裂隙,降低了岩体的力学性能,同时增大了裂缝内的水压力,诱发危岩崩塌的发生;同时水对裂隙内充填物质有软化作用,在流动时还能带走细粒物质,降低缝内充填物的凝聚力。

②植物根劈作用。

植物的根劈作用使岩体的稳定性有所降低,植物的根茎沿危岩层面和裂隙生长是研究区比较普遍的现象,根劈作用使裂隙扩大,加速危岩体产生向临空方向的变形破坏。

③温差作用。

研究区内季节及昼夜温差大,在温度变化过程中产生的热胀冷缩作用降低了岩体强度,日积月累,使危岩体基座破坏。

④人类工程活动。

研究区内人类工程活动主要表现为居民修建房屋、道路等,斜坡开挖使裂隙面临空,易产生危岩块体崩落。

10.2.2.2 稳定性分析

(1)危岩带整体稳定性定量分析。

危岩带整体稳定性主要与卸荷带的发育程度、岩体的强度有关。通过对危岩带进行现场调查以及赤平投影分析,发现构造裂隙LX_1与危岩层面在坡体内部相交,构成组合结构面,易形成楔形体滑动,对斜坡稳定性影响较大。因此,本书危岩带整体稳定性定量分析采用楔形体滑动进行计算。LX$_1$ 与层面组合楔形体计算模型如图 10-7 所示。

①计算原理。

楔形体滑动计算示意图如图 10-7 所示,计算公式见式(10-1)。

$$F_s = \frac{N_1 \tan\varphi_1 + N_2 \tan\varphi_2 + C_1 A_1 + C_2 A_2}{W \sin\beta_s} \tag{10-1}$$

式中:F_s 为稳定性系数;W 为滑坡体自重(kN/m^3);N_1、N_2 分别为 W 作用在滑面1、滑面2上的法向力(kN/m);β_s 为滑动面交线倾角(°);C_1、C_2 为滑面1、滑面2的黏聚力标准值(kPa);φ_1、φ_2 分别为滑面1、滑面2的内摩擦角标准值(°);A_1、A_2 分别为楔形体的前后两个斜坡面积。

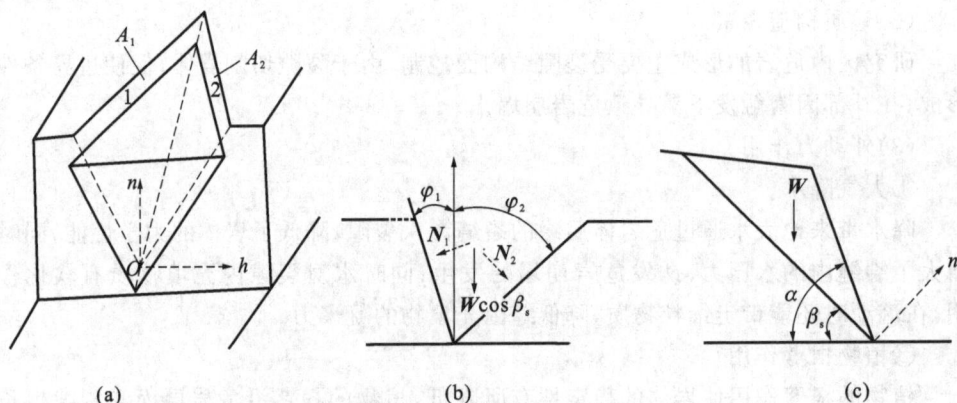

图 10-7　楔形体滑动计算示意图

②计算工况及稳定安全系数。

根据《地质灾害防治工程勘察规范》(DB50/T 143—2018),计算工况如下[552,559,560]。

工况 1(天然工况):自重(天然状态)+地表荷载;

工况 2(饱和工况):自重(暴雨状态)+地表荷载。

根据《地质灾害防治工程勘察规范》(DB50/T 143—2018)表 26,各危岩带防治工程等级为三级,楔形体滑动稳定安全系数取值为 1.20。

(2)危岩单体稳定性计算分析。

危岩单体的稳定性受多种因素制约,其稳定性计算涉及较多参数和复杂的边界条件,而准确参数的获得和边界条件的完全查明却非常困难。为了深刻认识区内危岩的稳定性,满足危岩整治的需要,对各危岩带的危岩单体[崩塌类型为倾倒式(图 10-8)、滑移式(图 10-9)]进行稳定性计算分析。本节对危岩体的计算主要依据《地质灾害防治工程勘察规范》(DB50/T 143—2018)提供的方法论来进行。

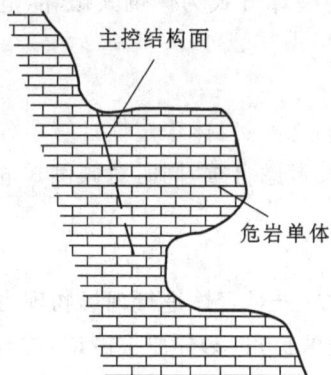

图 10-8　倾倒式危岩示意图

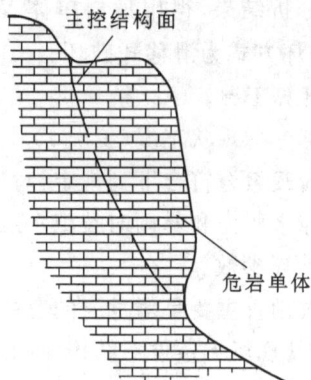

图 10-9　滑移式危岩示意图

①倾倒式危岩单体计算公式、模型。

倾倒式危岩单体计算公式、模型详见相关规范。

②滑移式危岩单体计算公式、模型。

a. 后缘无陡倾裂隙(滑面较缓)时,按下式计算(图 10-10)：

$$K = \frac{(W\cos\alpha - Q\sin\alpha - V) \cdot \tan\varphi + CL}{W\sin\alpha + Q\cos\alpha} \tag{10-2}$$

式中：C 为危岩单体后缘结构面黏聚力标准值(kPa)，当裂隙未贯通时,取贯通段和未贯通段黏聚力标准值按长度加权平均值,未贯通段黏聚力标准值取岩石黏聚力标准值的 0.4 倍；Q 为地震力(kN/m)，按 $Q = \zeta_e W$ 确定,地震水平作用系数 6 级烈度地区 ζ_e 取 0.05；K 为滑移式危岩稳定性系数；φ 为危岩体后缘裂隙内摩擦角标准值(°)，当裂隙未贯通时,取贯通段和未贯通段内摩擦角标准值按长度加权平均值,未贯通段内摩擦角标准值取岩石内摩擦角标准值的 0.95 倍；L 为滑裂面长度(m)；α 为滑面倾角(°)；V 为裂隙水压力(kN/m)，$V = 0.5\gamma_w h_w^2$，γ_w 为裂隙水容重，h_w 为裂隙水高度。

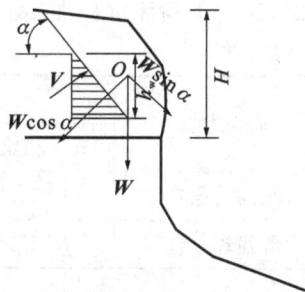

**图 10-10　滑移式危岩稳定性
计算剖面示意图**

b. 后缘有陡倾裂隙、滑面缓倾时,滑移式危岩稳定性按下式计算：

$$K = \frac{(W\cos\alpha - Q\sin\alpha - V\sin\alpha - V) \cdot \tan\varphi + CL}{W\sin\alpha + Q\cos\alpha + V\cos\alpha} \tag{10-3}$$

式中符号含义同前。

③危岩稳定性计算。

以 4 号危岩带为例,根据 4 号危岩带各危岩单体的结构特征和形态特征,结合危岩崩塌分析结果,得出危岩单体 W_3、W_4、W_5 的破坏方式为倾倒式破坏,危岩单体 W_6 的破坏方式为滑移式破坏。

a. 计算工况。

计算考虑现状工况(工况 1)和暴雨工况(工况 2)。岩体稳定性计算中各种工况考虑的荷载组合符合下列规定:对工况 1、工况 2,考虑自重,同时对倾倒式危岩考虑现状裂隙水压力和暴雨时裂隙水压力。

b. 计算参数。

本次勘查主要是对危岩的有关特征进行详查,未对岩体进行现场物理力学测试工作,尤其现场无条件对结构面的黏聚力(C)、内摩擦角(φ)作原位测试,危岩体的稳定性计算参数主要依据经验数据及室内试验数据确定。

相关计算参数的选择:根据相关规范[561],灰岩危岩体天然重度取 26.5 kN/m³,饱和重度取 26.6 kN/m³,岩体抗拉强度取 550 kPa;裂隙充水高度按裂隙蓄水能力和降雨情况确定;参考相关规范,结合差的硬性结构面内摩擦角 φ 标准值取 19°(饱和),黏聚力标准值 C 取 52 kPa(饱和)。

c. 稳定性评价标准。

根据《地质灾害防治工程勘查规范》(DB50/T 143—2018),危岩防治工程等级为三级时,倾倒式危岩稳定安全系数取值为 1.30,滑移式危岩稳定安全系数取值为1.20,建立下列评价标准(表 10-1)。

表 10-1 **危岩稳定性评价标准**

危岩类型	危岩稳定状态			
	不稳定	欠稳定	基本稳定	稳定
倾倒式危岩	$F<1.0$	$1.0 \leqslant F<1.25$	$1.25 \leqslant F<1.30$	$F \geqslant 1.30$
滑移式危岩	$K<1.0$	$1.0 \leqslant K<1.15$	$1.15 \leqslant K<1.20$	$K \geqslant 1.20$

(3)危岩带稳定性计算结果分析。

根据上述稳定性计算公式及稳定状态划分标准对部分危岩带进行了稳定性计算及稳定性评价,计算结果见表 10-2。此外,其中,1 号危岩带所处陡崖带目前卸荷作用不强烈,构造裂隙贯通性差,且无外倾主控裂隙,未发现较大规模的危岩单体,无凹岩腔发育,未见大规模滑动迹象,故该陡崖带整体稳定。5 号危岩带所处陡崖带目前卸荷作用不强烈,构造裂隙贯通性差,该陡崖带整体稳定,强风化层亦处于稳定状态。

表 10-2 **楔形体滑动稳定性计算结果**

危岩带	结构面组合	稳定性系数	稳定安全系数	稳定性评价
2 号危岩带	LX_1 与 LX_2	6.027	1.20	稳定

续表10-2

危岩带	结构面组合	稳定性系数	稳定安全系数	稳定性评价
3号危岩带	LX$_1$ 与 LX$_3$	2.887	1.20	稳定
4号危岩带	LX$_1$ 与层面	3.271	1.20	稳定
6号危岩带	LX$_1$ 与 LX$_2$	17.416	1.20	稳定

各危岩单体稳定性计算结果如表10-3和表10-4所示。

表10-3　　　　　　　　　　倾倒式危岩单体稳定性计算结果

危岩编号	工况	断面积 S/m^2	自重 $W/(kN/m^3)$	岩体抗拉强度 f_{lk}/kPa	危岩稳定性系数 F
W$_1$	①天然	1.10	29.15	550	3.266
	②暴雨	1.10	29.26	550	1.268
W$_2$	①天然	45.41	1203.37	550	1.963
	②暴雨	45.41	1207.91	550	1.283
W$_3$	①天然	13.83	366.50	550	2.819
	②暴雨	13.83	367.88	550	1.266
W$_4$	①天然	1.20	31.80	550	1.331
	②暴雨	1.20	31.92	550	1.260
W$_5$	①天然	1.88	49.82	550	2.589
	②暴雨	1.88	50.01	550	1.274
W$_7$	①天然	0.61	16.17	550	2.749
	②暴雨	0.61	16.23	550	1.278

表10-4　　　　　　　　　　滑移式危岩单体稳定性计算结果

危岩编号	工况	断面积 S/m^2	自重 $W/(kN/m^3)$	黏聚力 C/kPa	内摩擦角 $\varphi/(°)$	危岩稳定性系数 K
W$_6$	①天然	0.25	6.63	28	17	2.645
	②暴雨	0.25	6.65	28	17	1.181
W$_8$	①天然	2.00	53.00	28	17	1.412
	②暴雨	2.00	53.20	28	17	1.183

10.2.3 钓鱼洞危岩带防治工程设计

对于本次危岩的勘查治理,应立足于安全与经济兼顾的原则,力求达到事半功倍的效果。根据各危岩带的形态特征、所处位置、规模大小、破坏形式、稳定性及施工难易程度综合考虑,分别叙述如下。

(1)1号危岩带。

小规模松动的危岩块体在危岩带上分布较广泛,其破坏模式以小规模崩塌掉块为主,从历史掉块记录与缓坡上堆积孤石大小得知,掉块单体体积约 $0.03\sim0.4~\mathrm{m}^3$。因陡崖高、陡,长度范围较大,危岩块体分布广,清除松动岩块难度大,且难免存在漏查的情况;主动防护网整治工作量较大,施工难度大。

综合考虑,在1号危岩带下方缓坡底部、居民区后部设置被动防护网,对崩塌块体进行有效拦截。

(2)2号危岩带。

危岩带上分布有小规模松动的危岩块体,发育的较大规模危岩单体主要为 W_1,其破坏方式为风化剥落块体、已松动的危岩块体、已形成的危岩单体 W_1 的倾倒式崩落。

综合考虑,对已松动的危岩块体及危岩单体 W_1 进行清除后,设置主动防护网,防止危岩带继续风化剥落掉块。

(3)3号危岩带。

危岩带有小规模松动的危岩块体,发育较大规模危岩单体主要为 W_2,破坏方式为风化剥落块体、已松动的危岩块体、较大规模危岩单体 W_2 的倾倒式崩落。

综合考虑,对已松动的危岩块体进行清除,采用锚杆对危岩单体 W_2 进行加固,同时设置主动防护网,防止危岩带继续风化剥落掉块,以及形成楔形体造成危害。

(4)4号危岩带。

顶部岩体均具有凸出悬空的特征,沿横向呈带状分布,受裂隙与岩层层面切割严重,岩体较破碎,存在安全隐患;发育的较大规模危岩单体主要为 W_3、W_4、W_5、W_6 等;另外,其顶部斜坡分布大量孤石,危及下方居民及过往行人、车辆。其破坏方式为风化剥落块体及已松动的危岩块体崩落、顶部凸出悬空的较破碎岩体倾倒或坠落破坏、危岩单体(W_3、W_4、W_5、W_6)的崩落、斜坡上不稳定孤石滚落。

综合考虑,对顶部凸出悬空的岩体进行整体清除,并对危岩单体 W_4、W_5、W_6 进行清除,清除后设置主动防护网,防止危岩带继续风化剥落掉块;若对 W_3 进行清除,则使其上部岩体悬空,影响上部岩体稳定性,故对 W_3 采用锚杆进行加固;另外,顶部斜坡位置设置被动防护网,对上方孤石滚落块体进行有效拦截。

(5)5号危岩带。

主要安全隐患为危岩单体 W_7 易发生倾倒式破坏，其下部斜坡及冲沟两侧分布有大量孤石，已发生多次孤石滚落现象。

综合考虑，对 W_7 进行清除，将4号危岩带顶部的被动防护网延伸至冲沟位置，以拦截顺冲沟滚落的危石。

(6)6号危岩带。

危岩带上分布有松动的危岩块体，部分危岩块体已经产生崩落现象，该危岩带发育的较大规模危岩单体主要为 W_8，易发生滑移式破坏。

综合考虑，对危岩单体 W_8 进行清除，同样利用4号危岩带顶部的被动防护网延伸至冲沟位置，以拦截顺冲沟滚落的危石[562-564]。

综上所述，对钓鱼洞危岩带的治理措施建议如表10-5所示，总的防治方案为危岩体(危石)清除＋锚杆＋主动防护网＋被动防护网。

表10-5 **钓鱼洞危岩带治理措施表**

危岩带	整体防治措施建议	单体防治措施建议		备注
		单体编号	措施建议	
1号危岩带	被动防护网	—	—	布设于危岩带下方缓坡底部、居民区后部
2号危岩带	清除＋主动防护网	W_1	清除	清除表面松动岩体
3号危岩带	清除＋主动防护网	W_2	锚杆	清除表面松动岩体
4号危岩带	清除＋主动防护网＋被动防护网	W_3	锚杆	清除顶部凸出悬空的岩体、单体，并于坡顶增设被动防护网
		W_4	清除	
		W_5	清除	
		W_6	清除	
5号危岩带	清除＋被动防护网	W_7	清除	利用4号危岩带顶部的被动防护网延伸至冲沟位置
6号危岩带	清除＋被动防护网	W_8	清除	

10.3 重庆市大岩屋危岩体稳定性分析及防治措施

奉节县隶属重庆市，地处四川盆地东部边缘、大巴山前缘和鄂西山地的相接地带，位于长江三峡库区腹心，是重庆市的东大门。研究区位于奉节县城西南部约20 km处，属奉节县永乐镇管辖，危岩区属永乐镇江南村四社，地理坐标：东经

109°24′18″,北纬30°57′40″,斜坡上方坡顶、危岩区附近有村级水泥路到达,交通较为便利。

据调查,危岩主要威胁江南村四社居民50户310人,房屋900间,该处为居民集中居住点;经济林(脐橙)共计0.6万株,经济附着值较高,为当地居民的主要收入来源;此外还威胁村级道路约1.1 km。因此,需要对大岩屋危岩体进行必要的防治,以保护人民的生命和财产安全。

10.3.1 特征介绍

10.3.1.1 形态

(1)危岩单体。

通过本次野外现场调查,发现斜坡近坡顶处发育一处较大的危岩单体W_1,为母岩上凸出的岩块,岩性为砾岩,呈近长方形块体状,宽度7.25 m,平均高度5.5 m,平均厚度5.25 m,方量209.3 m³,主崩方向为139°。因早期其底部的岩体已崩落,其底部大面积悬空,悬空高度6.5 m,危岩悬挑长度约3.4 m,崩落处宽度约4.3 m,为一较大的凹岩腔。目前其左侧尚有一岩柱,对W_1有一定支撑作用,但其自身底部已形成一小的凹岩腔,顶部亦已出现压裂现象。W_1顶部后壁发育一条卸荷裂缝LF_1,由拉张作用形成,接近直线,可见延伸长度2.1 m,宽度8~15 cm,裂缝走向41°,近垂直于主崩方向,倾角73°~78°,裂隙切割深度约5.3 m,有黏土、岩屑充填,卸荷作用强烈,W_1主要受后壁卸荷裂缝LF_1的控制,由后壁结构面以下岩体抗拉强度控制,该单体易产生倾倒式破坏,见图10-11、图10-12。

图 10-11　W_1 危岩单体

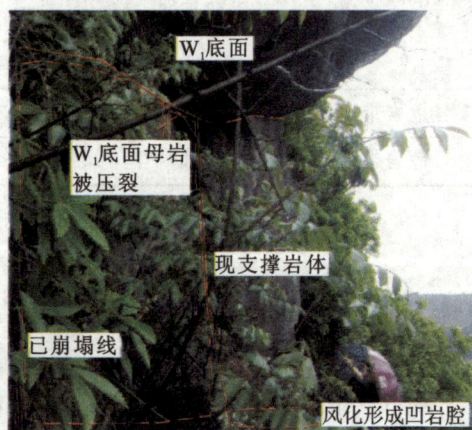

图 10-12　W_1 危岩底部特征

（2）陡崖带。

陡崖带位于斜坡近坡顶左侧处,分布高程601~610 m,长约50 m。陡崖带存在多处因差异风化形成的凹岩腔(图10-13),均因砾岩底部夹煤线、页岩的薄层粉砂岩先风化而形成,使坡面凹凸起伏不平,砾岩岩块凸出悬空,悬挑长度0.7~1.5 m,悬空高度1~2.2 m。通过地面调查及探槽揭露,发现陡崖带凸出岩体后壁卸荷裂隙发育程度一般,张开宽度1~3 cm,延伸长度0.3~0.8 m,切割深度0.1~0.3 m,走向40°~44°,近垂直于主崩方向,无明显贯通性延伸,目前卸荷作用较不强烈,因陡崖带各岩体底部悬空,卸荷裂隙在重力作用下易进一步发育,在外倾的构造裂隙切割下,陡崖带的岩体极可能形成贯通性结构面,极易演变成危岩单体。

陡崖带上方坡顶地形较为平缓,约8°~15°,残坡积层土层厚度约0~3 m,其坡向为348°,与危岩主崩方向相反,且无变形、滑溜等迹象,处于稳定状态,对研究区无影响。

（3）斜坡。

斜坡地形坡度32°~61°,基岩出露,基本无覆盖层,为岩质斜坡。受构造裂隙和风化裂隙的切割作用,整个斜坡岩体裂隙纵横交错,较为发育,岩体较破碎,近年来曾发生多处小规模崩塌掉块现象,其破坏方式为强风化层岩体风化剥落掉块,或受裂隙切割形成的危岩块体及已脱离母体的孤石崩落。根据构造裂隙发育特征,裂隙间距较小,发育较密,现场调查崩落块石最大方量为3 m³,故斜坡段以小规模崩塌掉块为主。斜坡段易产生风化剥落掉块或裂隙切割块体掉块的分布范围见图10-14。

图10-13 陡崖带存在的凹岩腔

图10-14 斜坡上岩体裂隙切割、风化破碎

（4）较缓地带。

较缓地带处于斜坡下方,地形坡度16°~20°,出露崩塌堆积体碎块石土,土层厚度约0.5~4 m,土层厚度较薄且分布不连续,土体无溜滑、拉张裂缝等变形迹象,各工况处于稳定状态,对居民区无影响。在较缓地带及居民区地表均发现有大量的早

期崩落块体,零散分布于该区域坡面,崩落块石单体方量 $0.3\sim3.0$ m^3,块石岩性有砂岩(T_{3xj1})、砾岩(T_{3xj2})、含泥质灰岩(T_{2b}),说明该区域以上的斜坡存在历史崩落的痕迹,根据崩落的块石分布特征及规模,判断斜坡以小规模崩塌掉块为主,居民区下部分布有更早期崩落的砾岩块石。历史崩落的块石分布于较缓地带及居民区,均处于稳定状态,对研究区无影响。

10.3.1.2 危岩体特征

W_1 危岩体由砾岩块体、顶部后壁裂缝、底部悬空面及相邻区域的空隙组成。其结构特征主要受地层岩性、地质构造和外动力因素影响。其底部悬空,底部母岩被压裂,顶部后壁发育一条拉张裂缝 LF_1,W_1 主要受后壁 LF_1 的控制,极易产生倾倒式破坏。

斜坡上基岩出露,外倾构造裂隙切割母岩岩体,形成不规则块体,风化作用使得与母岩部分结合的岩体继续松动形成危岩单体,与母岩结合强度较低或已脱离母岩,致斜坡上零星分布大量危岩单体及孤石,部分危岩块体已经产生了崩落,其崩落方向与斜坡坡向基本一致。

危岩基座多数分布在斜坡中下部,岩性为薄层至中厚层状粉砂岩、泥质灰岩。由于裂隙发育,岩体在裂隙切割下破碎,在外部作用力及自身重力作用下发生掉块,形成凹岩腔,导致上部岩体临空。同时岩体中存在相对软弱层(夹煤线、页岩),风化较快,掉块后局部形成凹岩腔,不利于上部岩体稳定。其中 W_1 危岩体基座因软弱层风化形成凹岩腔,导致 W_1 底部的岩体产生崩塌,形成一个较大的凹岩腔,进而影响 W_1 的稳定性。

根据调查访问,大岩屋危岩区已发生多次崩塌掉块,下方居民区及较缓地带上均分布有多处历史崩落的岩块,岩体脱离母体后,翻滚至下部,严重威胁下方江南村四社居民生命及财产安全。

斜坡上多次发生岩体强风化层的表层剥落,体量 $0.5\sim3$ m^3。1993 年 8 月,暴雨的浸透使底部已形成凹岩腔的砾岩岩体松动,发生崩塌。该崩塌位于本次调查的 W_1 危岩体下部,崩塌厚度 3.4 m,崩落处宽度约 4.3 m,高度 6.5 m,体积 95 m^3,崩落距离 480 m,深入居民区。2004 年 11 月暴雨,使岩体表部松动体发生剥脱坠落。崩塌厚度 0.8 m,体积约 1.6 m^3,崩落距离 320 m。

W_1 危岩体底部已大面积悬空,其左侧尚有一岩柱,对 W_1 有一定支撑作用,但其自身底部亦已形成一小的凹岩腔;顶部后壁发育一条拉张裂缝 LF_1,可见延伸长度 2.1 m,宽度 $8\sim15$ cm,裂缝走向 $41°$,近似垂直于主崩方向(图 10-15),2017 年 4 月底其宽度出现加宽的趋势;另外,其底部母岩被压裂,现支撑岩体顶部亦已出现压裂现象(图 10-16)。

图 10-15 后壁拉张裂缝 LF₁

图 10-16 底部岩体压裂现象

10.3.2 大岩屋危岩体影响因素和稳定性分析

10.3.2.1 影响因素

场地内危岩体的形成主要受地质因素、地质构造因素、外动力作用的控制[565,566]。

（1）地质因素。

地质因素主要受控于地形和地层岩性,研究区地形以高陡的地形为主,具备危岩形成的必要条件,斜坡出露粉砂岩、泥质灰岩、砾岩,均为脆性岩石,岩质为较硬至硬,易在裂隙的切割以及差异风化下形成危岩。

（2）地质构造因素。

研究区构造上处于齐曜山背斜北西翼,岩层产状反倾,倾角 22°。根据调查,区内危岩的形成主要受外倾的优势裂隙结构面控制,裂隙切割斜坡岩体,促使边界条件形成,在外部因素影响下导致危岩崩塌,如图 10-17 所示。

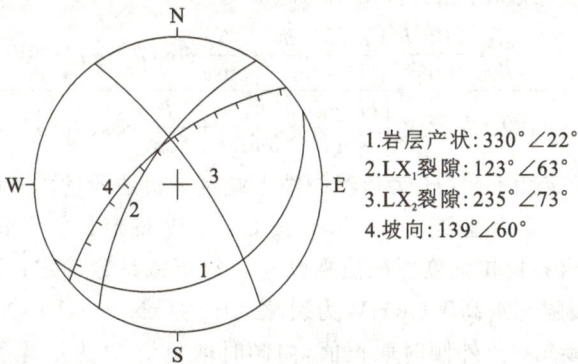

1.岩层产状:330°∠22°
2.LX₁裂隙:123°∠63°
3.LX₂裂隙:235°∠73°
4.坡向:139°∠60°

图 10-17 赤平投影分析

（3）外动力作用。

①大气降水。

降水后形成的地表水通过危岩后缘的裂缝渗漏到裂隙内，降低了裂隙的力学性能，同时增加了裂隙内的水压力，诱发危岩崩塌的发生。

②植物根劈作用。

植物的根劈作用使岩体的稳定性有所降低，植物的根茎沿危岩层面和裂隙生长是研究区比较普遍的现象，根劈作用使裂隙扩大，加速危岩体产生向临空面的变形破坏。

③温差作用。

研究区内季节及昼夜温差大，在温度变化过程中岩体发生热胀冷缩，日积月累危岩体强度基座破坏。

10.3.2.2 稳定性分析

危岩体的稳定性受多种因素制约，其稳定性计算涉及较多参数和复杂的边界条件，而准确参数的获得和边界条件的完全查明却非常困难。为了深刻认识区内危岩的稳定性，适应危岩整治的需要，选择典型危岩体 W_1（崩塌类型为倾倒式）进行稳定性计算分析。本书对危岩体的计算主要依据《地质灾害防治工程勘察规范》（DB50/T 143—2018）所提供的方法。

（1）倾倒式危岩体稳定性分析模型及稳定系数计算公式。

①由后缘岩体抗拉强度控制时，按下式计算：

当危岩体重心在倾覆点之外（图 10-18）时，

$$K = \frac{\dfrac{1}{2} f_{lk} \cdot \dfrac{H-h}{\sin\beta} \left[\dfrac{2}{3} \dfrac{H-h}{\sin\beta} + \dfrac{b}{\cos\alpha} \cos(\beta-\alpha) \right]}{W \cdot a + Q \cdot h_0 + V \left[\dfrac{H-h}{\sin\beta} + \dfrac{h_w}{3\sin\beta} + \dfrac{b}{\cos\alpha} \cos(\beta-\alpha) \right]} \tag{10-4}$$

当危岩体重心在倾覆点之内（图 10-19）时，

$$K = \frac{\dfrac{1}{2} f_{lk} \cdot \dfrac{H-h}{\sin\beta} \left[\dfrac{2}{3} \dfrac{H-h}{\sin\beta} + \dfrac{b}{\cos\alpha} \cos(\beta-\alpha) \right] + W \cdot a}{Q \cdot h_0 + V \left[\dfrac{H-h}{\sin\beta} + \dfrac{h_w}{3\sin\beta} + \dfrac{b}{\cos\alpha} \cos(\beta-\alpha) \right]} \tag{10-5}$$

式中：K 为危岩稳定性系数；H 为后缘裂隙上端到未贯通段的垂直距离（m）；W 为危岩体自重（kN/m³）；Q 为地震力（kN/m），按 $Q = \zeta_e W$ 确定；f_{lk} 为危岩体抗拉强度标准值（kPa），根据岩石抗拉强度标准值乘以 0.4 的折减系数确定；h 为后缘裂隙深度（m）；h_w 为后缘裂隙充水高度（m）；V 为裂隙水压力（kN/m），$V = 0.5\gamma_w h_w^2$；α 为危岩体与基座接触面倾角（°），外倾时取正值，内倾时取负值；β 为后缘裂隙倾角（°）；a 为危岩体重心到倾覆点的水平距离(m);b 为后缘裂隙未贯通段下段到倾覆点水平距离;h_0 为危岩体重心到倾覆点的垂直距离(m)。

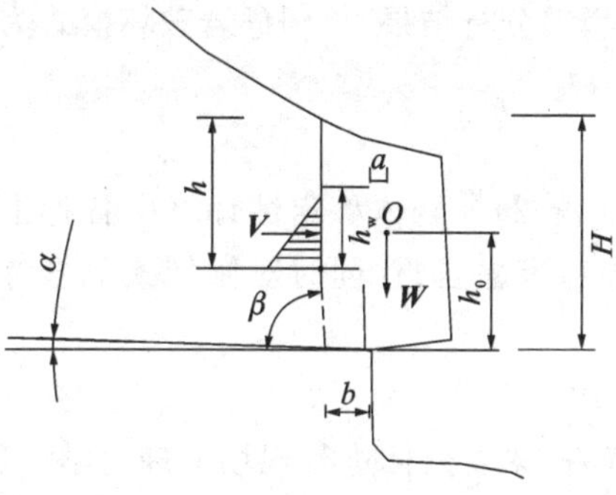

图 10-18　倾倒式危岩稳定性
计算剖面示意图 1

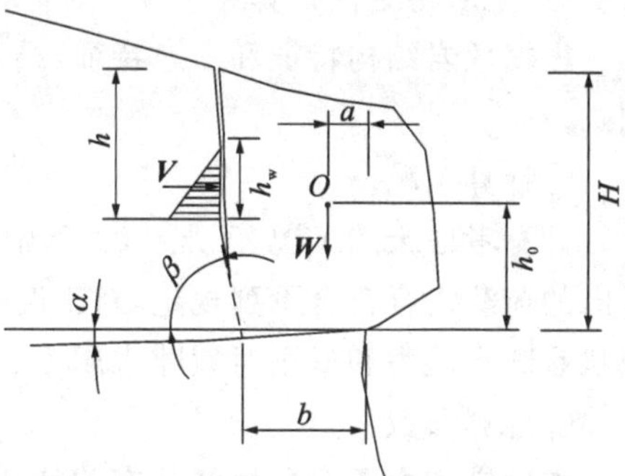

图 10-19　倾倒式危岩稳定性
计算剖面示意图 2

②由底部岩体抗拉强度控制时(图 10-20),按下式计算:

$$K = \dfrac{\dfrac{1}{3} \cdot f_{lk} \cdot b^2 + W \cdot a}{Q \cdot h_0 + V\left(\dfrac{1}{3}\dfrac{h_w}{\sin\beta} + b\cos\alpha\right)} \tag{10-6}$$

式中各符号物理意义同前。

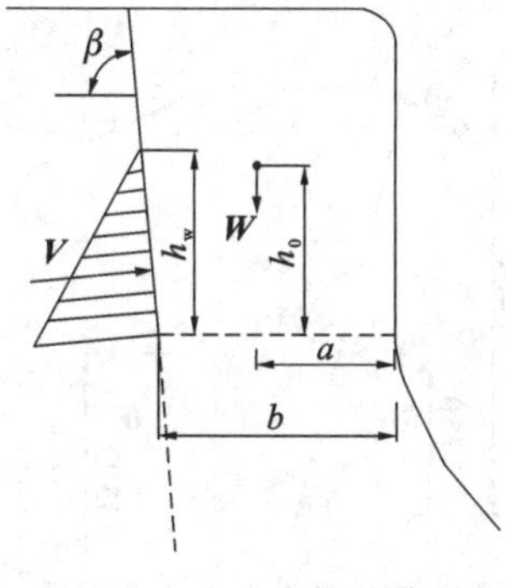

图 10-20　倾倒式危岩稳定性计算剖面示意图 3

③对于孤立具有缓倾软弱结构面的危岩体,后缘无裂隙水压力,其计算时要考虑风力作用,稳定性按下式计算:

$$K = \dfrac{\dfrac{1}{3} f_{lk} \cdot b^2 + W \cdot a}{(Q + F) \cdot H_0} \tag{10-7}$$

式中:F 为风力,$F=\rho S(v\sin\omega)^2$,ρ 为空气密度,标准状态下 $\rho=1.203\ kg/m^3$;S 为迎风面积;v 为风速,计算时取 $v=10\ m/s$;ω 为风向与迎风面积间的夹角。

(2)危岩稳定性计算。

根据危岩结构特征和形态特征,结合危岩崩塌分析结果,得到危岩破坏模式为倾倒式。

①计算工况。

计算考虑天然工况(工况 1)和暴雨工况(工况 2)。岩体稳定性计算中各种工况考虑的荷载组合符合下列规定:对工况 1、工况 2,考虑自重,同时对倾倒式危岩考虑现状裂隙水压力和暴雨时裂隙水压力。

②计算参数。

本次勘查主要对危岩体的有关特征进行详查,未对岩体进行现场物理力学测试,尤其现场无条件对滑动面的黏聚力(C)、内摩擦角(φ)做原位测试,危岩体的稳定性计算参数主要依据经验数据确定[567-569]。

相关计算参数的选择:根据地区经验,砾岩危岩体天然重度取 26.8 kN/ m³,饱和重度取 27.1 kN/ m³;岩体抗拉强度取 224 kPa;裂隙充水高度按裂隙蓄水能力和降雨情况确定,参考相关规范取裂隙深度的 1/3;参考相关规范,结合差的硬性结构面内摩擦角 φ 标准值取 20°(饱和),黏聚力标准值 C 取 32 kPa(饱和)。

③计算过程。

危岩单体 W_1 稳定性计算简图见图 10-21,计算过程见表 10-6。

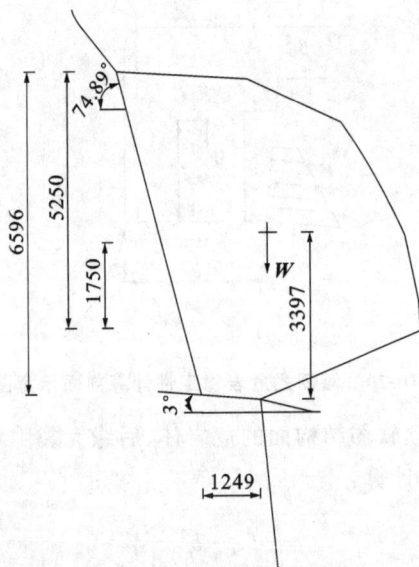

图 10-21　W_1 稳定性计算简图

表 10-6 　　　　　　　　　　倾倒式危岩体 W_1 稳定性分析计算

工况	S/m^2	$W/$ (kN/m^3)	H/m	h/m	h_w/m	$V/$ (kN/m)	$\beta/(°)$	$\alpha/(°)$	a/m	b/m	$f_{lk}/$ kPa	K
工况 1	29.27	784.4	6.6	5.3	0	0	75	3	0.177	1.25	224	1.487
工况 2	29.27	793.2	6.6	5.3	1.75	15.3	75	3	0.177	1.25	224	1.166

(3)危岩稳定性计算结果分析。

根据《地质灾害防治工程勘查规范》(DB50/T 143—2018),危岩防治工程等级为二级时,倾倒式危岩稳定安全系数取值为 1.40,建立表 10-7 所示评价标准。危岩稳定性计算结果如表 10-8 所示。

表 10-7 　　　　　　　　　　危岩稳定性评价标准

危岩类型	危岩稳定状态			
	不稳定	欠稳定	基本稳定	稳定
倾倒式危岩	$K<1.0$	$1.00{\leqslant}K<1.25$	$1.25{\leqslant}K<1.40$	$K{\geqslant}1.40$

表 10-8 　　　　　　　　　　稳定性计算结果

破坏模式	危岩体编号	工况 1		工况 2	
		稳定性系数	稳定性评价	稳定性系数	稳定性评价
倾倒	W_1	1.487	稳定	1.166	欠稳定

由表 10-8 可知,据理论计算,对危岩的稳定性评价如下:

①天然工况下,危岩体的稳定性较好,倾倒式危岩体 W_1 的稳定性系数大于1.40,处于稳定状态。

②暴雨工况下,危岩体稳定性降低,倾倒式危岩体 W_1 的稳定性系数为 1.166,处于欠稳定状态。

③由计算结果可知,降雨因素对危岩稳定性影响较大,特别是在暴雨或连续降雨条件下,后壁裂缝更容易进一步扩展,产生崩塌失稳。

由于崩塌常具有突发性和不可预见性,危岩体在暴雨工况下稳定性差,对其采取防治措施是非常必要的。

10.3.3　危岩体的防治

对本次勘查的危岩进行治理,应立足于安全与经济兼顾的原则[570],力求达到事半功倍的效果。根据危岩的形态特征、所处位置、规模大小、破坏形式、稳定性及施工难易程度综合考虑[566,567,571]:

①对于危岩体 W_1,其岩性为以碎石结核为主的石英岩质砾岩,胶结程度好,岩体裂隙发育程度低,岩质硬,强度很高,打眼爆破难度大,难以清除,且容易破坏母岩结构完整性,产生次生地质问题,其下存在凹岩腔,同时具备支撑的基底条件,故对危岩体 W_1 采用混凝土墙支撑的措施,施工简单,治理费用低,可有效提高危岩单体的稳定性,同时封闭 W_1 后壁裂缝提高裂隙面的强度,防止雨水通过裂隙下渗。

②对于陡崖带,其各岩体底部悬空形成凹岩腔,卸荷裂缝在重力作用下易进一步发育,加上在外倾的构造裂隙 LX_1 切割下,陡崖带的岩体极可能形成贯通性结构面,极易演变成危岩单体,为了控制陡崖带危岩体的发展,有必要对其进行支撑,因其具备凹岩腔封闭的基底条件,故采用凹岩腔封闭措施,以支撑上部岩体,阻止其卸荷裂隙进一步发育。

③对于斜坡段,其破坏方式为强风化层岩体风化剥落掉块,或受裂隙切割形成的楔形块体及已脱离母体的孤石崩落,斜坡段以小规模崩塌掉块为主,在斜坡下部较缓地带、居民区后部设置被动防护网,对小规模崩塌块体进行有效拦截。

综上,大岩屋危岩体治理措施建议采用支撑＋岩腔封闭＋被动防护网的综合治理方法。

10.4 重庆市懒坝危岩带稳定性分析及防治措施

武隆区地处重庆市东南部武陵山与大娄山接合部,是三峡库区 19 个区县之一,位于乌江两岸。地貌多以低山及河谷深丘为主,地势多陡峻,自然概貌有"八分山,一分地,一分水"之称。懒坝危岩带位于武隆区懒坝净心寺复建项目后山,相对高差约647 m,属岩溶低中山地貌,出露地层为二叠系下统茅口组(P_1m),岩性以灰色灰黑色石灰岩为主,中厚层至巨厚层状构造,微晶结构,为研究区内主要岩层,岩层产状约为$320°\angle5°$。据现场调查访问,懒坝危岩带主要危害对象为灾害体下部的拟建静心寺,拟建静心寺为重点旅游人口密集区,同时对下方省道 S203 线等也将产生威胁。危害对象的重要性等级为重要,地质灾害防治工程等级为一级,因此需要对懒坝危岩带进行必要的防治,以保护人民生命和财产的安全。

10.4.1 懒坝危岩带特征

10.4.1.1 危岩带的组成

根据现场调查和危岩带的分布特征,研究区主要由 A、B、C、D 区四个危岩带组成。四个危岩带的地层均为二叠系下统茅口组,主要岩性为灰色薄层至中厚层状灰岩,另外在 B 区上部第Ⅰ级陡崖的基座处分布一层厚 10～40 cm 的黑色薄层状炭质页岩;岩层呈单斜产出,产状为 320°∠5°,层面结合程度较好[572-574]。危岩带顶部地形较缓处覆盖碎块石土,主要由红黏土、灰岩碎块石组成,碎块石含量约占总重的 35%,碎块石土厚度为 0.20～0.80 m。

10.4.1.2 危岩带的基本特征

对于研究区的四个危岩带,本节分别进行论述。

(1)A 区。

形态特征:A 区危岩带横宽约 270 m,沿西北—东南方向延伸,呈带状分布,纵向高差约 60～103 m,地形呈陡崖状,陡崖倾向约 220°,为切向坡,坡角约 81°。

裂隙发育情况:据现场调查及探槽揭露,该危岩带主要发育两组裂隙:①(246°～258°)∠(79°～83°),属崖顶卸荷裂隙,裂隙面较平直,微粗糙,裂隙呈张开状,张开距离 0～50 mm,局部泥质充填,结合差,延伸 3～15 m,间距约 1～6 m,为硬性结构面;②(149°～160°)∠(80°～86°),属崖顶卸荷裂隙,裂隙面微弯,粗糙程度一般,裂隙呈张开状,张开距离 3～200 mm,局部泥质充填,结合差,延伸 3～11 m,间距 2～8 m,为硬性结构面。两组卸荷裂隙主要分布于距陡崖边界 3～10 m 的范围内,裂隙发育深度仅 2～8 m。

岩腔特征:根据对陡崖的测绘调查,发现陡崖中部有凹岩腔(图 10-22)连续发育,岩腔高度 0.7～4.5 m,深度 0.3～3.1 m,岩腔形态不规则,该级岩腔主要是由于陡崖中部薄层状的灰岩逐渐风化、溶蚀形成。

图 10-22 A 区中部凹岩腔

基座特征:陡崖底部基座为灰岩,隐晶质结构,中厚层状构造,岩体较完整,风化不严重,未发现凹岩腔发育及基座岩体压碎、压裂现象。

危岩单体发育情况：A 区主要发育 2 处危岩单体，危岩单体总体积约 3897 m³，该危岩带属大型危岩带。

（2）B 区。

①B 区整体。

形态特征：B 区危岩带横宽约 890 m，沿西北—东南方延伸，呈带状分布，纵向高差 150～218 m，地形呈多级陡崖。其中，B_1 区陡崖倾向约 225°，为切向坡，坡角约 85°；B_2 区陡崖倾向约 228°，为切向坡，坡角约 82°；B_3 区陡崖倾向约 176°，为切向坡，坡角约 82°；B_4 区陡崖倾向约 176°，为切向坡，坡角约 80°。

裂隙发育情况：据现场调查及探槽揭露，该危岩带主要发育两组裂隙：①（236°～258°）∠（62°～85°），属崖顶卸荷裂隙，面较平直，张开距离 2～550 mm，局部泥质充填，结合差，延伸 5～30 m，间距 0.8～12 m，为硬性结构面；②（149°～173°）∠（78°～85°），属崖顶卸荷裂隙，裂隙面微弯，粗糙程度一般，裂隙呈张开状，张开 3～590 mm，局部泥质充填，结合差，延伸 3～15 m，间距 0.5～17 m，为硬性结构面。两组卸荷裂隙主要分布于第 Ⅰ 级陡崖，距陡崖边界 3～15 m 的范围内，裂隙发育深度仅 2～8 m。

岩腔特征：根据对本区陡崖的测绘调查发现，该区凹岩腔较为发育。其中第 Ⅰ 级陡崖中部和底部凹岩腔整个 B 区全区连续发育，中部凹岩腔高度 1.3～3.4 m，深度 0.3～2.2 m，形态不规则，该级凹岩腔主要是由于陡崖中部薄层状的灰岩逐渐风化、溶蚀形成；底部凹岩腔高度 0.6～7.8 m，深度 0.5～5.9 m，形态不规则，该级凹岩腔主要是由于陡崖底部基座的炭质页岩逐渐风化、脱落形成。B_2 区第 Ⅲ 级陡崖中部凹岩腔连续发育，高度 0.7～4.5 m，深度 0.4～2.4 m，形态不规则，该级凹岩腔主要是由于陡崖中部薄层状的灰岩逐渐风化、溶蚀形成。B_3 区第 Ⅱ 级陡崖中部凹岩腔连续发育，高度 0.4～4.1 m，深度 0.6～3.7 m，形态不规则，该级凹岩腔主要是由于陡崖底部基座的炭质页岩逐渐风化、脱落形成。B_4 区各级陡崖底部均连续发育有凹岩腔，高度 0.4～2.6 m，深度 0.5～2.3 m，形态不规则，该级凹岩腔主要是由于陡崖底部基座的薄层状的灰岩逐渐风化、溶蚀形成，如图 10-23 和图 10-24 所示。

图 10-23　B 区第 Ⅰ 级陡崖下部炭质页岩

图 10-24　B 区第 Ⅰ 级陡崖下部凹岩腔

基座特征:该区陡崖第Ⅰ级陡崖基座为薄层状的炭质页岩,泥质结构,薄层状及片状构造,炭质页岩岩质较软,表层岩体风化脱落严重,呈碎块状,形成了连续的凹岩腔。其余各级陡崖基座均为灰岩,隐晶质结构,中厚层状构造,岩体较完整,风化不严重,未发现凹岩腔发育及基座岩体压碎、压裂现象。

危岩单体发育情况:B区主要发育50处危岩单体,危岩单体总体积约154712 m³,该危岩带属特大型危岩带。

②B区中上部岩体破碎带。

B区第Ⅰ级陡崖的中上部高度约20 m范围为岩体破碎带(图10-25),长约750 m,厚2～5 m。该破碎带范围内岩体均为薄层状灰岩,破碎带下方为中厚层状灰岩,薄层灰岩与中厚层灰岩接触渐变段凹岩腔发育[569-571],凹岩腔高度约1.3～3.4 m,深度0.3～2.2 m,形态不规则,该级凹岩腔主要是由于薄层灰岩与中厚层灰岩差异风化、溶蚀形成。破碎带表面裂隙发育、植被茂密,在崖顶卸荷、冻胀、风化、溶蚀及植物根劈等因素综合作用下,该范围内的薄层灰岩层面结合程度差、裂隙发育、结构破碎、风化严重。该岩体破碎带厚度2～5 m,发育有大量的危岩、悬石,方量0.3～5 m³ 不等,可能崩塌破坏的总规模约45000 m³。

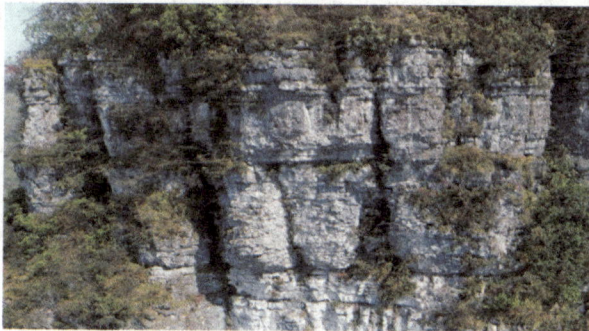

图10-25 B区上部岩体破碎带

(3)C区。

形态特征:C区危岩带横宽约120 m,沿近北—南方向延伸,呈带状分布,纵向高差3～30 m,地形呈陡崖状,陡崖倾向约264°,为切向坡,坡角约79°。

裂隙发育情况:据现场调查及探槽揭露,该危岩带主要发育两组裂隙:①(253°～262°)∠(79°～84°),属崖顶卸荷裂隙,裂隙面较平直,微粗糙,裂隙呈张开状,张开距离0～50 mm,局部泥质充填,结合差,延伸3～8 m,间距1～6 m,为硬性结构面;②(161°～173°)∠(80°～84°),属崖顶卸荷裂隙,裂隙面微弯,粗糙程度一般,裂隙呈张开状,张开距离3～40 mm,局部泥质充填,结合差,延伸3～7 m,间距约2～6 m,为硬性结构面。两组卸荷裂隙主要分布于距陡崖边界3～9 m的范围内,裂隙发育深度仅2～6 m。

凹岩腔特征:根据勘查阶段对陡崖的测绘调查,发现陡崖底部基座为灰岩,底部有凹岩腔连续发育,凹岩腔高度 0.5~3.6 m,深度 0.3~2.2 m,形态不规则,主要是由于陡崖底部薄层状的灰岩逐渐风化、溶蚀形成。凹岩腔主要在危岩单体处切割较深且较为发育,其余段凹岩腔切割深度较浅,除危岩单体处外危岩带基座总体较完整,如图 10-26 所示。

图 10-26　C 区陡崖下部凹岩腔

基座特征:陡崖底部基座为灰岩,隐晶质结构,薄层至中厚层状构造,岩体较完整,薄层状灰岩风化较严重,局部风化脱落形成了连续的凹岩腔,基座岩体未见压碎、压裂现象。

危岩单体发育情况:C 区主要发育 2 处危岩单体,危岩单体总体积约 859 m^3,该危岩带属中型危岩带。

(4)D 区。

形态特征:D 区危岩带横宽约 100 m,沿近北—南方向延伸,呈带状分布,纵向高差 4~73 m,地形呈陡崖状,陡崖倾向约 269°,为切向坡,坡角约 80°。

裂隙发育情况:据现场调查及探槽揭露,该危岩带主要发育两组裂隙:①(252°~258°)∠(62°~82°),属崖顶卸荷裂隙,裂隙面较平直,微粗糙,裂隙呈张开状,张开距离 0~50 mm,局部泥质充填,结合差,延伸 3~6 m,间距 1~4 m,为硬性结构面;②(163°~170°)∠(78°~81°),属崖顶卸荷裂隙,裂隙面微弯,粗糙程度一般,裂隙呈张开状,张开距离 3~200 mm,局部泥质充填,结合差,延伸 3~5 m,间距 0.6~3 m,为硬性结构面。两组卸荷裂隙主要分布于距陡崖边界 3~8 m 的范围内,裂隙发育深度仅 2~6 m。

凹岩腔特征:根据对陡崖的测绘调查,本区陡崖凹岩腔仅在个别危岩单体基座处较为发育,凹岩腔高度 0.5~2.6 m,深度 0.3~3.2 m,形态不规则,主要是由于陡崖底部灰岩逐渐风化、溶蚀形成。

基座特征:陡崖底部基座为灰岩,隐晶质结构,中厚层状构造,岩体较完整,风化不严重,未发现凹岩腔发育及基座岩体压碎、压裂现象。

危岩单体发育情况：D区主要发育 4 处危岩单体，危岩单体总体积约 4982 m³，该危岩带属大型危岩带。

10.4.2 懒坝危岩体影响因素和稳定性分析

10.4.2.1 影响因素

场地内危岩体的形成主要受地质因素、地质构造因素、外动力作用的控制。

（1）地质因素。

地质因素主要受控于地形和地层岩性，研究区地形以高陡的陡崖为主，陡崖高度为 5～218 m，陡崖面坡度一般大于 80°，多数近直立，具备危岩体形成的必要条件。陡崖由薄层至中厚层状灰岩构成，灰岩为脆性岩石，岩质较硬，抗风化能力强，易在裂隙的切割下形成脱离母岩的长期矗立的危岩体。由于局部灰岩风化溶蚀作用，易形成风化破坏的凹岩腔、溶沟、溶槽。另外在 B 区第Ⅰ级危岩带基座位置发育一层厚 10～50 cm 的炭质页岩，炭质页岩岩质较软，易风化、脱落形成凹岩腔，这也是研究区危岩单体多发育于该级陡崖的原因之一。

（2）地质构造因素。

研究区位于老厂坪背斜北西翼，岩层稳定，呈单斜产出，岩层产状为 320°∠5°。根据调查，区内危岩的形成主要受两组优势裂隙结构面控制，由于裂隙切割陡崖岩体，促使边界条件形成，在外部因素触发下形成危岩崩塌[554,556,572]。

（3）外动力作用。

①大气降水。

降水后形成的地表水可促进岩石表面的风化作用，加强灰岩的溶蚀，且降雨后形成的地表水通过陡崖后缘的裂缝渗漏到陡崖裂隙内，增加了裂隙内的静水压力，同时溶解可溶物质，加强了裂隙的扩展与贯通，促进危岩体崩塌破坏。

②植物根劈作用。

调研究区内陡崖顶和裂缝处植被发育，多为灌木，植物根系沿裂缝生长，深入岩缝中，根系长粗延长迫使裂缝加宽加深，使小的危岩块体向坡外移动，且向外伸展的大的树木本身的质量加大了危岩体的荷重，并向危岩体传递风的动力荷载。因此，植物的根劈作用分解岩石、扩张岩体裂缝，破坏了岩体整体性，加剧危岩体崩塌破坏。

③温差作用。

研究区内季节及昼夜温差大，在温度变化过程中热胀冷缩作用降低岩体强度，日积月累，使危岩体基座特别是岩质较软的炭质页岩层风化破坏加快。

④冻胀作用。

研究区海拔相对较高，冬季温度低，降雪、冰冻时有发生。另外研究区陡崖高差大，最大高差 218 m,上部陡崖冬季冰冻现象明显,使得上部岩体风化加快、结构破碎。

⑤地震与部分人类活动。

地震与部分人类活动(如放鞭炮)同属于地震波破坏,可瞬时破坏危岩体。

10.4.2.2　稳定性分析

(1)A区。

根据该危岩带的结构特征作赤平投影图,如图 10-27 所示,根据赤平投影定性分析,该危岩带为切向坡,主要受裂隙②、裂隙③的组合交线影响,易形成危岩块体,且危岩块体易发生失稳破坏。根据现场调查及槽探资料,陡崖顶部卸荷裂隙主要分布于距陡崖边界 3~10 m 的范围内,裂隙发育深度仅 2~8 m,外倾裂隙除在危岩单体处结合差之外,多数结合较好;且陡崖底部基座为中厚层状灰岩,岩体较完整,未发现基座压碎、压裂迹象,基座凹岩腔未发育;另外,危岩带整体未见相对缓倾裂隙发育,危岩带整体不存在滑移破坏的可能。因此,定性判断该段陡崖在现状条件下整体处于稳定状态。

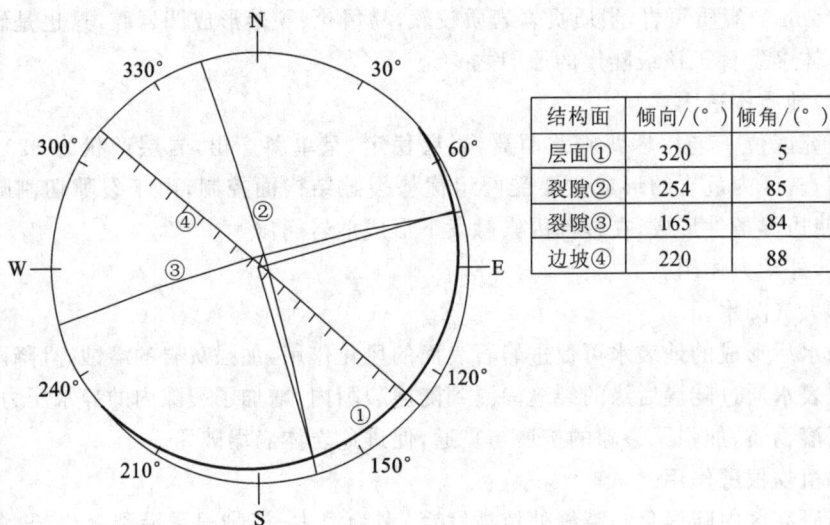

结构面	倾向/(°)	倾角/(°)
层面①	320	5
裂隙②	254	85
裂隙③	165	84
边坡④	220	88

图 10-27　A 区危岩带赤平投影图

(2)B区。

①B₁ 区。

第Ⅰ级危岩带:根据该区危岩带的结构特征作赤平投影图,如图 10-28 所示,根据赤平投影定性分析,该危岩带为切向坡,边坡与裂隙②顺向,边坡主要受裂隙②影响,易形成危岩块体,且危岩块体易发生失稳破坏;但是根据现场调查及槽探资料可知,除个别滑移式危岩单体处存在相对缓倾裂隙发育外,危岩带整体未见相对缓倾裂隙连续发育,危岩带整体不存在滑移破坏的可能。定性判断该段陡崖现状条件下整体处于稳定状态。

第Ⅱ级危岩带:根据现场调查,定性判断该段陡崖在现状条件下整体处于稳定状态。

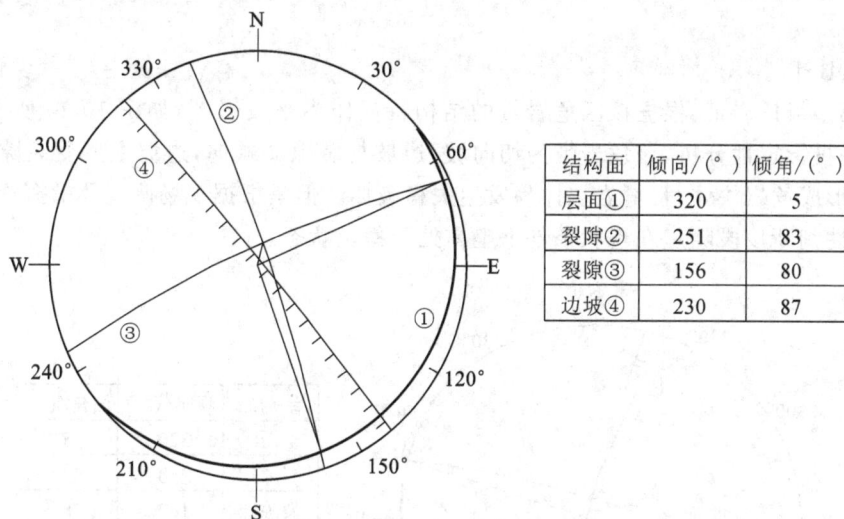

结构面	倾向/(°)	倾角/(°)
层面①	320	5
裂隙②	251	83
裂隙③	156	80
边坡④	230	87

图 10-28 B₁ 区危岩带赤平投影图

②B₂ 区。

第Ⅰ级危岩带:根据该区危岩带的结构特征作赤平投影图,如图 10-29 所示,根据赤平投影定性分析,该危岩带为切向坡,边坡主要受裂隙②与裂隙③的组合交线影响,易形成危岩块体,且危岩块体易发生失稳破坏。但是根据现场调查及槽探资料,定性判断该段陡崖在现状条件下整体处于稳定状态。

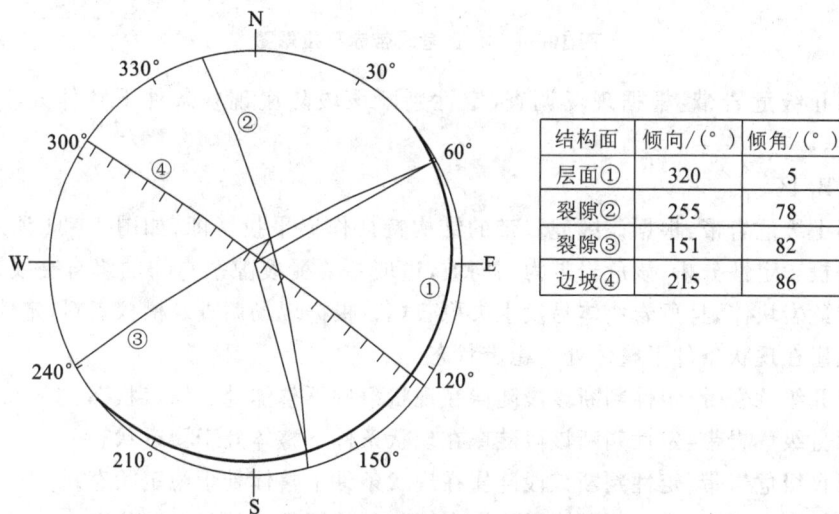

结构面	倾向/(°)	倾角/(°)
层面①	320	5
裂隙②	255	78
裂隙③	151	82
边坡④	215	86

图 10-29 B₂ 区危岩带赤平投影图

第Ⅱ级危岩带:根据现场调查,定性判断该段陡崖在现状条件下整体处于稳定状态。

第Ⅲ级危岩带:根据现场调查,定性判断该段陡崖在现状条件下整体处于稳定状态。

③B_3区。

第Ⅰ级危岩带:根据该区危岩带的结构特征作赤平投影图,如图 10-30 所示,根据赤平投影定性分析,该危岩带为切向坡,边坡与裂隙②顺向,边坡主要受裂隙②影响,易形成危岩块体,且危岩块体易发生失稳破坏。但是根据现场调查及槽探资料可知,定性判断该段陡崖在现状条件下整体处于稳定状态。

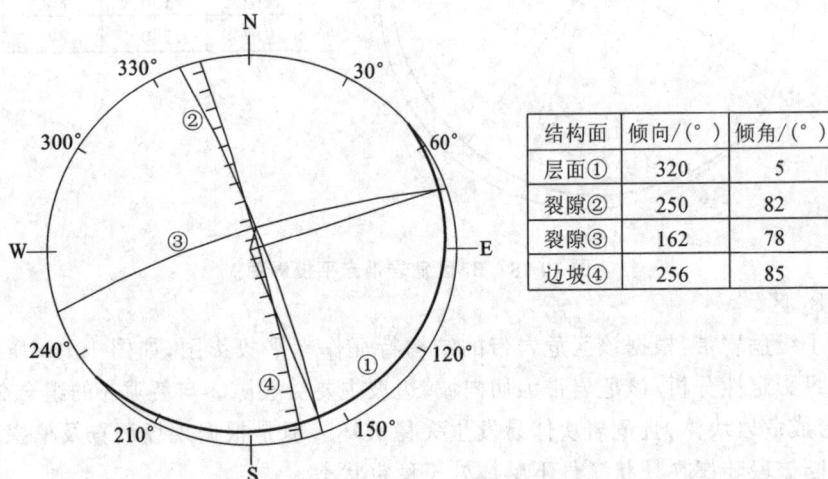

结构面	倾向/(°)	倾角/(°)
层面①	320	5
裂隙②	250	82
裂隙③	162	78
边坡④	256	85

图 10-30　B_3区危岩带赤平投影图

第Ⅱ级危岩带:根据现场调查,定性判断该段陡崖现状条件下整体处于稳定状态。

④B_4区。

第Ⅰ级危岩带:根据该区危岩带的结构特征作赤平投影图,如图 10-31 所示,根据赤平投影定性分析,该危岩带为切向坡,边坡主要受裂隙②与③的组合交线影响,易形成危岩块体,且危岩块体易发生失稳破坏。根据现场调查及槽探资料,定性判断该段陡崖在现状条件下整体处于稳定状态。

第Ⅱ级危岩带:定性判断该段陡崖在现状条件下整体处于稳定状态。

第Ⅲ级危岩带:定性判断该段陡崖在现状条件下整体处于稳定状态。

第Ⅳ级危岩带:定性判断该段陡崖在现状条件下整体处于稳定状态。

第Ⅴ级危岩带:定性判断该段陡崖在现状条件下整体处于稳定状态。

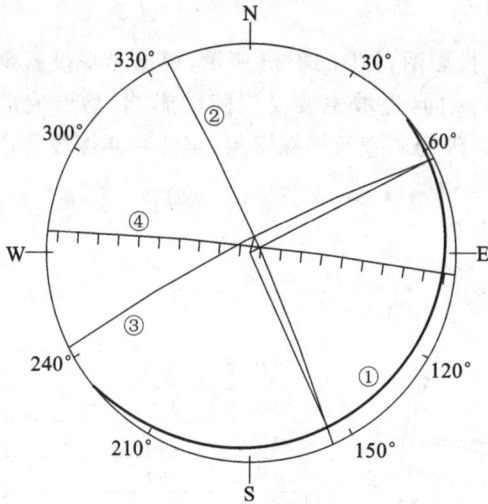

图 10-31 B₄ 区危岩带赤平投影图

结构面	倾向/(°)	倾角/(°)
层面①	320	5
裂隙②	246	84
裂隙③	153	83
边坡④	186	86

第Ⅵ级危岩带：定性判断该段陡崖在现状条件下整体处于稳定状态。

（3）C 区。

根据该危岩带的结构特征作赤平投影图，如图 10-32 所示，根据赤平投影定性分析，该危岩带为切向坡，边坡与裂隙②顺向，边坡主要受裂隙②影响，易形成危岩块体，且危岩块体易发生失稳破坏。但是根据现场调查及槽探资料可知，危岩带整体未见相对缓倾裂隙发育，危岩带整体不存在滑移破坏的可能。定性判断该段陡崖在现状条件下整体处于稳定状态。

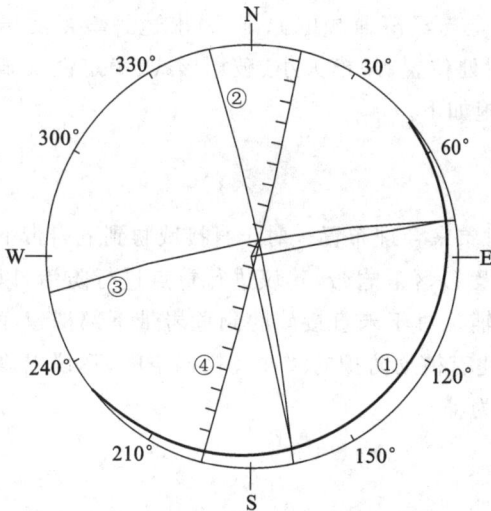

图 10-32 C 区危岩带赤平投影图

结构面	倾向/(°)	倾角/(°)
层面①	320	5
裂隙②	258	84
裂隙③	170	82
边坡④	284	87

（4）D区。

根据该危岩带的结构特征作赤平投影图,如图 10-33 所示,根据赤平投影定性分析,该危岩带为切向坡,边坡与裂隙②顺向,边坡主要受裂隙②影响,易形成危岩块体,且危岩块体易发生失稳破坏。根据现场调查及槽探资料,定性判断该段陡崖在现状条件下整体处于稳定状态。

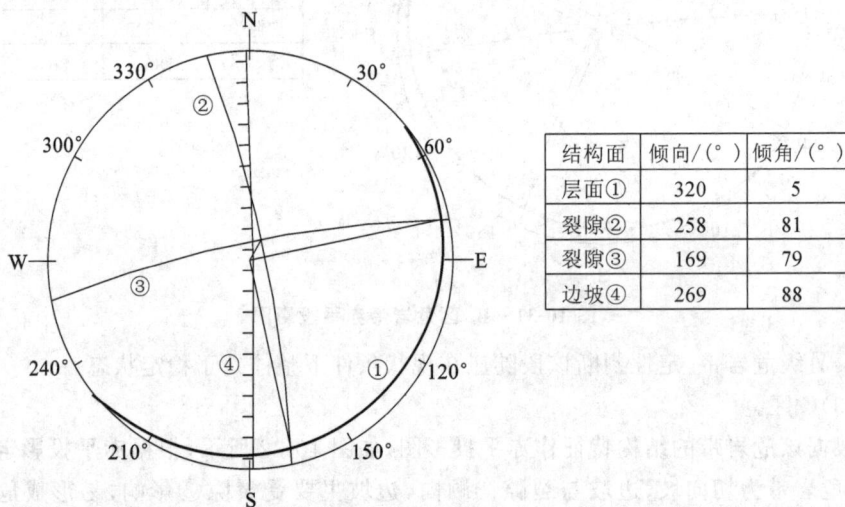

结构面	倾向/(°)	倾角/(°)
层面①	320	5
裂隙②	258	81
裂隙③	169	79
边坡④	269	88

图 10-33　D区危岩带赤平投影图

10.4.3　危岩带防治建议

对于危岩带的治理,应立足于安全与经济兼顾的原则,力求达到事半功倍的效果。根据危岩带、危岩的形态特征、所处位置、规模大小、破坏形式、稳定性及施工难度[551,566,575],建议采取的治理防治措施如下。

10.4.3.1　总体建议

建议根据各危岩带分区的威胁对象来合理布置。对于直接威胁到危岩带下部拟建净心寺的 B_2 区、B_3 区、B_4 区、C 区及 D 区危岩带,建议进行重点进行防治,以主动支挡治理措施为主,被动防护措施为辅。对于未直接威胁到危岩带下部拟建净心寺的 A 区及 B_1 区危岩带,由于下方修建有被动防护的缓冲及拦挡空间,建议以修建被动防护措施为主,主动支挡治理措施为辅。

10.4.3.2　危岩单体处理

根据各危岩体的分布、形态、破坏方式、稳定性及危害对象,建议对倾倒式的危岩单体采用支撑＋局部清除＋封闭裂隙的处理方法;对滑移式的危岩单体采用"锚固＋局部清除＋封闭裂隙"的处理方法;对坠落式的危岩单体采用"清除＋支撑"的处理方法。并对处理后的危岩带辅以适时监测,进行相应的坡面防护措施。于陡崖崖顶设环形截水沟,截水沟设于卸荷裂隙内侧,主要拦截雨水,将其排出陡崖顶,使之不得入渗危岩裂隙。

10.4.3.3 危岩带坡面清理及下部拦挡处理

对四个危岩带区,建议对坡体表面可能崩塌破坏的悬石、转石进行清除处理,并对处理后的坡体辅以适时监测,采取相应的坡面防护措施。并在危岩带下方坡脚设置拦石槽或被动网防护,对崩落的飞石等进行拦截,避免威胁下部施工区及群众安全。

10.4.3.4 裂隙带、凹岩腔封填处理

对局部存在凹岩腔或后壁裂隙、侧壁裂隙已较发育等区域,如危岩带和陡坡后缘、基座,虽然目前未形成危岩,现状没有发生明显变形迹象,但在降雨、风化、爆破震动等影响下存在演化成危岩或崩塌变形的隐患,建议进行混凝土封填裂隙、封填下部凹岩腔处理＋实时监测。

在进行工程治理时应采取有效措施,避免对危岩带、危岩下建筑、行人、车辆产生不利影响,应将施工清除的岩土体运到专门的堆填场地并考虑灾害点施工治理后的生态环境恢复,且在危岩治理过程中和治理后均应进行专门的监测工作。

10.5 四川后底沟危岩特征及
稳定性和运动特性研究

2013 年 4·20 芦山 7.0 级大地震(简称"芦山地震")引发了大量崩塌、滑坡、泥石流等次生地质灾害,给当地人民带来了巨大的生命财产损失。这次强震的发震断裂带为龙门山断裂带,地处松潘—甘孜造山带与扬子地块的接合部,是青藏高原东部的重要边界。龙门山断裂带自西向东活动性依次增强,包括后山断裂、中央断裂、前山断裂等,其中前山断裂的南段即大川—天全断裂段活动最强,恰穿过芦山县境内。芦山地震前全县共存在 144 处地质灾害,截止到 2013 年 5 月 31 日地震和降雨诱发573 处地质隐患点。2013 年 7 月 9 日暴雨后排查新增 89 处地质灾害隐患点,共排查核实 662 处地质灾害隐患点,这些灾害给当地居民的生产生活造成严重影响,制约灾区恢复重建的进程,阻碍区内经济发展。

后底沟崩塌为芦山地震所产生。芦山地震后,2013 年 6 月 20 日强降雨造成该处崩塌危岩体大量崩落,靠山侧一栋居民房被砸毁,大量崩塌落石堆积于斜坡坡面,在强降雨、地震等作用下,坡表危石、危岩体再次崩落的可能性较大,将威胁到下方 14 户居民 65 人、面积 3000 m^2 的房屋等生命及财产安全。

近年来,国内外很多学者对危岩的特征及形成机理进行了研究。Poisel 等[576]对意大利北部阿尔卑斯山进行地质灾害研究,得出了危岩体失稳模式为滑动、旋转滑动、倾倒;曾芮等[554]研究了强降雨作用下崩塌的形成机制;陈洪凯等[555]认为危岩的形成是由内因、外因共同作用的结果。

本节选择四川后底沟危岩进行研究,在总结其他地区危岩研究方法的前提下,对危岩的稳定性进行评价,对危岩形成的影响因素进行分析,利用 Rockfall 软件对危岩的运动路径进行模拟,为未来的工程治理提供理论依据。

10.5.1 研究区自然地理条件及地质环境条件

10.5.1.1 研究区自然地理条件

后底沟危岩位于四川省雅安市芦山县太平镇春光村董家沟社,地处县境西南部,距县城 20.4 km,双石至大川公路(X073)过境。研究区内气候类型属于亚热带湿润季风气候,总体特点是:温暖潮湿,气候温和,冬无严寒,夏无酷暑,雨量充沛,降雨集中,霜稀雪少,无霜期长。多年平均气温 15.2 ℃,月均气温最高为 24.2 ℃(7月),最低为 5.0 ℃(1月);多年平均降雨量为 1313.1 mm;区内河流均属于大渡河水系。芦山境内河溪纵横密布,有以芦山河、宝兴河为主的河溪 556 条,其中流域面积在 30 km^2 以下的有 549 条。

10.5.1.2 研究区地质环境条件

区内最高点为北端的大雪峰,海拔高程 5364 m,最低点为南端的熊河坝,海拔高程 621 m,最大相对高差为 4743 m。区内地貌以山地为主,中高山面积占总面积的 94%,低山、河谷平坝山间盆地占 6%。山脉走向受地质构造控制,总体走向为北东向。根据成因和形态特征,将区内地貌分为构造侵蚀极高山地形、构造侵蚀高山地形、构造侵蚀中山地形、构造剥蚀低山丘陵地形和侵蚀堆积河谷平坝地形 5 种类型。研究区出露的地层岩性主要有第四系冲积堆积物(Q_4al)、第四系崩坡堆积物(Q_4col ＋dl)、三叠系上统须家河组上段(T_3x_2),泥质砂岩;大部分区域侵蚀作用强烈而堆积地形不发育;新生界地层少见褶皱和断裂现象。因此,总体上认为区内新构造运动并不强烈。区内总体上表现为缓慢抬升的差异运动,区内地震动峰值加速度为 0.15g,地震动反应谱特征周期为 0.40 s。

10.5.2 危岩基本特征及影响因素

后底沟崩塌分布于后底沟左岸,顶部高程 1269 m,下部沟内高程 1069 m,相对高差 200 m。受地形影响,崩塌主要发育在陡倾岩质边坡部位,灾害点共分为 W_1 危岩区、W_2 危岩区、落石堆积区三个区域。

10.5.2.1 基本特征

W_1 危岩区位于研究区西侧,顶部高程 1180 m,底部高程 1147 m,整体高差约为 33 m,平面面积约 1200 m^2,整体方量约 4000 m^3。W_1 危岩区分为两个小区(图 10-34~图 10-37),W_{1-1} 危岩区,坡度近直立,岩体破碎,危岩区高约 26 m,长约 40 m,厚约 3 m,整体方量约 1600 m^3。岩层产状 310°∠50°,危岩主要沿顺破卸荷裂隙向下崩落,对下方民房构成威胁。该危岩区上主要发育有 3 组结构面:J_1 为 140°∠51°,宽 1~3 cm,间距 0.2~0.3 m,裂面较平直,无填充;J_2 为 170°∠74°,宽 2~5 mm,间距 0.5~1.0 m,裂面较平直,无填充;J_3 为 65°∠60°,宽 1~2 cm,间距 0.1~0.2 m,裂面较平直,无填充。W_{1-2} 位于崩塌区右上方,因芦山地震产生崩塌落石约 150 m^3,目前约 140 m^3 停留于坡表。W_1 上部危岩体,坡度约 50°,岩体破碎,高约 30 m,长约 40 m,厚约 3 m,整体方量约 2250 m^3。岩层产状 310°∠50°,危岩主要

图 10-34　W_{1-1} 危岩区

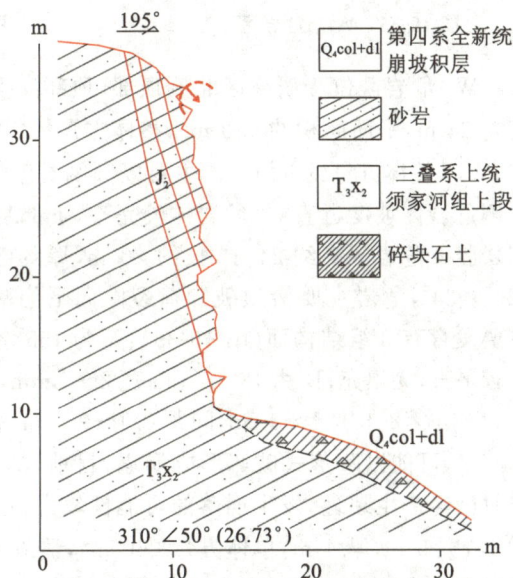

图 10-35　W_{1-1} 危岩区地质剖面

沿顺破卸荷裂隙向下崩落,对下方民房构成威胁。该危岩体上主要发育有 3 组结构面:J_1 为 140°∠62°,宽 1～3 cm,间距 0.2～0.3 m,裂面较平直,无填充;J_2 为 170°∠74°,宽 2～5 mm,间距 0.5～1.0 m,裂面较平直,无填充;J_3 为 70°∠65°,宽 1～2 cm,间距 0.1～0.2 m,裂面较平直,无填充。

图 10-36　W_{1-2} 危岩区

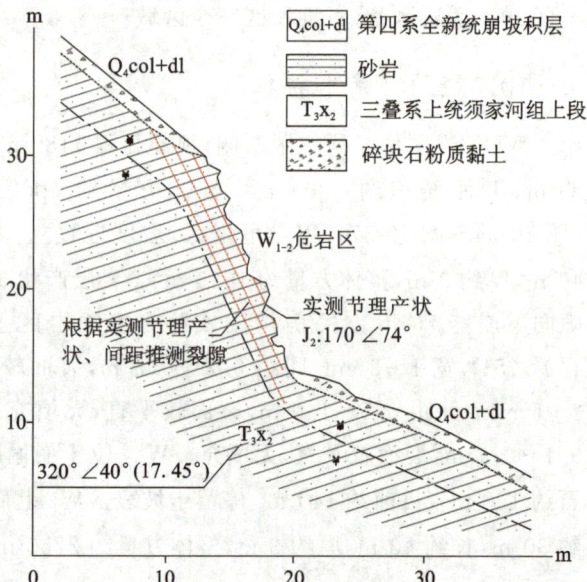

图 10-37　W_{1-2} 危岩区地质剖面

W_2 危岩区位于研究区北侧顶部,顶部高程 1269 m,崩塌底部高程 1245 m,相对高差 24 m,平面面积约 630 m²,整体方量约 3000 m³。W_2 危岩区共有两个较大危岩体,W_{2-1} 整体方量约 500 m³,主要以倾倒式破坏形式发生崩塌(图 10-38),W_2 危岩区西侧危岩体坡度近直立,危岩体较完整,下部基座为薄层砂质泥岩,分化强烈,形成有凹岩腔。危岩区高约 24 m,长约 20 m,厚约 5 m,整体方量约 2400 m³。岩层产状 320°∠34°,危岩主要沿顺破卸荷裂隙向下崩落,对下方民房构成威胁。该危岩体上主要发育有 3 组结构面(图 10-39):J_1 为 155°∠85°,宽 1～2 cm,间距 0.2～0.3 m,裂面较平直,无填充;J_2 为 180°∠49°,宽 2～5 mm,间距 0.5～1.0 m,裂面较平直,无填充;J_3 为 215°∠80°,宽 1～3 cm,间距 0.1～0.2 m,裂面较平直,无填充。W_{2-2}(图 10-40)约 260 m³,可能以坠落式破坏形成崩塌,目前 W_{2-2} 脱离岩体,形成危石,基座砂岩在地震时已经产生裂缝,发生崩落的可能性较大,危害较大;W_2 上部危岩体,危岩单体高 13 m,宽 5 m,厚 4 m,单体方量 260 m³,整体方量约 600 m³,目前 W_{2-2} 已脱离母体,基座基岩在芦山地震时产生了裂缝,目前处于欠稳定状态,随时可能发生崩落,对下方民房构成威胁。该危岩体上主要发育有 3 组结构面(图 10-41):J_1 为 155°∠85°,宽

1~2 cm,间距 0.2~0.3 m,裂面较平直,无填充;J_2 为 180°∠49°,宽 2~5 mm,间距 0.5~1.0 m,裂面较平直,无填充;J_3 为 215°∠80°,宽 1~3 cm,间距 0.1~0.2 m,裂面较平直,无填充。

图 10-38 W_{2-1} 危岩

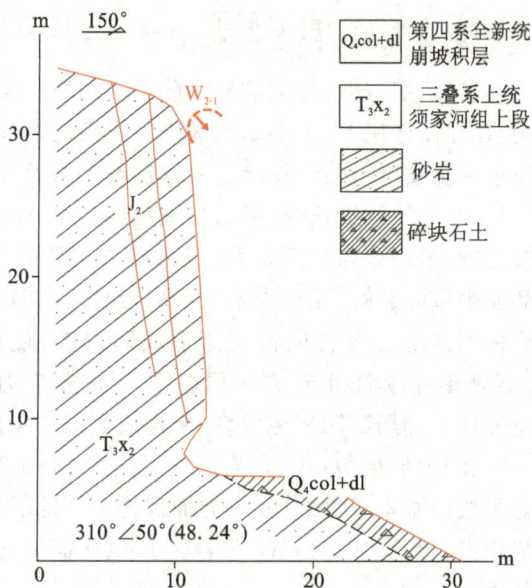

图 10-39 W_{2-1} 危岩地质剖面

图 10-40 W_{2-2} 危岩

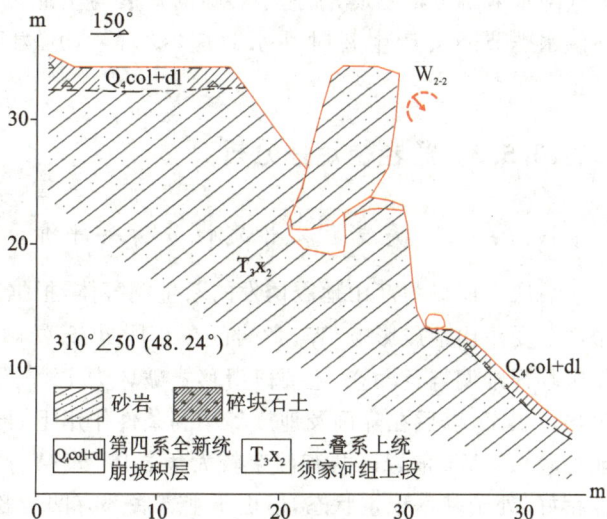

图 10-41 W_{2-2} 危岩地质剖面

落石堆积区以滚石为主,具有危险性的主要为芦山地震崩落滚石,早期崩塌落石已趋于稳定,目前研究区两处崩塌危岩下方斜坡约有危石 62 m³,停留于斜坡表层,多为植被拦挡停留,稳定性较差,再次发生崩落的可能性较大。

10.5.2.2 影响因素

(1)地层岩性:形成危岩的陡崖为泥质砂岩,岩体破碎,受挽近期区域地质抬升影响,在卸荷作用下,下部基座破碎岩体最先崩落,形成凹岩腔,促使卸荷裂隙及构造裂隙进一步发展、贯穿,使稳定岩体逐渐变为潜在非稳定岩体,最后突然崩塌破坏。

(2)地质构造:研究区岩层呈单斜产出,受芦山向斜中部西北侧、双石—大川冲断层影响,节理裂隙广泛发育,区内砂岩主要发育有四组裂隙,即 NNE、NNW、NWW 和原生层面裂隙,受地壳抬升影响,地形深切形成陡崖;受大河、后底沟浸蚀影响,危岩体下部薄层泥岩风化剥落形成凹岩腔,使崩塌危岩体三面临空,坡向与 NNE、NNW 裂隙倾向相同,在崖顶边缘,形成张应力集中区,且因砂岩、泥岩差异性风化,危岩体下部局部凹岩腔发育,原构造面进一步加长、加深。

(3)地形地貌:W_1 危岩区陡崖高约 33 m,W_2 危岩区陡崖高约 25 m,陡崖作为危岩形成的基本条件之一,一方面促进了裂隙的发展,另一方面高陡的陡崖加大了危岩崩塌产生的破坏力。W_2 危岩区 J_1 结构面为外倾、陡倾结构面,加大了崩塌发生的可能性。

(4)水文地质:砂岩岩体内裂隙发育,贯通性好,受地形切割影响,富水性差。但大气降水溶解可溶物质,加速了裂隙的扩展与贯通,大大降低了岩体物理力学性能;在洪水季节还会产生暂时性水效应,动、静水压力明显,促进危岩体向崩塌破坏产生[577-579]。

10.5.3 危岩稳定性分析

10.5.3.1 危岩稳定性定性分析及评价

后底沟崩塌为芦山地震诱发的新生灾害体,根据其特征不同,共分为 W_1、W_2 两个区。受芦山地震影响,W_1 危岩区在 6 月 20 日暴雨诱发下,发生了滑移式崩塌,根据现场详细调查及勘查,主要以滑移式破坏为主[577,578],现状条件下危岩体整体处于欠稳定状态,以后在降雨及地震等不利条件作用下,再次发生大规模滑移式崩塌的可能性较大。W_2 危岩区共有两个较大危岩体,即 W_{2-1} 和 W_{2-2},现状条件下 W_{2-1} 稳定性稍好,处于基本稳定状态,但由于基岩底部有凹岩腔,若凹岩腔进一步发展,在不利工况条件下 W_{2-1} 发生倾倒式破坏的可能性较大;目前 W_{2-2} 脱离岩体,形成危石,基座砂岩在地震时已经产生裂缝,处于欠稳定状态,发生崩落的可能性较大,危害较大。

目前落石堆积区整体未见变形破坏现象,坡表危石处于稳定至不稳定状态,再次发生滚落的可能性较大。

10.5.3.2 危岩体稳定性定量分析及评价

(1)计算方法、模型及工况。

①滑移式危岩稳定性计算方法(图 10-42)。

$$K = \frac{(W\cos\theta - Q\sin\theta - V\sin\theta - U)\tan\varphi + Cl}{W\sin\theta + Q\cos\theta + V\cos\theta} \qquad (10\text{-}8)$$

$$V = \frac{1}{2}\gamma_{\text{w}}h_{\text{w}}^{2} \qquad (10\text{-}9)$$

$$U = \frac{1}{2}\gamma_{\text{w}}lh_{\text{w}} \qquad (10\text{-}10)$$

式中:K 为危岩稳定性系数;γ_{w} 为裂隙水容重;h_{w} 为裂隙水高度;C 为后缘裂隙黏聚力标准值(kPa),当裂隙未贯通时,取贯通段和未贯通段黏聚力标准值按长度加权的加权平均值,未贯通段黏聚力标准值取岩石黏聚力标准值的 0.4 倍;φ 为后缘裂隙内摩擦角标准值(°),当裂隙未贯通时,取贯通段和未贯通段内摩擦角标准值按长度加权的加权平均值,未贯通段内摩擦角标准值取岩石内摩擦角标准值的 0.95 倍;l 为软弱结构面长度(m);W 为危岩体自重(kN/ m³);V 为后缘裂隙水压力(kN/m);U 为软弱结构面水压力(kN/m);θ 为软弱结构面倾角(°);Q 为地震力(kN/m)。

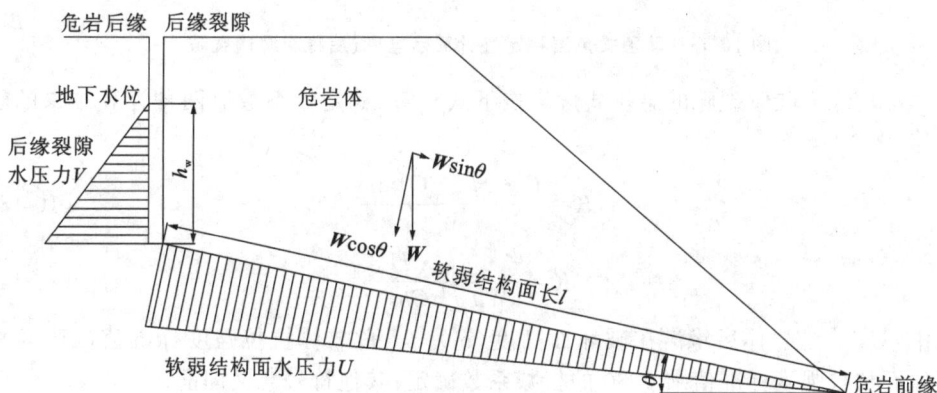

图 10-42 滑移式危岩稳定性计算示意图(后缘有陡倾裂隙)

②坠落式危岩稳定性计算方法。

a.对后缘有陡倾裂隙的悬挑式危岩按下式计算,稳定性系数取两种计算结果中的较小值(图 10-43):

$$K = \frac{C(H-h) + Q\tan\varphi}{W} \tag{10-11}$$

$$K = \frac{\zeta \cdot f_{lk} \cdot (H-h)^2}{Wa_0 + Qb_0} \tag{10-12}$$

式中：ζ 为危岩抗弯力矩计算系数，依据潜在破坏面形态取值，一般可取 $1/12 \sim 1/6$，当潜在破坏面为矩形时可取 $1/6$；a_0 为危岩体重心到潜在破坏面的水平距离（m）；b_0 为危岩体重心到过潜在破坏面形心的铅垂距离（m）；f_{lk} 为危岩体抗拉强度标准值（kPa），根据岩石抗拉强度标准值乘 0.20 的折减系数确定；C 为危岩体黏聚力标准值（kPa）；φ 为危岩体内摩擦角标准值（°）；其他符号意义同前。

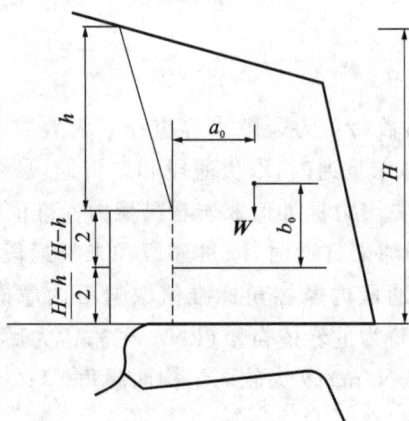

图 10-43　坠落式危岩稳定性计算示意图（后缘有陡倾裂隙）

　　b. 后缘无陡倾裂隙的悬挑式危岩按下式计算，稳定性系数取两种计算结果的较小值（图 10-44）：

$$K = \frac{C \cdot H_0 + Q\tan\varphi}{W} \tag{10-13}$$

$$K = \frac{\zeta \cdot f_{lk} \cdot H_0^2}{Wa_0 + Qb_0} \tag{10-14}$$

式中：H_0 为危岩体后缘潜在破坏面高度（m）；f_{lk} 危岩体抗拉强度标准值（kPa），根据岩石抗拉强度标准值乘 0.30 的折减系数确定；其他符号意义同前。

　　③倾倒式危岩体稳定性计算方法。

　　由底部岩体抗拉强度控制时，危岩稳定性系数按下式计算[572,579,580]（图 10-45）：

$$K = \frac{\dfrac{1}{3}f_{lk} \cdot b^2 + W \cdot a}{V\left(\dfrac{1}{3}\dfrac{h_w}{\sin\beta} + b\cos\beta\right) + Q \cdot h_0} \tag{10-15}$$

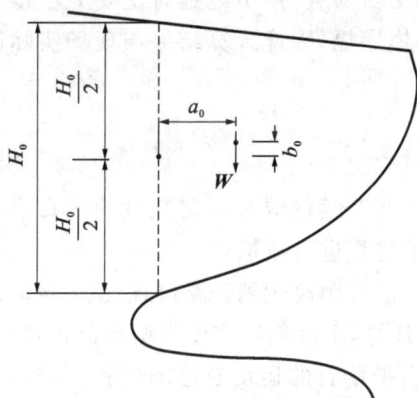

图 10-44　坠落式危岩稳定性计算
示意图(后缘无陡倾裂隙)

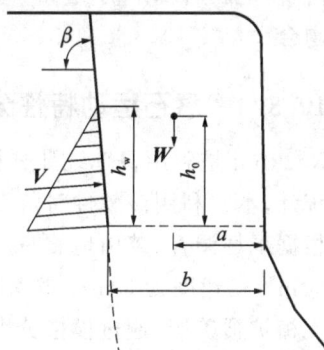

图 10-45　倾倒式危岩稳定性计算
示意图(由底部岩体抗拉强度控制)

式中:h_w 为后缘裂隙充水高度(m);a 为危岩体重心到倾覆点的水平距离(m);b 为后缘裂隙未贯通段下端到倾覆点之间的水平距离(m);h_0 为危岩体重心到倾覆点的垂直距离(m);f_{1k} 为危岩体抗拉强度标准值(kPa),根据岩石抗拉强度标准值乘 0.4 的折减系数确定;β 为后缘裂隙倾角(°);其他符号意义同前。

④计算工况。

工况一(天然):自重(勘查期间天然水位);

工况二(饱和):自重+暴雨(全饱和,饱和抗剪强度);

工况三(天然):自重+地震(地震加速度值取 0.15g)。

⑤计算参数的选择。

根据试验数据分析结果,按表 10-9 的物理参数进行危岩体稳定性计算。

表 10-9　　　　　　　　　　危岩体物理参数建议值

工况	重度 γ/(kN/m³)	黏聚力 C/MPa	内摩擦角 φ/(°)	抗压强度/MPa	抗拉强度/MPa
天然	25.7	2.1	42	24	1.25
饱和	27.2	1.4	41	15	1.00

10.5.3.3　稳定性分析

根据计算,得出各危岩区天然工况条件下稳定性系数为 1.408~2.828,处于稳定状态;暴雨工况条件下 $W_{2-1}J_2$ 结构面倾倒式破坏稳定性系数为 1.471,处于稳定状态,其余结构面稳定性系数为 1.011~1.064,均处于欠稳定状态;地震工况条件下 W_{2-2} 危岩体坠落式破坏稳定性系数为 1.086,处于欠稳定状态;其余结构面稳定性系数为 1.556～2.725,均处于稳定状态。根据现场调查,芦山地震时主要为坡体局部小型落石,地震后暴雨诱发 W_{1-2} 危岩区大规模崩塌,因此计算结果与现场实际情况基本吻合。

10.5.4　落石运动特性分析

Rockfall 是利用概率统计分析原理,在斜坡上随机放置一定数量的落石进行模拟和统计,本节利用该软件对落石的整个下落过程进行模拟[581-584]。

根据现场调查,芦山地震时崩塌落石崩落最远距离达到公路位置,室内选取最大粒径 3 m^3、初速度为 0 m/s 的落石进行崩落计算,上部斜坡主要为植被覆盖林地,下部为无植被覆盖层,通过模拟分别得到各危岩带落石的运动轨迹图(图 10-46)、弹跳高度曲线(图 10-47)、总能量曲线(图 10-48)、平移速度曲线(图 10-49)。

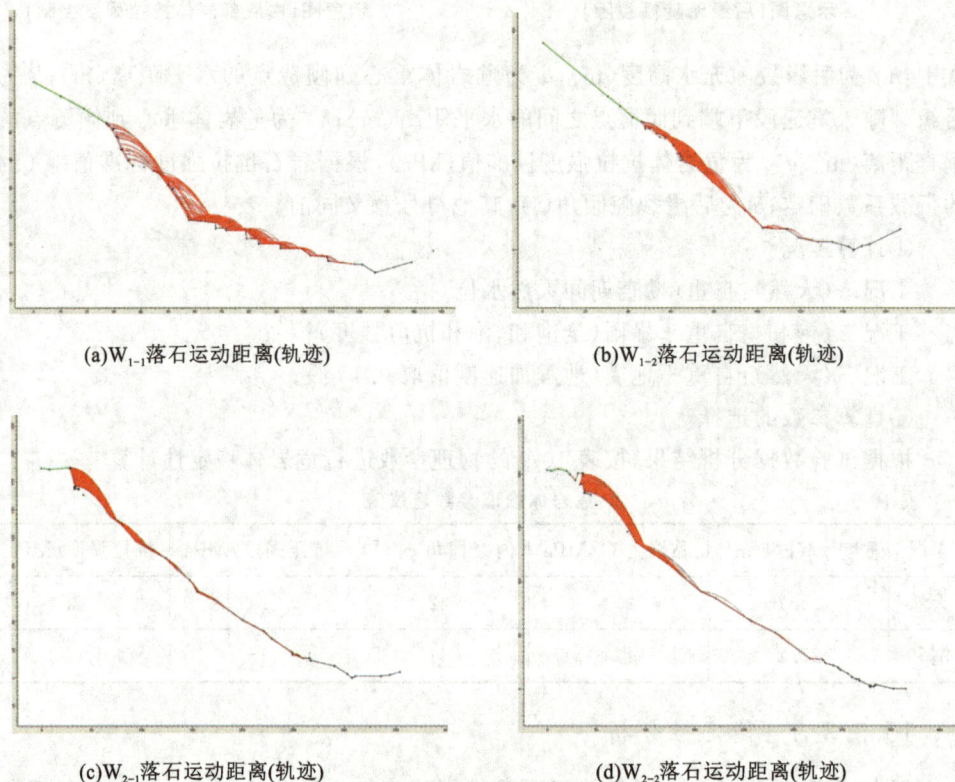

(a)W_{1-1}落石运动距离(轨迹)　　　　　(b)W_{1-2}落石运动距离(轨迹)

(c)W_{2-1}落石运动距离(轨迹)　　　　　(d)W_{2-2}落石运动距离(轨迹)

图 10-46　落石运动轨迹图

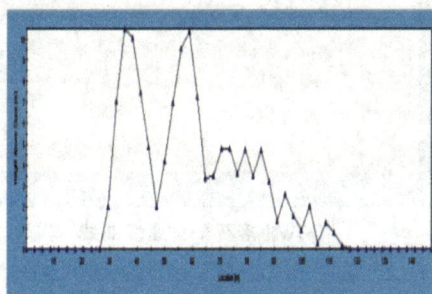

(a)W$_{1-1}$落石弹跳高度曲线

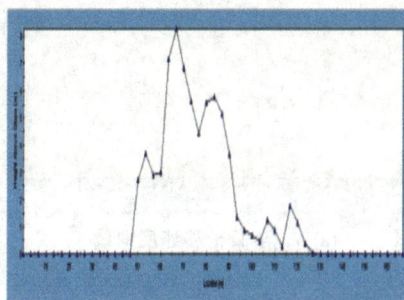

(b)W$_{1-2}$落石弹跳高度曲线

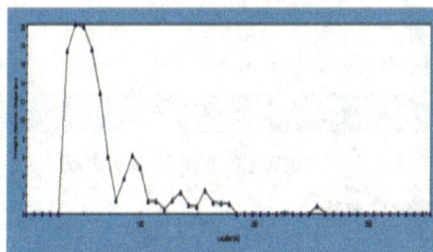

(c)W$_{2-1}$落石弹跳高度曲线

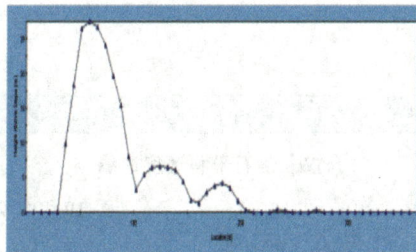

(d)W$_{2-2}$落石弹跳高度曲线

图 10-47　落石弹跳高度曲线

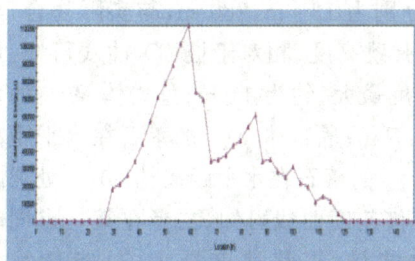

(a)W$_{1-1}$落石总能量曲线

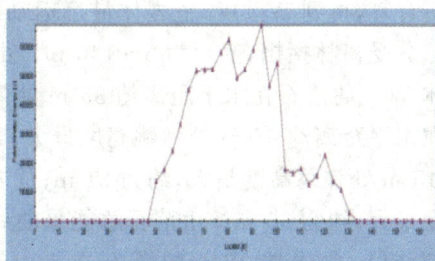

(b)W$_{1-2}$落石总能量曲线

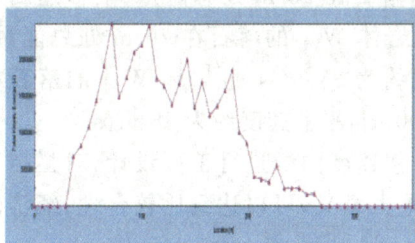

(c)W$_{2-1}$落石总能量曲线

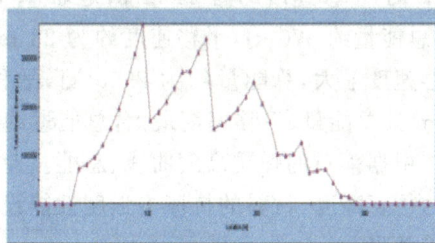

(d)W$_{2-2}$落石总能量曲线

图 10-48　落石总能量曲线

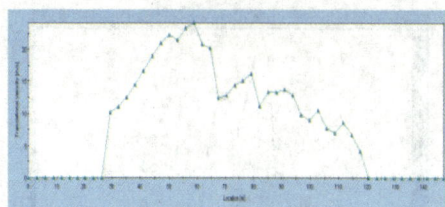

(a)W_{1-1}落石平移速度曲线

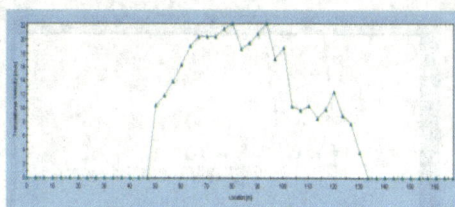

(b)W_{1-2}落石平移速度曲线

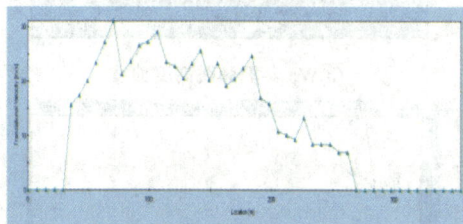

(c)W_{2-1}落石平移速度曲线

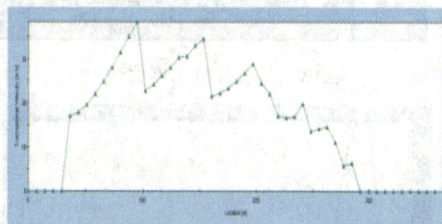

(d)W_{2-2}落石平移速度曲线

图 10-49　落石平移速度曲线

10.5.5　结果分析

根据后底沟崩塌特征,现场调查芦山地震时落石运动距离,采用 Rockfall 软件分析计算,得到 W_1、W_2 危岩体最远运动距离分别为 130 m、280 m,与实际吻合,其中部分受树林拦挡,落距为 5~140 m。由落石弹跳高度(相对于坡面)曲线可知,危岩体 W_{1-1} 的落石在水平距离约 35 m 处弹跳高度最大,约为 11 m;危岩体 W_{1-2} 的落石在水平距离约 66 m 处弹跳高度最大,约为 8.5 m;危岩体 W_{2-1} 的落石在水平距离约 45 m 处弹跳高度最大,约为 21 m;危岩体 W_{2-2} 的落石在水平距离约 60 m 处弹跳高度最大,约为 30 m。由落石总能量曲线和平移速度曲线可知,二者在某一点同时达到峰值,危岩体 W_{1-1} 的落石在 60 m 处总能量、平移速度最大,总能量约为 1100 kJ,平移速度约为 24 m/s;危岩体 W_{1-2} 的落石在 95 m 处总能量、平移速度最大,总能量约 670 kJ,平移速度约为 23 m/s;危岩体 W_{2-1} 的落石在 70 m 处总能量、平移速度最大,总能量约为 2900 kJ,平移速度约为 31 m/s;危岩体 W_{2-2} 的落石在 95 m 处总能量、平移速度最大,总能量约为 3600 kJ,平移速度约为 38 m/s。

根据落石的弹跳高度曲线、总能量曲线、平移速度曲线进行工程设计,对拦挡工程的位置高度、材料的抗撞击强度性能设计有重大意义,可以达到比较合理、经济的防治效果。

10.6 主成分分析-云模型在地震边坡稳定性分析中的应用

作为中国西部山区滑坡的主要类型,地震滑坡是强震引发的一种主要次生灾害,具有分布广、突发性强、数量大的特点,经常造成道路破坏、河道堵塞、房屋倒塌、生命线工程破坏等。因此,它严重阻碍了地震后的救援工作,加剧了地震灾害的影响[579,585-587]。

在许多地震多发国家,地震引起的滑坡造成的损失往往比地震直接造成的损失更为严重。例如,在 20 世纪,国内外地震引起的山体滑坡已造成数万人死亡。1964 年,阿拉斯加的地震滑坡造成了 6.4 亿美元的损失,占总损失的 64%,死亡人数达到 130 人,其中 48 人死于地震引发的山体滑坡。我国也有很多地震滑坡的例子,1920 年 12 月 16 日宁夏回族自治区海原 8.5 级地震引发大规模滑坡,31 km² 内发生滑坡 2503 次,造成 50 多万人伤亡。地震诱发滑坡的强大致灾能力已经引起了政府和科技界的广泛关注,对边坡的地震稳定性进行预测具有重要的理论和现实意义。

10.6.1 主成分分析的原理

主成分分析是由皮尔逊在 1901 年提出的。计算过程是:假设一个样本中有 n 个样本和 m 个变量,用矩阵表示如下:

$$X = \begin{bmatrix} x_{11} & x_{12} & \cdots & x_{1m} \\ x_{21} & x_{22} & \cdots & x_{2m} \\ \vdots & & & \vdots \\ x_{n1} & x_{n2} & \cdots & x_{nm} \end{bmatrix} \tag{10-16}$$

式中:x_{nm} 指在第 n 个样本中的第 m 个变量。假设新的变量 $z_1, z_2, \cdots, z_t (t \leqslant m)$ 是降维的综合指标,那么它应该满足[588-590]:

$$\begin{cases} z_1 = l_{11}x_{11} + l_{12}x_{12} + \cdots + l_{1m}x_{1m} \\ z_2 = l_{21}x_{21} + l_{22}x_{22} + \cdots + l_{2m}x_{2m} \\ \qquad \cdots\cdots \\ z_m = l_{m1}x_{m1} + l_{m2}x_{m2} + \cdots + l_{mm}x_{mm} \end{cases} \tag{10-17}$$

式中:系数 l 被定义为式中参数的平方和等于 1;主成分 x_{ij} 是独立的;对于变量 z_1, $z_2, \cdots, z_m, z_1$ 是线性组合的最大变量,z_2 和 z_1 不相关。

按照相关矩阵,不同指标的权重系数表达如下。

(1)样本矩阵正交化为:

$$X_{ij} = \frac{x_{ij} - \bar{x}_j}{s_i} \quad i = 1, 2, \cdots, n; j = 1, 2, \cdots, m \tag{10-18}$$

$$\bar{x}_j = \frac{\sum_{i=1}^{n} x_{ij}}{n}, \quad s_j^2 = \frac{\sum_{i=1}^{n}(x_{ij} - \bar{x}_j)}{n-1} \tag{10-19}$$

式中:x_{ij} 指第 i 个样本中第 j 个指标的正交化;$\bar{x}_j$ 和 s_j^2 分别指第 j 个指标的均值和方差。

(2)相关系数矩阵 $\boldsymbol{R}$ 为:

$$\boldsymbol{R} = (r_{ij})_{m \times m} \quad i = 1, 2, \cdots, m \tag{10-20}$$

式中:r_{ij} 是第 i 个和第 j 个指标的相对系数,r_{ij} 可表达为[591,592]:

$$r_{ij} = \frac{\sum_{k=1}^{m}(x_{ki} - \bar{x}_i)(x_{ki} - \bar{x}_j)}{\sqrt{\sum_{k=1}^{m}(x_{ki} - \bar{x}_i)^2 (x_{ki} - \bar{x}_j)^2}} \tag{10-21}$$

(3)计算相关系数矩阵的特征值和特征向量。

(4)计算主成分的数量。累计贡献率可表示为:

$$\nu_s = \frac{\lambda_s}{\sum_{s=1}^{m} \lambda_s} \quad s = 1, 2, \cdots, m \tag{10-22}$$

$$\nu_{\text{sumk}} = \frac{\sum_{s=1}^{k} \lambda_s}{\sum_{s=1}^{m} \lambda_s} \quad k = 1, 2, \cdots, m \tag{10-23}$$

式中:ν_s 是贡献率;ν_{sumk} 是累计变量贡献率;λ_s 是特征值,代表主成分的方差大小。

(5)系数矩阵可被表示为:

$$\boldsymbol{U}_k = \begin{bmatrix} P_1 & P_2 & \cdots & P_k \end{bmatrix} \tag{10-24}$$

(6)不同的指标权重 ω 的计算:

$$\omega = \frac{\left| \boldsymbol{U}_k \times \dfrac{\boldsymbol{v}_k}{\nu_{\text{sumk}}} \right|}{\sum_{i=1}^{k} \left| \boldsymbol{U}_k \times \dfrac{\boldsymbol{v}_i}{\nu_{\text{sumk}}} \right|} \tag{10-25}$$

式中:P_k 是第 k 个原始变量;$\boldsymbol{v}_k$、$\boldsymbol{v}_i$ 分别是第 k 个、第 i 个特征向量;

10.6.2 研究区概况

研究区位于四川省广元市青川县,地处四川盆地北缘,坐标东经 $104°36'$~$105°38'$,北纬 $32°12'$~$32°56'$,面积 3269 m^2,地势西高东低。群山纵横,山谷陡峭。地形切割深度为 500~$1500\ m$,根据地貌特征可分为侵蚀冲积河谷和侵蚀构造两大类。该地区属于亚热带湿润季风气候,年降水量 1021.7 mm。研究区泥盆系和志留系地层的暴露面积最大。不同地层系统沿构造面(线)呈条带状分布。岩浆岩、变质岩和碎屑岩广泛分布于地层中。由于新老构造运动,软硬岩性往往交替出现。研究区断裂构造发育有两条重要断裂带穿越研究区。

10.6.3 评价模型的构建

10.6.3.1 指标系统的构建

影响地震边坡稳定性的因素很多,根据有关经验,边坡的地震稳定性受 6 个评价指标的影响:岩土体特征值(P_1)、新构造运动特征值(P_2)、边坡高度(P_3)、坡角(P_4)、年平均降雨量(P_5)和场地地震烈度(P_6);这些指标是定量的;6 个风险评价指标分为 5 个稳定等级:极稳定(Ⅰ)、稳定(Ⅱ)、中等稳定(Ⅲ)、不稳定(Ⅳ)和极不稳定(Ⅴ),如表 10-10 所示。

表 10-10 　　　　　　　　　　　　　　**地震边坡稳定等级**

评价指标	地震边坡的稳定等级				
	Ⅰ	Ⅱ	Ⅲ	Ⅳ	Ⅴ
P_1	≤1	2	3	4	≤5
P_2	≤1	2	3	4	≤5
P_3/m	<75	125	238	400	<500
P_4/(°)	<10	15	25	35	>35
P_5/mm	<400	550	850	1250	>1250
P_6	≤5	6	7	8	≥8

10.6.3.2 评价框架的构建

边坡的抗震稳定性不仅影响道路交通的正常运行,而且关系着人们的生命安全。因此,对边坡地震稳定性进行风险评价具有重要意义。评价框架的流程图如图 10-50 所示。

计算步骤如下:

(1)确定评价指标及相应的评价指标分级。

(2)采用主成分分析法确定评价指标的权重系数。

(3)计算云模型中的特征参数。

(4)在式(10-26)中引入特征参数时,确定各评价指标的隶属度。

$$M = \sum_{i=1}^{n} u_i \omega_i \qquad (10\text{-}26)$$

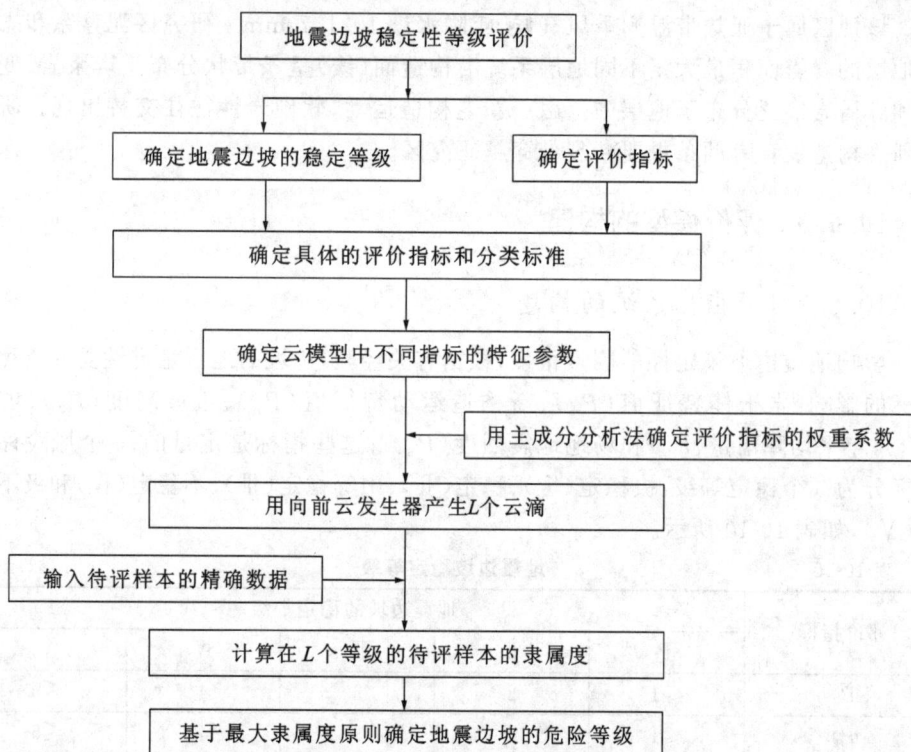

图 10-50　评价框架的流程图

（5）根据式（10-26）计算不同样本的各等级的综合隶属度。

（6）根据最大隶属度准则，将与最大综合隶属度相对应的水平作为地震边坡的最终危险等级。

10.6.3.3　指标权重系数的确定

建立正交云模型，6 个评价指标的原始数据如表 10-11 所示。

表 10-11　　　　　　　　　　地震边坡评价指标的原始数据

样本号	评价指标					
	P_1	P_2	P_3/m	$P_4/(°)$	P_5/mm	P_6
1#	5	4	270	40	800	10
2#	5	5	100	65	750	9
3#	5	3	40	46	2122	8
4#	5	3	90	29	2122	7

续表10-11

样本号	评价指标					
	P_1	P_2	P_3/m	$P_4/(°)$	P_5/mm	P_6
5#	2	5	80	22	937	5
6#	2	5	120	14	937	6
7#	2	5	130	33	937	6
8#	2	5	169	25	937	5

基于式(10-16)～式(10-25),得到主成分的累积贡献率如表 10-12 所示。

表 10-12 主成分累积贡献率

主成分	初始特征值			提取载荷的平方和		
	总计	变量/%	累积/%	总计	变量/%	累积/%
1	3.133	52.209	52.209	3.133	52.209	52.209
2	1.901	33.681	85.889	1.901	31.681	85.889
3	0.837	11.953	97.843			
4	0.091	1.525	99.368			
5	0.032	0.540	99.907			
6	0.006	0.093	100.000			

从表 10-12 可以看出,前两个主成分的累计贡献率达到了 85.889%。由于预测指标的幅度大于 85%,因此选择前两个主成分来计算预测指标的权重。根据式(10-24)和式(10-25),相应的指标权重计算如下:

$$\boldsymbol{\omega} = [0.254 \quad 0.112 \quad 0.285 \quad 0.239 \quad 0.007 \quad 0.102]$$

可以发现,P_1、P_3 和 P_4 指标对边坡的地震稳定性有显著的影响,其他三个指标的影响相对较小。

10.6.3.4 正交云模型中数字特征的确定

基于表 10-11,给出了地震边坡正交云模型的数字特征(表 10-13)。

表 10-13 云模型的数字特征

稳定等级	数字特征	P_1	P_2	P_3	P_4	P_5	P_6
I	E_x	0.5	0.5	37.5	5	200	2.5
	E_n	0.167	0.167	12.5	1.67	66.67	0.83
	H_e	0.01	0.01	0.01	0.01	0.01	0.01

续表10-13

稳定等级	数字特征	P_1	P_2	P_3	P_4	P_5	P_6
II	E_x	1.5	1.5	100	12.5	475	5.5
	E_n	0.167	0.167	8.33	0.833	25	0.167
	H_e	0.01	0.01	0.01	0.01	0.01	0.01
III	E_x	2.5	2.5	181.5	20	700	6.5
	E_n	0.167	0.167	18.84	1.67	50	0.167
	H_e	0.01	0.01	0.01	0.01	0.01	0.01
IV	E_x	3.5	3.5	319	30	1050	7.5
	E_n	0.167	0.167	27	1.67	66.67	0.167
	H_e	0.01	0.01	0.01	0.01	0.01	0.01
V	E_x	4.5	4.5	450	52.5	1875	12
	E_n	0.167	0.167	16.67	8.75	312.5	2
	H_e	0.01	0.01	0.01	0.01	0.01	0.01

根据表10-13,使用前向云生成器计算不同指标对应的云模型的特征,如图10-51所示。其横坐标表示不同变量的大小,纵坐标表示隶属度的大小。图10-51中包括五个等级:Ⅰ、Ⅱ、Ⅲ、Ⅳ和Ⅴ。当某一变量固定时,可以得到边坡等级上某一点的隶属度。根据表10-11~表10-13,并根据式(10-26)获得综合隶属度(表10-14),并与实际调查结果进行了比较,如图10-52所示。

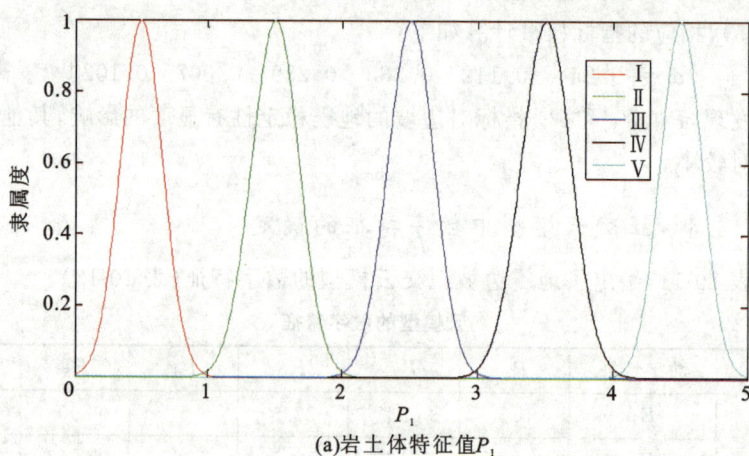

(a)岩土体特征值P_1

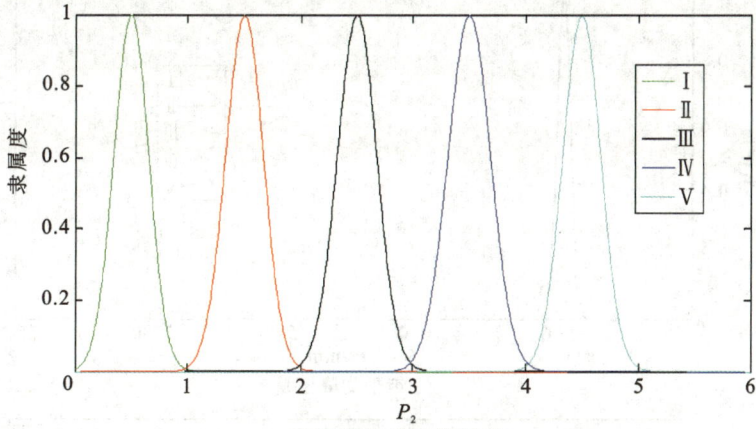

(b)新构造运动特征值P_2

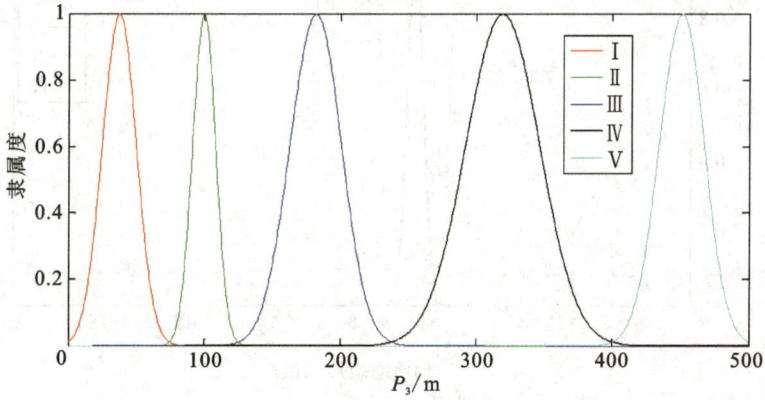

(c)滑坡高度P_3

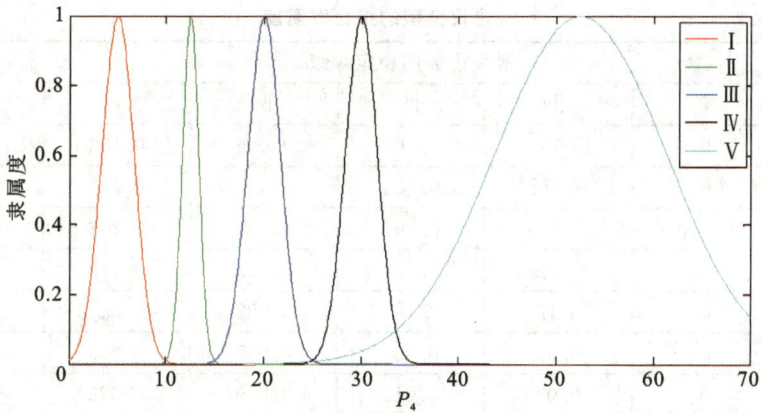

(d)坡角P_4/(°)

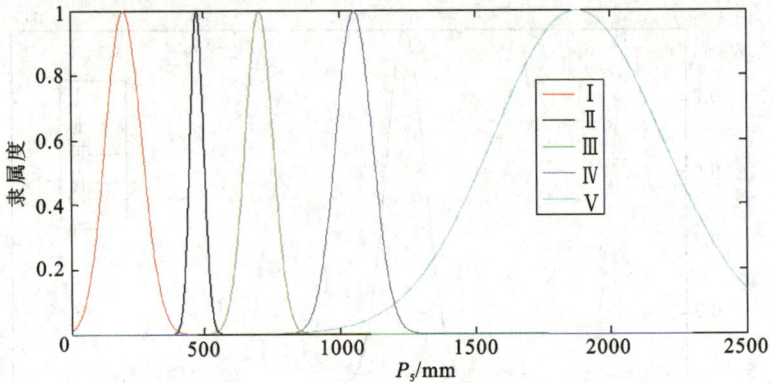

(e)年平均降雨量P_5

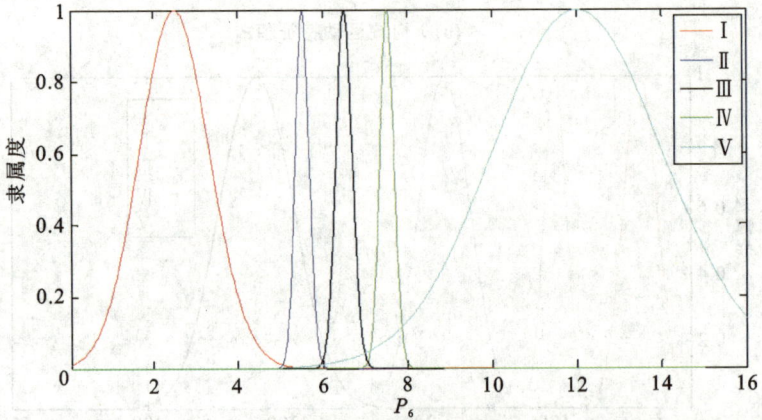

(f)场地地震烈度P_6

图 10-51　评价指标的云模型的特征

表 10-14 　　　　　　　　　　　　　　**建议模型的综合隶属度**

样本号	地震边坡的稳定等级					综合评价等级
	I	II	III	IV	V	
1#	0	0	0.001	0.056	0.152	V
2#	0	0.112	0.004	0	0.123	V
3#	0.110	0	0.001	0.002	0.203	V
4#	0	0.139	0.002	0.202	0.019	IV
5#	0	0.12	0.02	0.002	0.0016	II
6#	0	0.02	0.004	0.017	0.003	II
7#	0	0.05	0.011	0.049	0.022	II
8#	0.001	0.252	0.234	0.004	0.003	II

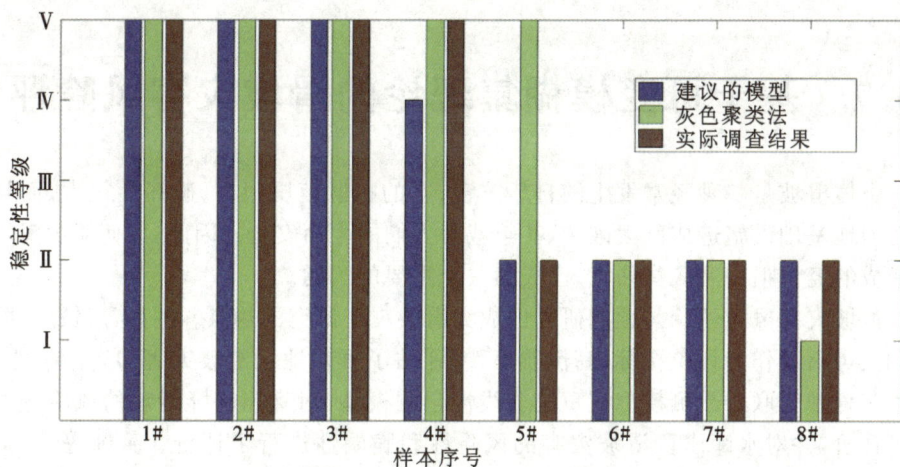

图 10-52　三种方法的对比结果

根据图 10-52 中不同评价模型的比较结果,可以得出主成分分析-云模型评价的结果与 8 个不同样本的实际调查结果基本一致,其准确率达到 87.5%,高于灰色聚类法(75%)。结果表明,采用本节模型对边坡进行抗震稳定等级评价是可行的。该模型不仅得到了较为精确的计算结果,而且为边坡的抗震稳定等级评价提供了更为详细的细节。例如,3#样本的稳定等级比 1# 和 2# 样本的稳定等级更可能属于 V 级,因为 3#样本对 V 级(0.203)的隶属度高于 1# 样本(0.152)和 2# 样本(0.123)的隶属度。总之,基于主成分分析-云模型的计算结果能够反映边坡的地震稳定等级,为边坡的稳定性评价提供了一种新的方法和思路。

10.6.4　讨论

与其他传统模型相比,主成分分析-云模型考虑了评价指标的模糊性和随机性,并采用了区间定位的评价准则,从而提高了评价过程的可靠性,改善了评价结果的预测精度。由于该方法能够正确表达评价指标的随机性和模糊性,因此可以应用于地质灾害评价、水质评价等领域。该模型同时可应用于土木工程、水利工程和环境工程领域,具有广阔的应用前景。然而,该方法仍然存在计算量大、各指标之间相关性被忽视等不足,这些不足限制了该方法的发展,但它仍然为地震边坡稳定性评价提供了一个新的视角。

10.7　基于可变模糊集理论的滑坡灾害风险评价

山体滑坡是一种经常发生的自然灾害,它的扩散范围很广,破坏性很大,而且可能对当地基础设施造成巨大破坏,甚至威胁人们的生命安全。因此,如何减少滑坡灾害造成的经济损失和人员伤亡,已成为一个重要的问题。

滑坡灾害风险评价与预测研究已成为滑坡灾害研究的热点。例如,以坡度、降水量和人类活动作为评价指标,高伊航等[568]评估了万州地区滑坡灾害的风险等级,建立了三种基于联合预测模型权重的非线性预测模型,对贵州晴隆滑坡的风险等级进行了评价,并对水库岸段滑坡灾害的风险性和脆弱性进行了评价。黄勋等[593]运用定量分析信息模型、多因素回归分析模型和模糊判别分析模型对滑坡灾害的空间预测进行了研究。谷新保等[594]运用直觉模糊集-理想解法(TOPSIS)模型对石王庙滑坡灾害进行了分析。根据美国地质调查局和降雨资料,结合实际监测资料,采用数值模拟方法,对白家堡滑坡的成因和机理进行了研究,利用 GIS 技术进行滑坡灾害危险性评价,并结合现有应用提高了评价方法的精度。

随着科学技术的发展,评价滑坡灾害的方法越来越多,如突变理论模型、神经网络模型、模糊综合评判、灰色关联分析模型等。上述方法促进了滑坡灾害评价模型的发展,然而上述方法也存在一些缺陷,如复杂的计算过程和定量或定性的分析结果。

针对上述方法的不足,本节引入可变模糊理论对滑坡灾害风险等级进行评价。这种方法有很多优点,如算法精度高、实际可操作性强,可以很好地解决区间形式的评分标准。该理论将相对差分函数的构造描述为可变模糊集的定量工具,描述了客观事物运动的矛盾和对立统一的本质以及变化的判据,也证实了自然辩证法原理,因此极大地改进了传统的模糊集理论。

10.7.1　研究区概况

研究区内滑坡土质主要是粉质黏土、碎石和碎石土。滑动土主要为粉质黏土和砾质角砾岩。滑移带的厚度为 0.2 cm。深层滑动带土壤的特殊现象并不明显,但砾石较少。滑动层的物质主要为侏罗系巴东组长石石英砂岩和泥岩。基岩的产状为 $260°\angle30°$。基岩表面起伏不大。根据地层事件,斜坡是反向的。

10.7.2　研究方法

将熵理论与可变模糊集评价方法相结合,建立滑坡灾害综合评价模型。它可以动态地刻画隶属函数和非隶属函数的变量概念和含义,是对传统模糊集合的重要优化。

10.7.2.1　基本定义

假设 F 属于域 U。在任意 $u \in U$ 情况下，$\mu_F^0(u)$ 都可以在闭区间内确定。绝对隶属关系定义为 U 和 F 之间的关系，可以表示为[595-598]：

$$\mu_F^0 : U \rightarrow [0,1]$$
$$u \mapsto \mu_F^0 \tag{10-27}$$

在域 U，$u \in U$，对于任何变量 u，都有两个确定的数字 F 和 F^c，u 对 F 和 F^c 的相对隶属度被定义为：

$$\mu_F, \mu_{F^c} : U \rightarrow [0,1]$$
$$u \mapsto \mu_F(u), \mu_{F^c}(u) \in [0,1] \tag{10-28}$$

图 10-53 可以描述任意闭区间内任意数字的动态变量，如图 10-53 所示。

图 10-53　动态变量

F 和 F^c 的相对隶属度满足 $\mu_F(u) + \mu_{F^c}(u) = 1$，$0 \leqslant \mu_F(u) \leqslant 1$，$0 \leqslant \mu_{F^c}(u) \leqslant 1$，可以表示为：

$$\underset{\sim}{F} = \{u, \mu_F(u), \mu_{F^c}(u) \mid u \in U\} \tag{10-29}$$

式中：$\underset{\sim}{F}$ 是对应模糊集，图 10-54 显示了它的定义。

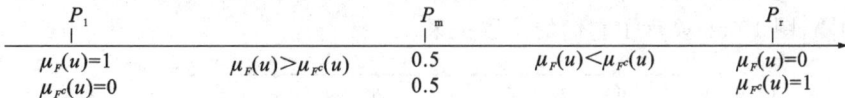

图 10-54　对立模糊集

吸引域 $\mu_F(u)$ 和排斥域 $\mu_{F^c}(u)$ 能被类似地定义为：

$$D_F(u) = \mu_F(u) - \mu_{F^c}(u) \tag{10-30}$$

式中：当 $\mu_F(u) > \mu_{F^c}(u)$，$0 \leqslant D_F(u) \leqslant 1$；当 $\mu_F(u) = \mu_{F^c}$ 时，$D_F(u) = 0$；当 $\mu_F(u) < \mu_{F^c}(u)$ 时，$-1 \leqslant D_F(u) \leqslant 0$。

相对差分函数 $D_F(u)$ 的映射可以表示为：

$$D : U \rightarrow [0,1]$$
$$u \mapsto D_F(u) \in [-1,1] \tag{10-31}$$

图 10-55 显示了 u 到 F 的相对差分函数。

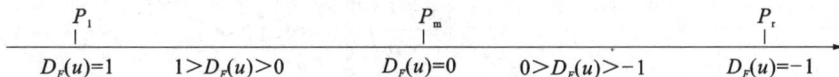

图 10-55　相对差分函数

10.7.2.2　相对隶属度的确定

设 X 是样本集，它被表达为：

$$X=(x_{ij}) \tag{10-32}$$

式中：x_{ij} 是样本 j 的指标 i 的特征值；$i=1,2,\cdots,m$；$j=1,2,\cdots c$，c 代表指标的等级；吸引域 I_{ab} 能表示为[599-601]：

$$I_{ab}=([a_{ij},b_{ij}]) \tag{10-33}$$

当根据集合相邻区间的上、下界放大吸引域 I_{ab} 时，吸引域 I_{de} 表示为：

$$I_{de}=([d_{ij},e_{ij}]) \tag{10-34}$$

根据有关文献[602,603]，指标的等级标准描述如下：

$$\boldsymbol{F}=\begin{bmatrix} F_{11} & F_{12} & \cdots & F_{1j} \\ F_{21} & F_{22} & \cdots & F_{2j} \\ \vdots & & & \vdots \\ F_{i1} & F_{i2} & \cdots & F_{ij} \end{bmatrix} \tag{10-35}$$

其中，

$$F_{ij}=\frac{c-j}{c-1}a_{ij}+\frac{j-1}{c-1}b_{ij} \tag{10-36}$$

当 $j=1$ 时，$F_{i1}=a_{i1}$；当 $j=c$ 时，$F_{ij}=b_{ic}$；当 $j=\frac{c+1}{2}$ 时，$F_{ij}=\frac{a_{ij}+b_{ij}}{2}$。

$X_0(a,b)$ 被定义为吸引域，当 $0\leqslant D_F(u)\leqslant 1$，$X=[e,d]$ 属于 $X_0(X_0\subset X)$ 的上下域间隔，图 10-56 显示了它们的位置关系。

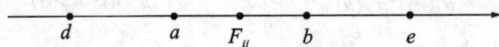

图 10-56　位置关系

因此，正指标、负指标的相对隶属度分别用式（10-37）、式（10-38）描述[604,605]，此处 $\beta=1$。

$$\mu_F(u)=\begin{cases} 0.5\left[1+\left(\dfrac{x-a}{F-a}\right)^{\beta}\right] & x\in[a,F] \\ 0.5\left[1-\left(\dfrac{x-a}{d-a}\right)^{\beta}\right] & x\in[d,a] \end{cases} \tag{10-37}$$

$$\mu_F(u)=\begin{cases} 0.5\left[1+\left(\dfrac{x-b}{F-b}\right)^{\beta}\right] & x\in[F,b] \\ 0.5\left[1-\left(\dfrac{x-b}{e-b}\right)^{\beta}\right] & x\in[b,e] \end{cases} \tag{10-38}$$

10.7.2.3 指标权重的确定

(1)假定样本集 **X** 可以描述如下：

$$\boldsymbol{X}=\begin{bmatrix} x_{11} & x_{12} & \cdots & x_{1m} \\ x_{21} & x_{22} & \cdots & x_{2m} \\ \vdots & \vdots & & \vdots \\ x_{n1} & x_{n2} & \cdots & x_{nm} \end{bmatrix} \tag{10-39}$$

(2)样本 x_{ij} 归一化。

正指标：

$$x'_{ij}=\frac{x_{ij}-\min\{x_{ij},x_{(i+1)j},\cdots,x_{nj}\}}{\max\{x_{1j},x_{2j},\cdots,x_{nj}\}-\min\{x_{ij},x_{(i+1)j},\cdots,x_{nj}\}} \tag{10-40}$$

负指标：

$$x'_{ij}=\frac{\min\{x_{ij},x_{(i+1)j},\cdots,x_{nj}\}-x_{ij}}{\max\{x_{1j},x_{2j},\cdots,x_{nj}\}-\min\{x_{ij},x_{(i+1)j},\cdots,x_{nj}\}} \tag{10-41}$$

式中：i 是评价方案的数量；j 是评价指标的数量；x_{ij} 是相应的量值。

(3)确定评价指标的比例。

$$b_{ij}=\frac{x_{ij}}{\displaystyle\sum_{i=1}^{n}x_{ij}} \tag{10-42}$$

(4)熵用下式计算：

$$s_j=-k\sum_{i=1}^{n}b_{ij}\ln(b_{ij}) \tag{10-43}$$

(5)最终权重可用下式表示：

$$\omega_j=\frac{1-s_j}{n-\displaystyle\sum_{j=1}^{n}s_j} \tag{10-44}$$

10.7.2.4 评价等级的确定

相对隶属度计算如下[606,607]：

$$v_F(u)_j=\frac{1}{1+\left(\dfrac{\displaystyle\sum_{i=1}^{m}\{\omega_i[1-\mu_F(u)_{ij}]\}^l}{\displaystyle\sum_{i=1}^{m}[\omega_i\mu_F(u)_{ij}]^l}\right)^{\frac{k}{l}}} \tag{10-45}$$

综合隶属度计算为：

$$V = (v')_{m \times n} \tag{10-46}$$

式中：

$$v' = \frac{v_F(u)_j}{\sum\limits_{j=1}^{m} v_F(u)_j} \tag{10-47}$$

评价等级表示为：

$$R = (1, 2, \cdots, c) \cdot V \tag{10-48}$$

10.7.2.5　计算步骤和流程图

计算过程如下。

(1)根据具体数据和评价标准,分别构造特征值矩阵 X 和分类矩阵 Y。

(2)分别构造吸引域 I_{ab}、范围矩阵 I_{de} 和点值矩阵 F。

(3)计算相对隶属度。

(4)利用该模型计算滑坡灾害的权重。

(5)基于相关方程计算等级特征值 R,如果 $n-0.5 \leqslant R \leqslant n+0.5$,则风险等级为 n(n 为非负整数)。

滑坡灾害风险评价过程流程图见图 10-57。首先,在评价滑坡灾害风险等级之前,应建立完整的评价指标体系。其次,采用熵权理论计算各评价指标的权重。再次,基于所构建的模型定义相对隶属度。最后利用该模型可以确定滑坡灾害的风险等级。

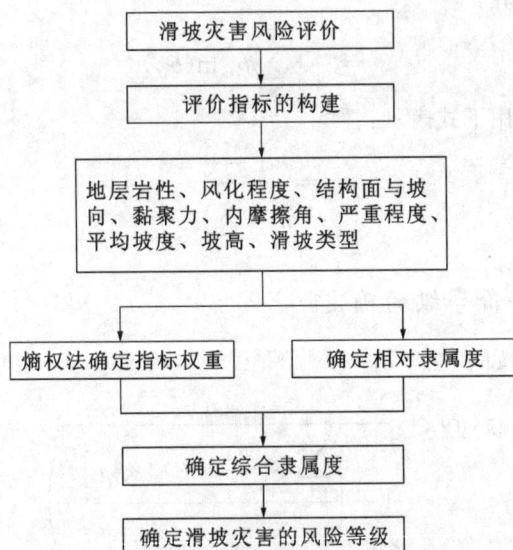

图 10-57　滑坡灾害风险评价过程流程图

10.7.3 计算模型的构建

10.7.3.1 评价指标的确定

选取槽坊河滑坡、雷家坪滑坡、大坪滑坡、李家湾滑坡、朱家店滑坡及三峡库区巴东段焦家湾滑坡为评估对象。根据三峡库区滑坡的特点,选取地层岩性(A_1)、风化程度(A_2)、结构面与坡向(A_3)、黏聚力(A_4)、内摩擦角(A_5)、严重程度(A_6)、平均坡度(A_7)、坡高(A_8)、滑坡类型(A_9)等作为评价指标。它们的原始数据如表 10-15 所示。

表 10-15 **不同评价指标的原始数据**

滑坡名称	评价指标								
	A_1	A_2	A_3	A_4/kPa	A_5/(°)	A_6	A_7/(°)	A_8/m	A_9
槽坊河滑坡	半硬岩	轻微或中度风化	162°∠34°,斜坡	25	18	22.5	12.5	160	流体动压力
雷家坪滑坡	半硬岩	轻微或中度风化	172°∠48°,倒坡	33	17.75	21.70	33	210	流体动压力
大坪滑坡	更软的岩石	中度弱风化至风化	350°∠20°,倒坡	14	20	21.5	17	240	流体动压力+降雨
李家湾滑坡	更软的岩石	轻微或中度风化	222°∠35°,斜坡	25.5	18.2	21.7	32.5	200	流体动压力
朱家店滑坡	硬岩和半硬岩	中度弱风化至风化	276°∠61°,倒坡	24	18	20.46	37.5	420	流体动压力+降雨
焦家湾滑坡	更软的岩石	轻微或中度风化	160°∠30°,斜坡	34.5	17.5	21.7	32.5	150	流体动压力

从表 10-15 可以看出,A_1、A_2、A_3 和 A_9 是定性的,其他指标是定量的。评价滑坡风险等级时,应将定量指标转化为定性指标。根据层次分析法,将定性指标分为优、良、中、差、非常差五类。各滑坡评价指标取值如表 10-16 所示。

表 10-16 **评价指标取值**

滑坡名称	评价指标								
	A_1	A_2	A_3	A_4/kPa	A_5/(°)	A_6	A_7/(°)	A_8/m	A_9
槽坊河滑坡	4.5	4.0	3.0	25.0	18	22.5	12.5	160	3
雷家坪滑坡	4.5	3.5	4.5	33.0	17.75	21.70	33	210	3

续表10-16

滑坡名称	评价指标								
	A_1	A_2	A_3	A_4/kPa	$A_5/(°)$	A_6	$A_7/(°)$	A_8/m	A_9
大坪滑坡	2.0	3.0	4.0	14.0	20.0	21.5	17	240	2
李家湾滑坡	2.5	3.5	2.5	25.5	18.2	21.7	32.5	200	3
朱家店滑坡	4.5	2.5	5.0	24.0	18.0	20.46	37.5	420	2
焦家湾滑坡	3.0	4.0	2.0	34.5	17.5	21.7	32.5	150	3

根据统计分析,结合评价对象的地质条件,将滑坡风险等级分为安全(Ⅰ)、轻度危险(Ⅱ)、危险(Ⅲ)、较危险(Ⅳ)和极度危险(Ⅴ)五类,其分类标准见表10-17。

表 10-17 　　　　　　　　　评价指标分类标准

危险等级	A_1	A_2	A_3	A_4/kPa	$A_5/(°)$	A_6	$A_7/(°)$	A_8/m	A_9
Ⅰ	[4,5)	[4,5)	[4,5)	[30,35]	[33,38]	[23,24)	[0,15)	[0,170)	[4,5)
Ⅱ	[3,4)	[3,4)	[3,4)	[25,30)	[28,33)	[22,23)	[15,25)	[170,200)	[3,4)
Ⅲ	[2,3)	[2,3)	[2,3)	[20,25)	[23,28)	[21,22)	[25,35)	[200,230)	[2,3)
Ⅳ	[1,2)	[1,2)	[1,2)	[15,20)	[18,23)	[20,21)	[35,45)	[230,260)	[1,2)
Ⅴ	(0,1)	(0,1)	(0,1)	[0,15)	[0,18)	[0,20)	[45,90)	[260,500)	(0,1)

10.7.3.2　滑坡灾害风险等级的确定

吸引域、范围矩阵和点值矩阵的构造。

根据表10-17并结合式(10-33),吸引域可描述为:

$$\boldsymbol{I}_{ab} = \begin{bmatrix} [5,4] & [4,3] & [3,2] & [2,1] & [1,0] \\ [5,4] & [4,3] & [3,2] & [2,1] & [1,0] \\ [5,4] & [4,3] & [3,2] & [2,1] & [1,0] \\ [35,30] & [30,25] & [25,20] & [20,15] & [15,0] \\ [38,33] & [33,28] & [28,23] & [23,18] & [18,0] \\ [24,23] & [23,22] & [22,21] & [21,20] & [20,0] \\ [0,15] & [15,25] & [25,35] & [35,45] & [45,90] \\ [0,170] & [170,200] & [200,230] & [230,260] & [260,500] \\ [5,4] & [4,3] & [3,2] & [2,1] & [1,0] \end{bmatrix}$$

基于式(10-34),矩阵 $\boldsymbol{I}_{de}$ 可以表示为:

$$\boldsymbol{I}_{de} = \begin{bmatrix} [5,3] & [5,2] & [4,1] & [3,0] & [2,0] \\ [5,3] & [5,2] & [4,1] & [3,0] & [2,0] \\ [5,3] & [5,2] & [4,1] & [3,0] & [2,0] \\ [35,25] & [35,20] & [30,15] & [25,0] & [20,0] \\ [38,28] & [38,23] & [33,18] & [28,0] & [23,0] \\ [24,22] & [24,21] & [23,20] & [22,0] & [21,0] \\ [0,25] & [0,35] & [15,45] & [25,90] & [35,90] \\ [0,200] & [0,230] & [170,260] & [200,500] & [230,500] \\ [5,3] & [5,2] & [4,1] & [3,0] & [2,0] \end{bmatrix}$$

基于式(10-35),点值矩阵 $\boldsymbol{F}$ 可以表示为:

$$\boldsymbol{F} = \begin{bmatrix} 5 & 3.75 & 2.5 & 1.25 & 0 \\ 5 & 3.75 & 2.5 & 1.25 & 0 \\ 5 & 3.75 & 2.5 & 1.25 & 0 \\ 35 & 28.75 & 27.5 & 16.25 & 0 \\ 38 & 31.75 & 25.5 & 19.25 & 0 \\ 24 & 22.75 & 21.5 & 20.25 & 0 \\ 0 & 19.5 & 30 & 42.5 & 90 \\ 0 & 177.5 & 215 & 252.5 & 500 \\ 5 & 3.75 & 2.5 & 1.25 & 0 \end{bmatrix}$$

(1)确定相对隶属度。

根据表 10-16,结合式(10-37)和式(10-38),为了确定评价量值是在点 F_{ij} 的左侧还是右侧,以槽坊河滑坡的数据作为检验实例,假设 $i=1$,那么 $[a,b]_{1j}$、$[d,e]_{1j}$ 和 F_{1j} 可被分别描述为:

$$[a,b]_{1j} = ([5,4] \quad [4,3] \quad [3,2] \quad [2,1] \quad [1,0])$$
$$[d,e]_{1j} = ([5,3] \quad [5,2] \quad [4,1] \quad [3,0] \quad [2,0])$$
$$F_{1j} = [5 \quad 3.75 \quad 2.5 \quad 1.25 \quad 0]$$

当 $x_1=4.5$, $a_{11}=5$, $b_{11}=4$, $d_{11}=5$, $e_{11}=3$, $F_{11}=5$ 时,x_1 坐落于区间 $[F_{11}, b_{11}]$,$\mu_F(u_{11})=0.75$;当 $a_{12}=4$, $b_{12}=3$, $d_{12}=5$, $e_{12}=2$, $F_{12}=3.75$ 时,x_1 坐落于区间 $[d_{11}, a_{11}]$,$\mu_F(u_{12})=0.25$;当 $a_{13}=3$, $b_{13}=2$, $d_{13}=4$, $e_{13}=1$, $F_{13}=2.5$ 时,x_1 坐落于区间之外,$\mu_F(u_{13})=0$。

利用该方法可以得到槽坊河滑坡的相对隶属度矩阵如下:

$$\boldsymbol{\mu}_F(u_{1j}) = \begin{bmatrix} 0.75 & 0.25 & 0 & 0 & 0 \\ 0.5 & 0.5 & 0 & 0 & 0 \\ 0 & 0.5 & 0.5 & 0 & 0 \\ 0 & 0.5 & 0.5 & 0 & 0 \\ 0 & 0 & 0 & 0.5 & 0.5 \\ 0.25 & 0.833 & 0.25 & 0 & 0 \\ 0.583 & 0.417 & 0 & 0 & 0 \\ 0.529 & 0.471 & 0 & 0 & 0 \\ 0 & 0.5 & 0.5 & 0 & 0 \end{bmatrix}$$

(2)确定权重系数。

根据表 10-16 得到滑坡灾害的综合参数，如表 10-18 所示。

表 10-18   滑坡灾害的综合参数

滑坡名称	A_1	A_2	A_3	A_4	A_5	A_6	A_7	A_8	A_9
槽坊河滑坡	0.2143	0.1951	0.1429	0.1603	0.1645	0.1737	0.0758	0.1159	0.1875
雷家坪滑坡	0.2143	0.1707	0.2143	0.2115	0.1622	0.1675	0.2	0.1522	0.1875
大坪滑坡	0.0952	0.1463	0.1905	0.0897	0.1827	0.1659	0.103	0.1739	0.125
李家湾滑坡	0.119	0.1707	0.119	0.1635	0.1663	0.1675	0.197	0.1449	0.1875
朱家店滑坡	0.2143	0.122	0.2381	0.1538	0.1645	0.1579	0.2273	0.3043	0.125
焦家湾滑坡	0.1429	0.1951	0.0952	0.2212	0.1599	0.1675	0.197	0.1087	0.1875

根据表 10-17 得到权重系数，如表 10-19 所示。

表 10-19   权重系数

评价指标	A_1	A_2	A_3	A_4	A_5	A_6	A_7	A_8	A_9
权重系数	0.9742	0.993	0.9727	0.9801	0.9995	0.9998	0.9646	0.962	0.9908

(3)确定综合隶属度。

综合隶属度如表 10-20 所示。

表 10-20   综合隶属度

k 和 l	$v_F(u)_1$				
$k=1, l=1$	0.39	0.4344	0.1726	0.0017	0.0017
$k=1, l=2$	0.4505	0.4341	0.2227	0.0041	0.0041
$k=2, l=1$	0.2902	0.371	0.0417	0	0
$k=2, l=2$	0.4019	0.3705	0.0759	0	0

将综合隶属度矩阵归一化,如表 10-21 所示。

表 10-21 综合隶属度的正交化

k 和 l	v'				
$k=1,l=1$	0.3899	0.4342	0.1726	0.0017	0.0017
$k=1,l=2$	0.4038	0.3892	0.1997	0.0036	0.0036
$k=2,l=1$	0.4129	0.5278	0.0594	0	0
$k=2,l=2$	0.4738	0.4367	0.0895	0	0

(4)确定滑坡灾害的危险等级。

根据表 10-21,各滑坡的特征值如表 10-22 所示。

表 10-22 各滑坡的特征值

滑坡名称	特征值				平均值
	$k=1,l=1$	$k=1,l=2$	$k=2,l=1$	$k=2,l=2$	
槽坊河滑坡	1.7912	1.814	1.6465	1.6158	1.7169
雷家坪滑坡	2.315	2.4558	2.194	2.426	2.3477
大坪滑坡	3.0176	2.9759	3.1403	2.9991	3.0332
李家湾滑坡	2.7825	2.8046	2.8213	2.8564	2.8162
朱家店滑坡	3.1051	3.1683	3.1211	3.3146	3.1773
焦家湾滑坡	2.4033	2.4402	2.38	2.384	2.4019

将不同方法得到的结果进行了对比,如表 10-23 所示。

表 10-23 不同模型结果的对比

滑坡的名称	本节的方法	现场调查结果	灰色模糊综合评判法	基于层次的权重评估
槽坊河滑坡	Ⅱ	Ⅱ	Ⅱ	Ⅱ
雷家坪滑坡	Ⅱ	Ⅱ	Ⅰ	Ⅰ
大坪滑坡	Ⅲ	Ⅲ	Ⅲ	Ⅲ
李家湾滑坡	Ⅲ	Ⅲ	Ⅲ	Ⅲ
朱家店滑坡	Ⅲ	Ⅱ	Ⅰ	Ⅱ
焦家湾滑坡	Ⅱ	Ⅱ	Ⅰ	Ⅰ

现场调查结果显示,大坪滑坡及李家湾滑坡的风险等级为Ⅲ级,其余为Ⅱ级。这

意味着大坪滑坡和李家湾滑坡的风险等级是危险,其余滑坡的风险等级是轻度危险。因此,必须对大坪滑坡和李家湾滑坡等进行必要的加固措施。

根据表 10-23 评价方法的分析结果,除朱家店滑坡外,其余 5 个滑坡的现场调查结果与本节模型结论一致。该模型的准确率为 83%,高于灰色模糊综合评判法和基于层次的权重评估的准确率[608,609]。与灰色模糊综合评判法相比,变模糊集评价方法能够准确地反映滑坡灾害的风险程度。由此得出结论,利用本节方法预估滑坡灾害风险等级是可行的,它得出了滑坡灾害的准确结果和详细细节。例如,雷家坪滑坡的黏聚力为 33 kPa,根据表 10-17 应为Ⅰ级。此外,该方法得到的其他指标的隶属度为Ⅱ级,因此,雷家坪滑坡属于等级Ⅱ概率比属于等级Ⅰ、Ⅲ、Ⅳ和Ⅴ的概率更大,因此,雷家坪滑坡的风险等级必须是Ⅱ级,几乎不可能是Ⅰ级、Ⅳ级、Ⅲ级和Ⅴ级滑坡。由于朱家店滑坡的平均等级特征值(3.1773)高于李家湾滑坡的平均等级特征值(2.8162),所以朱家店滑坡的风险等级为Ⅲ级的可能性大于李家湾滑坡。利用该方法得到的结论验证了风险等级的准确性,进一步判断了同一等级不同滑坡灾害的危险度排名。

由于信息的缺乏、人类思维的不确定性和复杂性,决策专家用灰色模糊综合评判法、基于层次的权重评估法等主观方法不能提供准确的结果。本节提出的模型克服了这一问题,并在一定程度上解决了数据的不确定性和模糊性。因此,它比这些主观方法更具有优势。

10.8 基于改进拟动力法的水压作用下岩质边坡地震稳定性分析

地震荷载作用下水前岩质边坡的破坏已经威胁到人民群众的生命财产安全。因此,在地震频繁发生的情况下,对这种工程地质灾害的调查研究成为近年来土木工程领域的一个热点。传统的地震荷载作用下水前岩质边坡稳定性分析常采用拟动力法,但由于其非平稳随机振动的特点,难以找到地震作用的脉冲,而且与时间和空间无关,不能正确反映地震荷载的作用,其局限性较大。为了克服传统拟动力法的不足,Richard 等[610]和 Whitman[611]提出了改进拟动力法,并将该理论应用于多个领域,如 Choudhury 等[612]和 Basha 等[613]采用该方法得到了地震作用下挡土墙后的被动土压力;Zhou 等[535]采用该方法分析了岩体上浅基础的抗震承载力;Zhou 等[614]采用传统方法研究了地震作用下滑坡的稳定性。

上述方法已被广泛应用于解决许多问题,但在某些方面仍有明显的不足。例如,传统拟动力法不能满足边界条件,为了改善这些不足,Rajesh 等[615] 提出了一种改进拟动力法,该方法可以用于增加垂直加速度和水平加速度的线性变化。在研究中,将水前岩质边坡假设为黏弹性材料,视为 Kelvin-Voigt 介质,在均匀介质中,平面波沿水平和垂直方向传播,它突破了传统拟动力法忽视时间的局限性缺陷。为了研究地震作用下水前岩质边坡的稳定性,本节采用考虑非线性双剪强度准则的运动学极限分析方法,以上升水压力为本质,提出了岩质边坡地震稳定性设计的新思路[533,616]。

10.8.1 改进拟动力法

对于改进拟动力法,假设一个基础位移,水平位移可以表示为[617]:

$$u_h(z,t) = \frac{u_{h0}}{C_S{}^2 + S_S{}^2}[(C_S C_{SZ} + S_S S_{SZ})\cos(\omega t) + (S_S C_{SZ} - C_S S_{SZ})\sin(\omega t)]$$

(10-49)

$$a_h(z,t) = \frac{k_h g}{C_S^2 + S_S^2}[(C_S C_{SZ} + S_S S_{SZ})\cos(\omega t) + (S_S C_{SZ} - C_S S_{SZ})\sin(\omega t)]$$

(10-50)

式中:

$$C_{SZ} = \cos\left(\frac{y_{S1} z}{H}\right)\cosh\left(\frac{y_{S2} z}{H}\right)$$

(10-51a)

$$S_{SZ} = -\sin\left(\frac{y_{S1} z}{H}\right)\sinh\left(\frac{y_{S2} z}{H}\right)$$

(10-51b)

$$C_S = \cos(y_{S1})\cosh(y_{S2})$$

(10-51c)

$$S_S = -\sin(y_{S1})\sinh(y_{S2})$$

(10-51d)

$$y_{S1} = \frac{\omega H}{V_{Ss}}\sqrt{\frac{\sqrt{1+4D_s{}^2}+1}{2(1+4D_s{}^2)}}$$

(10-51e)

$$y_{S2} = -\frac{\omega H}{V_{Ss}}\sqrt{\frac{\sqrt{1+4D_s{}^2}-1}{2(1+4D_s{}^2)}}$$

(10-51f)

式中:u_{h0} 是水平方向初始位移;y_{S1} 和 y_{S2} 分别是正交化频率 $\omega H/V_S$ 和水平阻尼率 D_S 的函数;C_S 和 S_S 是 y_{S1} 和 y_{S2} 的双曲函数;C_{SZ} 是关于高程 z 的双曲余弦函数;S_{SZ} 是关于高程 z 的双曲正弦函数。$k_h g = -\omega^2 u_{h0}$;H 是高度;z 是深度;V_{Ss} 是 S 波的传播速度;$\omega = \frac{2\pi}{T}$ 是角频率;T 是周期;t 是时间;$a_h(z,t)$ 是水平加速度。

10.8.2 问题描述

10.8.2.1 结构的几何模型

图 10-58 为拟分析的完整岩质边坡的理想模型。岩石边坡是指一个固定的框架 $(A;xyz)$，共同系统 $(A;xyz)$ 的单位向量被表示为 (e_x,e_y,e_z)，岩质边坡的坡面与水平方向成一定角度 β 的倾斜。采用改进拟动力法，将单位容重为 γ 的均质岩质边坡顶部的加载模式定义为 $\psi=q\cdot B_0$，它是施加在边坡单位横向长度上的力，Q_h 和 Q_v 分别为水平惯性力和垂直惯性力，Y 为岩体的重度。根据 Westergaard 提出的方法，$P_{dyn}=\dfrac{7}{12}k_h\gamma_w h_1^2$ 定义了岩质边坡底部的水面压力，即单位横向长度上的水面压力。

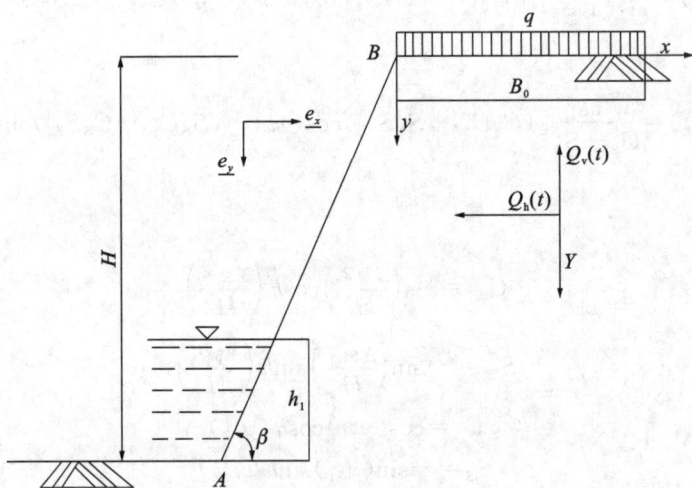

图 10-58 完整岩质边坡的理想模型

10.8.2.2 非线性双剪强度准则

非线性双剪强度准则如下[618,619]：

$$F(\sigma)=\begin{cases}\sigma_1-\dfrac{1}{2}(\sigma_1+\sigma_2)-\sqrt{\dfrac{m\sigma_c}{2}\times(\sigma_2+\sigma_3)+s\sigma_c^2}\leqslant0 & F>F'\\[3mm]\dfrac{1}{2}(\sigma_1+\sigma_2)-\sigma_3-\sqrt{m\sigma_c\sigma_3+s\sigma_c^2}\leqslant0 & F'>F\end{cases} \tag{10-52}$$

式中：σ_c 是完整岩石的单轴压缩强度；m 是和岩石的完整程度相关的一个常数；s 是一个与岩石质量相关的常数，由压缩试验获得。它们能被表示为[620]：

$$\frac{m}{m_{\mathrm{i}}} = \exp\left(\frac{\mathrm{GSI}-100}{28-14D}\right) \tag{10-53}$$

$$s = \exp\left(\frac{\mathrm{GSI}-100}{9-3D}\right) \tag{10-54}$$

式中：D 为扰动系数，取值范围为 $0\sim1$；GSI 为几何强度指数，取值范围为 $0\sim80$。

m_{i} 通过对完整岩石试件的压缩试验得到。如果没有可用的测试数据，有研究者为五种类型的岩石提供了近似值：

(1)$m_{\mathrm{i}}\approx7$，为晶体解理发育良好的碳酸盐岩(白云石、石灰石和大理石)。

(2)$m_{\mathrm{i}}\approx10$，为石化泥质岩(泥岩、粉砂岩页岩和板岩)。

(3)$m_{\mathrm{i}}\approx15$，为具有强烈晶体和发育不良的晶体解理发育不良的砂质岩(砂岩和石英岩)。

(4)$m_{\mathrm{i}}\approx17$，为细粒度多矿物火成晶体岩(安山岩、白云岩和辉绿岩)。

(5)$m_{\mathrm{i}}\approx25$，为粗粒度多矿物火成岩和变质岩(角闪岩、辉长岩、片麻岩、花岗岩和石英闪长岩)。

10.8.2.3 极限分析法

本节在极限分析理论的框架内研究岩质边坡地震稳定性。极限分析的动力学方法的实现依赖于以下基本不等式[596,621]：

$$\Theta_{\mathrm{ex}}(\underline{U}) \leqslant \Theta_{\mathrm{mr}}(\underline{U}) \tag{10-55}$$

式中：$\underline{U}$ 是任何虚拟的动力速度场；Θ_{ex} 是外荷载所做的功；Θ_{mr} 是岩石体的最大抵抗功。最大抵抗功的表达式为：

$$\Theta_{\mathrm{mr}}(\underline{U}) = \int_{\Omega} \psi[\underline{d}(\underline{x})]\mathrm{d}\Omega + \int_{\Sigma} \psi\{v(\underline{x});[\underline{U}(\underline{x})]\}\mathrm{d}\Sigma \tag{10-56}$$

式中：$\underline{d}$ 为在岩体体积 Ω 的任意点的应变率张量；$[\underline{U}(\underline{x})]$ 为通过一个可能的不连续面 Σ 和 Σ' 的速度跳跃；$v(\underline{x})$ 为该不连续面的外法线；同时 ψ 被定义为有关强度条件 $F(\underline{\sigma}) \leqslant 0$ 的函数，它的表达式为[518]：

如果 $\mathrm{tr}\underline{d} \geqslant 0$，有

$$\psi[\underline{d}] = \sup_{\underline{\sigma}}\{\underline{\sigma}:\underline{d} \,|\, F(\underline{\sigma})\leqslant 0\} \tag{10-57}$$

$$\psi[v;[\underline{U}]] = \sup_{\underline{\sigma}}\{[\underline{U}]\cdot\underline{\sigma}\cdot\underline{v} \,|\, F(\underline{\sigma})\leqslant 0\} \tag{10-58}$$

当把非线性双剪强度准则方程式(10-52)代入式(10-57)和式(10-58)可得：

$$\psi[\underline{d}] = -\frac{s\sigma_{\mathrm{c}}}{m}\mathrm{tr}\underline{d} + \frac{3}{4}m\sigma_{\mathrm{c}}\frac{\chi(\underline{d})}{\mathrm{tr}\underline{d}} \tag{10-59}$$

同样地，和速度跳跃相关的函数 ψ 能被表达为：

如果 $[\underline{U}] \cdot \underline{v} > 0$，有

$$\psi[\underline{v};[\underline{U}]] = -\frac{s\sigma_c}{m}[\underline{U}] \cdot \underline{v} + \frac{3}{4}m\sigma_c\frac{\chi(\underline{v};[\underline{U}])}{[\underline{U}] \cdot \underline{v}} \tag{10-60}$$

式中：

$$\chi(\underline{v};[\underline{U}]) = \frac{1}{4}(|[\underline{U}]| - [\underline{U}] \cdot \underline{v})^2 \tag{10-61}$$

在上面的式子中 $\mathrm{tr}\underline{d} \geqslant 0$ 和 $[\underline{U}] \cdot \underline{v} > 0$ 也分别意味着 $\psi[\underline{d}] < +\infty$ 和 $\psi[\underline{v};[\underline{U}]] < +\infty$。这些条件是极限分析法基本方程式(10-55)的上边界解所必须的。

10.8.2.4　破裂机理

平移破裂机理如图 10-59 所示。结果表明，边界 ACD 由两部分组成：穿过岩体的直线和假定与边坡面平行的直线 CD。体积 $ACDB$ 被赋予一个向下的平移速度 $\underline{V}$，其他部分保持不动。线速度是 $\gamma\underline{e}_v$，它取决于两个参数：角度 φ 和高度 h。外力所做的功包括四个方面：引力所做的功、修正的拟动态惯性力、顶部载荷 $Q = q \cdot B_0$ 和底部载荷 $P_{\mathrm{dyn}} = \frac{7}{12}k_h\gamma_wh_1^2$。

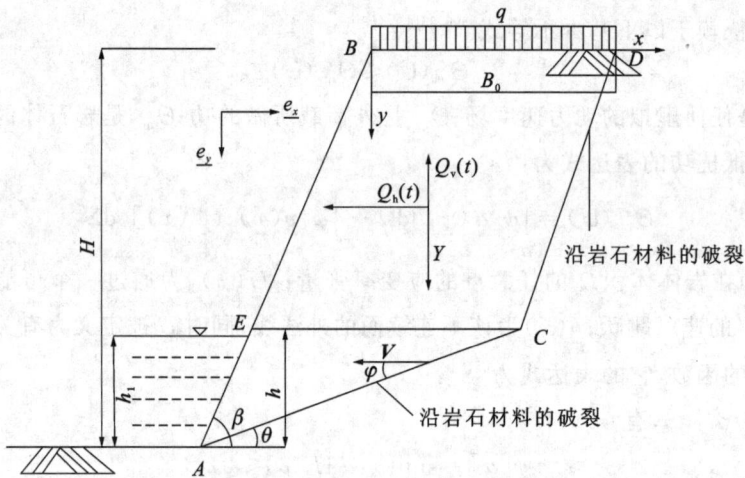

图 10-59　平移破裂机理

$$\Theta_{\mathrm{ex1}} = \int_V \gamma\underline{e}_v \cdot \underline{V}\mathrm{d}V = \frac{1}{2}\gamma V(H^2 - h^2)\frac{\sin(\beta - \theta)\sin(\theta - \varphi)}{\sin\beta\sin\theta} \tag{10-64}$$

$$\Theta_{\mathrm{ex2}} = Q \cdot \underline{V} = qB_0 \cdot \underline{V} = qB_0V\sin(\theta - \varphi) \tag{10-65}$$

$$\Theta_{\mathrm{ex3}} = P_{\mathrm{dyn}} \cdot \underline{V} = \frac{7}{12}k_h\gamma_wh_1^2V\cos(\theta - \varphi) \tag{10-66}$$

　　为了计算岩体 *ACDB* 的拟动力惯性力,将岩体的拟动力惯性力分为三角形 *ACE* 和平行四边形 *CDBE* 两部分。

　　作用在平行四边形 *CDBE* 上的水平惯性力和垂直惯性力分别表示为:

$$\Theta_{H\text{-}CDBE} = m_{CDBE} a_{hs}(z,t) \cdot \underline{V} = \frac{k_h B_0 (H-h)\gamma}{C_S^2 + S_S^2} \cdot$$

$$[(C_S C_{SZ} + S_S S_{SZ})\cos(\omega t) + (S_S C_{SZ} - C_S S_{SZ})\sin(\omega t)]V\cos(\theta - \varphi) \qquad (10\text{-}67)$$

$$\Theta_{V\text{-}CDBE} = m_{CDBE} a_{vs}(z,t) \cdot \underline{V} = \frac{k_v B_0 (H-h)\gamma}{C_p^2 + S_p^2} \cdot$$

$$[(C_p C_{pZ} + S_p S_{pZ})\cos(\omega t) + (S_p C_{pZ} - C_p S_{pZ})\sin(\omega t)]V\sin(\theta - \varphi) \qquad (10\text{-}68)$$

　　根据式(10-64)～式(10-66)得到不同的参数,同时给出了作用在三角形 *ACE* 上的水平惯性力和垂直惯性力分别为:

$$\Theta_{H\text{-}ACE} = \int_{H-h}^{H} m_{ACE} a_{hs}(z,t) \cdot \underline{V} = \int_{H-h}^{H} \frac{k_h \gamma (h-z)(c\tan\theta - c\tan\beta)}{C_S^2 + S_S^2} \cdot$$

$$[(C_S C_{SZ} + S_S S_{SZ})\cos(\omega t) + (S_S C_{SZ} - C_S S_{SZ})\sin(\omega t)]dz \cdot V\cos(\theta - \varphi)$$

$$(10\text{-}69)$$

$$\Theta_{V\text{-}ACE} = \int_{H-h}^{H} m_{ACE} a_{vs}(z,t) \cdot \underline{V} = \int_{H-h}^{H} \frac{k_v \gamma (h-z)(c\tan\theta - c\tan\beta)}{C_p^2 + S_p^2} \cdot$$

$$[(C_p C_{pZ} + S_p S_{pZ})\cos(\omega t) + (S_p C_{pZ} - C_p S_{pZ})\sin(\omega t)]dz \cdot V\sin(\theta - \varphi)$$

$$(10\text{-}70)$$

　　同样,根据式(10-64)～式(10-66)得到不同的参数。模型中的阻力功的表达式如下:

$$\Theta_{mr1} = \sigma_C B_0 V \frac{\sin\beta\cos\varphi}{\sin(\beta - \theta)} \left[-\frac{s}{m} + \frac{3}{4}m\left(\frac{1-\sin\varphi}{2\sin\varphi}\right)^2 \right] \qquad (10\text{-}71)$$

$$\Theta_{mr2} = \sigma_C (H-h) V \frac{\cos(\beta + \varphi - \theta)}{\sin\beta} \left[-\frac{s}{m} + \frac{3}{4}m\left(\frac{1-\sin\varphi}{2\sin\varphi}\right)^2 \right] \qquad (10\text{-}72)$$

　　由基本不等式(10-57)得出:

$$\Theta_{gx1} + \Theta_{gx2} - \Theta_{gx3} + \Theta_{H\text{-}CDBE} - \Theta_{V\text{-}CDBE} + \Theta_{H\text{-}ACE} - \Theta_{V\text{-}ACE} \leqslant \Theta_{mr1} + \Theta_{mr2} \qquad (10\text{-}73)$$

式中:Θ_{gx1} 为重力的功率;Θ_{gx2} 为外力的功率;Θ_{gx3} 为地荷载的功率。式(10-57)可以重新排列以获得稳定因子 *F* 的上界解。在模型中,对于两个参数 θ、h,当它们选取不同的值时,不等式对应于岩质边坡稳定性的一种必要状态,因此这两个参数以最小的适当函数集(θ^*, h^*)确定了临界岩块和相应的破坏线 *ACD*。

　　为了研究动力地震作用下岩质边坡稳定系数上界解,从式(10-57)出发,将稳定系数极限值的上界定义为:

$$F_s = \frac{\Theta_{mr1} + \Theta_{mr2}}{\Theta_{gx1} + \Theta_{gx2} - \Theta_{gx3} + \Theta_{H\text{-}CDBE} - \Theta_{V\text{-}CDBE} + \Theta_{H\text{-}ACE} - \Theta_{V\text{-}ACE}} \tag{10-74}$$

对于这个目标,最终值的上限直接显示如下:

$$F_s^+ \leqslant F_s(\theta, h, \beta, \varphi) \tag{10-75}$$

当参数集(θ, h)取为(θ^*, h^*),函数F_s被最优化,有:

$$\frac{\partial F_s}{\partial \theta}(\theta^*, h^*) = 0, \qquad \frac{\partial F_s}{\partial h}(\theta^*, h^*) = 0 \tag{10-76}$$

当$\theta = \theta^*$,$h = h^*$时,函数F_s取最小值。

10.8.3　数值结果和讨论

利用非线性序列二次规划算法可以得到上限的数值,以下数值分析包括力的影响、地震荷载和几何参数对极限地震稳定系数的影响。

10.8.3.1　堆载和单位容重对岩质边坡稳定系数的影响

图 10-60 和图 10-61 分别显示了堆载 q 和单位容重 γ 对岩质边坡稳定系数的影响。参数取值为:$B_0 = 2$ m, $k_v = 0.10$, $H = 15$ m, $m_i = 10$, GSI$=10$, $t = 0.1$ s, $T = 0.5$ s, $h_1 = 1$ m, $D_s = 0.3$, $V = 0.02$ m/s, $h = 5$ m, $V_{Ss} = 0.1$ m/s, $V_{ps} = 0.1$ m/s, $\sigma_c = 6$ MPa, $\theta = 30°$, $\beta = 60°$, $\varphi = 20°$。外荷载 q 对岩质边坡的稳定系数有一定的影响,

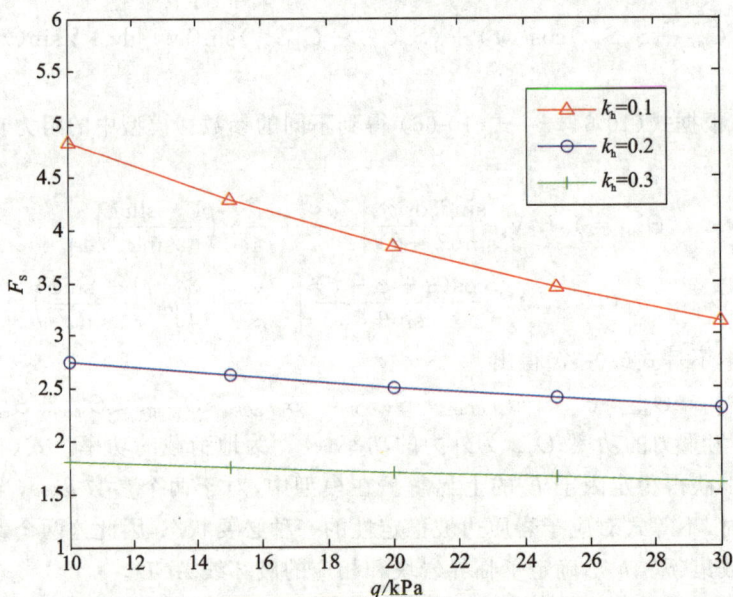

图 10-60　不同的 k_h、外荷载 q 下的稳定系数 F_s

如图 10-60 所示。可以看出,随着 q 的增加,F_s 值逐渐减小,随着 k_h 值的增加,F_s 值逐渐减小。举例来说,当 k_h 取 0.1,q 由 15 kPa 增至 20 kPa 时,F_s 会减小约 10%;而当 $k_h=0.2$ 时,F_s 只会减少约 4%。图 10-61 显示了单位容重 γ 对岩质边坡稳定系数的影响。从图 10-61 可以看出,边坡稳定系数 F_s 随着岩质边坡单位容重 γ 和外荷载 q 的增大而逐渐减小,但由于单位容重和外荷载的大小受到限制,因此可以得出岩质边坡单位容重和外荷载对边坡稳定性的影响不大。

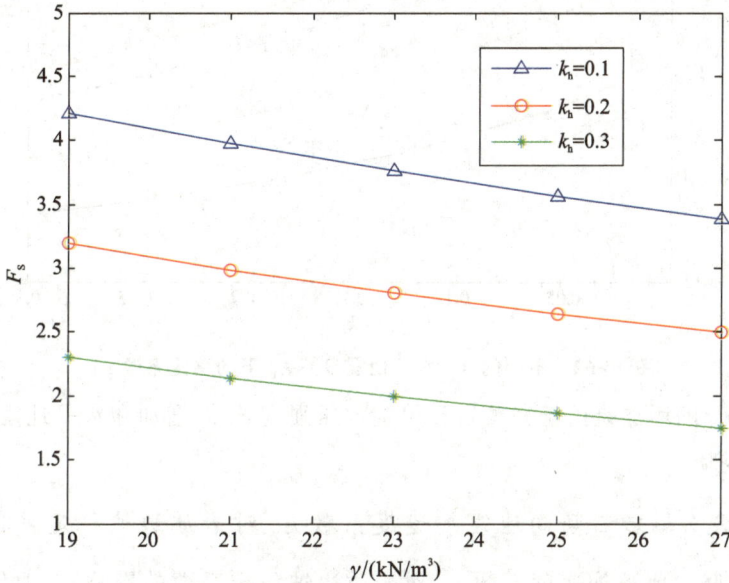

图 10-61　不同的 k_h、单位容重 γ 下的稳定系数 F_s

10.8.3.2　水平地震加速度系数和岩石单轴抗压强度对岩质边坡稳定系数的影响

为了研究 k_h 对岩石边坡稳定性的影响,参数取值为:$B_0=2$ m,$k_v=0.10$,$H=15$ m,$\gamma=20$ kN/m³,$m_i=10$,GSI$=10$,$q=20$ kPa,$t=0.1$ s,$T=0.5$ s,$h_1=1$ m,$D_s=0.3$,$V=0.02$ m/s,$h=5$ m,$V_{Ss}=0.1$ m/s,$V_{pS}=0.1$ m/s,$\theta=30°$,$\beta=60°$,$\varphi=20°$。k_h 和 σ_c 对稳定系数的影响如图 10-62 所示。

结果表明,水平地震加速度系数 k_h 对岩质边坡的稳定系数有显著影响。例如,对 $\sigma_c=10$ MPa,当 k_h 值从 0 增加到 0.3 时,F_s 值减少约 47%,即 k_h 的增加降低了岩质边坡的稳定性。同时,在图 10-62 中可以看到,完整岩石的单轴抗压强度 σ_c 对岩质边坡的稳定性也有很大的影响,例如,对于 $k_h=0.12$,随着 σ_c 从 6 MPa 增加到 10 MPa,F_s 增加了约 66%。也就是说,σ_c 的增加极大地提高了边坡的稳定性。因此

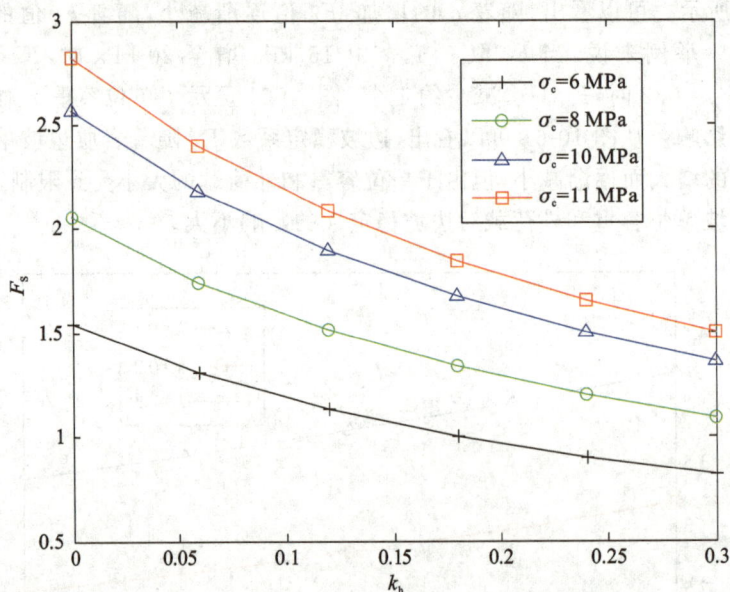

图 10-62　不同的 σ_c、水平地震参数 k_h 下的稳定系数 F_s

可以得出：F_s 的增加是由于完整岩石单轴抗压强度 σ_c 的增加和水平地震加速度系数 k_h 的减少。

10.8.3.3　岩石竖向地震加速度系数 k_v 对岩质边坡稳定系数的影响

当考虑竖向地震加速度系数 k_v 对岩质边坡稳定系数的影响时，取以下参数：$B_0 = 2$ m，$H = 15$ m，$\gamma = 21$ kN/m³，$m_i = 15$，GSI = 10，$q = 12$ kPa，$t = 0.1$ s，$T = 0.5$ s，$h_1 = 1$ m，$D_s = 0.3$，$V = 0.02$ m/s，$h = 5$ m，$V_{Ss} = 0.1$ m/s，$V_{pS} = 0.1$ m/s，$\theta = 30°$，$\beta = 60°$，$\varphi = 20°$，$\sigma_c = 8$ MPa。k_v 对稳定系数的影响如图 10-63 所示。从图 10-63 可以看出，随着加速度 k_v 从 0 增加至 k_h，F_s 逐渐减小，且减小的幅度很小。例如，当 k_v 值从 0 增加到 k_h，当 $k_h = 0.05$ 时，F_s 仅减小约 6%，因此垂直地震加速度系数 k_v 对岩质边坡稳定性的影响小于水平地震加速度系数 k_h 对岩质边坡稳定性的影响。

10.8.3.4　水深 h_1 对岩质边坡稳定系数的影响

图 10-64 显示了当 k_h 值分别取 0.06、0.12、0.18 时，水深对岩质边坡稳定系数的影响。参数选择如下：$B_0 = 2$ m，$H = 15$ m，$\gamma = 21$ kN/m³，$m_i = 15$，GSI = 10，$q = 12$ kPa，$t = 0.1$ s，$T = 0.5$ s，$k_v = 0.10$，$D_s = 0.3$，$V = 0.02$ m/s，$h = 5$ m，$V_{Ss} = 0.1$ m/s，$V_{pS} = 0.1$ m/s，$\theta = 30°$，$\beta = 60°$，$\varphi = 20°$，$\sigma_c = 4$ MPa。从图 10-64 中可以看出，随着水深 h_1 的增加，边坡的稳定系数 F_s 值也随之增加，但增加的幅度很小，

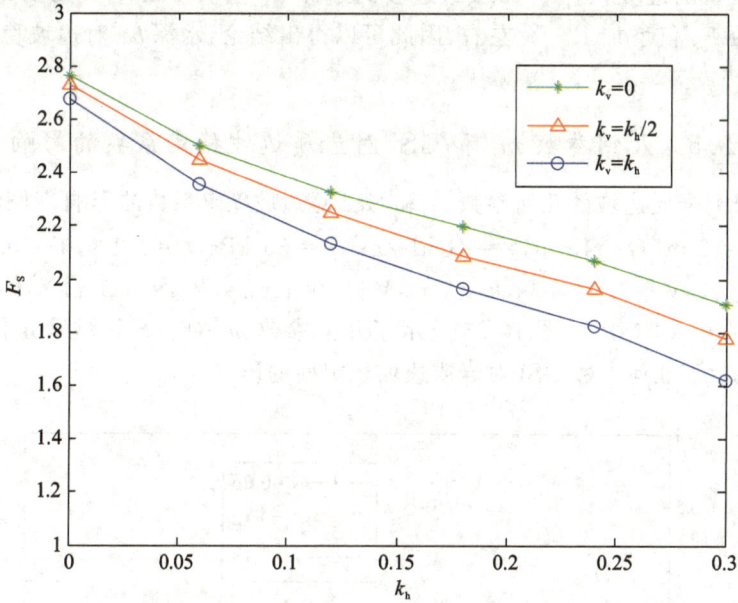

图 10-63　不同的 k_v、k_h 值下的稳定系数 F_S

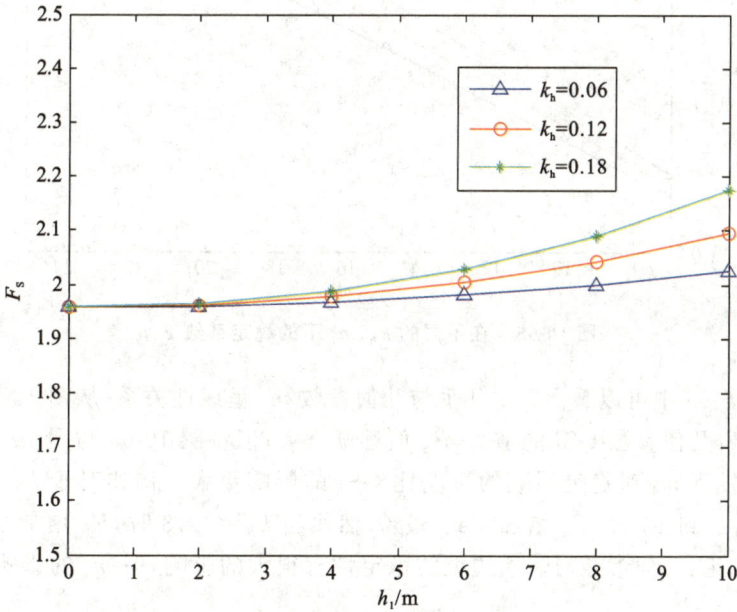

图 10-64　不同的 k_v、水深 h_1 值下的稳定系数 F_S

对于一个典型的边坡,当 $k_h=0.12$,边坡的水深 h_1 值从 4 m 增大到 6 m 时,边坡的稳定系数 F_S 仅增加 1.5% 左右,因此可以得出结论:水深 h_1 对边坡稳定性影响很小。

10.8.3.5 几何参数 m_i 和 GSI 对岩质边坡稳定系数的影响

为了研究岩质边坡的几何参数 m_i 和 GSI 对边坡稳定系数的影响,列出了以下几个参数:$B_0=2$ m,$H=15$ m,$\gamma=21$ kN/m³,$q=30$ kPa,$t=0.1$ s,$T=0.5$ s,$k_v=0.10$,$D_S=0.3$,$V=0.02$ m/s,$h=5$ m,$V_{Ss}=0.1$ m/s,$V_{pS}=0.1$ m/s,$\theta=30°$,$\beta=60°$,$\varphi=20°$,$\sigma_c=3$ MPa。图 10-65 显示了几何参数 m_i 对岩质边坡稳定性的影响,图 10-66 显示了几何参数 GSI 对岩质边坡稳定性的影响。

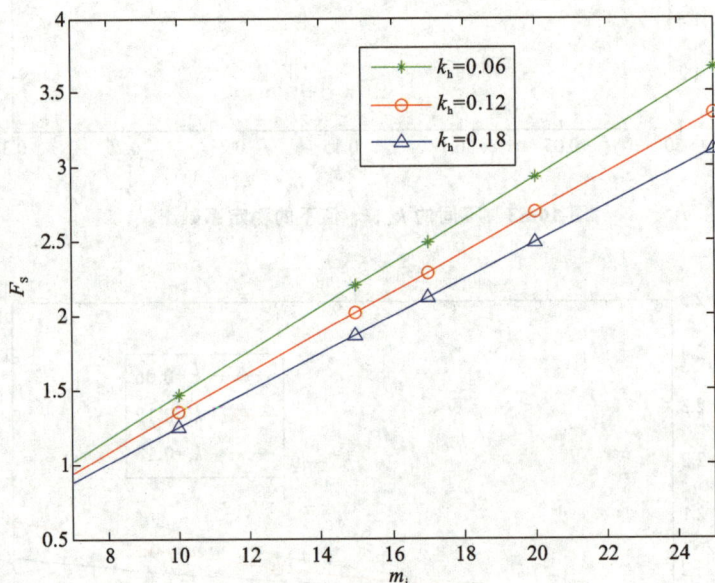

图 10-65 在不同的 k_h、m_i 下的稳定系数 F_S

从图 10-65 中可以看出,F_S 几乎与几何参数 m_i 呈线性关系;从图 10-66 中也可以看出,随着几何参数 GSI 的增大,F_S 值逐渐增大;但将图 10-65 与图 10-66 进行比较时,可以发现 m_i 对稳定系数的影响比 GSI 的影响更大。例如对于 $k_h=0.06$,当 m_i 从 10 增加到 15 时,F_S 增加了约 50%,然而当 $k_h=0.18$ 时,F_S 增加了约 20%。由此得出结论:几何参数对岩质边坡的稳定性有很大的影响,但 m_i 的影响大于 GSI 的影响。

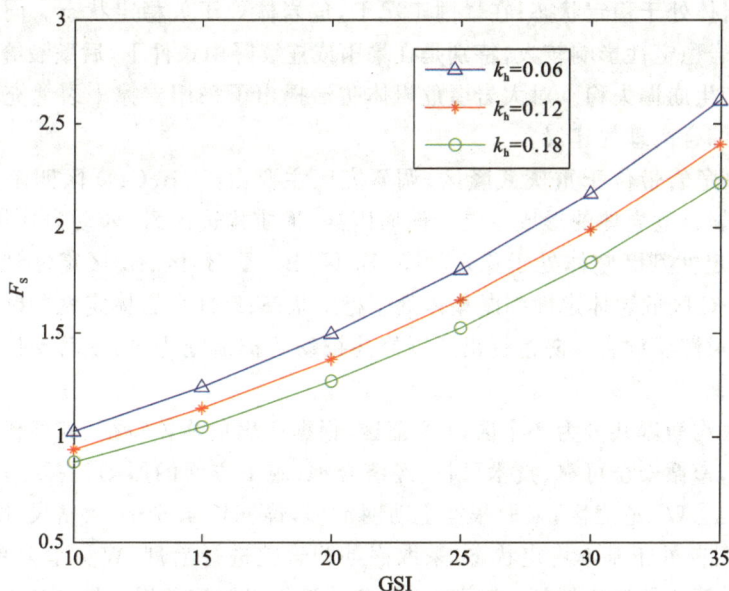

图 10-66 不同的 k_h、GSI 下的稳定系数 F_s

10.9 本 章 小 结

（1）钓鱼洞危岩带位于重庆市巫溪县中岗乡，分为 1 号危岩带、2 号危岩带、3 号危岩带、4 号危岩带、5 号危岩带、6 号危岩带，发育 8 处危岩单体；危岩带的形成主要受地质因素、地质构造因素、外动力作用的控制。通过楔形体滑动模型对危岩体整体稳定性进行了分析，然后对危岩单体进行了稳定性分析，结果表明，无论危岩整体还是危岩单体都处于稳定状态。根据危岩治理应立足于安全与经济兼顾的原则，力求达到事半功倍的效果，提出对钓鱼洞危岩带采取危岩体（危石）清除＋锚杆＋主动防护网＋被动防护网的措施。

（2）大岩屋危岩体位于重庆市奉节县，其破坏模式为倾倒式或滑移式，潜在危害极大。危岩体主要包括斜坡、危岩单体和陡崖带。W_1 危岩体极易产生倾倒式破坏，危岩体由砾岩块体、顶部后壁裂缝、底部悬空面及相邻区域的空隙组成。其结构特征主要受地层岩性、地质构造和外动力因素所制约。其底部悬空，底部母岩被压裂，顶部后壁发育一条拉张裂缝 LF_1，W_1 主要受后壁 LF_1 的控制，极易产生倾倒式破坏。场地内危岩体的形成主要受地质因素、地质构造因素、外动力作用的控制。利用倾倒式危岩体计算公式、模型对大岩屋危岩体进行了稳定性计算，计算结果表明，在天然工况下,危岩体处于稳定状态;在暴雨工况下,危岩体处于欠稳定状态。同时可知降雨因素对危岩稳定性影响较大,特别是在暴雨或连续降雨条件下,后壁裂缝更容易进一步扩展,产生崩塌失稳。对大岩屋危岩体防治提出了采用支撑+裂缝充填+被动防护网进行综合治理的建议。

(3)懒坝危岩带位于重庆武隆区,调研究区主要由 A、B、C、D 区四个危岩带组成。懒坝危岩带危岩体的形成主要受地质因素、地质构造因素、外动力作用的控制。A 区危岩体定性判断整体处于稳定状态;B_1 区、B_2 区、B_3 区、B_4 区定性判断整体处于稳定状态;C 区危岩体定性判断整体处于稳定状态;D 区危岩体定性判断整体处于稳定状态。对懒坝危岩体防治提出了以修建被动防护措施为主、主动支挡治理措施为辅的建议。

(4)后底沟崩塌共分为 2 个区,4 个亚区,根据崩塌危岩体特征、破坏模式及破坏危害的对象,遵循安全可靠、技术可行、经济合理、施工方便的原则,主要考虑以下两种治理方案:①W_1 危岩区,采取张挂主动网治理,锚杆长 4.5 m,网格尺寸为 4 m×4 m。W_{2-1} 目前处于基本稳定状态,采取嵌补凹岩腔进行治理;W_{2-2} 危岩单体较大,危险性大,设置 4 孔锚索锚杆,锚索间用钢绞线连接以固定危岩。坡面危石局部进行人工清危处理,W_2 危岩区下方树林外、耕地上部设置一道被动防护网,防止坡面零星危石的威胁。②W_1 危岩区,在危岩区下方,清除坡表零星危石,设置一道被动拦石网。W_{2-1} 危岩区采取锚索锚固;W_{2-2} 危岩单体较大,危险性大,设置 4 孔锚索锚杆,锚索间用钢绞线连接以固定危岩。在 W_2 危岩区下方,公路外侧民房后设置一道拦石墙。通过施工技术、施工难度、经济合理性及安全可靠性等多方面综合比较,择优推荐方案①进行综合治理。

(5)在综合考虑岩土体特征值(P_1)、新构造运动特征值(P_2)、边坡高度(P_3)、坡角(P_4)、年平均降雨量(P_5)和场地地震烈度(P_6)的基础上,提出了一种基于主成分分析-云模型的边坡地震稳定性多指标评价方法。用主成分分析法计算出不同指标的权重系数,然后利用正态云模型判断边坡的地震稳定等级。该模型适用于边坡的地震稳定等级评价。将其结果与实际调查和灰色聚类法计算结果进行了比较,其准确率达到 87.5%,高于灰色聚类法的结果(75%)。因此使用该模型评价边坡的地震稳定性是可行的,该模型不仅取得了准确的结果,而且为边坡的地震稳定等级评估提供了更多的细节。总之,该方法为今后边坡地震稳定性评价提供了一种新的方法和思路。

(6)综合考虑地层岩性(A_1)、风化程度(A_2)、结构面与坡向(A_3)、黏聚力(A_4)、内摩擦角(A_5)、严重程度(A_6)、平均坡度(A_7)、坡高(A_8)、滑坡类型(A_9)等因素,应用可变模糊集理论对滑坡灾害风险程度进行评价。结果表明,利用该模型得到的结果与现场调查一致,其准确率达到 83%。该方法能准确地反映滑坡灾害的危险程度,进一步判断了同一等级不同滑坡的滑坡灾害风险等级。相对于传统模型,其评价过程更为可靠和有效。但是可变模糊集理论存在计算复杂、需要多个变量参数等缺点,有很大的改进空间。总体而言,可变模糊集理论可以作为一种替代方法,对滑坡灾害风险等级进行精确评价。

(7)采用极限分析法和改进拟动力法对岩质边坡的稳定性进行了分析。研究了堆载 q、岩石单位容重 γ、水平地震加速度系数 k_h、竖向地震加速度系数 k_v、岩石单轴抗压强度 σ_c、水深 h_1、岩石几何参数 m_i 和 GSI 等因素对岩石边坡稳定性的影响,得出以下结论:

①随着外荷载 q 和岩石单位容重 γ 的增加,岩石边坡的稳定性变差。

②水平地震加速度系数 k_h 增大会降低岩石边坡的稳定性;随着单轴抗压强度 σ_c 的增加,岩石边坡的稳定性变好。

③竖向地震加速度系数 k_v 的增大能降低岩质边坡的稳定性,但竖向地震加速度系数 k_v 对边坡稳定性的影响小于水平地震加速度系数 k_h,因此在一些模型中常被忽略。

④岩质边坡的稳定性随水深 h_1 的增加而提高,但提高幅度较小,因此水深 h_1 对岩质边坡稳定系数的影响较小。

⑤岩石边坡的稳定性随着岩石几何参数 m_i 和 GSI 的增加而提高,且 m_i 的影响大于 GSI 的影响。

11　岩爆烈度的危险性评价

11.1　概　　述

由于岩体工程的开挖和卸荷,岩体内的应力场重新分布,当深部岩体高应力部位积累的能量大于岩体破坏所消耗的能量时,硬脆岩体突然释放出大量的能量,这种现象称为岩爆。如果发生岩爆,将给地下工程如矿山、公路、铁路、核电站等带来经济损失,甚至造成灾难性的后果。例如,西部金矿是南非一个典型的深金矿,每年岩爆造成的工人死亡率达到 0.1%,占矿山死亡率的 46%;辽宁省红透山铜矿的矿体深度达到 1047 m,1995—2004 年,共有 49 个岩爆监测记录。因此,为了减少岩爆造成的破坏,降低其对施工人员和设备的威胁,预测岩爆烈度是必要的。

11.2　熵权-灰色关联理论在大相岭隧道岩爆烈度评价中的应用

自从 1738 年莱比锡煤矿第一次记录岩爆以来,国内外学者从不同的角度讨论了岩爆预测问题。例如 Fujii 等[622]分析了三维弹性应力,实现了基于矿石和岩石微裂纹的岩爆预测;Wang 等[623]提出岩体中应变能的积累是影响岩爆发生的关键因素之一,并利用数值分析模型对岩爆进行了预测,将系统工程决策方法与模糊数学方法相结合,提出了岩爆综合预测的层次分析法-模糊数学方法,建立了基于属性数学理论的岩爆预测属性识别模型和烈度分类方法;祝云华等[624]基于改进的支持向量机算法,将岩爆与其影响因素之间的关系作为一个灰色系统,提出了一种预测岩爆灾害的灰色白化权函数聚类方法;宫凤强等[625]建立了隧道岩爆预测的距离判别分析模型;

陈海军等[626]建立了岩爆预测的人工神经网络模型;付玉华等[627]应用贝叶斯判别理论预测深部硬岩岩爆;周科平等[628]建立了基于 GIS 的岩爆倾向模糊自组织神经网络分析模型,证明了支持向量机在岩爆烈度预测上的较高准确性;冯夏庭[629]在人工智能方法的基础上提出了智能岩石力学理论,对岩爆现象进行了系统的研究。

虽然上述方法从不同的角度预测岩爆,并取得了一定的预测效果,但这些方法仍存在一些不足,如计算过程复杂、忽略随机性、效率低等,因此有待改进。为了克服上述方法的不足,本节引入熵权-灰色关联理论对岩爆烈度等级进行评价,应用熵值法确定各评价指标的权重,然后采用灰色关联理论模型计算各指标的基本可靠度,最后构造基本概率分布函数矩阵,确定岩爆烈度等级。

11.2.1　工程概况

大相岭隧道是北京—昆明高速公路四川雅安至泸沽段的控制工程,隧道左右线距离约 40 m,左线长 9946 m,右线长 10007 m。隧道穿越山岭段的最大埋深为 1701 m,属于深埋超长穿越岭隧道。该隧道的地形拥有地势陡峭、海拔差异巨大的特点,称为中山高地。

该区沟壑发育,沟道狭窄,平均坡度为 30°～45°,沟床较大,可发现大量悬崖瀑布和小型瀑布。隧道场地地层复杂,包括震旦系、寒武系、第四系等。隧道围岩以火山岩(流纹岩、安山岩)为主,仅出口段为碎屑岩和碳酸盐岩,出口面覆盖层厚度较大。该隧道所处的大相岭位于自然气候边界,南北坡的气候差异明显,北坡年降雨量约为 1650 mm,南坡年降雨量约为 650 mm。大相岭隧道如图 11-1 所示。

图 11-1　大相岭隧道

11.2.2　研究方法

11.2.2.1　评价方法的确定

本节针对深埋隧道工程中的岩爆问题,深入分析了岩爆机理,将岩爆深度(Q_1)、岩石单轴抗压强度 σ_c(Q_2)、岩石脆性系数 σ_c/σ_t(Q_3)、岩石应力系数 σ_θ/σ_c(Q_4)、弹性变形能指数 W_{et}(Q_5)等主要控制因素作为评价指标。

根据相关规范,5 个评价指标可分为表 11-1 中的 4 个等级,分别为 Ⅰ 级(无岩爆)、Ⅱ 级(弱岩爆)、Ⅲ 级(中等岩爆)和 Ⅳ 级(强岩爆)。大相岭隧道岩爆样本的监测值见表 11-2。

表 11-1　　　　　　　　　　　　　　　　岩爆的等级分类

岩爆等级	Q_1/m	Q_2/MPa	Q_3	Q_4	Q_5
Ⅰ	[0,50]	[0,80]	>40	[0,0.3]	[0,2]
Ⅱ	(50,200]	(80,120]	(26.7,40]	(0.3,0.5]	(2,3.5]
Ⅲ	(200,700]	(120,180]	(14.5,26.7]	(0.5,0.7]	(3.5,5]
Ⅳ	>700	>180	(0,14.5]	>0.7	>5

表 11-2　　　　　　　　　　　　　　大相岭隧道岩爆样本的监测值

样本序号	Q_1/m	Q_2/MPa	Q_3	Q_4	Q_5
1	374	62.8	29.9	0.42	2.4
2	775	72.1	34.3	0.56	1.9
3	811	71.4	21	0.53	3.6
4	816	69.1	21.5	0.66	4.1
5	841	67.8	17.8	0.52	4.3
6	798	66.2	30.2	0.61	2.2
7	401	63.2	27.9	0.39	2.3
8	832	66.1	19.6	0.5	3.4
9	839	62.6	13.9	0.59	4.5

11.2.2.2　证据理论

详见 9.4.2 节、9.4.3 节。

11.2.3 评价模型的构建

11.2.3.1 评价框架的构建

为评价大相岭隧道的岩爆烈度,本节提出了一个新的评价模型,其流程图如图 11-2 所示。首先,收集分类标准的不同证据体,利用熵权-灰色关联理论确定基本可靠度;其次,根据相关的基本可靠度,运用证据理论的综合规则,将其结果作为识别框架;再次,对实际监测数据进行分析,在识别框架中进行决策;最后,建立岩爆预测模型,得到评价结果。

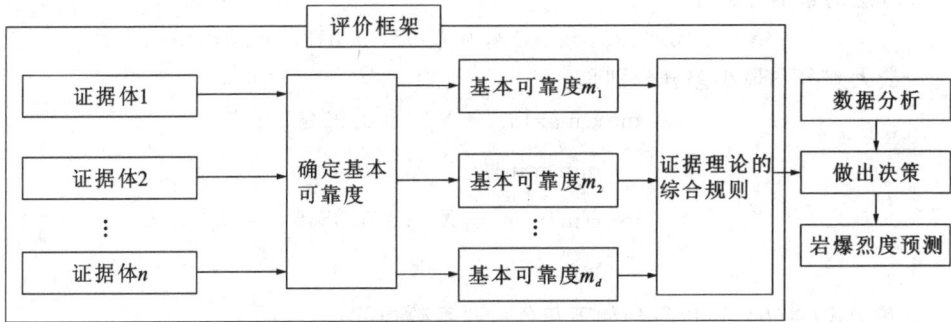

图 11-2 岩爆预测流程图

11.2.3.2 大相岭隧道岩爆强度危险等级的确定

从表 11-1 中可以看出,岩爆烈度随 σ_c/σ_t 的减小而逐渐增大,因此指标 σ_c/σ_t 属于负指标,其余指标属于正指标。根据式(9-47)、式(9-48),并结合表 11-1,岩爆烈度分类矩阵可表示为:

$$\boldsymbol{R}(+) = \begin{bmatrix} 50 & 80 & 53.3 & 0.3 & 2 \\ 200 & 120 & 40 & 0.5 & 3.5 \\ 700 & 180 & 26.7 & 0.7 & 5 \\ 1200 & 240 & 14.5 & 0.9 & 6.5 \end{bmatrix}$$

$$\boldsymbol{R}(-) = \begin{bmatrix} 0 & 0 & 40 & 0 & 0 \\ 50 & 80 & 26.7 & 0.3 & 2 \\ 200 & 120 & 14.5 & 0.5 & 3.5 \\ 700 & 180 & 0 & 0.7 & 5 \end{bmatrix}$$

(1)基本可靠度的计算。

根据表 11-2,并结合式(9-54)、式(9-55),计算得到不同指标的权重系数如下:

$$\boldsymbol{\omega} = [0.2851 \quad 0.0097 \quad 0.2497 \quad 0.0855 \quad 0.37]$$

根据式(9-56),加权隶属度矩阵可以表示为:

$$\boldsymbol{X} = \begin{bmatrix} 0.0295 & 0.0018 & 0.06 & 0.0133 & 0.0545 \\ 0.0611 & 0.002 & 0.0688 & 0.0178 & 0.0431 \\ 0.0639 & 0.002 & 0.0421 & 0.0168 & 0.0817 \\ 0.0643 & 0.0019 & 0.0431 & 0.021 & 0.0931 \\ 0.0663 & 0.0019 & 0.0357 & 0.0165 & 0.0976 \end{bmatrix}$$

理想的最优序列是:

$$X^+ = \{0.0663, 0.002, 0.0688, 0.021, 0.0976\}$$

理想的最劣序列是:

$$X^- = \{0.0295, 0.0018, 0.0357, 0.0133, 0.0431\}$$

最大差分和最小差分分别是:

$$\max_i \max_j |x_{ij} - X_{ij}^+| = 0.0545$$
$$\min_i \min_j |x_{ij} - X_{ij}^+| = 0$$
$$\max_i \max_j |x_{ij} - X_{ij}^-| = 0.0545$$
$$\min_i \min_j |x_{ij} - X_{ij}^-| = 0$$

基于式(9-59),可以得到如下灰色关联系数矩阵:

$$\boldsymbol{r} = \begin{bmatrix} 0.4921 & 0.2518 & 0.1694 & 0.3157 & 0.4166 \\ 0.1263 & 0.2482 & 0.0968 & 0.2397 & 0.5625 \\ 0.1055 & 0.2482 & 0.3793 & 0.2557 & 0.1567 \\ 0.1026 & 0.2482 & 0.3654 & 0.1919 & 0.0848 \\ 0.0891 & 0.25 & 0.4746 & 0.2606 & 0.0625 \end{bmatrix}$$

根据式(9-60),得到了不同指标的基本可靠度:

$$D(I_1) = 0.1073$$
$$D(I_2) = 0.1115$$
$$D(I_3) = 0.1471$$
$$D(I_4) = 0.1144$$
$$D(I_5) = 0.145$$

根据式(9-61),不同指标的基本可靠度分布函数可表示为:

$$\boldsymbol{M} = \begin{bmatrix} 0.0923 & 0.1626 & 0.2049 & 0.1382 & 0.1259 \\ 0.1913 & 0.1867 & 0.235 & 0.1844 & 0.0997 \\ 0.2001 & 0.1848 & 0.1439 & 0.1745 & 0.1889 \\ 0.2014 & 0.1789 & 0.1473 & 0.2173 & 0.215 \\ 0.2076 & 0.1756 & 0.122 & 0.1712 & 0.2256 \end{bmatrix}$$

根据式(9-62)、式(9-63),可以得到总确定度和基本可靠度,如表11-3所示。

表11-3 证据体的可靠度

证据体	Q_1/m	Q_2/MPa	Q_3	Q_4	Q_5
s_i	0.8927	0.8885	0.853	0.8856	0.855
$m_i(\delta)$	0.1073	0.1115	0.1471	0.1144	0.145

(2)评价框架的计算。

将表11-1中的数据和分类边界中的指标值代入式(9-49),构造基本可靠度的分布函数,并进行不同置信区间的综合,结果如表11-4所示。

表11-4 评价框架的分类标准

岩爆等级	I	II	III	IV
置信区间	<0.4996	$[0.4996, 0.9471)$	$[0.9471, 0.9993]$	>0.9993

(3)确定岩爆烈度的危险等级。

将表11-2样本数据代入式(9-45),总样本的综合可靠度分布见表11-5。

表11-5 各样本的岩爆预测结果

样本序号	综合可靠度	本节建议的方法	模糊综合证判法	实际调查结果
1	0.8114	II	II	II
2	0.9319	II	II	II
3	0.9828	III	II	III
4	0.9920	III	III	III
5	0.9905	III	III	III
6	0.9208	II	II	II
7	0.8021	II	III	II
8	0.9701	III	III	III
9	0.9822	III	III	III

从表11-5可以看出,各岩爆样本的风险等级是不同的。样本1、2、6和7岩爆风险等级为II级,其余样本为III级。这意味着样本1、2、6和7岩爆烈度的风险等级较低,其余样本的风险等级为中等水平,岩爆烈度合格率为44%。因此,对于样本3、4、5、8、9,应采取必要的固结措施,如在围岩中固定锚杆等,防止岩爆的发生。

根据表 11-5 中评价模型的比较结果,可以发现建议的方法得到的结果完全符合实际调查的结果。该方法的准确率达到 100%,高于模糊综合评判法的结果(78%)[630]。结果表明,应用熵权-灰色关联理论模型估算岩爆烈度风险等级是可行的。该方法可以为岩爆烈度的评价提供更翔实的资料,例如,样本 3 的岩爆深度为 811 m,根据表 11-1 应属于 IV 级,但其他指标属于 III 级,所以样本 3 的风险等级属于 III 级的概率高于 I、II、IV 级。因此,样本 3 的岩爆烈度应属于 III 级,几乎不可能属于 I、II 和 IV 级。此外,与样本 3 相比,样本 4 的风险等级更可能是 III 级,因为样本 4 属于 III 级的综合可靠度(0.9920)高于样本 3 的综合可靠度(0.9828)。所得结果准确地反映了岩爆强度的危险等级,并进一步确定了同一等级上不同样本岩爆烈度的风险等级排序。

11.2.4 结论

熵权-灰色关联理论能够提高预测精度和确定不同证据主体的确定度可靠性,同时能够反映其他证据主体之间的重要性差异;在评价过程中考虑区间尺寸,可以很好地预测区间形式的等级标准。该方法不仅考虑了问题的综合可靠度,而且在一定程度上解决了数据的不确定性和模糊性,提高了岩爆烈度的预测效率。但该方法存在计算复杂、需要考虑多个变量参数的差异程度等缺点,因而限制了其应用。因此,该方法仍有很大的改进空间。

考虑到岩爆深度(Q_1)、岩石单轴抗压强度(Q_2)、岩石脆性系数(Q_3)、岩石应力系数(Q_4)以及弹性能量指数(Q_5),提出了一种基于熵权-灰色关联理论的岩爆强度风险评价方法。将该方法应用于岩爆烈度等级的评价,得出结论:该方法所得结果与样本的实际调查结果完全一致,且优于模糊综合评判法。样本 1、2、6 和 7 的岩爆烈度等级为 II 级,其余样本为 III 级。这意味着样本 1、2、6 和 7 的岩爆烈度的风险等级较低。其余样本的风险等级为中等水平。因此,对于样本 3、4、5、8、9,应采取必要的固结措施防止岩爆的发生。相对于传统的模糊综合评判法,该方法评价结果具有较高的可靠性和有效性,且在评价过程中可以考虑区间尺寸,可以很好地预测区间形式的等级标准。

11.3 熵权-云模型在岩爆烈度评价中的应用

岩爆是岩石矿山,隧道开挖和地下岩体工程中常见的地质灾害问题,它是围岩内部由于扰动引起的内部应力重分布导致的弹性应变能释放而产生的岩体脆性破裂的一种现象,岩爆的产生给正在施工或者开矿工人等造成巨大的人身安全影响,给施工安全带来重大的隐患。而且随着我国经济的发展,地下工程发展越来越多,因此对地下工程的岩爆的研究就显得越发重要,尤其是岩爆的烈度分级预测对岩爆的预防具有重要意义[585,595,631-634]。

11.3.1 岩爆烈度评价模型的构建

岩爆烈度评价具有很大的模糊性和随机性,为了利用熵权-云模型对岩爆分级进行评价,本节以实例数据为分析对象建立相关模型,与文献进行对比,以确定该模型评价的正确性。这里选择岩石应力系数 σ_θ/σ_c、岩石脆性系数 σ_c/σ_t、弹性变形能指数 W_{et} 以及岩体完整性系数 k 这 4 个指标作为评价因子,各项评价指标如表 11-6 所示,其中第二个评价指标为正向评价指标,其他三个评价指标都为负向评价指标。

表 11-6 岩爆烈度评价指标

岩爆等级	σ_θ/σ_c	σ_c/σ_t	W_{et}	k
无岩爆(Ⅰ)	0.1~0.3	40~46	1~2	0.3~0.55
弱岩爆(Ⅱ)	0.3~0.5	26.7~40	2~3.5	0.55~0.65
中等岩爆(Ⅲ)	0.5~0.7	14.5~26.1	3.5~5	0.65~0.75
强岩爆(Ⅳ)	0.7~0.8	8.4~14.5	5~9	0.75~1

岩爆烈度原始数据如表 11-7 所示。

表 11-7 岩爆烈度原始数据

样本序号	σ_θ/σ_c	σ_c/σ_t	W_{et}	k
1	0.34	23.97	6.6	0.96
2	0.41	29.73	7.3	0.74
3	0.23	27.78	7.8	0.49
4	0.11	31.23	7.4	0.42
5	0.10	23	5.7	0.34
6	0.53	15.04	9	0.82
7	0.44	26.87	5.5	0.73
8	0.38	21.67	5	0.78
9	0.77	17.5	5.5	0.86
10	0.32	21.69	5	0.79
11	0.36	24.14	5	0.92
12	0.42	21.69	5	0.87

根据原始数据和相关公式可得各评价指标的比重,如表 11-8 所示。

表 11-8　　　　　　　　　　　　　评价指标比重

样本序号	σ_θ/σ_c	σ_c/σ_t	W_{et}	k
1	0.0771	0.0113	0.0882	0.1101
2	0.093	0.1129	0.0976	0.0849
3	0.0522	0.1055	0.1043	0.0562
4	0.0249	0.1186	0.0989	0.0482
5	0.0227	0.0873	0.0762	0.039
6	0.1202	0.0571	0.1203	0.094
7	0.0998	0.102	0.0735	0.0837
8	0.0862	0.0823	0.0668	0.0894
9	0.1746	0.0665	0.0735	0.0986
10	0.0726	0.0824	0.0668	0.0906
11	0.0816	0.0917	0.0668	0.1055
12	0.0952	0.0824	0.0668	0.0998

基于表 11-8,利用相关公式最终可得不同评价指标的权重系数,如表 11-9 所示。

表 11-9　　　　　　　　　　各评价指标权重系数

评价指标	σ_θ/σ_c	σ_c/σ_t	W_{et}	k
权重系数	0.465	0.2927	0.0842	0.1581

11.3.2　结果与分析

根据表 11-6 中的岩爆烈度评价指标等级划分标准和相关公式,可得正态云分布的分级标准,具体见表 11-10。

表 11-10　　　　　　　　　　岩爆烈度正态云分级标准

评价指标	岩爆烈度等级			
	I	II	III	IV
σ_θ/σ_c	(0.2,0.085,0.1)	(0.4,0.085,0.1)	(0.6,0.085,0.1)	(0.75,0.042,0.1)
σ_c/σ_t	(43,2.548,0.1)	(33.35,5.648,0.1)	(20.3,4.926,0.1)	(11.45,2.59,0.1)
W_{et}	(1.5,0.425,0.1)	(2.75,0.637,0.1)	(4.25,0.637,0.1)	(7,1.699,0.1)
k	(0.425,0.106,0.1)	(0.6,0.042,0.1)	(0.7,0.042,0.1)	(0.875,0.106,0.1)

　　使用 MATLAB 软件可根据表 11-7 的数据绘出 4 个评价指标的标准正态隶属度函数,但是因为该函数具有一定的随机性,因此不予展示。通过运行相关程序重复运算 1500 次,并按相关公式取其平均值作为其隶属度,并构建平均隶属度矩阵 M,如表 11-11 所示。从表 11-11 中可以看出,应用熵权-正态云模型得到的结果与文献结果一致[333],与实际等级基本一致,仅样本 9 的评价结果与实际等级不同,因此该方法在评价岩爆烈度等级方面具有较好的效果,且在处理模糊性、随机性等方面有较大的优越性,该方法为岩爆等级评价提供了一个新思路。

表 11-11　　　　　　　　　　　　　岩爆烈度等级及其对比

样本编号	岩爆烈度平均隶属度				本节模型结果	文献结果	实际等级
	I	II	III	IV			
1	0.17212	0.30375	0.38415	0.19491	III	III	III
2	0.11184	0.74294	0.27793	0.17116	II	II	II
3	0.48187	0.37455	0.14558	0.09049	I	I	I
4	0.39617	0.35403	0.04875	0.09096	I	I	I
5	0.32053	0.11619	0.27653	0.06932	I	I	I
6	0.04722	0.2021	0.33848	0.32995	III	III	III
7	0.0952	0.54245	0.4037	0.1457	II	II	II
8	0.14282	0.47042	0.48818	0.14361	III	III	III
9	0.01315	0.04031	0.43184	0.60803	IV	IV	III
10	0.21006	0.32537	0.44644	0.14511	III	III	III
11	0.15985	0.35906	0.42493	0.17637	III	III	III
12	0.09482	0.45263	0.4773	0.2203	III	III	III

11.3.3　结论

　　(1)将熵权-正态云模型应用于岩爆烈度的划分,使得岩爆烈度分级兼顾模糊性和随机性,使岩爆烈度评价指标实现从定性向定量评价的转化。

　　(2)利用评价岩爆烈度等级的 4 个因素作为评价标准,利用熵值法分配各评价指标的权重,减少了主观随意性的影响,同时所得结果与实际结果基本吻合,证明了该方法的可行性,为评价岩爆烈度提供了新思路。

　　(3)熵权-正态云模型因为有些参数选取了经验值,因此在岩爆烈度评价中还存在一定的主观性和不足,尚应进行一定的改进,未来可能有更进一步的应用空间。

11.4 基于熵权-可变模糊集理论的公路隧道岩爆烈度评价

岩爆被定义为施工过程中岩体扰动引起的应力集中现象。当应力集中达到一定程度时,积累的弹性应变能被释放出来,从而发生动力失稳。岩爆后隧道的状态如图 11-3 所示。

(a)掌子面的坑洞　　　　　　　(b)坑洞示意图

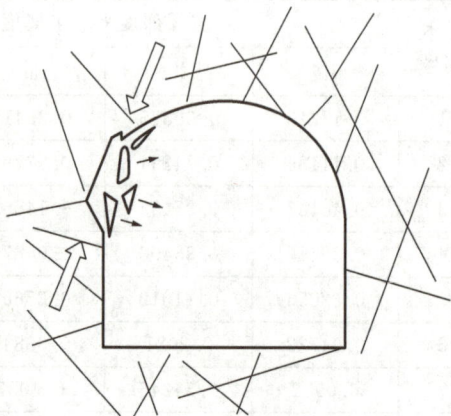

图 11-3　某隧道中的岩爆

岩爆的发生以高频率为特征。据有关统计,全球岩爆事件的发生次数已达 1000 多次。在中国,岩爆灾害给地下工程造成了巨大的损失。例如,在二郎山隧道的施工过程中,岩爆的发生次数达数百次,导致工地频繁停工,大量设备受损及人员受伤。特别是 2016 年 8 月 15 日,山东济宁梁宝寺煤矿发生岩爆,造成多人死亡。因此,准确预测和估计岩爆强度的风险等级对隧道的安全施工具有重要意义。

近年来,许多国家的研究人员提供了许多评估岩爆强度的方法。例如,模糊综合评判法[336]、功效系数法[635]、距离判别法[527]、理想点法[636]、理想解排序法[637]、神经网络法[638]、未确知测度理论[639]和标准云理论[640],分别应用于冲击地压强度的预测。此外,随着人工智能的发展和普及,机器学习算法已被用于岩爆灾害的预测。例如,Zhou等[641]建立了基于 CRITIC-XGB 算法的岩爆烈度预测模型,张钧博等[642]建立了基于 XG-Boost 算法的岩爆烈度交叉验证预测模型。刘晓悦等[643]采用多维云模型来检验权重融合的合理性;为准确可靠地预测岩爆危险性,Liang 等[644]提出了基于亚当算法的深度神经网络模型(Adam-DNN);主成分分析-最优路径森林法(PCA-OPF)是由赵国彦等[645]基于主成分分析结合最优路径森林法建立的岩爆预测模型。Gu 等[646]应用直觉模糊集-TOPSIS 模型对某水工隧道岩爆强度风险等级进行了评价。

虽然上述方法推动了岩爆强度评价理论的发展,但仍有待完善。例如,许多方法的评估过程往往是定量或定性的,计算过程复杂。为了克服上述方法的不足,引入熵权-可变模糊集来评价隧道岩爆强度的风险等级。例如,Yu 等[647]应用可变模糊集方法分析岩爆强度的分类预测;Wang 等[648]应用可变模糊集模型结合 SPA 方法预测岩爆;最近,Wang 等[649]采用改进的可变模糊集方法预测岩爆烈度。本书首次将熵权-可变模糊集模型应用于公路隧道岩爆预测(公路隧道围岩坚硬),是预测公路隧道岩爆强度的一次重大尝试,该模型具有算法精确、实用性强等优点。该模型可以解决分级标准和区间形式,大大改进了传统的模糊集模型[650]。

11.4.1　工程概况

中国秦岭终南山公路隧道总长 18.02 km,采用纵向通风的方法改善其环境条件。隧道由三条竖井分成四个通风断面,分别长 3.781 km、4.461 km、4.948 km 和 4.830 km。其中 2# 竖井是中国公路隧道竖井最广泛采用的一种形式,井筒内径 11.2 m,开挖外径 13.32 m,井筒中心地面标高 1703 m,竖井的深度是 661 m。2# 竖井井筒地质条件为:井筒顶部 30 m 岩层为第四纪全新世斜坡冲积层,砾石土为混合片麻岩,岩性为Ⅱ型围岩;井筒底部岩层为混合片麻岩,岩体受构造影响较小,完整无损,岩体为Ⅵ型围岩。最深井段最大水平主应力测试值为 21.04 MPa,测试方向为 NW28°,属于高应力水平,岩爆强度高。

11.4.2　评价模型的构建

岩爆烈度的评价对岩爆支护结构的安全施工和支护方式的设计有着重要的影响。本节应用熵权-可变模糊集理论建立了岩爆烈度的评价模型,其流程图如图 11-4 所示。首先,在评价岩爆烈度等级之前,应建立完整的评价指标体系。其次,采用熵权理论计算各评价指标的权重。再次,基于所构建的模型定义相对隶属度函数。最后,利用该模型确定岩爆烈度的风险等级。

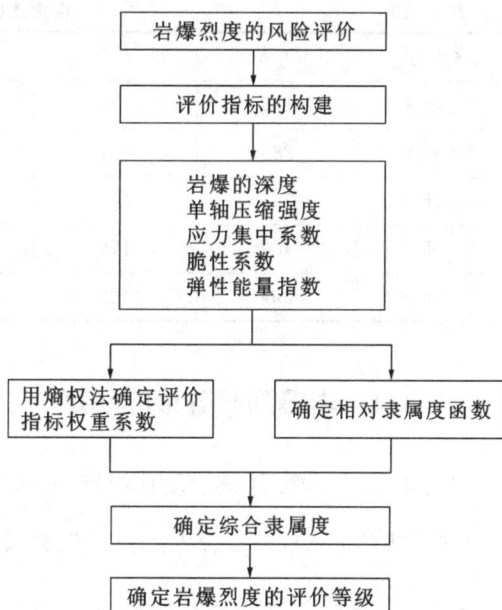

图 11-4　岩爆烈度的评价过程流程图

11.4.3 评价指标的确定

岩爆评价指标应从内部因素和外部因素两方面考虑。通常将内部因素定义为岩性,外部因素包括应力条件和围岩条件[595,651]。为满足上述要求,本节选择岩爆深度 D、单轴抗压强度 σ_c、应力集中系数 SCF、脆性系数 B_1 和弹性变形能指数 W_{et} 作为岩爆烈度的评价指标。根据有关资料,5 个评价指标可分为表 11-12 中的 4 个等级:Ⅰ级(无岩爆)、Ⅱ级(弱岩爆)、Ⅲ级(中等岩爆)和 Ⅳ级(强岩爆)。五个截面的监测数据见表 11-13。

表 11-12　　　　　　　　　　　岩爆烈度的分类标准

指标	岩爆烈度			
	Ⅰ	Ⅱ	Ⅲ	Ⅳ
D/m	<50	$[50, 200)$	$[200, 700)$	$\geqslant 700$
σ_c/MPa	<80	$[80, 120)$	$[120, 180)$	$\geqslant 180$
SCF	<0.2	$[0.2, 0.3)$	$[0.3, 0.55)$	$\geqslant 0.55$
B_1	<10	$[10, 14)$	$[14, 18)$	$\geqslant 18$
W_{et}	<2	$[2, 5)$	$[5 \; 10)$	$\geqslant 10$

表 11-13　　　　　　　　　　　　监测数据

序列号	D/m	σ_c/MPa	SCF	B_1	W_{et}
1♯断面	119	122	0.35	22.68	3.31
2♯断面	283	121	0.72	13.68	9.05
3♯断面	316	124	0.63	14.35	7.74
4♯断面	467	119	0.47	16.5	5.52
5♯断面	659	120	0.52	18.6	4.16

11.4.4 岩爆烈度等级的确定

11.4.4.1 吸引域、范围矩阵和点值矩阵的构造

根据式(10-33),并结合表 11-12,吸引域 I_{ab} 被描述为:

$$\boldsymbol{I}_{ab} = \begin{bmatrix} [0,50] & [50,200] & [200,700] & [700,1050] \\ [0,80] & [80,120] & [120,180] & [180,270] \\ [0,0.2] & [0.2,0.3] & [0.3,0.55] & [0.55,0.825] \\ [0,10] & [10,14] & [14,18] & [18,27] \\ [0,2] & [2,5] & [5,10] & [10,15] \end{bmatrix}$$

根据式(10-34)，矩阵 $\boldsymbol{I}_{de}$ 可以表示为：

$$\boldsymbol{I}_{de} = \begin{bmatrix} [0,200] & [0,700] & [50,1050] & [200,1050] \\ [0,120] & [0,180] & [80,270] & [120,270] \\ [0,0.3] & [0,0.55] & [0.2,0.825] & [0.3,0.825] \\ [0,14] & [0,18] & [10,27] & [14,27] \\ [0,5] & [0,10] & [2,15] & [5,15] \end{bmatrix}$$

根据式(10-35)、式(10-36)，点值矩阵 $\boldsymbol{F}$ 可以表示为：

$$\boldsymbol{F} = \begin{bmatrix} 0 & 100 & 533.3 & 1050 \\ 0 & 93.3 & 160 & 270 \\ 0 & 0.183 & 0.616 & 0.825 \\ 0 & 6 & 21.3 & 27 \\ 0 & 3.33 & 10.67 & 15 \end{bmatrix}$$

11.4.4.2 相对隶属度矩阵的确定

根据表 11-12，并结合式(10-33)、式(10-34)确定评估量值是在点 F_{1j} 的左边还是右边，以 1# 断面的数据为例，当 $i=1$，$[a,b]_{1j}$、$[d,e]_{1j}$ 和 F_{1j} 能被表达为：

$$[a,b]_{1j} = ([0,50],[50,200],[200,700],[700,1050])$$
$$[d,e]_{1j} = ([0,200],[0,700],[50,1050],[200,1050])$$
$$F_{1j} = [0,100,533.3,1050]$$

已知 $x_1 = 119$，当 $a_{11}=0$，$b_{11}=50$，$d_{11}=0$，$e_{11}=200$ 时，有 $F_{11}=0$，因此 x_1 坐落于区间 $[b_{11},e_{11}]$ 内，$\mu_F(u_{11})=0.27$。当 $a_{12}=50$，$b_{12}=200$，$d_{12}=0$，$e_{12}=700$ 时，有 $F_{12}=100$，因此 x_1 坐落于区间 $[F_{12},b_{12}]$ 之外，$\mu_F(u_{12})=0.905$；当 $a_{14}=700$，$b_{14}=1050$，$d_{14}=200$，$e_{14}=1050$ 时，有 $F_{14}=1050$，因此 x_1 坐落于区间 $[d_{14},a_{14}]$ 之外，$\mu_F(u_{14})=0$。

用同样的方法，可以得到 1# 断面的相对隶属度矩阵如下：

$$\boldsymbol{\mu}_F(u_{1j}) = \begin{bmatrix} 0.27 & 0.905 & 0.23 & 0 \\ 0 & 0.483 & 0.525 & 0.017 \\ 0 & 0.286 & 0.579 & 0.1 \\ 0 & 0 & 0.24 & 0.76 \\ 0.282 & 0.992 & 0.115 & 0 \end{bmatrix}$$

11.4.4.3 权重系数的确定

根据表 11-13 并结合式(10-46),得到参数矩阵如表 11-14 所示,熵权矩阵如表 11-15 所示。

表 11-14 岩爆烈度的综合参数

序列号	D	σ_c	SCF	B_1	W_{et}
1♯断面	0.0645	0.2013	0.1301	0.2643	0.1111
2♯断面	0.1535	0.1997	0.2677	0.1594	0.3039
3♯断面	0.1714	0.2046	0.2342	0.1672	0.2599
4♯断面	0.2533	0.1964	0.1747	0.1923	0.1854
5♯断面	0.3574	0.198	0.1933	0.2168	0.1397

表 11-15 熵权矩阵

评价指标	D	σ_c	SCF	B_1	W_{et}
指标的熵	0.921	0.9999	0.9821	0.9891	0.9592

11.4.4.4 综合隶属度的确定

基于和 $\boldsymbol{\mu}_F(\mu_{1j})$,综合隶属度如表 11-16 所示。

表 11-16 综合隶属度

k 和 l	$v_F(u)_1$			
$k=1,l=1$	0.2209	0.788	0.2413	0.0676
$k=1,l=2$	0.2628	0.8174	0.2317	0.0855
$k=2,l=1$	0.0744	0.9325	0.0919	0.0052
$k=2,l=2$	0.1127	0.9525	0.0833	0.0087

归一化后的综合隶属度矩阵如表 11-17 所示。

表 11-17 归一化的综合隶属度矩阵

k 和 l	v'			
$k=1,l=1$	0.1676	0.5979	0.1831	0.0513
$k=1,l=2$	0.1881	0.585	0.1658	0.0612
$k=2,l=1$	0.0674	0.8446	0.0832	0.0048
$k=2,l=2$	0.0974	0.8231	0.072	0.0075

11.4.4.5 岩爆烈度风险等级的确定

根据表 11-17,各断面的排序特征值如表 11-18 所示。表 11-19 对比了不同方法得到的结果。

表 11-18   **各断面的排序特征值**

序列号	排序特征值				平均值
	$k=1, l=1$	$k=1, l=2$	$k=2, l=1$	$k=2, l=2$	
1♯断面	2.1181	2.1001	2.0253	1.9896	2.0583
2♯断面	3.9657	3.8913	3.9626	3.8621	3.9204
3♯断面	3.9296	3.8755	3.9166	3.8496	3.8928
4♯断面	2.9527	2.9677	2.9486	2.9628	2.9579
5♯断面	3.0201	2.9868	3.1236	3.1323	3.0657

表 11-19   **不同方法结果的对比**

序列号	本节所提方法	现行规范	WOA-KELM 方法
1♯断面	Ⅱ	Ⅱ	Ⅰ
2♯断面	Ⅳ	Ⅳ	Ⅳ
3♯断面	Ⅳ	Ⅳ	Ⅳ
4♯断面	Ⅲ	Ⅲ	Ⅳ
5♯断面	Ⅲ	Ⅲ	Ⅱ

从表 11-19 可以看出,1♯~5♯断面岩爆的危险程度是不同的。1♯断面岩爆烈度等级为Ⅱ级,2♯和 3♯断面岩爆烈度等级为Ⅳ级,4♯和 5♯断面岩爆烈度等级为Ⅲ级。表明 1♯断面围岩岩爆强度较弱,2♯和 3♯断面围岩岩爆强度较大,4♯和 5♯断面围岩岩爆强度中等,断面岩爆强度合格率为 20%。应采取必要的加固措施,如在围岩中固定锚杆等,防止这些断面发生岩爆。

根据表 11-19 中评估模型的比较结果,可以发现基于熵权-可变模糊集理论的方法评估结果与现行规范评价结果完全一致[609],其准确率达到 100%,高于 WOA-KELM (40%)[652] 的结果,利用熵权-可变模糊集模型估计岩爆烈度是可行的。例如,根据表 11-12、表 11-13,1♯断面的单轴抗压强度为 122 MPa,应属于Ⅲ级,但熵权-可变模糊集模型获得的其他指标的综合隶属度属于Ⅱ级,所以 1♯断面的岩爆烈度等级属于Ⅱ级的概率比Ⅰ、Ⅳ和Ⅲ更大,因此,1♯断面岩爆强度等级应属于Ⅱ级,几乎不可能属于Ⅰ、Ⅲ、Ⅳ级。此外,2♯断面的强度等级比 3♯断面的强度等级更可能属于Ⅳ级,因为 2♯断面属于Ⅳ级的平均排序特征值(3.9204)高于 3♯断面(3.8928)。熵权-可变模糊集模型不仅对岩爆烈度等级进行了准确的评估,还进一步确定了同一等级不同断面的岩爆烈度等级排名。

11.4.5 结论

考虑到岩石的岩爆深度 D、单轴抗压强度 σ_c、应力集中系数 SCF、脆性系数 B_1 和弹性变形能指数 W_{et}这些影响因素,提出了一种评价岩爆强度等级的新方法。首先确定待评价样本的相对隶属度矩阵,然后采用熵值法计算加权系数,最后利用平均排序特征值确定岩爆强度等级。

将使用该方法的结果与现行规范和 WOA-KELM 理论[652]的结果进行了比较,发现采用熵权-可变模糊集方法得到的结果与现行规范完全一致,精度达到 100%。利用熵权-可变模糊集模型得到的结果不仅准确地反映了岩爆烈度等级,而且进一步确定了同一等级上不同断面岩爆烈度等级的排序。该模型为今后评价岩爆强度的风险等级和提高评价的准确性提供了一种新方法。

12 围岩和混凝土质量的等级评价

12.1 基于博弈-灰靶模型的矿井围岩质量评价

12.1.1 工程概况

某矿井工程的新主井（见图 12-1）位于剥蚀低山丘陵地区，其设计深度为 1135 m，直径为 6 m。新主井穿越了蚀变粗面岩、钠长花岗岩、蚀变辉绿岩、钠长石石英正长斑岩、断层角砾岩、钠长花岗斑岩、碎裂花岗岩、钾长石花岗岩、钾长石石英闪长岩等 9 种岩石。围岩中存在 5 组不同产状的节理，蚀变软弱带和断裂带较多。围岩存在均匀的裂隙水，其中上部为弱吸水层，下部高应力区为相对耐水层。现场试验表明，在大多数情况下，由于矿区地质条件复杂，岩体不同部位的水平应力不尽相同，但随着深度的增加，水平应力将逐渐接近原岩的自重应力。

图 12-1 矿井中的新主井

12.1.2 研究方法

灰色目标决策是从客观角度解决多属性决策问题的一种重要方法,能有效地减少决策过程中原始数据的丢失。它的基本思想是在已有的序列集合中找到最优的数据序列来构造一个标准模型[641,653-655]。然后,通过比较其他模型与标准模型,建立灰色目标模型,评价模型之间的接近程度,计算目标距离,确定评价等级。本节针对单权重灰色目标模型的精度缺陷,采用对策组合加权的方法,对评判权重和熵值法的组合加权进行了优化,得到了最优加权。

12.1.2.1 决策矩阵的建立

假设有 m 个待评估的样本 $A_i(i=1,2,\cdots,m)$,n 个评估指标 $A_j(j=1,2,\cdots,n)$,样本矩阵 $\boldsymbol{A}=(a_{ij})$。若 c_j 是第 j 个评估指标的平均值,那么[656,657]:

$$c_j = \frac{1}{m}\sum_{i=1}^{n}a_{ij} \tag{12-1}$$

式中:$i=1,2,\cdots,m$;$j=1,2,\cdots,n$。

假设 x_{ij} 是标准化的处理结果,对于经济指标,它可以表示为

$$x_{ij}=\frac{a_{ij}-c_j}{\max(\max(a_{ij})-c_j,c_j-\min(a_{ij}))} \tag{12-2}$$

对于成本类型指标,x_{ij} 可以表示为:

$$x_{ij}=\frac{c_j-a_{ij}}{\max(\max(a_{ij})-c_j,c_j-\min(a_{ij}))} \tag{12-3}$$

根据式(12-1)~式(12-3),决策矩阵可以表示为:

$$\boldsymbol{X}=\begin{bmatrix} x_{11} & x_{12} & \cdots & x_{1n} \\ x_{21} & x_{22} & \cdots & x_{2n} \\ \vdots & \vdots & & \vdots \\ x_{m1} & x_{m2} & \cdots & x_{mn} \end{bmatrix}$$

12.1.2.2 目标中心距的计算

对于决策矩阵 $\boldsymbol{X}$,如果 $x_j^{0+}=\max\{x_{ij}\mid 1<i<m\}$,那么 $x^{0+}=\{x_1^{0+},x_2^{0+},\cdots,x_m^{0+}\}$ 被称为灰靶的正目标中心;$x^{0-}=\{x_1^{0-},x_2^{0-},\cdots,x_m^{0-}\}$ 被称为负目标中心;x^{0+} 和 x^{0-} 的距离被认为是正负目标中心的间距 d_0,那么[519,658]:

$$d_0=|x^{0+}-x^{0-}|=\left[\sum_{j=1}^{n}\omega_j(x_j^{0+}-x_j^{0-})^2\right]^{\frac{1}{2}} \tag{12-4}$$

式中:ω_j 是基于博弈论获得的第 j 个指标的最优权重。正目标中心距 d_i^+ 是 x_i 和 x^{0+}

之间的距离,其计算公式是:

$$d_i^+ = |x_i - x^{0+}| = \left[\sum_{j=1}^{n} \omega_j (x_{ij} - x_j^{0+})^2\right]^{\frac{1}{2}} \tag{12-5}$$

负目标中心距 d_i^- 是 x_i 和 x^{0-} 之间的距离,其计算公式是:

$$d_i^- = |x_i - x^{0-}| = \left[\sum_{j=1}^{n} \omega_j (x_{ij} - x_j^{0-})^2\right]^{\frac{1}{2}} \tag{12-6}$$

若采样点 x_i 的正目标中心距 $d_i^+ < d_0$,那么 x_i 坐落于圆心为 x^{0+}、半径为 d_0 的球内;若采样点 x_i 的负目标中心距 $d_i^- < d_0$,那么 x_i 坐落于圆心为 x^{0-}、半径为 d_0 的球内。任何取样点 x_i、正目标中心距 d_i^+ 和负目标中心距 d_i^- 都是空间中的三个点,这三个点是共线或共面的。因此,可以利用正目标中心距在正负目标中心线上的投影大小来评估样本的危险程度。假设正目标中心距与正负目标中心线之间的直线的夹角为 θ,则根据余弦定律可以得到综合目标中心距[659]:

$$d_i^* = d_i^+ \cos\theta = \frac{(d_i^+)^2 + (d_0)^2 + (d_i^-)^2}{2d_0} \tag{12-7}$$

12.1.2.3　质量等级的分类

从目标中心距的定义可以看出,综合目标距能够定量地反映样本的质量等级。假设被评估的样本质量分为 t 个等级,$D = \{d_1, d_2, \cdots, d_m\}$ 是待评估样本的综合靶心距集,t 质量等级的排序集是 $B = \{B_1, B_2, \cdots, B_t\}$,又假设 f 是一个正整数,有 $1 \leqslant f < t$,第 f 级门槛 $g_f = \max(B_f)$,$c_f = \min(B_f)$,那么 $h_f = \alpha c_{f+1} + (1-\alpha) g_f$,其中 $\alpha \in (0,1)$,$h_0 = 0$,$d = (d_1, d_2, \cdots, d_i)$ 是不同质量等级的临界综合目标中心距,第 t 个质量等级综合目标距的区间分布集如下[533,660]:

$$D_{ij} = \{d \mid h_0 > d_1 > h_1, \cdots, h_{t-1} > d_t > h_t\} \tag{12-8}$$

12.1.2.4　指标权重的确定

(1)CRITIC 方法。

CRITIC 方法是一种权重分配方法,它利用不同评价指标对权重的变异性和冲突性,综合衡量评价指标,其步骤如下。

①数据的标准化处理。

将每个评价指标无量纲化,以消除不同变量的影响。如果评价指标为经济类型,计算公式为:

$$y_{ij} = \frac{x_{ij} - \min(x_{ij})}{\max(x_{ij}) - \min(x_{ij})} \tag{12-9}$$

如果评价指标为成本类型,则计算公式为:

$$y_{ij} = \frac{\max(x_{ij}) - x_{ij}}{\max(x_{ij}) - \min(x_{ij})} \tag{12-10}$$

式中：y_{ij} 是正交化处理值；$\max(x_{ij})$ 和 $\min(x_{ij})$ 是一系列评价指标的最大值和最小值。

②评价指标的方差通常用评价指标的标准差来表示，计算公式为[560,561]：

$$\sigma_j = \sqrt{\frac{\sum_{i=1}^{n}(x_{ij} - x_j)^2}{n}} \tag{12-11}$$

式中：x_j 是第 j 个评价指标的均值；n 是评价指标的总数。

③评价指标的相关系数计算如下：

$$r_{mj} = \frac{\sum(x - \bar{x})(y - \bar{y})}{\sqrt{\sum(x - \bar{x})^2 \sum(y - \bar{y})^2}} \tag{12-12}$$

④评价指标的冲突系数计算如下：

$$C_j = \sum_{m=1}^{n}(1 - r_{mj}) \tag{12-13}$$

⑤计算评价指标的权重系数如下：

$$\omega_j = \frac{\sigma_j \times C_j}{\sum_{j=1}^{n} \sigma_j \times C_j} \tag{12-14}$$

（2）熵值法。

熵值法是一种根据评价指标的方差大小确定指标熵值的方法。

（3）博弈论组合赋权法。

为了避免单一加权方法造成的信息损失，提高权重的准确性，采用博弈论组合加权方法对多种加权方法得到的权重进行优化，找出一致性，得到最优权重。

①采用熵值法和 CRITIC 方法分别得到权重 ω_1 和 ω_2。假设 a_1 和 a_2 分别是线性组合系数，则权重 ω_1 和 ω_2 可以线性化为[562]：

$$\omega = a_1 \omega_1^{\mathrm{T}} + a_2 \omega_2^{\mathrm{T}} \tag{12-15}$$

②根据博弈论，对式（12-15）中的线性组合系数 a_1 和 a_2 进行优化，其表达式如下：

$$a_k' = \min \| a_k \omega_k^{\mathrm{T}} - \omega_k \|^2 \quad (k = 1,2) \tag{12-16}$$

③根据矩阵的微分特性，优化式（12-15）一阶导数条件的线性微分方程为：

$$\begin{bmatrix} \omega_1 \omega_1^{\mathrm{T}} & \omega_1 \omega_2^{\mathrm{T}} \\ \omega_2 \omega_1^{\mathrm{T}} & \omega_2 \omega_2^{\mathrm{T}} \end{bmatrix} \tag{12-17}$$

④通过式(12-16)得到最优组合系数 a_1' 和 a_2'，归一化过程为 $a_1^* = a_1'/(a_1' + a_2')$，$a_2^* = a_2'/(a_1' + a_2')$，然后基于博弈论得到综合权重 $\boldsymbol{\omega}$ 为：

$$\boldsymbol{\omega} = a_1^* \boldsymbol{\omega}_1 + a_2^* \boldsymbol{\omega}_2 \tag{12-18}$$

12.1.3 评价模型的构建

12.1.3.1 评价指标的构建

指标的选择应考虑到现场的易于获得性、方便性和实践性。根据这一原则，选取了 8 个影响因素作为评价指标，分别是：岩石单轴饱和抗压强度 R_c、岩体深度 H、岩体完整系数 K_v、单位质量 γ、岩石质量指标 RQD、地下水质量 k_1、主结构面与竖轴夹角的量化系数 k_2 和岩石软化系数 K_R。评价结果分为优（Ⅰ）、良（Ⅱ）、一般（Ⅲ）、劣（Ⅳ）、差（Ⅴ）五个等级。采用 12 组矿山监测数据和评估结果作为训练样本，具体数据见表 12-1。

表 12-1　　　　　　　　　围岩质量评价模型的训练样本

样本序号	UCS/GPa	H/m	K_v	$\gamma/(kN/m^3)$	RQD/%	k_1	$k_2/(°)$	K_R	质量等级
1	219.12	760	0.924	25.86	100	10	0.45	0.78	Ⅰ
2	169.84	768	0.973	25.84	100	15	0.45	0.74	Ⅰ
3	19.42	777	0.857	24.15	50	4	0.4	0.49	Ⅴ
4	20.11	783	0.832	24.3	80	7	0.4	0.91	Ⅴ
5	41.61	791	0.849	24.89	75	7	0.4	0.62	Ⅳ
6	56.86	800	0.724	25.61	73	10	0.4	0.72	Ⅳ
7	86.79	830	0.602	25.35	90	15	0.3	0.65	Ⅲ
8	104.01	840	0.653	25.27	94	7	0.3	0.79	Ⅲ
9	104.01	843	0.633	25.7	85	7	0.3	0.79	Ⅲ
10	104.01	862	0.887	25.7	82	7	0.3	0.79	Ⅱ
11	104.1	869.4	0.887	25.72	85	7	0.3	0.75	Ⅱ
12	92.74	880	0.887	25.4	83	10	0.4	0.58	Ⅱ

12.1.3.2 评价框架的构建

评价框架的流程图如图 12-2 所示，具体步骤如下。

(1)构造原始数据的样本矩阵。

(2)基于式(12-2)和式(12-3)建立原始数据的决策矩阵。

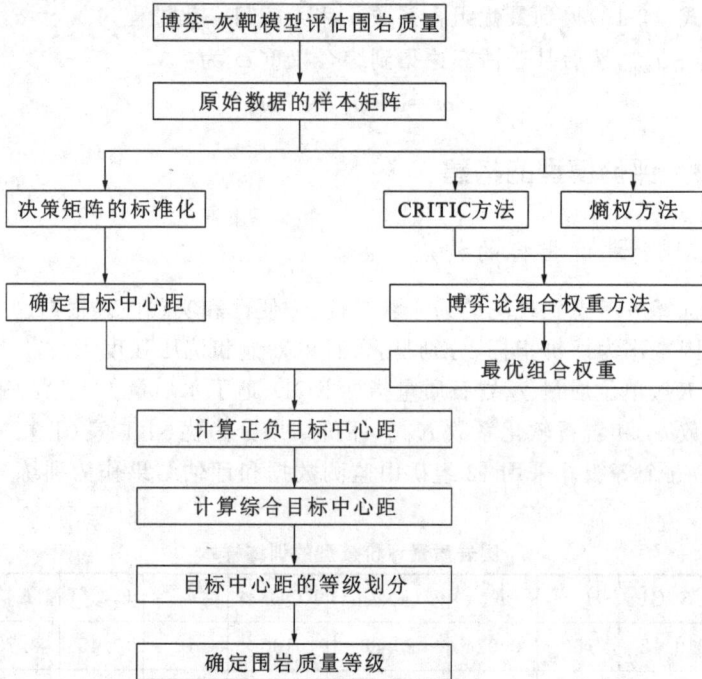

图 12-2 评价框架的流程

(3)根据式(12-9)～式(12-18),获得各样本的综合权重。

(4)根据决策矩阵和式(12-4),求出不同样本的正负目标中心的间距。

(5)根据式(12-5)和式(12-6)确定不同样本的正负目标中心距。

(6)根据式(12-7)确定不同样品的综合目标中心距。

(7)结合式(12-8),根据目标中心距范围确定质量水平的划分。

(8)确定围岩最终质量等级。

12.1.3.3 标准决策矩阵的确定

基于式(12-1)～式(12-3),并结合表 12-1 建立了决策矩阵,如表 12-2 所示。

表 12-2   决策矩阵

样本序号	UCS	H	K_v	γ	RQD	k_1	k_2	K_R
1	1.00	−0.90	0.54	0.46	0.51	0.19	1.00	0.26
2	0.61	−0.78	0.78	0.44	0.51	1.00	1.00	0.09
3	−0.59	−0.63	0.22	−1.00	−1.00	−0.78	0.38	−1.00
4	−0.58	−0.54	0.10	−0.87	−0.09	−0.30	0.38	0.83

续表12-2

样本序号	UCS	H	K_v	γ	RQD	k_1	k_2	K_R
5	−0.41	−0.41	0.19	−0.37	−0.24	−0.30	0.38	−0.43
6	−0.29	−0.27	−0.41	0.25	−0.30	0.19	0.38	0.00
7	−0.05	0.21	−0.99	0.03	0.21	1.00	−0.88	−0.30
8	0.08	0.37	−0.75	−0.04	0.33	−0.30	−0.88	0.30
9	0.08	0.41	−0.84	0.32	0.06	−0.30	−0.88	0.30
10	0.08	0.71	0.37	0.32	−0.03	−0.30	−0.88	0.30
11	0.08	0.83	0.37	0.34	0.06	−0.30	−0.88	0.13
12	−0.01	1.00	0.37	0.07	0.00	0.19	0.38	−0.61

12.1.3.4　指标权重的确定

(1)基于熵权法确定权重 $\boldsymbol{\omega}_1$。

根据表 12-2,得到相应的权重:

$\boldsymbol{\omega}_1 = \begin{bmatrix} 0.6122 & 0.0042 & 0.0379 & 0.0008 & 0.0047 & 0.2149 & 0.0445 & 0.0409 \end{bmatrix}$

(2)基于 CRITIC 方法计算权重系数 $\boldsymbol{\omega}_2$。

根据式(12-9)～式(12-12)并结合表 12-1,可以计算出相关系数:

$$r = \begin{bmatrix} 1 & 0.0768 & 0.282 & 0.7898 & 0.8075 & 0.4875 & 0.1675 & 0.2811 \\ 0.0768 & 1 & 0.2661 & 0.3117 & 0.0724 & 0.1288 & 0.7461 & 0.0121 \\ 0.282 & 0.2661 & 1 & 0.0351 & 0.0098 & 0.036 & 0.6242 & 0.0797 \\ 0.7898 & 0.3117 & 0.0351 & 1 & 0.7068 & 0.5018 & 0.1596 & 0.2879 \\ 0.8075 & 0.0724 & 0.0098 & 0.7068 & 1 & 0.6207 & 0.04 & 0.5645 \\ 0.4875 & 0.1288 & 0.036 & 0.5018 & 0.6207 & 1 & 0.2129 & 0.025 \\ 0.1675 & 0.7461 & 0.6242 & 0.1596 & 0.04 & 0.2129 & 1 & 0.1814 \\ 0.2811 & 0.0121 & 0.0797 & 0.2879 & 0.5645 & 0.025 & 0.1814 & 1 \end{bmatrix}$$

根据式(12-13),不同评价指标的标准差如下:

$C = \begin{bmatrix} 4.1079 & 5.386 & 5.6672 & 4.2073 & 4.1783 & 4.9874 & 4.8683 & 5.5684 \end{bmatrix}$

根据式(12-14)计算每个评价指标的权重:

$\boldsymbol{\omega}_2 = \begin{bmatrix} 0.096 & 0.1504 & 0.1504 & 0,1136 & 0.0901 & 0.121 & 0.159 & 0.1204 \end{bmatrix}$

(3)确定综合权重。

基于式(12-14)～式(12-18),得到综合权重:

$\boldsymbol{\omega} = \begin{bmatrix} 0.5131 & 0.0322 & 0.0595 & 0.0224 & 0.0534 & 0.1969 & 0.0664 & 0.0561 \end{bmatrix}$

权重的视图如图 12-3 所示。

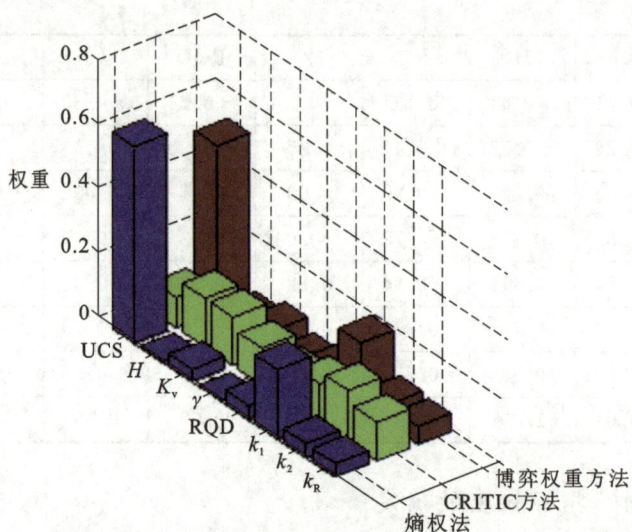

图 12-3　权重的视图

12.1.3.5　目标中心距的确定

正目标中心和负目标中心分别为 $x^{0+}=(1,1,0.79,0.46,0.51,1,1,0.83)$ 和 $x^{0-}=(-0.59,-0.9,-0.99,-1,-1,-0.78,-0.88,-1)$，根据式(12-4)，正负目标中心之间的间距为 $d_0=1.678$。根据式(12-5)、式(12-6)，可以计算各样本的正目标中心距 d^+ 和负目标中心距 d^-，其结果如表 12-3 所示。

表 12-3　　　　　　　　　　　　　**各样本的正负目标中心距**

样本序号	正目标中心距 d^+	负目标中心距 d^-
1	0.5168	1.4543
2	0.4591	1.421
3	1.5518	0.4414
4	1.3423	0.6769
5	1.264	0.5621
6	1.1043	0.6978
7	1.0428	0.9709
8	1.0848	0.7355
9	1.0937	0.7253

续表12-3

样本序号	正目标中心距 d^+	负目标中心距 d^-
10	1.0228	0.8083
11	1.0253	0.8087
12	0.9065	0.8816

根据式(12-7),综合目标中心距的大小如表12-4所示。

表 12-4　　　　　　　　**各样本的综合目标中心距**

样本	综合目标中心距 d_i^*	样本	综合目标中心距 d_i^*	样本	综合目标中心距 d_i^*
1	0.2884	5	1.2209	9	1.0386
2	0.3002	6	1.0573	10	0.9561
3	1.4985	7	0.8822	11	0.9574
4	1.2394	8	1.0285	12	0.8523

12.1.3.6　围岩质量等级的确定

按质量等级排列每个样本的综合目标中心距,获得了每个质量等级的综合目标中心距的临界值,如表12-5所示。根据式(12-8),可以构造每个质量等级的综合目标中心距图,如图12-4所示。

表 12-5　　　　　　　　**综合目标中心距的临界值**

质量等级	临界值		
	g_f	c_f	h_f
Ⅰ	0.3002	0.2884	0.5763
Ⅱ	0.9574	0.8523	0.9198
Ⅲ	1.0386	0.8822	1.0479
Ⅳ	1.2209	1.0523	1.2302
Ⅴ	1.4983	1.2394	0

12.1.3.7　围岩质量等级的预测

为了检验博弈-灰靶模型的合理性和准确性,以某矿井工程为例,对样本 13～17 的监测数据进行分析,样本监测数据如表12-6所示。

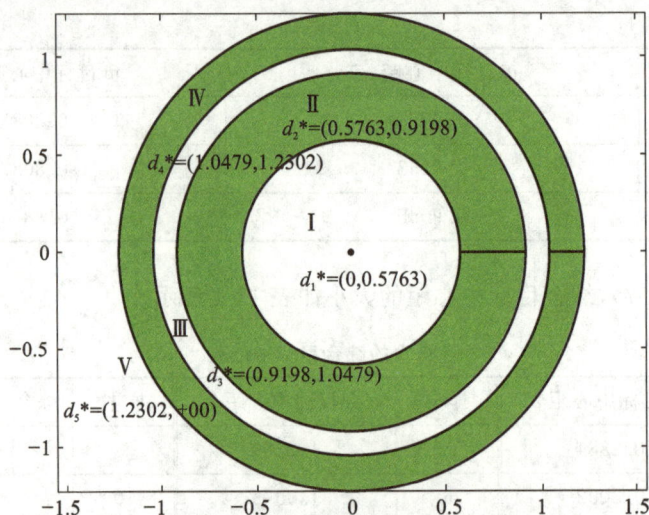

图 12-4　围岩质量等级的综合目标中心距

表 12-6   样本监测数据

样本序号	R_e/GPa	H/m	K_v	γ/(kg/m³)	RQD/%	k_1	k_2/(°)	K_R
13	72.74	889.12	0.887	25.56	81	7	0.4	0.55
14	62.41	900	0.818	25.57	100	10	0.45	0.63
15	60.67	914	0.953	25.45	85	10	0.45	0.63
16	62.41	932	0.818	25.45	78	7	0.4	0.6
17	90.14	942	0.738	25.5	88	7	0.4	0.61

对博弈-灰靶模型中替换不同的参数,得到相应的综合目标中心距。根据图 12-4 所示的不同范围,评价围岩的质量等级,结果如表 12-7 所示。将本节建议的模型获得的结果与其他两种方法进行了比较,如图 12-5 所示。

表 12-7   预测数据的综合目标中心距

样本序号	13	14	15	16	17
d_i^*	1.1447	0.7833	0.8241	1.3694	0.7019
质量等级	IV	II	II	V	II

从表 12-7 中可以看出,各样本的围岩质量等级不同,样本 13 的质量等级为 IV 级,样本 16 的质量等级为 V 级,其余为 II 级。这意味着样本 13、样本 16 质量较差,其余样本质量较好,合格率达到 60%。对于样本 13、样本 16,应采取相应的加固措施,如采用喷射混凝土和锚杆支护以提高围岩的稳定性;对于其他样本,则不需要进行加固。

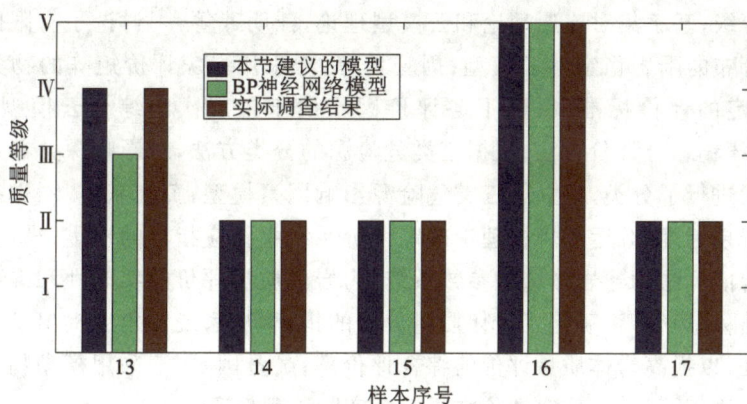

图 12-5　三种结果的对比

12.1.4　结论

图 12-5 的比较结果表明,本节所提出的方法与样本的实际调查结果一致,其准确率达到 100%,比 BP 神经网络[563](80%)得到的结果更精确。因此,采用博弈-灰靶模型对围岩质量等级进行评价是可行的。提出的方法为评估围岩质量等级提供了翔实的资料。例如,样本 15 的质量等级比样品 17 的质量等级更可能是 Ⅱ 级,因为其Ⅲ 级的综合目标中心距(0.8241)大于样本 17(0.7019)。该模型的计算结果准确地反映了围岩的质量等级,并进一步确定了同一等级上不同样本的风险等级排序。

总之,该模型准确预测了围岩的质量等级,并进一步确定了同一等级不同样本的质量等级排列。因此,该方法为今后围岩质量水平的评价提供了新的思路。

12.2　投影寻踪分类模型在西山营围岩质量评价中的应用

围岩质量评价是了解隧道工程特点的基础,在隧道设计和施工中起着至关重要的作用,是选择隧道开挖和支护方式的必要条件。同时由于岩溶发育的隐蔽性和不规则性,在隧道开挖过程中可能发生局部涌水和涌泥,极大地降低了隧道的安全性和稳定性。岩溶发育容易引起倒塌事故,造成人员伤亡和经济损失,威胁建筑安全。因此,在设计和施工隧道围岩之前,评价围岩质量尤为重要。

为了进行围岩质量评价,许多学者从不同角度对隧道围岩质量进行了调查和分析。例如,牛文林等[661]利用优化后的 BQ 修正系数评价了高地应力岩体的质量,确定了围岩等级;基于集对连通理论和云模型理论,汪明武等[662]讨论了有限区间内多不确定性分布的围岩稳定性云模型;周智勇等[663]采用专家评价矩阵的物元分析方法,根据确定的评价标准,得到了各评价因子属于各层次的综合云模型;秦忠诚等[664]采用模糊综合评价方法,根据三类危险源的分类方法,对影响深井巷道围岩稳定性的因素进行了分类,建立了三类危险源影响因素模型;黄仁东等[665]选择理想点法计算围岩接近度,并运用熵权理论确定评价系统中相应指标的权重;马世伟等[666]采用人工智能算法构建岩体结构参数系统,为岩体质量评价的实时性和准确性提供了新的思路;周坦等[667]确定了岩体质量分级的指标,从系统的角度提出了分级评价模型的方法,以提高岩体质量评价的综合评价率;吴贤国等[668]采用模糊物元法对岩溶隧道区域进行了评价,确定评价结果符合实际工程情况。

将上述研究成果应用于工程实践取得了一定的进展。然而,由于围岩质量评价是一个非线性、复杂的系统,上述评价方法仍然存在一定的局限性。如围岩质量评价的模糊性和随机性较差,评价指标的相对重要性和权重分配计算需要优化。基于上述评价围岩质量的方法,本文选取岩石单轴饱和抗压强度、岩体完整性系数、地下水条件和结构面状态作为评价指标,提出了投影寻踪分类模型,该方法可以解决评价过程中多指标的非线性问题,简化了计算效率,提高了评价精度,具有广阔的应用前景。

12.2.1 工程概况

西山营隧道(图 12-6)位于云南省昆明市宜良县,起点里程为 K90+000,终点里程为 K96+725。隧道总长 6725 m,最大埋深 349 m。属于高原切割型中山地貌区。隧道区地形起伏,地表植被发育,以松林和灌木为主。据现场调查,西山营隧道附近的恶劣地质以岩溶为主。隧道由出入口穿过寒武系琼竹寺组地层、沧浪堡组地层、震旦系灯影组地层等。隧道区地表水系需要开发,地下水类型主要有第四系孔隙水、基岩裂隙水和岩溶水。

图 12-6　西山营隧道

12.2.2 研究方法

隧道围岩质量评价是一个多指标的综合评价体系,各因素对质量的影响不同,需要统一的定量方法来确定其影响程度。因此,有必要采用适当的评价方法对指标进行处理,以达到综合评价的目的[564,565]。本节在调查比较围岩质量评价方法的基础上,选择投影寻踪分类法作为评价围岩质量水平的综合评价方法。

12.2.2.1 投影寻踪分类法

投影寻踪分类法(PPC)的基本原理是将高维数据通过某种组合投影到低维子空间中,构造投影指数函数来描述投影评价对象集中同类的相似性和不同类的差异性,得到投影指数函数的最优投影值[566,669,670]。然后根据投影值的分布特征,分析原始评价对象高维数据的分类结构特征。其降维流程图如图 12-7 所示。该方法克服了一般评价过程中指标权重难以确定或过于主观的问题,将多维数据降为一维,实现了一维空间的综合评价。

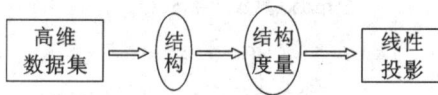

图 12-7 降维流程图

该方法的基本步骤如下。

(1)建立评价指标体系,对评价指标值进行正交化。

假设带有不同的指标样本集 $\{x_{ij}^*\}$,由于每个指标的维度和大小不同,因此有必要对指标进行正交化处理。

正指标的表达式是[671]:

$$x_{ij} = \frac{x_{ij}^* - x_{j\min}}{x_{i\max} - x_{j\min}} \tag{12-19}$$

负指标的表示式是:

$$x_{ij} = \frac{x_{i\max} - x_{ij}^*}{x_{j\max} - x_{j\min}} \tag{12-20}$$

式中:$x_{j\min}$ 和 $x_{j\max}$ 分别是样本集中第 j 个指标的最小值和最大值;x_{ij} 是正交化的样本数据。

(2)构造投影指数函数,将 m 维数据投影 x_{ij} 沿方向 $a = (a_1, a_2, \cdots, a_m)$ 投影成一维投影值 z_i。

$$z_i = \sum_{j=1}^{m} a_j x_{ij}, \quad i = 1 - m \tag{12-21}$$

式中：$a_j > 0$，$\sum\limits_{j=1}^{m} a_j = 1$。

投影指数函数构造如下[672]：

$$Q(a) = S_z D_z \tag{12-22}$$

$$S_z = \sqrt{\sum_{i=1}^{m} \frac{z_i - E_z}{n-1}} \tag{12-23}$$

$$D_z = \sum_{i=1}^{n} \sum_{j=1}^{m} (R - r_{ij}) u(R - r_{ij}) \tag{12-24}$$

式中：S_z 是投影值的标准方差；D_z 是投影值 z_i 的局部密度；R 是局部密度的窗口半径，$R = 0.1 S_z$；$r_{ij} = |r_i - r_j|$；u 是单位步函数，若 $u = 0$，则 $t < 0$，若 $u = 1$，则 $t \geqslant 0$。

（3）投影指数函数的优化。

在确定评价指标时，指标的结构特征只与投影指数函数 $Q(a)$ 有关，最佳投影方向能够最好地反映高维样本数据的聚类特征结构。因此，聚类评估问题被转化为求解最佳投影方向的最优化问题，这在数学上被描述为：

$$\max Q(a) = S_z D_z$$
$$\text{s. t.} \begin{cases} a_j > 0 \\ \sum\limits_{j=1}^{m} a_j = 1 \end{cases} \tag{12-25}$$

通过求解投影指数函数的最大值来确定最佳投影方向，并求出最佳投影方向 a^*，即各指标的权重。这个问题是一个非线性最佳化问题，投影方向 a_j 是一个优化变量。本节采用遗传算法求解最佳投影方向。

（4）结果的评估。

将根据式（12-25）得到的最佳投影方向 a^* 代入式（12-21），计算不同集合的投影值 z_i^*。

12.2.2.2　遗传算法

美国的霍兰德教授在 1975 年首次提出了遗传算法，它是一种随机搜索算法，借鉴了生物界的自然选择和自然遗传机制[673]。该方法模拟自然选择中的繁殖、交叉和基因突变，在每次迭代中保留一组候选解，并根据一些指标从候选解决方案组中选出较好的个体。这些个体通过遗传操作（选择、交叉和突变）相结合，产生新一代的候选解决方案组，这些候选解决方案组被重复计算，直到目标得到满足。与传统的启发式优化搜索算法相比，该方法可以搜索整个解空间，只采用适应度作为随机计算的指标，减少了对人机交互的依赖。遗传算法确定了质量评价体系中各指标的最佳投影方向，即各指标的权重。其流程图如图 12-8 所示。

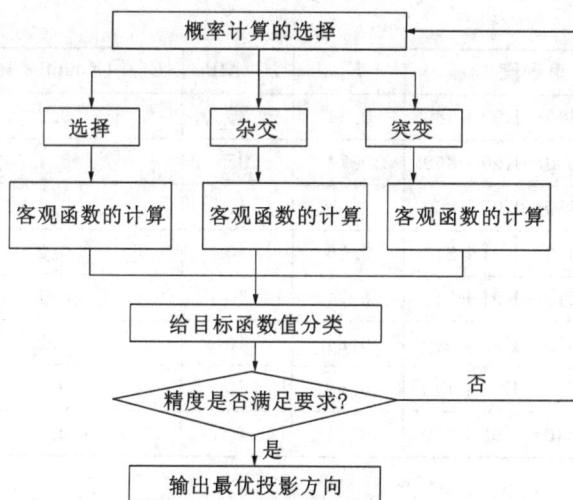

图 12-8　遗传算法流程图

12.2.3　评价模型的构建

12.2.3.1　指标体系的构建

本节根据相关规范和前人的研究成果,选取岩体完整系数(E_1)、单轴饱和抗压强度(E_2)、地下水条件(E_3)和结构面状态(E_4)4 个指标作为围岩分类的评价指标。将评价指标分为五个质量等级:Ⅰ级(极稳定)、Ⅱ级(稳定)、Ⅲ级(常见)、Ⅳ级(不稳定)和Ⅴ级(极不稳定),它们的分类标准如表 12-8 所示。待评价围岩的监测数据见表 12-9。

表 12-8　　　　　　　　　　　　　　围岩评标指标的分类标准

质量等级	E_1	E_2/MPa	E_3/[L/(min·10 m)]	E_4
Ⅰ	0.75~1	250~300	0~5	0.8~1.2
Ⅱ	0.55~0.75	100~250	5~10	0.3~0.8
Ⅲ	0.35~0.55	50~100	10~25	0.2~0.3
Ⅳ	0.15~0.35	25~50	25~125	0.1~0.2
Ⅴ	0~0.15	1~25	125~250	0.01~0.1

表 12-9　　　　　　　　　　　　　　　监测数据

样本序号	里程段	E_1	E_2/MPa	E_3/[L/(min·10 m)]	E_4
1	K90+000~K90+140	0.34	35	0.4	0.25
2	K90+140~K90+400	0.71	35	0.1	0.4

续表12-9

样本序号	里程段	E_1	E_2/MPa	E_3/[L/(min·10 m)]	E_4
3	K90+400～K90+580	0.34	35	0.2	0.4
4	K90+580～K90+860	0.74	35	0.1	0.4
5	K90+860～K91+060	0.6	40	0.1	0.5
6	K91+060～K91+210	0.26	40	0.2	0.5
7	K91+210～K91+510	0.74	40	0.1	0.5
8	K91+510～K92+000	0.84	40	0.2	0.4
9	K92+000～K92+140	0.56	40	0.2	0.5
10	K92+140～K92+380	0.31	40	0.2	0.6

12.2.3.2 评价框架的构建

围岩质量等级评价流程图见图12-9,其详细步骤如下。

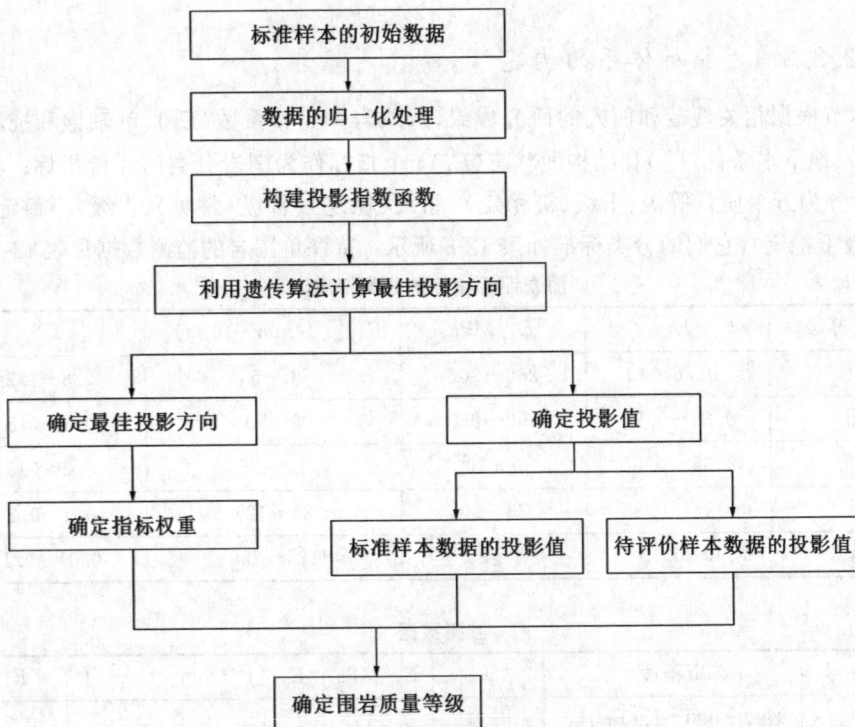

图 12-9 围岩质量等级评价流程图

(1)建立指标和评价指标集,首先根据式(12-19)和式(12-20)进行归一化处理。

(2)确定投影方向,根据式(12-21)~式(12-24),构建投影指数函数。

(3)基于式(12-25)确定最大目标函数,采用遗传算法求解最大目标函数。

(4)当遗传算法达到收敛条件时,确定最佳投影方向,计算投影值和评价指标集。

(5)根据投影值构建质量评价模型。将投影值代入建议的模型,判断围岩的质量等级。

12.2.3.3 评价过程

(1)数据的归一化。

为了直接比较不同评价指标的大小,可以根据式(12-19)和式(12-20)对原始数据进行归一化处理。结果如表 12-10 所示。

表 12-10   **归一化后的监测数据**

样本序号	里程段	E_1	E_2	E_3	E_4
1	K90+000~K90+140	0.1379	0	0	0
2	K90+140~K90+400	0.7759	0	1	0.4286
3	K90+400~K90+580	0.1379	0	0.6667	0.4286
4	K90+580~K90+860	0.8275	0	1	0.4286
5	K90+860~K91+060	0.5826	1	1	0.7143
6	K91+060~K91+210	0	1	0.6667	0.7143
7	K91+210~K91+510	0.8276	1	1	0.7143
8	K91+510~K92+000	1	1	0.6667	0.4286
9	K92+000~K92+140	0.5172	1	0.6667	0.7143
10	K92+140~K92+380	0.0862	1	0.6667	1

(2)分类标准的处理。

表 12-8 将围岩质量分为 5 个等级,评价指标为 4 个,构造了四维数据。使用 MATLAB 程序将表 12-8 中的数据计算了大约 100 次,亲代初始种群大小为 $N=400$,交叉概率 $P_c=0.8$,突变概率 $P_m=0.2$,优秀个体设为 4,加速时间为 20 s,最佳投影方向 $a^*=(0.4807, 0.5412, 0.4714, 0.5038)$,各等级的投影值是 $z^*(j)=\{1.8806, 1.1724, 0.5828, 0.2907, 0\}$。投影值的散点图见图 12-10,误差分析见表 12-11,误差精度较高,说明此模型可用于评价围岩质量等级。

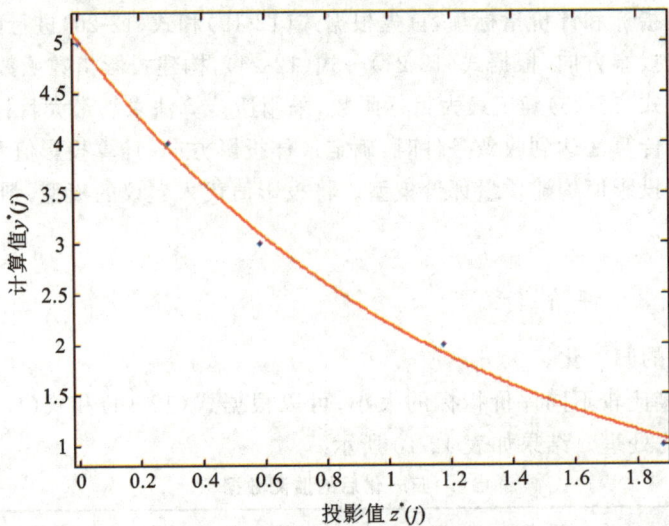

图 12-10　投影值的散点图

表 12-11　　　　　　　　　　PPC 模型的误差分析

质量等级	Ⅰ	Ⅱ	Ⅲ	Ⅳ	Ⅴ
计算值	1.0582	1.9008	3.0952	3.94	5.012
绝对误差	0.0582	−0.0992	0.0952	−0.06	0.012
相对误差	5.82%	−4.96%	3.17%	−1.5%	0.24%

(3)监测值的投影。

初始参数与上述相同,其最佳投影方向为 $a^* = (0.2453, 0.8796, 0.0169, 0.4073)$,投影值是 $z^*(j) = \{0.0658, 0.3717, 0.0717, 0, 4215, 0.2996, 0.0921, 02256, 0.763, 0.4005, 0.1002\}$,评价指标的排序如表 12-12 所示,质量等级如表 12-13 所示,并与实际调查结果进行比较,如图 12-11 所示。

表 12-12　　　　　　　　　　评价指标的排序

评价指标	E_1	E_2	E_3	E_4
投影方向	0.0212	0.9952	0.0591	0.0745
排序	4	1	3	2

表 12-13　　　　　　　　　　围岩的质量等级

样本序号	投影值 z^*	计算值 y^*	排序	质量等级
1	0.0658	4.7466	1	Ⅴ
2	0.3717	3.6856	7	Ⅳ

续表12-13

样本序号	投影值 z^*	计算值 y^*	排序	质量等级
3	0.0717	4.7234	2	V
4	0.4215	3.5369	9	IV
5	0.2996	3.9121	6	IV
6	0.0921	4.6444	3	V
7	0.2256	4.159	5	IV
8	0.763	2.6667	10	III
9	0.4005	3.5989	8	IV
10	0.1002	4.6134	4	V

当最佳投影方向值较大时,相应的评价指标对围岩质量等级的影响较大。因此,从表12-12可以看出,在西山营隧道内,单轴饱和抗压强度 E_2 和地下水条件 E_3 对围岩质量等级有重大影响,而岩体完整系数 E_1 对质量等级的影响最小。从表12-13可以看出,样本1、3、6、10的质量等级为 V 级;样本2、4、5、7、9的质量等级为 IV 级;样本8的质量等级为 III 级。结果表明:样本1、3、6、10围岩质量等级极不稳定,样本2、4、5、7、9围岩质量等级不稳定,应采取相应的加固措施,提高围岩质量,样本的合格率只有10%。此外,表12-13还列出了10个不同样本的质量等级排序,样本1的围岩质量最低,样本8的质量最高。

12.2.4 结论

根据图12-11中评估结果的比较分析,可以发现使用 PPC 方法评估的结果与实际调查的结果一致,其准确度达到100%,高于改进的 BQ 理论(80%)。因此,利用投影寻踪分类模型对围岩质量进行评价是可行的。

该方法可以为评价围岩提供更翔实的资料,例如,样本5的质量等级比样本4的质量等级更接近 IV 级,因为样本5的计算值 y^*(3.9121)高于样本4(3.5369)。此外,样本5的计算值 y^* 为3.9121,介于 III 级和 IV 级之间,但其大小更接近 IV 级,按照最小距离准则,其质量等级可以确定为 IV 级。综上所述,PPC 模型不仅可以评价单个样本的质量,而且可以对同一范围内的样本质量进行排名。

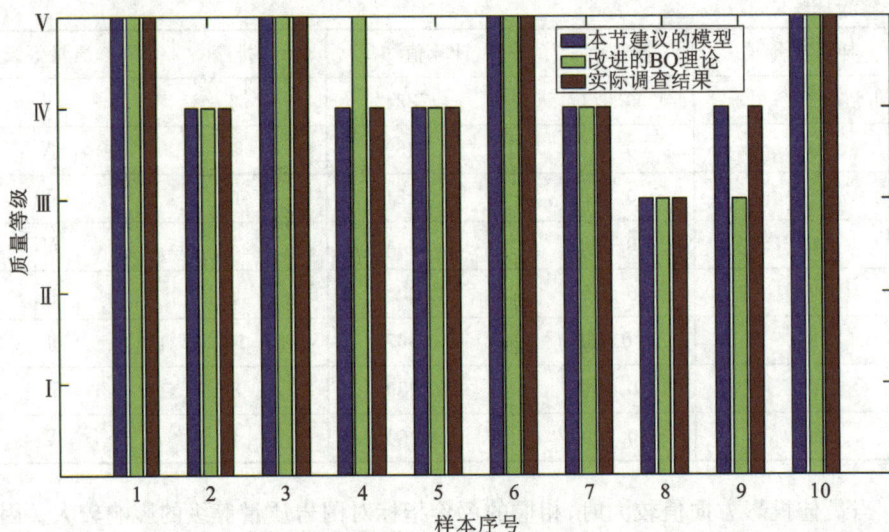

图 12-11　三种方法的比较

12.3　博弈论组合加权-正态云模型在围岩质量评价中的应用

　　随着我国经济的发展,基础设施建设越来越多[674]。许多大型地下工程广泛应用于水利、水电、交通、矿山等工程中[675]。同时,随着工程的建设,大量岩土开挖引起的地下工程稳定性问题已成为人类工程活动面临的关键问题之一[676]。地下隧道往往处于复杂的地质环境中,地质条件不同,围岩稳定性也不同,围岩质量评价对了解工程特性至关重要[677]。因此,对围岩的准确评价对于保证合理的勘察设计和现场施工的顺利进行具有重要意义。

　　近年来,许多研究者和学者对围岩评价方法进行了大量的研究[678]。谭松林等[679]采用层次分析法建立了隧道围岩稳定性的模糊评价模型,预测了隧道各段围岩的 4 个指标,结果表明,单轴抗压强度和地下水渗流量对围岩稳定性的影响最大。魏博文等[511]介绍了一种可以转换定性概念和定量数据的云模型来确定岩体的质量方法。邱道宏等[680]以还原结果作为人工神经网络的输入样本,建立了隧道围岩质量评价模型。此外,秦忠诚等[664]对影响深井巷道围岩稳定性的各种因素进行了分类,采用模糊综合评价方法建立了三类危险性影响因素模型,并应用理想点法计算了围岩接近度,利用熵权理论确定了评价体系中相应指标的权重。上述方法极大地推动了围岩质量评价理论的发展,然而,它们仍然有一些缺点。例如,围岩质量评价是一个非线性和复杂的问题,上述方法忽略了围岩质量评价的模糊性和随机性,评价指标的相对重要性和权重分布的计算需要优化。

针对上述方法的不足,本节采用博弈论组合加权-正态云模型对平子头隧道围岩质量等级进行评价。首先,引入博弈论组合加权法确定评价指标的权重,相对于传统的主观或客观加权法,组合加权法不仅考虑了专家评估的主观因素,而且还涉及一些客观因素,提高了评估预测的准确性;将博弈论与组合加权法相结合,可以有效地处理主客观权重之间的矛盾[681],综合主客观权重的优点,寻找两者之间冲突的一致性和折中点,减少主客观权重之间的差异,最终使基本权重与理想权重之间的偏差最小化。因此,降低了评估结果的不确定性。其次,在引入常规云模型的基础上,形成了一种新的评价模型,它具有算法精确、实用性强等优点[338]。与传统的云理论相比,该方法不需要大量的数据,操作简单。此外,它可以提供一个解决方案的评价指标,这可以解决难以量化的问题和减少人为因素的影响。该方法显著弥补了传统云模型的不足[682]。

12.3.1 工程概况

平子头隧道位于甘肃省庆阳市宁县平子镇大坪村,隧道左侧进口桩数为 ZK2+880,隧道出口桩数为 ZK4+972,隧道底部高程为 1473.36~1686.11 m,总长度为 2092 m,垂直坡度为 −2.8%,隧道路面最大超高为 4%。隧道进口段岩溶沿裂隙发育,地表形态以岩溶沟槽和落水洞为主,多为垂直发育。隧道断面覆盖层以砾石土为主,下部为轻度风化的白云石灰岩。勘探区地层以第四纪全新世地层为主,多为厚度小、分布不均匀的碎石土层。下伏基岩为石炭纪白云石灰岩地层,隧道区地表水系不发育,场地内有三种地下水:基岩裂隙水、岩溶地下水和构造裂隙水。

12.3.2 研究方法

具体理论见 9.3.2 节。

12.3.3 评价模型的构建

12.3.3.1 评价指标的确定

围岩质量评价过程十分复杂,影响最终评价结果的因素很多。在评价模型中,评价指标往往是根据工程现场的实际情况来选择的,否则会出现更大的偏差。本节根据实际调查资料,选取 6 个围岩质量评价指标。这些评价指标分别为岩石单轴饱和抗压强度 UCS(T_1)、岩体质量指数 RQD(T_2)、结构面摩擦系数 J_f(T_3)、节理间距

$J_d(T_4)$、地下水状态 $W(T_5)$ 和岩体完整系数 $K_v(T_6)$。

根据相关规范,6 个评价指标可分为表 12-14 中五个等级:质量等级 Ⅰ(极度稳定)、质量等级 Ⅱ(稳定)、质量等级 Ⅲ(常见)、质量等级 Ⅳ(不稳定)和质量等级 Ⅴ(极度不稳定)。在现场和室内试验的基础上,表 12-15 列出了评价围岩的 6 个评价指标的监测值。

表 12-14　　　　　　　　　　围岩质量的等级划分

质量等级	UCS/MPa	RQD/%	J_f	J_d/cm	W/[L/(min·10 m)]	K_v
Ⅰ	250～300	90～100	0.8～1.2	200～400	0～5	0.75～1
Ⅱ	100～250	70～90	0.3～0.8	60～200	5～10	0.55～0.75
Ⅲ	50～100	50～70	0.2～0.3	20～60	10～25	0.35～0.55
Ⅳ	25～50	25～50	0.1～0.2	6～20	25～125	0.15～0.35
Ⅴ	1～25	0～25	0.01～0.1	0～6	125～250	0～0.15

表 12-15　　　　　　　　　　指标监测值

待评估的围岩	UCS/MPa	ROD/%	J_f	J_d/cm	W/[L/(min·10 m)]	K_v
N_1 中风化白云石灰岩	68	75.4	0.24	35	30	0.55
N_2 岩溶发育带	50	55.6	0.15	18	20	0.4
N_3 结构带	15	16	1	6	125	0.2

12.3.3.2　评价框架的构建

围岩质量评价直接影响施工人员的生命安全。本节提出了一种基于博弈论组合加权-正态云模型的围岩质量评价方法,如图 12-12 所示。首先,为了评价围岩的质量等级,建立完整的评价指标体系;其次,根据博弈论组合加权方法确定各评价指标的权重;再次,利用正态云理论确定隶属度;最后判断围岩的质量等级。

12.3.3.3　指标权重系数的确定

(1)基于熵值法计算权重系数。

根据式(9-23)～式(9-29),结合表 12-14,相应的权重可计算为:
$$\boldsymbol{\omega}_1 = [0.1197 \quad 0.1242 \quad 0.2688 \quad 0.1641 \quad 0.2603 \quad 0.0628]$$

(2)基于 CRITIC 方法计算权重系数。

基于式(9-30)～式(9-32),并结合表 12-14 得出相关系数为:

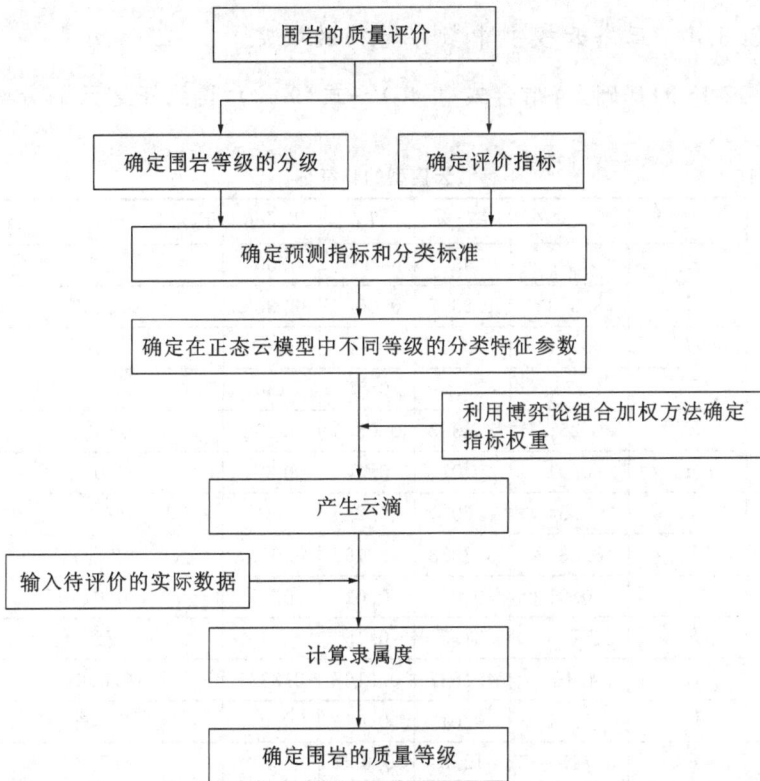

图 12-12　围岩质量等级评价过程流程图

$$r = \begin{bmatrix} 1 & 1 & 0.906 & 0.9604 & 0.9013 & 0.9949 \\ 1 & 1 & 0.909 & 0.9584 & 0.9131 & 0.9942 \\ 0.906 & 0.909 & 1 & 0.7522 & 0.9999 & 0.8588 \\ 0.9605 & 0.9584 & 0.7522 & 1 & 0.7589 & 0.9836 \\ 0.9103 & 0.9131 & 0.9999 & 0.7589 & 1 & 0.864 \\ 0.9949 & 0.9942 & 0.8588 & 0.9836 & 0.864 & 1 \end{bmatrix}$$

根据式(9-33)，各指标独立程度定量系数为：

$$\eta = \begin{bmatrix} 0.5085 & 0.5092 & 0.5493 & 0.5025 & 0.5519 & 0.5017 \end{bmatrix}$$

同样，根据式(9-34)和式(9-35)，每个评价指标的权重可以计算为：

$$\omega_2 = \begin{bmatrix} 0.0894 & 0.0883 & 0.2427 & 0.2268 & 0.2362 & 0.1176 \end{bmatrix}$$

(3)综合权重系数的确定。

根据式(9-36)～式(9-39)，并结合权重 ω_1 和 ω_2，可以得到综合权重如下：

$$\omega = \begin{bmatrix} 0.1125 & 0.1157 & 0.2626 & 0.1789 & 0.2544 & 0.0766 \end{bmatrix}$$

12.3.3.4 正态云模型中数字特征的确定

在表 12-15 的基础上,结合式(9-40)～式(9-43),得到正态云的分类标准,如表 12-16 所示。

表 12-16 云模型的特征值

质量等级	特征值	T_1/MPa	$T_2/\%$	T_3	T_4/cm	$T_5/[\text{L}/(\text{min} \cdot 10\ \text{m})]$	T_6
I	E_x	275	95	1	300	2.5	0.875
	E_n	8.3333	1.6667	0.0667	33.3333	0.8333	0.0625
	H_e	0.01	0.01	0.01	0.01	0.01	0.01
II	E_x	175	80	0.55	130	7.5	0.65
	E_n	25	3.3333	0.0833	23.3333	0.8333	0.0333
	H_e	0.01	0.01	0.01	0.01	0.01	0.01
III	E_x	75	60	0.25	40	17.5	0.45
	E_n	8.3333	3.3333	0.0167	6.6667	2.5	0.0333
	H_e	0.01	0.01	0.01	0.01	0.01	0.01
IV	E_x	37.5	37.5	0.15	13	75	0.25
	E_n	4.167	4.1667	0.0167	2.3333	16.6667	0.0333
	H_e	0.01	0.01	0.01	0.01	0.01	0.01
V	E_x	13	12.5	0.055	3	187.5	0.075
	E_n	4	4.1667	0.015	1	20.8333	0.025
	H_e	0.01	0.01	0.01	0.01	0.01	0.01

根据表 12-16,使用正向云生成器计算了不同指标对应的云模型特征,如图 12-13 所示。

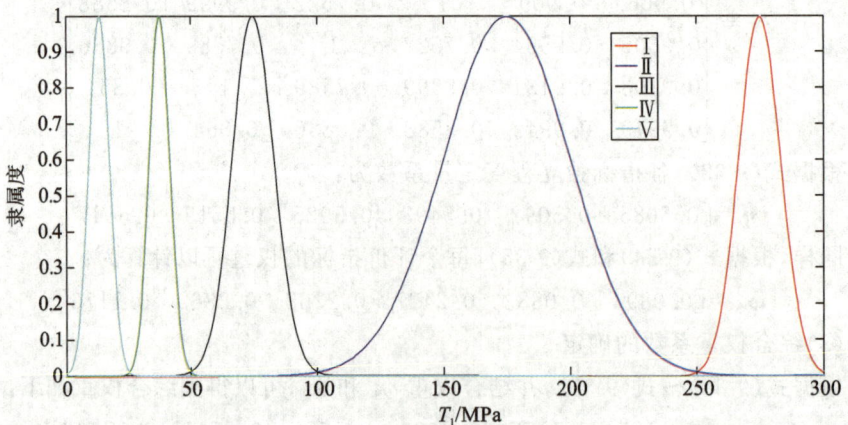

(a)岩石单轴饱和抗压强度T_1

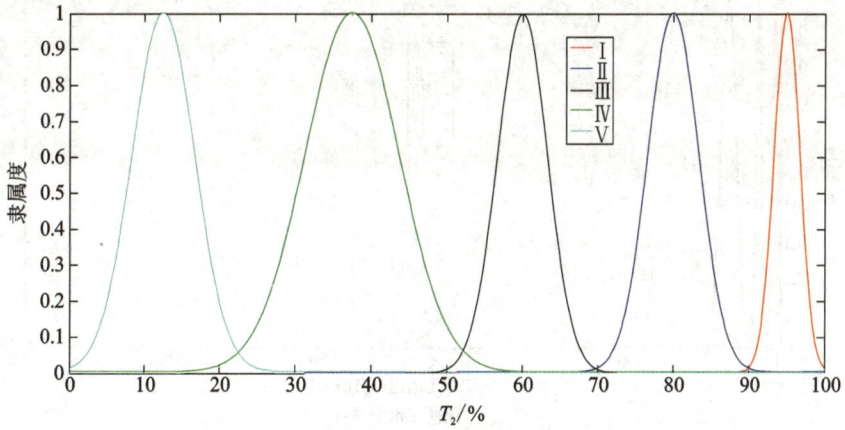

(b)岩体质量指数T_2

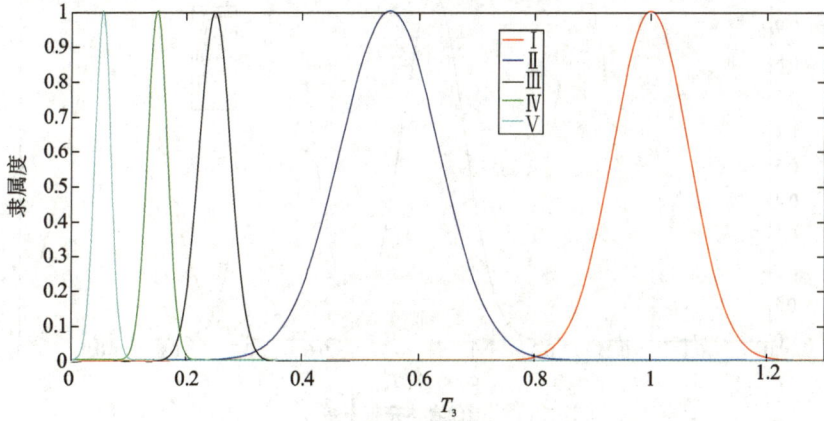

(c)结构面摩擦系数T_3

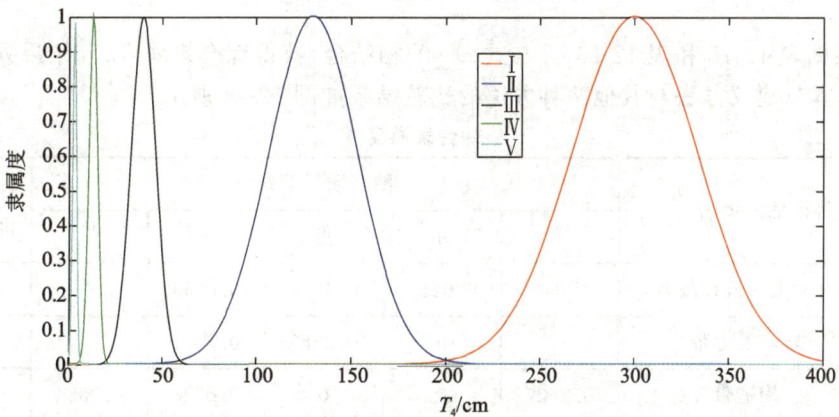

(d)节理间距T_4

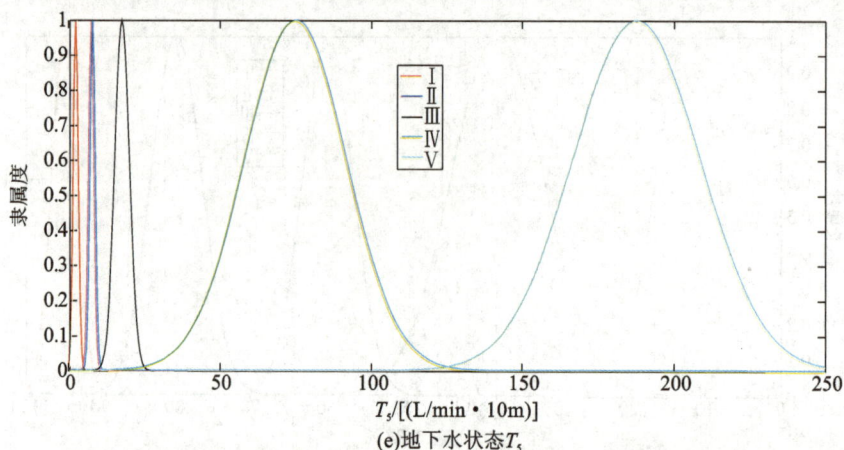

(e)地下水状态T_5

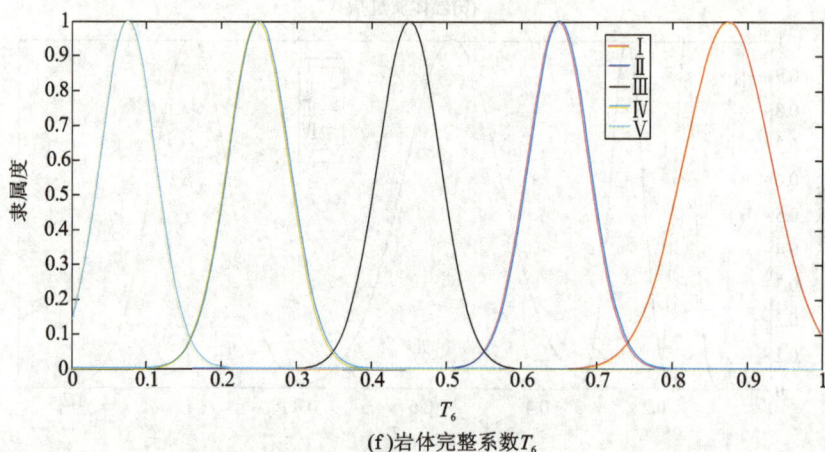

(f)岩体完整系数T_6

图 12-13　不同指标的云图

根据表 12-15 和表 12-16,并与式(9-40)相结合,获得综合隶属度,其结果列于表 12-17,本节建议方法与其他两种方法的比较结果如图 12-14 所示。

表 12-17　　　　　　　　　　　　　**综合隶属度**

待评估的围岩	围岩质量等级					综合评价等级
	I	II	III	IV	V	
N_1 中风化白云石灰岩	0	0.0455	0.4344	0.0066	0	III
N_2 岩溶发育带	0	0	0.2285	0.3421	0	IV
N_3 构造带	0.2626	0	0	0.0293	0.2854	V

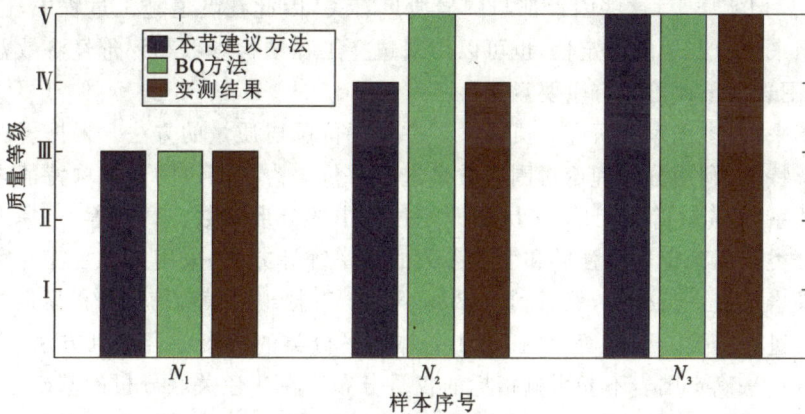

图 12-14　三种方法的对比结果

表 12-17 显示 3 种不同类型围岩的质量等级不同。根据最大隶属度准则，N_1 中风化白云石灰岩的质量等级为Ⅲ级，N_2 岩溶发育带的质量等级为Ⅳ级，N_3 构造带的质量等级为Ⅴ级。这意味着 N_1 中风化白云石灰岩的质量等级一般，N_2 岩溶发育带的的质量等级是不稳定的，N_3 构造带的的质量等级是极度不稳定的，围岩质量合格率为 33.3%。由于 N_1 中风化白云石灰岩质量等级一般，不需要进行加固；对于 N_2 岩溶发育带和 N_3 构造带，必须采取必要的加固措施，如在围岩中固定锚杆等。

12.3.4　结论

根据图 12-14 评估模型的比较结果，可以发现本节建议方法评估的结果与实际调查结果是一致的，结果准确率达到 100%，高于基本质量指标法（BQ）的准确率（67%）[683]。与 BQ 方法相比，该模型提高了评价过程的可靠性和评价结果的预测精度。结果表明，采用该模型评价围岩质量等级是可行的。该方法不仅提供了准确的结果，而且带来了翔实的资料。例如，N_1 中等风化白云石灰岩 RQD 为 75.4%，按表 12-14 应属于Ⅱ级，但根据表 12-14，建议的模型获得的其他指标的质量等级属于Ⅲ级，因此 N_1 中风化白云石灰岩的质量等级属于Ⅲ级的概率比属于Ⅰ、Ⅳ、Ⅴ和Ⅱ级的概率更大。因此，它的质量等级应属于Ⅲ级，几乎不可能属于Ⅰ、Ⅳ、Ⅴ和Ⅱ级，结论表明利用本节建议的模型得到的结果可以准确地反映围岩的质量等级。

12.4　熵权-可变模糊集理论在围岩质量评价中的应用

现实中影响围岩稳定性的因素有很多，如施工水平、支护时机、断面几何变形等[684,685]。但实质上,这些因素都与围岩质量有关,因此在隧道施工过程中,围岩质量可以用来评价围岩的稳定性,也可以用来选择工程结构参数和评价经济效益。因此,隧道围岩质量评价具有重要意义。

近年来,许多国家的研究人员提供了许多评价围岩质量的方法。根据岩石结构面的分形特征,利用分形理论对围岩质量进行评价。为了探讨围岩结构特征与类别之间的关系,Boadu 等[669]计算了围岩开挖过程中的分形维数。高谦等[670]提出了基于围岩分类指标确定岩体强度和变形参数的概率统计方法,采用人工智能专家系统对隧道围岩等级进行分类,然后利用 Bieniawski[686]提出的模糊信息分析模型对公路隧道围岩进行分类。张杨等[687]提出了岩体水平分类的模糊综合评判方法,建议采用层次分析法确定围岩不同影响指标的权重分布。在灰色关联分析的基础上,建立了地下围岩稳定性分级的灰色优化理论。针对围岩分类的非线性和不确定性,由何书等[688]建立了 BP 神经网络模型。叶宝民等[689]基于人工神经网络理论,解决了水工隧道围岩的实际分类问题。Zhou 等[641]根据可拓方法的步骤,应用了地下工程围岩评价的物元模型。Zhao 等[690]运用支持向量机理论对隧道围岩质量进行评价,提高了评价的准确性;Chen 等[533]运用距离判别分析方法对隧道围岩质量进行分类。将有效系数法应用于隧道围岩失稳风险评价。

上述方法虽然推动了围岩质量评价理论的发展,但也存在一些不足,如计算过程复杂,许多方法的评价过程往往是定性或定量的。针对上述方法的不足,引入熵权-变模糊集对隧道围岩质量进行评价。该方法具有算法精度高、实用性强等优点,能较好地解决区间形式的评分标准,是对传统模糊集模型的一大改进。

12.4.1 工程概况

鸳鸯路口隧道位于山西省长治市平顺县鸳鸯路口村和东牛坡村之间,属于山阴至平陆的山西国道,是双向四车道分离的隧道。左右两条线之间的距离是 40 m。左线进口里程 LK178＋102,出口里程为 LK182＋830,总长度为 4728 m,纵坡为 1.931%。右线进口里程为 RK178＋044,出口里程为 RK182＋831,总长度为 4787 m,纵坡为 1.98%。左线隧道底板最大深度为 316 m,右线隧道底板最大深度为 317 m,属于特长隧道。斜井位于隧道中部。隧道穿越山区构造剥蚀带,海拔 1400～2000 m,开挖深度 100～300 m,坡度大,山峰陡峭。岩性主要为碳酸盐岩,太古代变质岩位于碳酸盐岩之下,不同厚度的黄土覆盖在其上部。其地貌为基岩脊、沟坡。

选择 LK178＋713～733、LK182＋085～115、RK182＋017～047 等区段取经典围岩剖面。经典围岩剖面的地质条件如图 12-15 所示。

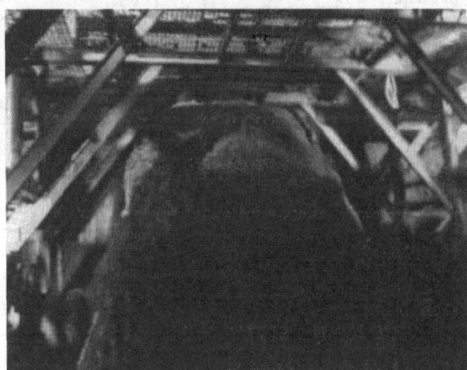
(a)横截面LK178+725

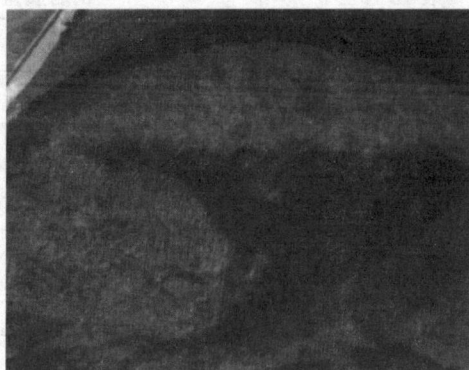
(b)横截面LK182+089

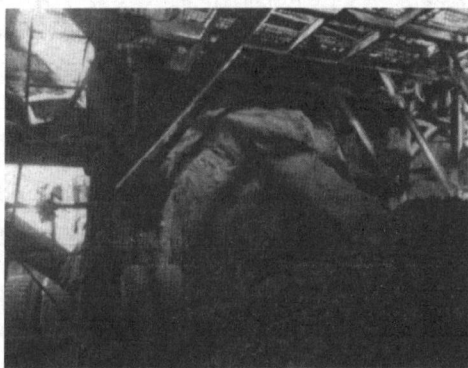
(c)横截面K0+342

(d)横截面RK182+030

图 12-15　掌子面的地质条件

12.4.2　研究方法

具体见 10.7.2 节。

12.4.3　评价模型的构建

12.4.3.1　指标系统的构建

选取岩石单轴抗压强度 σ_c、岩体完整系数 K_v、结构面条件 S_s、地下水渗透量 W_1 以及轴线与结构面的夹角 θ 作为评价指标。5 个质量评价指标分为五个等级:非常好(Ⅰ)、好(Ⅱ)、一般(Ⅲ)、差(Ⅳ)及非常差(Ⅴ),详情见表 12-18。10 个截面的评价指标监测值见表 12-19。

表 12-18 围岩质量评价标准

质量等级	σ_c/MPa	K_v	S_s	W_1/m³	θ/(°)
Ⅰ	250～300	0.75～1	9～10	0～5	80～90
Ⅱ	100～250	0.55～0.75	7～9	5～10	70～80
Ⅲ	50～100	0.35～0.55	4～7	10～25	30～70
Ⅳ	25～50	0.15～0.35	2～4	25～125	10～30
Ⅴ	1～25	0～0.15	0～2	125～300	0～10

表 12-19 监测数据

截面号	σ_c/MPa	K_v	S_s	W_1/m³	θ/(°)
1	62	0.35	1.5	5.3	10
2	72	0.19	9	7.4	87
3	65	0.32	9.3	11	17
4	61	0.34	2.5	5.2	46
5	73	0.77	9.1	7.8	63
6	37	0.42	6.7	7.5	77
7	58	0.28	5.8	2	42
8	61	0.35	9	7.1	25
9	65	0.34	2.5	4.6	67
10	52	0.32	9.6	6	86

12.4.3.2 评价框架的构建

本节提出了一种新的围岩质量评价方法,该方法基于可变模糊集理论,评价过程如图 12-16 所示。首先,建立完整的评价指标体系;其次,根据熵权理论确定各评价指标的权重;再次,利用可变模糊集理论确定相对隶属度;然后,确定综合隶属度的大小;最后,确定围岩的质量等级。

12.4.3.3 围岩质量等级的确定

(1)确定吸引域、范围矩阵和点值矩阵。

根据表 12-18、式(10-33),吸引域可以表示为:

$$I_{ab} = \begin{bmatrix} [300,250] & [250,100] & [100,50] & [50,25] & [25,1] \\ [1,0.75] & [0.75,0.55] & [0.55,0.35] & [0.35,0.15] & [0.15,0] \\ [10,9] & [9,7] & [7,4] & [4,2] & [2,0] \\ [0,5] & [5,10] & [10,25] & [25,125] & [125,300] \\ [90,80] & [80,70] & [70,30] & [30,10] & [10,0] \end{bmatrix}$$

基于式(10-34),范围矩阵 I_{de} 可以表示为:

$$I_{de} = \begin{bmatrix} [300,250] & [300,50] & [250,25] & [100,1] & [50,1] \\ [1,0.55] & [1,0.35] & [0.75,0.15] & [0.55,0] & [0.35,0] \\ [10,7] & [10,4] & [9,2] & [7,2] & [4,0] \\ [0,10] & [0,25] & [5,125] & [10,300] & [25,300] \\ [90,70] & [90,30] & [80,10] & [70,0] & [30,0] \end{bmatrix}$$

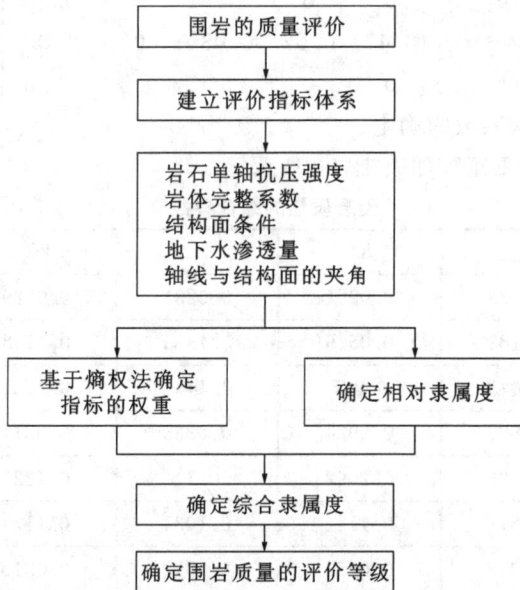

图 12-16 围岩质量的评价过程流程图

基于式(10-35)和式(10-36),点值矩阵可以描述为:

$$F = \begin{bmatrix} 300 & 212.5 & 75 & 31.25 & 1 \\ 1 & 0.7 & 0.45 & 0.2 & 0 \\ 10 & 6.25 & 5.5 & 2.5 & 0 \\ 0 & 6.25 & 17.5 & 100 & 300 \\ 90 & 77.5 & 50 & 15 & 0 \end{bmatrix}$$

(2)相对隶属度矩阵的确定。

根据表 12-19 中的监测值,可确定表 12-19 中的评价指标是位于点 F 的左侧还是右侧,以横截面 1 的数据为例,当 $i=1$ 时,$[a,b]_{1j}$、$[d,e]_{1j}$、点值 F_{1j} 可以表示如下:

$[a,b]_{1j} = ([300,250],[250,100],[100,50],[50,25],[25,1])$

$[d,e]_{1j} = ([300,100],[300,50],[250,25],[100,1],[50,1])$

$F_{1j} = [300,212.5,75,31.25,1]$

基于式(10-37)、式(10-38),相对隶属度为:$\mu_F(u_{13}) = 0.74$。

同样地,横截面 1 的相对隶属度矩阵如下:

$$\boldsymbol{\mu}_A(u_{1j}) = \begin{bmatrix} 0 & 0.03 & 0.74 & 0.776 & 0 \\ 0 & 0 & 0.5 & 0.5 & 0 \\ 0 & 0 & 0 & 0 & 0.625 \\ 0.47 & 0.62 & 0.03 & 0 & 0 \\ 0 & 0 & 0 & 0.5 & 0.5 \end{bmatrix}$$

(3)不同指标权重系数的确定。

根据表 12-19,权重矩阵如表 12-20 所示。

表 12-20　　　　　　　　　　围岩质量的综合参数

截面号	σ_c	K_v	S_s	W_1	θ
1	0.1023	0.0951	0.0231	0.0829	0.0192
2	0.1188	0.0516	0.1385	0.1158	0.1673
3	0.1073	0.087	0.1431	0.1721	0.0327
4	0.1007	0.0924	0.0385	0.0814	0.0885
5	0.1205	0.2092	0.14	0.1221	0.1212
6	0.0611	0.1141	0.1031	0.1174	0.1481
7	0.0957	0.0761	0.0892	0.0313	0.0808
8	0.1007	0.0951	0.1385	0.1111	0.0481
9	0.1073	0.0924	0.0385	0.072	0.1288
10	0.0858	0.087	0.1477	0.0939	0.1654

根据表 12-20,可得各评价指标的熵权如表 12-21 所示,权重系数如表 12-22 所示。

表 12-21　　　　　　　　　　各评价指标的熵权

指标	σ_c	K_v	S_s	W_1	θ
熵权	0.9939	0.9713	0.9428	0.9708	0.9341

表 12-22 各评价指标的权重系数矩阵

评价指标	σ_c	K_v	S_s	W_1	θ
权重系数	0.0328	0.1536	0.3056	0.1558	0.3522

（4）综合隶属度向量的确定。

根据 $\boldsymbol{\mu}_A(u_{1j})$ 矩阵，综合隶属度如表 12-23 所示，归一化的综合隶属度如表 12-24 所示。

表 12-23 综合隶属度

f 和 p	$v_A(u)_1$				
$f=1,p=1$	0.0732	0.0976	0.1057	0.2784	0.3671
$f=1,p=2$	0.128	0.1631	0.1398	0.3301	0.4599
$f=2,p=1$	0.0062	0.0116	0.0138	0.1295	0.2517
$f=2,p=2$	0.0211	0.0366	0.0258	0.1954	0.4203

表 12-24 归一化的综合隶属度

f 和 p	v'				
$f=1,p=1$	0.0794	0.1058	0.1147	0.3019	0.3982
$f=1,p=2$	0.1048	0.1336	0.1145	0.2704	0.3767
$f=2,p=1$	0.015	0.028	0.0334	0.3137	0.6098
$f=2,p=2$	0.0302	0.0524	0.0368	0.2795	0.6011

（5）围岩质量等级的确定。

根据表 12-24，各横截面的排序特征值如表 12-25 所示。

表 12-25 10 个截面的排序特征值

截面号	排序特征值				平均值
	$f=1,p=1$	$f=1,p=2$	$f=2,p=1$	$f=2,p=2$	
1	3.8335	3.6804	4.4753	4.3691	4.0896
2	2.0646	2.2142	1.4552	1.5525	1.8216
3	3.0904	3.0334	3.4244	3.2092	3.1894
4	3.5304	3.5206	3.6001	3.6032	3.5636
5	2.0952	2.1564	2.0483	2.1328	2.1082

续表12-25

截面号	排序特征值				平均值
	$f=1,p=1$	$f=1,p=2$	$f=2,p=1$	$f=2,p=2$	
6	3.3334	3.294	3.2563	3.2035	3.2718
7	2.9503	2.8702	3.0879	3.0065	2.9787
8	2.7532	2.7751	2.8597	2.8489	2.8092
9	3.2021	3.1736	3.3937	3.327	3.2741
10	2.7779	2.8859	2.2319	2.2987	2.5486

为了检验围岩质量评价结果,将本节的结果与其他方法进行比较,如表 12-26 所示。

表12-26 不同模型评价结果的对比

截面号	本节方法	现行规范	粗糙集理论
1	Ⅳ	Ⅳ	Ⅳ
2	Ⅱ	Ⅳ	Ⅲ
3	Ⅲ	Ⅲ	Ⅲ
4	Ⅳ	Ⅳ	Ⅳ
5	Ⅱ	Ⅱ	Ⅱ
6	Ⅲ	Ⅲ	Ⅱ
7	Ⅲ	Ⅲ	Ⅲ
8	Ⅲ	Ⅲ	Ⅲ
9	Ⅳ	Ⅲ	Ⅳ
10	Ⅲ	Ⅲ	Ⅲ

12.4.4 结论

根据表 12-26 中评估模型的比较结果,可以发现,使用可变模糊集方法评估的结果基本上与现行规范结果基本一致,仅第 2 和第 9 截面与现行规范不同。该方法的准确率达到 80%,高于粗糙集理论的结果[691]。由此得出结论,采用熵权-可变模糊集模型对围岩质量等级进行评价是可行的。该方法不仅可以得到准确的计算结果,而且可以得到更详细的围岩质量等级信息。例如,第 6 截面的单轴抗压强度为 37 MPa,根据表 12-18 应属于Ⅳ级,但可变模糊集模型得到的其他指标的隶属度属于Ⅲ级,所以第 6 截面的质量等级属于Ⅲ级的概率大于Ⅰ、Ⅳ、Ⅱ和Ⅴ级。因此,第 6 截面的围岩质量应属于Ⅲ级,几乎不可能属于Ⅰ、Ⅳ、Ⅱ和Ⅴ级。此外,第 6 断面的等级比第 7、8 和 10 截面的等级更可能属于Ⅲ级,因为第 6 截面的平均排序特征值(3.2718)高于第 7 截面(2.9787)、第 8 截面(2.8092)和第 10 截面(2.5486)。总之,采用熵权-可变模糊集模型得到的结果不仅准确地反映了围岩质量等级,而且进一步确定了同一等级上不同断面的围岩质量排序。

本节考虑岩石单轴抗压强度 σ_c、岩体完整系数 K_v、结构面条件 S_s、地下水渗透量 W 以及轴线与结构面的交角 θ 等因素,提出了一种评价围岩质量水平的新方法。首先确定评估样本的相对隶属度矩阵,然后采用熵值法计算加权系数,最后利用平均排序特征值确定围岩质量等级。

应用该方法对围岩质量等级进行了评价,并将其结果与现行规范和粗糙集理论的结果进行了比较,发现基于可变模糊集方法的结果与现行规范基本一致,其准确率达到 80%。采用熵权可变模糊集模型得到的结果不仅准确地反映了围岩质量等级,而且进一步确定了同一等级上不同断面的围岩质量等级。该模型的研究结果可以为今后评价围岩质量和提高评价精度提供一种可选择的方法。

12.5　基于主成分分析-云模型的再生混凝土粗集料质量等级评定

再生混凝土质量等级评定在工程建设中具有重要意义。为建筑单位合理利用再生混凝土粗集料,全面、准确地反映再生混凝土粗集料的物理力学性能提供了有力的参考。

因为再生混凝土粗集料被定义为废弃混凝土砌块的回收利用,它不仅节省了大量的建筑成本,而且还可以在节能和环保方面发挥良好的作用。因此,再生混凝土粗集料的研究越来越受到发达国家的重视,他们也进行了大量的试验研究,特别是在确定再生混凝土粗集料的质量等级方面更为突出。目前,BS(UK)和 ASTM(USA)的标准以最小表观密度、最大吸水率、最大针状颗粒含量、最大冲击值、最大氯含量和最大硫酸盐含量为判断再生混凝土粗集料质量等级的标准。当然,国内对再生混凝土粗集料质量等级评定的研究从未间断过。在大量试验研究的基础上,中国建设部于 2010 年颁布了《混凝土用再生粗骨料》(GB/T 25177—2010)。Gu 等[531]提出再生混凝土粗集料可以根据颗粒级配、微粉含量、泥浆含量、吸水率、针状颗粒含量等 10个指标分为 3 个等级。基于各评价参数对再生混凝土粗集料质量等级影响程度的不确定性,Li 等[338]提出了再生混凝土粗集料质量等级的模糊综合评价方法。根据灰色聚类评价理论知识,鲍学英等[692]提出了再生混凝土粗集料质量等级的灰色聚类评价模型。柴乃杰等[693]采用熵权延拓理论对再生混凝土粗集料进行了质量等级评定。

上述研究和评价方法对指导混凝土施工过程中粗集料的合理选择具有重要作用。然而,混凝土粗集料质量影响因素的复杂性和多变性,如确定性、不确定性、随机性等[694],使得上述解决这些问题的方法具有一定的局限性。因此,应该寻求一种能更好地解决这种不确定性和多属性问题的综合评价方法。

主成分分析-云模型描述了模糊性与随机性之间的内在联系,考虑了定性概念与定量特征之间的转换,相对于传统方法,其评价过程具有更高的可靠性和有效性,因此该模型具有广阔的应用前景。

12.5.1 研究方法

具体见 10.6.1 节。

12.5.2 评价模型的构建

12.5.2.1 评价指标的构建

影响粗集料质量的因素有很多,根据有关规范,粗集料的质量等级受表观密度(Z_1)、孔隙率(Z_2)、强度(Z_3)、破碎指数(Z_4)、微量元素含量(Z_5)、土壤含水率(Z_6)和吸水率(Z_7)7 个评价指标的影响,这些指标都是定量的。7 个评价指标分为 5 个等级:优(Ⅰ)、良(Ⅱ)、中(Ⅲ)、合格(Ⅳ)和不良(Ⅴ),如表 12-27 所示。

表 12-27　　　　　　　　评价指标的分类标准

评价指标	粗集料的质量等级				
	Ⅰ	Ⅱ	Ⅲ	Ⅳ	Ⅴ
$Z_1/(\text{kg/m}^3)$	>2450	(2350, 2450]	(2300, 2350]	(2250, 2300]	≤2250
$Z_2/\%$	≤47	(47, 49]	(49, 51]	(51, 53]	>53
Z_3/MPa	≤5.0	(5.0, 9.0]	(9.0, 12.0]	(12.0, 15.0]	>15.0
Z_4	≤12	(12, 18]	(18, 24]	(24, 30]	>30
$Z_5/\%$	≤1	(1, 2]	(2, 2.5]	(2.5, 3]	>3
$Z_6/\%$	≤0.5	(0.5, 0.7]	(0.7, 0.85]	(0.85, 1]	>1
$Z_7/\%$	≤3	(3, 5]	(5, 6]	(6, 7]	>7

12.5.2.2 评价框架的构建

粗集料的质量等级影响着混凝土工程的施工质量。因此,评价再生混凝土的粗集料质量等级具有重要意义[695]。评价框架的流程图如图 12-17 所示。首先,确定评价指标和相应的质量等级区间。然后,采用主成分分析法对样本数据进行权重计算。接着,根据评价指标的分类区间,计算特征参数 E_x、E_n 和 H_e,并建立云模型。最后,通过待评价的数据获得不同样本的综合隶属度,同时结合评价指标的权重确定粗集料的质量等级。粗集料的质量等级可以根据综合隶属度原则确定。

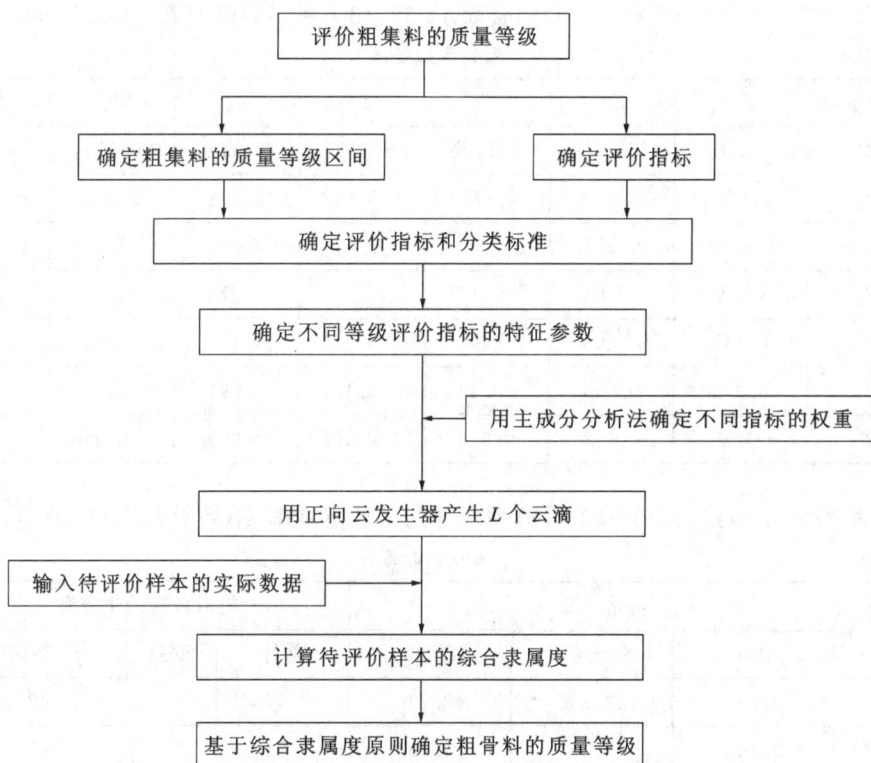

图 12-17 评价框架流程图

12.5.2.3 指标权重系数的确定

基于质量评价的随机性和模糊性,建立了正态云模型。6 个评价指标的原始数据如表 12-28 所示。

表 12-28 评价指标的监测值

样本编号	$Z_1/(\text{kg/m}^3)$	$Z_2/\%$	Z_3/MPa	Z_4	$Z_5/\%$	$Z_6/\%$	$Z_7/\%$
1#	2300	53	12	17.5	1.4	0.7	9
2#	2500	50	9.2	9.8	2.4	0.5	10.2
3#	2435	44	1.4	23.1	0.18	1	4.9
4#	2360	46	3.1	31.6	0.43	0.4	5.8
5#	2620	53	1	16	3.4	0.9	2.5

基于式(10-16)～式(10-21)，结合表 12-28，相关系数矩阵如表 12-29 所示。

表 12-29 相关系数矩阵

相关系数	Z_1	Z_2	Z_3	Z_4	Z_5	Z_6	Z_7
Z_1	1	0.237	-0.519	-0.47	0.745	0.366	-0.504
Z_2	0.237	1	0.487	-0.642	0.808	0.000	0.153
Z_3	-0.519	0.487	1	-0.471	0.08	-0.425	0.906
Z_4	-0.47	-0.642	-0.471	1	-0.742	-0.156	-0.401
Z_5	0.745	0.808	0.08	-0.742	1	0.091	-0.098
Z_6	0.366	0.000	-0.425	-0.156	0.091	1	-0.568
Z_7	-0.504	0.153	0.906	-0.401	-0.098	-0.568	1

根据式(10-22)、式(10-23)计算主成分的累计贡献率，结果如表 12-30 所示。

表 12-30 累积贡献率

主成分	初始特征值			提取载荷的平方和		
	总计	变量/%	累积/%	总计	变量/%	累积/%
1	2.956	42.236	42.236	2.956	42.236	42.236
2	2.769	39.561	81.797	2.769	39.561	81.797
3	0.734	10.572	92.369			
4	0.534	7.631	100			
5	5.601×10^{-16}	8.002×10^{-15}	100			
6	1.931×10^{-16}	2.758×10^{-15}	100			
7	-9.462×10^{-18}	-1.352×10^{-16}	100			

从表 12-30 可以看出，前两个主成分的累计贡献率达到了 81.797％。由于累计贡献率大于 80％，因此选取前两个主成分来计算评价指标的权重。根据式(10-25)，相应的评价指标计算如下：

$$\boldsymbol{\omega} = [0.0011 \quad 0.003 \quad 0.3894 \quad 0.0768 \quad 0.3619 \quad 0.0598 \quad 0.1079]$$

结果表明，Z_3、Z_5 和 Z_7 指标对粗集料的质量等级影响较大，其他 4 项指标的影响相对较小。

12.5.2.4 云模型指标特征参数的确定

根据表 12-27，粗集料正态云的分类标准如表 12-31 所示。

表 12-31 云模型的特征参数

质量等级	特征值	Z_1	Z_2	Z_3	Z_4	Z_5	Z_6	Z_7
I	E_x	2500	23.5	2.5	6	0.5	0.25	1.5
	E_n	16.667	7.833	0.833	2	0.167	0.0833	0.5
	H_e	0.01	0.01	0.01	0.01	0.01	0.01	0.01
II	E_x	2400	48	7	15	1.5	0.6	4
	E_n	16.667	0.333	0.667	1	0.167	0.033	0.333
	H_e	0.01	0.01	0.01	0.01	0.01	0.01	0.01
III	E_x	2325	50	10.5	21	2.25	0.775	5.5
	E_n	8.333	0.333	0.5	1	0.0833	0.025	0.167
	H_e	0.01	0.01	0.01	0.01	0.01	0.01	0.01
IV	E_x	2275	52	13.5	27	2.75	0.925	6.5
	E_n	8.33	0.333	0.5	1	0.0833	0.025	0.167
	H_e	0.01	0.01	0.01	0.01	0.01	0.01	0.01
V	E_x	2225	79.5	22.5	45	4.5	1.5	10.5
	E_n	8.33	13.25	3.75	7.5	0.75	0.25	1.75
	H_e	0.01	0.01	0.01	0.01	0.01	0.01	0.01

根据表 12-27，使用正向云生成器计算了不同指标对应的云模型的特征，如图 12-18 所示。横坐标表示变量的大小，纵坐标表示隶属度的大小。图 12-18 中的子图包括五个云图，依次是 I、II、III、IV 和 V。当某一变量不变时，可以得到状态等级上某一点的隶属度。

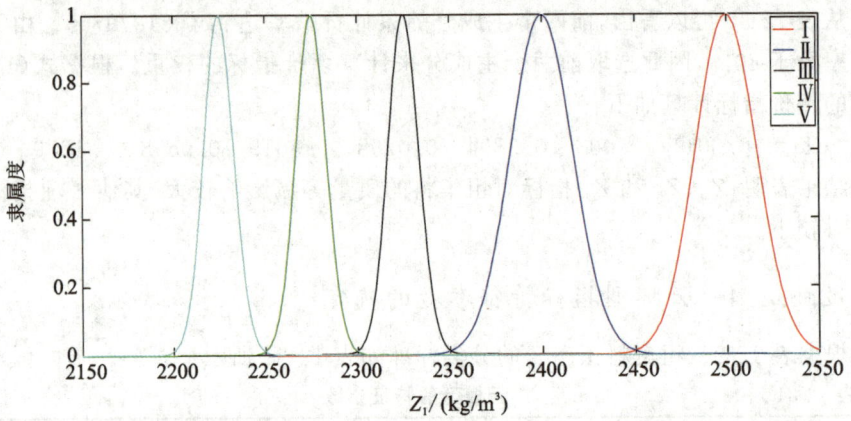

(a)表观密度Z_1

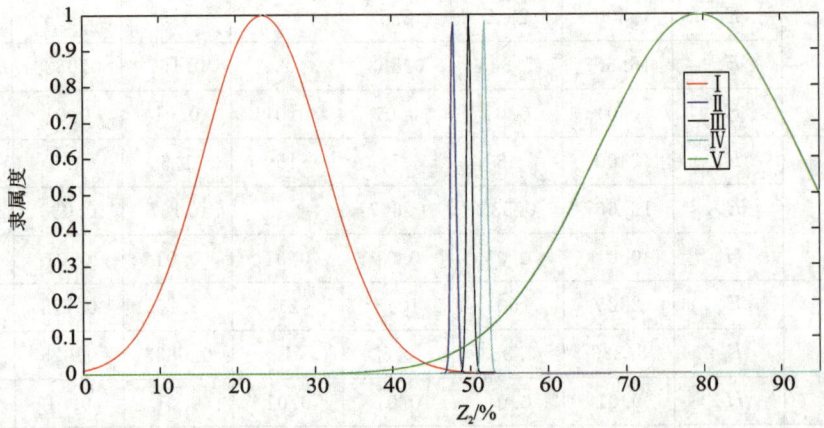

(b)孔隙率Z_2

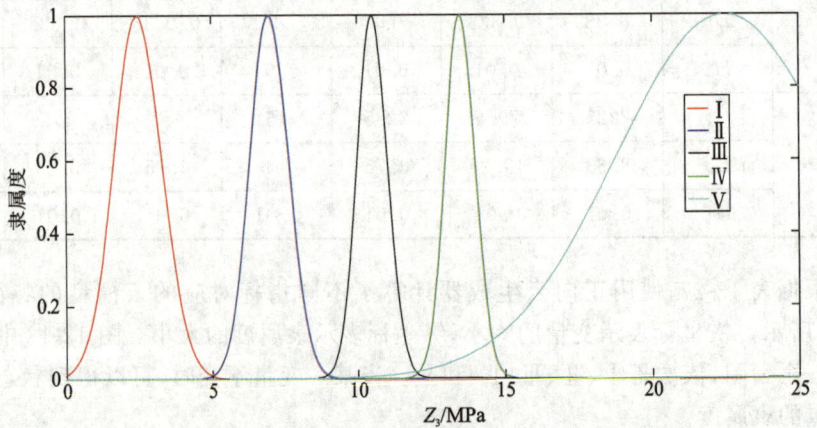

(c)强度Z_3

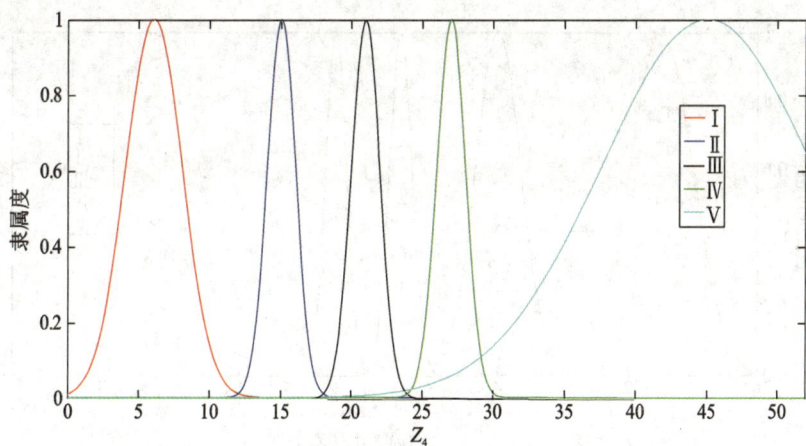

(d)破碎指数Z_4

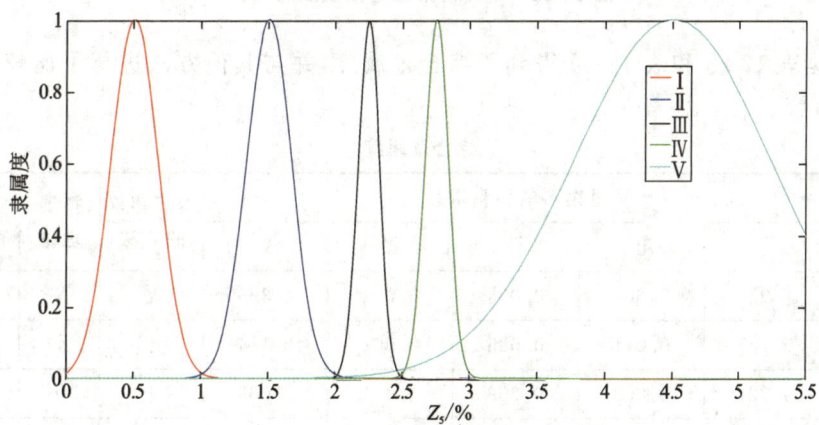

(e)微量元素含量Z_5

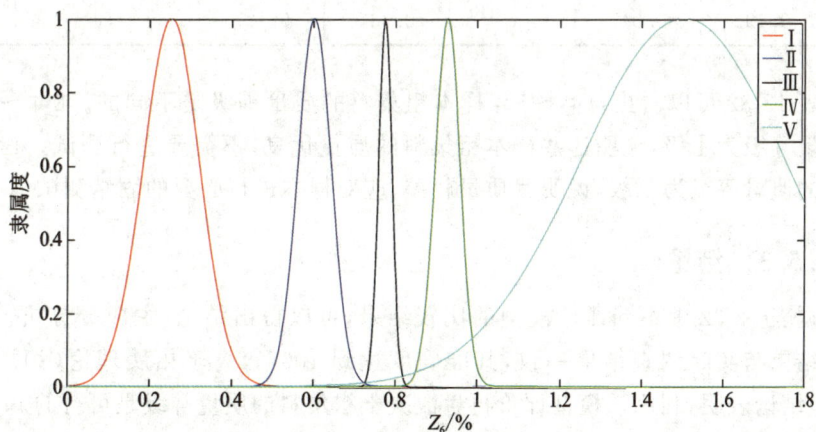

(f)土壤含水率Z_6

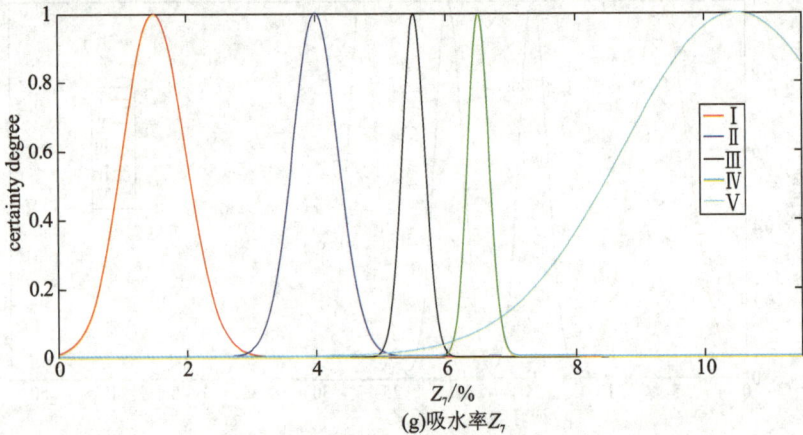

(g)吸水率Z_7

图 12-18　各评价指标的云模型的特征

根据表 12-28 和表 12-30 得到了综合隶属度，并与其他方法进行了比较，如表 12-32 所示。

表 12-32　　　　　　　　　　　　　　　综合隶属度

样本编号	粗集料的质量等级					本节建议的方法	拓展理论	实际调查结果
	I	II	III	IV	V			
1#	0	0.307	0.005	0.004	0.383	V	V	V
2#	0.123	0.011	0.088	0.001	0.114	I	I	I
3#	0.221	0.003	0.009	0.001	0.009	I	II	I
4#	0.644	0	0.022	0	0.019	I	I	I
5#	0.192	0.047	0	0.037	0.127	I	I	I

从表 12-32 可以看出，1#～5#样本粗集料的质量等级是不同的。2#～5#样本的质量等级为 I 级，说明这些样本粗集料的质量优良，不需要进行测试。1#样本粗集料的质量等级为 V 级，说明其质量较差，应对样本进行必要的固结测试。

12.5.3　结论

根据表 12-32 中不同评价模型的比较结果，可以得出结论：主成分分析-云模型评价的结果与实际调查结果一致，其准确度达到 100%，高于拓展理论（80%）的结果[653]。结论表明，利用该模型评价再生混凝土粗集料的质量等级是可行的。

该模型不仅取得了较为精确的计算结果，而且为粗集料的质量等级提供了更为翔实的资料。例如,4♯样本的质量等级比 2♯ 和 3♯ 样本的质量等级更可能属于Ⅰ级,因为 4♯ 样本属于Ⅰ级的综合隶属度(0.644)高于 2♯ 样本(0.123)和 3♯ 样本(0.221)的隶属度。总的来说,基于主成分分析-云模型的结果能够反映粗集料的质量等级,为今后粗集料的质量分级提供了一种新的方法和思路。

12.6　基于博弈论组合加权-正态云模型的混凝土坝裂缝等级评价

混凝土坝在运行过程中经常出现裂缝,而裂缝为大坝运行的安全隐患[543,696]。为及时采取措施,应进行裂缝损伤评价,旨在研究裂缝对大坝安全运行和工程效益的影响。以龙羊峡重力拱坝为例,大坝现共有 35 处裂缝,其中 9 处裂缝长度为 10～30 m,表面宽度为 0.3～1.6 mm,对大坝的安全构成威胁,因此准确评价混凝土坝的裂缝具有重要的现实意义。然而,由于定量监测值与定性指标之间存在一定的不确定性[697,698],裂缝的评价过程具有模糊性和随机性。因此准确评价混凝土坝的裂缝成为一个研究热点。

为了准确评价混凝土坝裂缝的危险等级,研究者们采用了许多方法[699]。例如,Wei 等[700]考虑了裂缝对大坝结构和耐久性的影响,运用证据理论结合位移和应力条件对混凝土大坝的整体使用性能进行了综合评价;吕娟等[701]运用可变模糊集和可拓学的思想对混凝土大坝结构裂缝的损伤进行了验证;Zhang 等[702]建立了等级评价中模糊属性的云物元模型,根据最大隶属度准则确定裂缝的损伤程度,由于大坝变形和渗流等多种因素的影响,冯学慧[703]建立了云熵权模型;Zhou 等[704]分析了云模型的性质,结合评价指标的主观、客观和综合权重的确定方法,探讨了大坝运行行为云模型的综合评价方法;赵源等[705]将证据理论应用于大坝安全监测,证明了该方法的有效性。

虽然上述方法促进了混凝土坝裂缝评价的发展,但它们仍然存在一些不足,如计算过程复杂、效率低下等。针对上述方法的不足[706,707],引入博弈论组合加权-正态云模型对混凝土坝裂缝危险等级进行评估,先用博弈论组合加权法确定各评价指标的权重,然后用正态云方法计算各指标的确定性和不确定性程度,确定混凝土坝裂缝的危险等级。

具体理论见 9.3.2 节。

12.6.1　工程概况

所研究的大坝为一座碾压混凝土重力坝,坝身高度为 178 m,最大底宽为 80 m,

坝顶高度为 2160 m。自大坝开始运行以来,下游坝面出现多达 35 条裂缝,多为水平裂缝,主要分布在 2510～2570 m 处。这些裂缝对大坝强度、稳定性和安全运行的影响是工程界十分关注的问题。

12.6.2　评价模型的构建

12.6.2.1　指标系统的构建

由于影响混凝土坝裂缝发生的因素很多,为了简化计算,本节选择裂缝宽度(S_1)、裂缝长度(S_2)和裂缝深度(S_3)作为评价指标,所选裂缝的评价指标数据如表 12-33 所示。根据有关参考文献[707,708],三项评价指标可分为四个等级,分别为Ⅰ级(轻度)、Ⅱ级(普通)、Ⅲ级(严重)和Ⅳ级(非常严重),如表 12-34 所示。

表 12-33　　　　　　　　　　　　裂缝信息

裂缝序号	评价指标		
	S_1/mm	S_2/m	S_3/m
1#	0.175	8.7	1.2
2#	0.25	8	2.1
3#	0.15	4.4	0.5
4#	0.1	6	2.4
5#	0.15	11.5	0.6
6#	0.1	2	2.55
7#	0.2	3.2	1.52
8#	0.16	6.5	0.9
9#	0.25	7.1	1.2
10#	0.11	5.6	1.5

表 12-34　　　　　　　　　　　　评价指标的分级

评价指标	危险等级			
	Ⅰ	Ⅱ	Ⅲ	Ⅳ
S_1/mm	(0, 0.2]	(0.2, 0.3]	(0.3, 0.5]	(0.5, 3]
S_2/m	(0, 3]	(3, 5]	(5, 10]	(10, 15]
S_3/m	(0, 0.3]	(0.3, 1]	(1, 5]	(5, 10]

12.6.2.2　评价框架的构建

评价框架的流程图如图 12-19 所示。首先确定评价指标和相应的区间；然后采用博弈论组合加权法对样本数据进行权重计算；再根据评价指标的分类区间、特征参数，并在云模型中进行计算；最后使用被评价的数据并结合评价指标的权重获得综合隶属度，根据综合隶属度原则确定混凝土坝裂缝的危险等级。

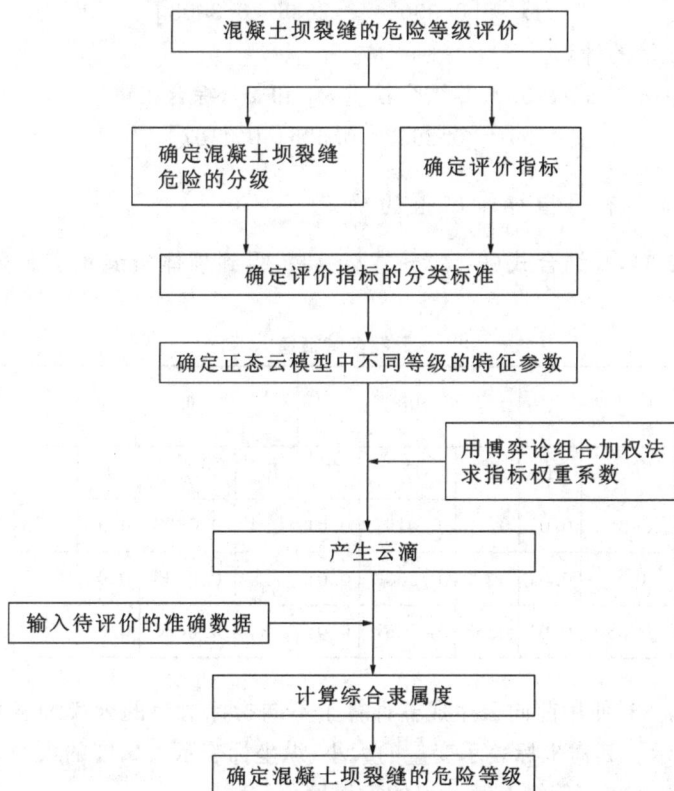

图 12-19　混凝土坝裂缝危险等级的评价流程图

12.6.2.3　指标权重系数的确定

(1)基于熵值法计算权重系数 ω_1。

根据式(9-23)～式(9-29)，结合表 12-33，相应的权重系数为：

$$\omega_1 = [0.1003 \quad 0.3561 \quad 0.4446]$$

(2)基于 CRITIC 方法计算权重系数 ω_2。

基于式(9-30)～式(9-32)，并结合表 12-33，可以得到相关系数如下：

$$r = \begin{bmatrix} 1 & 0.3008 & 0.2026 \\ 0.3008 & 1 & 0.4328 \\ 0.2026 & 0.4328 & 1 \end{bmatrix}$$

根据式(9-33),得到标准差如下:

$$\eta = \begin{bmatrix} 0.37 & 0.2907 & 0.3485 \end{bmatrix}$$

同样,根据式(9-34)和式(9-35),每个评价指标的权重为

$$\omega_2 = \begin{bmatrix} 0.3962 & 0.2636 & 0.3403 \end{bmatrix}$$

(3)综合权重的计算。

根据式(9-36)~式(9-39),并结合权重 ω_1 和 ω_2,综合权重为:

$$\omega = \begin{bmatrix} 0.2633 & 0.326 & 0.4107 \end{bmatrix}$$

12.6.2.4 不同指标特征值的确定

根据表12-34,并结合式(9-41)~式(9-43),得到坝体裂缝正态云分类标准,见表12-35。

表 12-35 云模型特征值

危险等级	I			II			III			IV		
特征值	E_x	E_n	H_e	E_x	E_n	H_e	E_x	E_n	H_e	E_x	E_n	H_e
S_1	0.1	0.0333	0.01	0.25	0.0167	0.01	0.4	0.0333	0.01	1.75	0.4167	0.01
S_2	1.5	0.5	0.01	4	0.3333	0.01	7.5	0.8333	0.01	12.5	0.8333	0.01
S_3	0.15	0.05	0.01	0.65	0.1167	0.01	3	0.6667	0.01	7.5	0.8333	0.01

根据表12-35,使用前向云生成器计算了不同指标对应的云模型各指标的特征,如图12-20所示。其横坐标表示变量的大小,纵坐标表示隶属度的大小,当变量取值固定时,可以得到状态等级上某一点的隶属度。

采用博弈论组合加权-正态云模型对混凝土坝裂缝进行评价,并与灰色聚类法、实际调查结果进行对比,结果如表12-36所示。从表12-36可以看出,各混凝土坝裂缝危险等级是不同的,1#、2#、4#、7#、8#和9#混凝土坝裂缝危险等级为III级,3#和5#混凝土坝裂缝危险等级为II级,其余的为I级。所选混凝土坝裂缝中大多数裂缝是严重的,占60%,其余样本轻度或者普通,占40%。因此,对于1#、2#、4#、7#、8#和9#裂缝,应采取必要的加固措施,如裂缝的灌浆等,以防止混凝土坝发生危险;对于其他裂缝,应建立相应的安全意识。

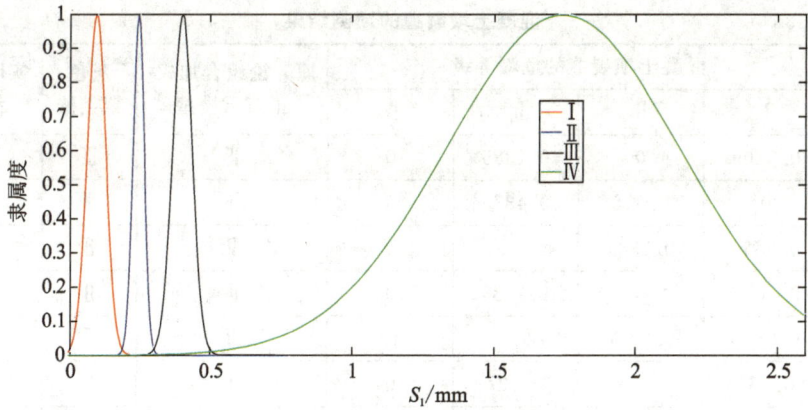

(a)裂缝宽度S_1

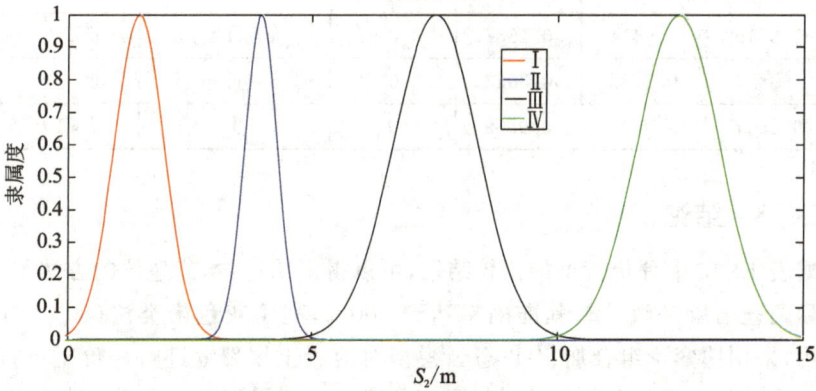

(b)裂缝长度S_2

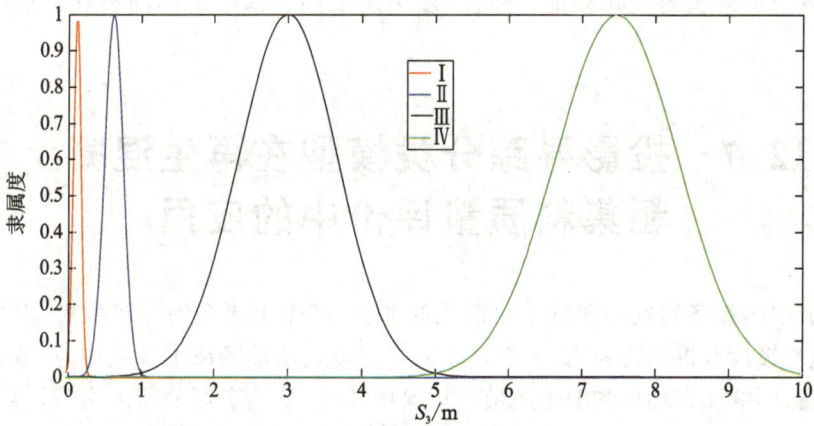

(c)裂缝深度S_3

图 12-20 云模型各指标的特征

表 12-36 混凝土坝裂缝的预测结果

裂缝序号	混凝土坝裂缝的危险等级				博弈论组合加权-正态云模型	灰色聚类法	实际调查结果
	I	II	III	IV			
1#	0.0209	0	0.1385	0	III	III	III
2#	0	0.326	0.4375	0	III	III	III
3#	0.0867	0.3385	0	0	II	II	II
4#	0.2633	0	0.3385	0	III	III	III
5#	0.0853	0.3747	0	0.1587	II	II	II
6#	0.461	0	0.327	0	I	II	I
7#	0.0029	0.0213	0.035	0	III	III	III
8#	0.0519	0.0414	0.1587	0	III	III	III
9#	0	0.2633	0.3013	0	III	III	III
10#	0.2517	0	0.0569	0	I	III	I

12.6.3 结论

根据表 12-36 中评价模型的比较结果,可以得出结论:本节建议的方法得到的结果与实际调查结果一致[710],其准确率达到 100%,高于灰色聚类法(80%)的结果。结果表明,采用博弈论组合加权-正态云模型对混凝土坝裂缝进行评价是可行的,该方法可以为混凝土坝裂缝的评价提供更多的资料。利用该模型得到的结果准确地反映了混凝土坝裂缝的危险程度,并进一步确定了同一水平上不同裂缝的危险等级排序。

12.7 投影寻踪分类模型在再生混凝土粗集料质量评价中的应用

随着中国经济的发展和城市化进程的加快,产生了更多的建筑垃圾[711,712]。然而,建筑垃圾没有得到再利用,大部分被丢弃在垃圾填埋场或堆放点中,造成土地资源的浪费,影响城市环境和卫生质量。从保护环境、节约资源的角度出发,再生混凝土粗集料在建筑工程中的应用越来越受到重视[713,714]。再生混凝土粗集料是一种绿色建筑材料,符合可持续发展的要求,具有广阔的应用前景。因此,再生混凝土粗集料的质量评价对建筑环境具有重要影响[715,716]。

世界上许多发达国家和地区已经研究了用旧混凝土生产再生混凝土粗集料[717,718]的理论方法。例如,Omary 等[524]讨论了再生混凝土的集料特性和性能之间的关系;Serres 等[719]分析了再生混凝土的生态循环评估,用于环境评估;Marthong 等[526]改进了再生粗集料混凝土的制备,以提高其力学性能。尽管中国对再生混凝土粗集料的研究起步较晚,但许多大学和科研机构对再生混凝土粗集料进行了大量的基础研究,取得了大量的科研成果。Wu 等[527]采用试验分析方法研究了再生混凝土粗集料的随机特性,提出了再生混凝土粗集料的分类方法;Luo 等[720]采用不同的预处理方法对再生粗混凝土集料进行处理,提出了徐变预测模型。

再生混凝土的一个重要研究方向是再生混凝土粗集料质量等级的分类和判定。目前,对再生混凝土粗集料的质量等级进行分类和评价的方法有模糊综合评价法[721]、层级分析法[722,723]、灰色区间法[724]等。但是,它们都存在一些缺陷,如模糊综合评价法主观性强;层级分析法定量数据较少;灰色区间法需要较大的样本量,一些指标的最优值难以确定。投影寻踪算法可以解决评价过程中多指标的非线性问题[725,726],但多维数据使得寻找最佳投影方向变得困难。为了解决这一问题,本节采用遗传算法进行全局搜索来寻找最佳投影方向,最后提出了一种基于遗传算法的投影寻踪分类模型,对质量结果进行评价,并对质量等级进行分类。

12.7.1 研究方法

具体理论见 12.3.2 节。

12.7.2 评价模型的构建

12.7.2.1 指标体系的构建

根据《混凝土用再生粗骨料》(GB/T 25177—2010),选择如下再生混凝土粗集料质量评价指标:微粉含量(M_1)、泥浆含量(M_2)、吸水率(M_3)、强度(M_4)、破碎指数(M_5)、表观密度(M_6)、孔隙率(M_7)。将评价指标分为四个质量评价等级:Ⅰ、Ⅱ、Ⅲ、Ⅳ,相应的质量状态为:好、一般、差和不合格,如表 12-37 所示。

表 12-37 　　　　　　**再生混凝土粗集料的评价指标分类标准**

评价指标	再生混凝土料的质量等级			
	Ⅰ	Ⅱ	Ⅲ	Ⅳ
$M_1/\%$	<1	[1, 2)	[2, 3)	≥3
$M_2/\%$	<0.5	[0.5, 0.7)	[0.7, 1)	≥1
$M_3/\%$	<3	[3, 5)	[5, 7)	≥7

续表12-37

评价指标	再生混凝土料的质量等级			
	I	II	III	IV
M_4/MPa	<5	[5，9)	[9，15)	≥15
M_5	<12	[12，20)	[20，30)	≥30
M_6/(kg/m³)	>2450	(2350，2450]	(2250，2350]	≤2250
M_7/%	<47	[47，50)	[50，53)	≥53

12.7.2.2　评价框架的构建

评价框架的流程图如图12-21所示。

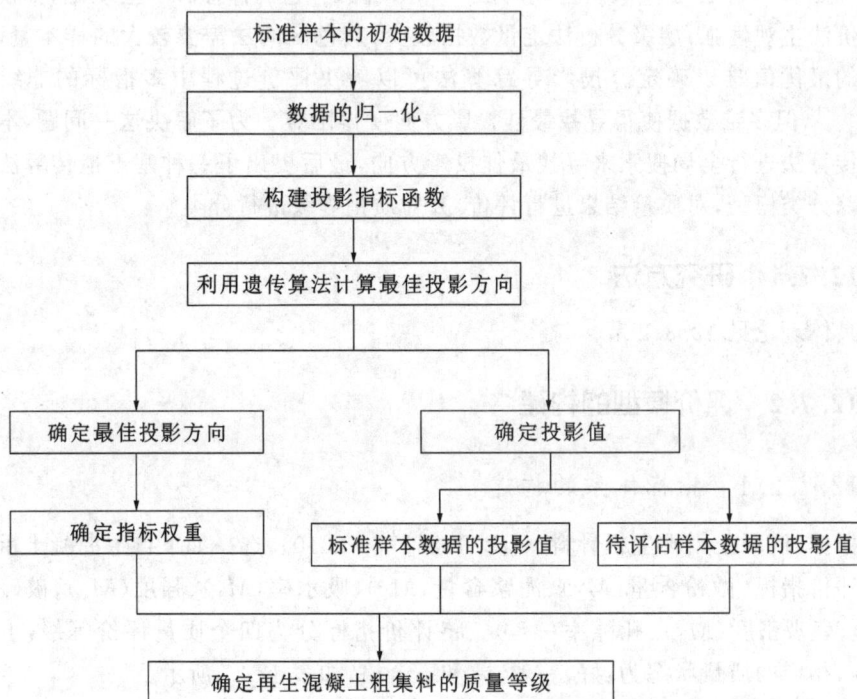

图 12-21　再生混凝土粗集料质量等级评价流程图

（1）建立再生混凝土粗集料质量评价指标和评价集，根据式（12-19）和式（12-20）对指标和评价集进行归一化。

（2）确定投影方向，根据式（12-21）建立投影指数函数。

（3）基于式（12-22）～式（12-25）确定最大目标函数，采用遗传算法求解最大目标函数。

（4）当遗传算法达到收敛条件时，确定最佳投影方向，计算投影值和评价指标集。

（5）根据投影值建立再生混凝土粗集料质量评价模型。将投影值代入建议的模型，判断再生混凝土粗集料的质量等级。

12.7.2.3　评价过程

建筑工地的废弃混凝土由建筑企业进行粉碎、筛分和分类，原始监测数据见表 12-38。

表 12-38　　　　　　　　　　**原始监测数据**

样本序号	M_1/%	M_2/%	M_3/%	M_4/MPa	M_5	M_6/(kg/m³)	M_7/%
1#	0.4	0.2	4.7	12	17.5	2590	53
2#	0.4	0.4	6.4	3	16.1	2550	50
3#	0.3	0.2	6.9	3	11.6	2590	48
4#	0.18	0	4.9	3	23.1	2435	44
5#	0.43	0	6.8	4	29.6	2360	46

（1）归一化处理。

为了直接比较不同评价指标的大小，对原始数据进行基于式（12-19）和式（12-20）的归一化处理。结果如表 12-39 所示。

表 12-39　　　　　　　　　　**数据的归一化处理**

样本序号	M_1	M_2	M_3	M_4	M_5	M_6	M_7
1#	0.12	0.5	0.1	0	0.6722	1	0
2#	0.12	0	0.2273	1	0.75	0.8261	0.3333
3#	0.52	0.5	0	1	1	1	0.5556
4#	1	1	0.9091	1	0.3611	0.3261	1
5#	0	1	0.0455	0.8889	0	0	0.7778

（2）分类标准的处理。

表 12-37 将再生混凝土粗集料的质量评定分为 4 个等级，评定指标为 7 个，构造了七维数据。使用 MATLAB 的程序对表 12-37 中的数据进行了 100 次左右的计算，选择亲代的初始种群大小为 $N=400$，交叉概率 $P_c=0.8$，突变概率 $P_m=0.2$，优秀个体为 7，加速时间为 20 s，最大投影指数值为 0.358，最佳投影方向是 $a^*=(0.3729,0.3808,0.373,0.3835,0.378,0.3827,0.3747)$，各质量等级 i 的预测大小为 $z^*(j)=\{2.2662,1.6918,0.8995,0\}$，投影值的散点图如图 12-22 所示，误差分析如表 12-40 所示，其拟合表达式如式（12-26）所示。

$$y^*(j) = -0.1844[z^*(j)]^2 - 0.8921z^*(j) + 3.989, \quad R^2 = 0.992 \quad (12\text{-}26)$$

表 12-40 说明模型精度较高,可用于评价再生混凝土粗集料的质量等级。

(3)监测值的投影。

在表 12-40 的基础上,利用 MATLAB 对 PPC 模型进行了约 100 次运算,初始参数选取如下:初始种群大小 $N=400$,交叉概率 $P_c=0.8$,突变概率 $P_m=0.2$,优秀个体数为 7,加速时间为 20 s,$\alpha=0.05$,最大投影指数值为 $a^*=(0.5982, 0.3195, 0.4002, 0.2933, 0.1939, 0.2437, 0.4437)$,投影值为 $z^*(j)=\{1.4794, 1.0619, 1.3799, 1.2949, 0.2281\}$,质量结果如表 12-41 所示,并与其他方法进行比较,如图 12-23 所示。

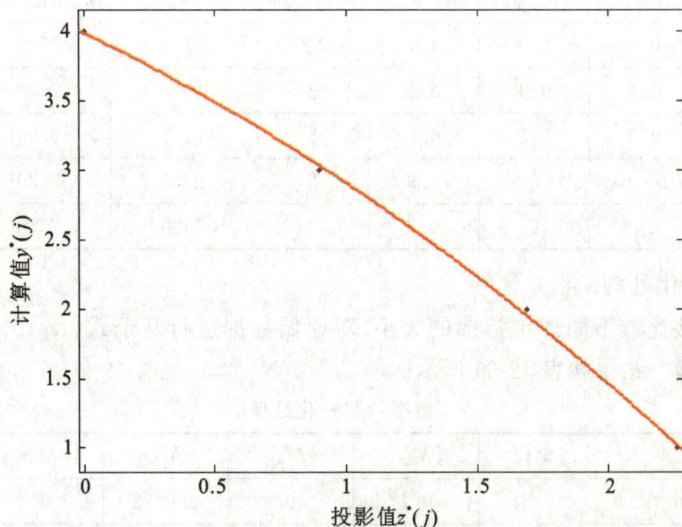

图 12-22　投影值的散点图

表 12-40 　　　　　　　　　　　　**PPC 模型的误差分析**

质量等级	I	II	III	IV
计算值	1.0203	1.952	3.0374	3.989
绝对误差	0.0203	-0.048	0.0374	-0.011
相对误差	2.03%	-2.4%	1.25%	-1.1%

当最佳投影方向值较大时,相应的评价指标对再生混凝土粗集料质量等级的影响较大。研究结果表明,M_1(微粉含量)和 M_7(孔隙率)对不同再生粗集料混凝土的质量等级有显著影响,M_5(破碎指数)对再生粗集料混凝土的质量等级影响最小。从表 12-41 可以看出,1#和 3#样本的质量等级是 II 级;2#和 4#样本的质量等级是 III 级;5#样本的质量水平是 IV 级。结果表明,1#和 3#样本粗集料的质量一般,因

此无须采取措施提高粗集料的质量;2♯和4♯样本的质量较差,应采取相应的补救措施,提高再生混凝土粗集料的质量;5♯样本的质量为不合格,应弃用。通过对图12-23中评定结果的对比分析,发现 PPC 法评定结果与实际调查结果一致[727],其准确度达到100%,高于不确定度测量模型(80%)。因此,利用投影寻踪模型对再生粗集料混凝土质量进行评价是可行的。

表 12-41 再生混凝土粗集料的质量等级

样本序号	投影值	计算值	排序	质量等级
1♯	1.4794	2.2656	1	Ⅱ
2♯	1.0619	2.8337	4	Ⅲ
3♯	1.3799	2.4069	2	Ⅱ
4♯	1.2949	2.5246	3	Ⅲ
5♯	0.2281	3.7759	5	Ⅳ

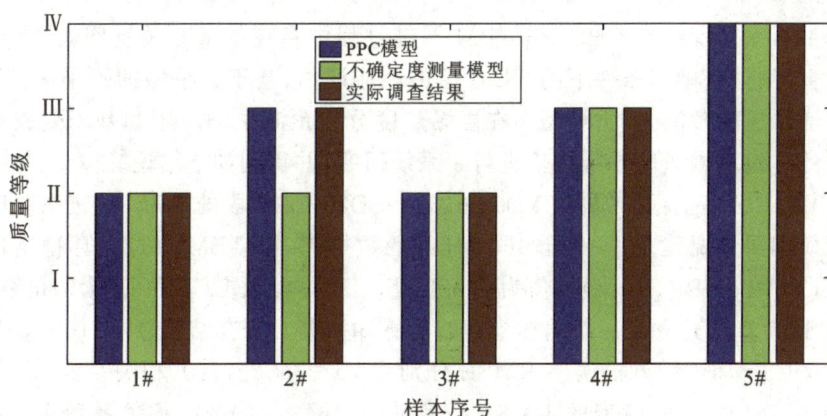

图 12-23　三种方法的比较

PPC 模型可以为评价再生混凝土粗集料质量提供翔实的资料,例如,1♯样本的 M_4(强度)为12,应属于表 12-37 的Ⅲ级。但 PPC 模型得到的其他指标属于Ⅱ级,所以 1♯样本属于Ⅱ级的概率高于属于Ⅰ、Ⅲ和Ⅳ级。此外,2♯样本的质量等级比 4♯样本的质量等级更可能属于Ⅱ级,这是因为 2♯样本的计算值 y^*(2.8337)高于 4♯样本的计算值 y^*(2.5246)。另外,按照最小距离准则,2♯样本的计算值 y^* 为2.8337,介于Ⅱ级和Ⅲ级之间,但更接近Ⅲ级,因此可以确定其质量等级为Ⅲ级。

12.7.3　结论

总的来说,PPC 模型不仅可以评价单个样本的质量,而且可以区分同一范围内的样本质量。

13 结论与展望

13.1 结　　论

本书第一篇围绕着 EH 工程 TBM 掘进过程中存在的部分关键问题,重点对岩体参数智能感知、硬岩条件下的 TBM 掘进性能评估、基于云模型的干旱区 TBM 施工隧道涌水风险预测、直觉模型集在岩爆烈度分级预测中的应用和基于变权物元可拓模型的隧道坍塌风险二维评价进行了系统研究,并得到如下结论。

(1)基于 EH 工程 SS 隧道 SD00+254~SD20+435 段的 TBM 掘进参数时序数据和地质编录情况建立了一个 346 组样本的数据库,以 TBM 掘进循环稳定段的掘进参数(Th、Tor、PR、RPM)均值为输入变量,以岩体参数 UCS 和 BI 为输出变量,利用 GA-SVR 算法建立了一个岩体参数智能感知模型。研究结果显示,基于 GA-SVR 模型的 UCS 和 BI 均方根误差 RMSE 分别为 7.1366、2.7710,相关系数 R^2 分别为 0.8348、0.7613;SVR 模型的 RMSE 分别为 6.1643、2.9222,相关系数 R^2 分别为 0.8051、0.7017。表明 GA-SVR 模型可以较准确地预测 TBM 掘进过程中的岩体参数,且比 SVR 模型具有更强的学习和预测能力。

(2)基于 EH 工程 KS 隧道 KS101+768~KS130+980 段的水文地质参数和 TBM 掘进参数建立了一个 630 组样本的数据库。将随机森林(RF)模型应用于 TBM 掘进速度 AR 的回归拟合,并将该模型同 PSO-BP 模型进行了对比。研究结果表明,PSO-BP 模型的 R^2、MAE、RMSE 和 MAPE 分别为 0.8507、2.5786、3.1556 和 13.008%,RF 模型的 R^2、MAE、RMSE 和 MAPE 分别为 0.8747、2.3857、2.8780 和 12.0682%,两种模型对 TBM 掘进速度 AR 均有较好的预测效果,但 RF 模型的回归拟合精度更高。此外,对影响 AR 的指标进行敏感性分析,结果显示,指标 Th 对 TBM 的掘进速度影响最大,指标 K_v 的影响次之,指标 GW 的影响最小。

(3)综合考虑地质、水文、施工和动态监测因素对涌水的影响,分析了干旱区隧道发生涌水的致灾因子,提出了一种基于正态云模型的 TBM 施工隧道涌水风险多指标预测方法,并将该方法应用于 SS 隧道的 SD52＋160～SD50＋617 段。研究结果显示,基于该模型的涌水风险预测结果不仅与理想点法和灰色关联投影法的结果较一致,而且与实际涌水情况吻合较好。

(4)为了降低涌水危害,针对 SD52＋160～SD50＋617 段的涌水问题,分别采用纯水泥浆液、水泥和水玻璃双浆液、高聚物和聚氨酯对部分涌水洞段进行注浆堵水试验。试验结果表明,化学灌浆的堵水效果明显优于物理灌浆,但昂贵的价格使其并不适用于大规模的涌水治理。考虑到研究区段涌水规模大、涌水距离长的特点,采用水泥和水玻璃双浆液、聚氨酯进行联合治理涌水更为合理。对于线状涌水,采用水泥和水玻璃双浆液通过造孔注浆方式封闭出水点;对于股状涌水,采用聚氨酯进行封堵。应用这种联合堵水技术对其他涌水段进行涌水治理,取得了良好的治水效果。

(5)基于岩爆的发生机理,将直觉模糊集理论引入岩爆风险预测,并将球面模糊集引入指标权重计算,通过与 GRA 法进行耦合,形成一种新的权重算法,在此基础上提出了一种新的基于直觉模糊集的岩爆风险预测模型。结合国内外 35 组岩爆工程实例对该模型进行检验,并与云模型理论和实际岩爆情况进行对比,直觉模糊集模型预测结果的准确率为 94.3％,云模型预测结果的准确率为 91.4％。将该模型应用于 KS 隧道的 KT4 施工支洞,分析了 KT4 施工支洞在高地应力环境下的岩爆风险,研究结果显示,基于直觉模糊集的岩爆烈度分级预测结果与 TBM 掘进过程中发生岩爆的实际情况一致性较好,表明该模型在实际工程中具有较高的可行性和适用性,为岩爆风险预测提供了一条新思路。

(6)在对标准物元可拓模型改进的同时,通过引入变权理论使评价对象主动参与坍塌风险评价过程中,并在以等级评价作为最终结果的一维评价方法的基础上,引入模糊熵作为第二维辅助评价参量,构建了一个变权物元可拓的隧道坍塌风险二维评价模型。将该模型应用于 KS 隧道 KS260＋052～KS262＋835 段,并与标准物元可拓模型、模糊综合评价法和工程实际情况进行了对比。结果表明,该模型与标准物元可拓模型、模糊综合评价法的评定结果基本一致,且与 TBM 开挖过程中围岩坍塌的实际情况吻合,表明运用该模型评价隧道坍塌风险是有效可行的。

本书第二篇系统地分析和研究了泥石流、滑坡和危岩体的危险等级评价,同时还对岩爆烈度、隧道围岩质量、再生混凝土粗集料质量、混凝土坝裂缝质量进行了评价,得到以下结论。

(7)考虑泥石流一次最大流量(N_1)、疏松物质储量(N_2)、流域面积(N_3)、沟长(N_4)、相对高差(N_5)、边坡坡度(N_6)、主沟纵坡坡度(N_7)、补给段长度比(N_8)、最大日降雨量(N_9)以及流域内发育的断层条数(N_{10}),提出了一种评价泥石流灾害易发性等级的新方法。首先利用灰色系统变量模糊集确定评价样本的相对隶属度矩阵,然后采用耦合方法计算加权系数,再利用平均排序特征值确定泥石流灾害易发程度,将该方法应用于泥石流灾害易发性等级的评价,最后将其结果与现行规范和模糊层次分析法进行了比较,所得结果与现行规范一致,准确率达到83%。除1♯～3♯支沟外,其他支流沟应采取必要措施防止泥石流灾害的发生。利用该模型得到的结果准确地表明了泥石流灾害的易发性等级,并进一步确定了泥石流灾害在同一水平上的等级排序。

(8)基于博弈论组合加权-正态云模型,考虑泥石流灾害的补给段长度比(X_1)、主沟纵坡长度比(X_2)、山体坡度(X_3)、流域面积(X_4)、相对高差(X_5)、森林覆盖率(X_6)和日最大降雨量(X_7),提出了一种评价泥石流灾害易发性等级的新方法。首先确定了7个不同的评价指标。然后,基于博弈论组合赋权法确定了7个评价指标的权重系数。最后,用熵权正态云方法计算了其他指标的隶属度。将该方法应用于泥石流灾害易发性评价,结果表明:1、4、5号沟渠的泥石流灾害易发性等级为Ⅳ级,3、6、7号沟渠的泥石流灾害易发性等级为Ⅲ级,2号沟渠的泥石流灾害易发性等级为Ⅰ级,8号沟渠的泥石流灾害易发性等级为Ⅱ级,因此,除2号沟渠外,其他沟渠应采取必要的加固措施,如在边坡上固定钢锚杆等。此外,本文提出的方法得到的结果与实际调查的8个不同沟槽结果完全一致,其准确率达到100%,高于灰色扩展模型的结果。结果表明,用该方法估算泥石流灾害是可行的。

(9)考虑泥石流灾害的补给段长度比(X_1)、主沟纵坡长度比(X_2)、山体坡度(X_3)、流域面积(X_4)、相对高差(X_5)、森林覆盖率(X_6)和日最大降雨量(X_7),提出了一种评价泥石流灾害易发性等级的新方法。7个不同的证据主体首先被确定。然后利用证据熵权-灰色关联法计算其他证据体的确定性可靠度。最后,运用证据理论计算了泥石流灾害的综合可靠性,最终确定泥石流灾害的易发性等级。将该方法应用于泥石流灾害易发性等级评价,得出1、4、5号沟渠的泥石流灾害易发性等级为Ⅳ级,其余沟渠泥石流灾害易发性等级为Ⅲ级,应采取必要的加固措施,防止各沟渠的泥石流灾害的发生,如在边坡上固定钢锚杆等。此外,本文提出的方法得到的结果与实际调查的8个沟槽结果完全一致,其准确率达到100%,高于灰色可拓模型的结果。相对于传统的灰色可拓模型,其评价结果具有更高的可靠性和有效性,在评价过程中可以考虑区间尺寸,也可以反映其他证据主体之间的重要性差异。因此,建议的理论可以很好地预测区间形式的等级标准,结果表明,用建议的方法估计泥石流灾害易发性是可行的。总之,该模型不仅准确地反映了泥石流灾害的易发性等级,而且进一步确定了同一水平上不同支沟的易发性等级排序。

(10)钓鱼洞危岩带位于重庆市巫溪县中岗乡,主要分为6段,分别为1号危岩带、2号危岩带、3号危岩带、4号危岩带、5号危岩带、6号危岩带,发育8处危岩单体;危岩带的形成主要受地质因素、地质构造因素、外动力作用的控制。通过楔形体滑动模型对危岩体整体稳定进行了分析,然后对危岩单体进行了稳定性分析,结果表明,无论整体还是单体都处于稳定状态。对本次危岩治理应立足于安全与经济兼顾的原则,力求达到事半功倍的效果,最后提出对危岩体采取危岩体(危石)清除＋锚杆＋主动防护网＋被动防护网的措施。

(11)大岩屋危岩体位于重庆市奉节县,方量为 209.3m3,其破坏模式为倾倒式或滑移式,潜在危害极大。危岩体主要包括危岩单体、陡崖带和斜坡。W_1 危岩体极易产生倾倒式破坏;危岩体由砾岩块体、顶部后壁裂缝、底部悬空面及相邻区域的空隙组成。其结构特征主要受地层岩性、地质构造和外动力因素所制约。其底部悬空,底部母岩被压裂,顶部后壁发育一条拉张裂缝 LF_1,W_1 主要受后壁 LF_1 的控制,极易产生倾倒式破坏。场地内危岩体的形成主要受地质因素、地质构造因素、外动力作用的控制。利用倾倒式危岩体计算公式、模型对大岩屋危岩体进行了稳定性计算,计算结果表明,在天然工况下,危岩体处于稳定状态;在暴雨工况下,危岩体处于欠稳定状态;同时可知降雨因素对危岩稳定性影响较大,特别是在暴雨或连续降雨条件下,后壁裂缝更容易进一步扩展,产生崩塌失稳。对大岩屋危岩体防治提出了建议,建议采用支撑＋岩腔封闭＋被动防护网的综合治理。

(12)懒坝危岩带位于重庆市武隆区,调研究区主要由 A、B、C、D 区四个危岩带组成。四个危岩带的地层均为二叠系下统茅口组,主要岩性为灰色薄层至中厚层状灰岩,另外在 B 区上部第 I 级陡崖的基座处分布一层厚约 $10\sim40$ cm 厚的黑色薄层状炭质页岩,A 区危岩带主要发育 2 处危岩体,危岩体总体积约 3897 m^3,该危岩带属大型危岩带;B 区主要发育 50 处危岩体,危岩体总体积约 154712 m^3,该危岩带属特大型危岩带;C 区主要发育 2 处危岩体,危岩体总体积约 859 m^3,该危岩带属中型危岩带;D 区主要发育 4 处危岩体,危岩体总体积约 4982 m^3,该危岩带属大型危岩带。懒坝危岩带危岩体的形成主要受地质因素、地质构造因素、外动力作用的控制。A 区危岩体定性判断整体处于稳定状态;B_1 区、B_2 区、B_3 区、B_4 区定性判断整体处于稳定状态;C 区危岩体定性判断整体处于稳定状态;D 区危岩体定性判断整体处于稳定状态。对懒坝危岩体防治提出了以修建被动防护措施为主、主动支挡治理措施为辅的建议。

(13)后底沟崩塌分为两个区共 4 个亚区,根据崩塌危岩体特征、破坏模式及破坏危害的对象,遵循安全可靠、技术可行、经济合理、施工方便的原则,主要考虑以下两种治理方案:①W_1 危岩区,采取张挂主动网治理,锚杆长 4.5 m,网格 4 m×4 m。W_{2-1} 目前处于基本稳定状态,采取嵌补凹岩腔进行治理;W_{2-2} 危岩单体较大,危险性大,采取 4 孔锚索锚杆,锚索间用钢绞线连接以固定危岩。坡面危石局部进行人工清危处理,W_2 危岩区下方树林外、耕地上部设置一道被动防护网,防止坡面零星危石的威胁。②W_1 危岩区,在危岩区下方,清除坡表零星危石,设置一道被动拦石网。W_{2-1} 危岩区采取锚索锚固;W_{2-2} 危岩单体较大,危险性大,采取 4 孔锚索锚杆,锚索间用钢绞线连接以固定危岩。在 W_2 危岩区下方,公路外侧民房后设置一道拦石墙。通过施工技术、施工难度、经济合理性及安全可靠性等多方面综合比较,择优推荐方案①进行综合治理。

(14)在综合考虑岩土体特征值(P_1)、新构造运动特征值(P_2)、边坡高度(P_3)、坡角(P_4)、年平均降雨量值(P_5)和场地地震烈度值(P_6)的基础上,提出了一种基于主成分分析-云模型的边坡地震稳定水平多指标评价方法。首先用主成分分析法计算出不同指标的权重系数,然后利用正态云模型判断边坡的地震稳定等级。将该模型结果与实际调查和灰色聚类法计算结果进行比较,其准确率达到 87.5%,高于灰色聚类法的结果(75%)。从而得出结论,使用文本模型评价边坡的地震稳定等级是可行的,该模型不仅取得了准确的结果,而且为边坡的地震稳定等级评估提供了更多的细节。总之,该方法为今后边坡地震稳定性评价提供了一种新的方法和思路。

(15)综合考虑地层岩性(A_1)、风化程度(A_2)、结构面与坡向(A_3)、黏聚力(A_4)、内摩擦角(A_5)、严重程度(A_6)、平均坡度(A_7)、坡高(A_8)、滑坡类型(A_9)等因素,应用可变模糊集理论对滑坡灾害风险程度进行评价。结果表明,利用该模型得到的结果与现场调查一致,其准确率达到 83%。该方法进一步判断了同一等级不同滑坡的滑坡灾害风险等级。它能准确地反映滑坡灾害的危险程度。相对于传统模型,其评价过程更为可靠和有效。但是,可变模糊集模型仍然存在计算复杂、需要多个变量参数等缺点,有很大的改进空间。总体而言,可变模糊集模型可以作为一种替代方法,对滑坡灾害风险等级进行精确评价。

(16)采用改进拟动力法对双剪切岩体上岩质边坡的稳定性进行了分析。研究了堆载 q 和单位容重 γ、水平地震加速度系数 k_h 和岩石单轴抗压强度 σ_c、竖向地震加速度系数 k_v、水深 h_1、几何参数 m_i 和 GSI 等因素对岩石边坡稳定性的影响,得出以下结论:①随着堆载 q 和岩石单位容重 γ 的增加,岩石边坡的稳定性变差;②水平地震加速度系数 k_h 的增大降低了岩石边坡的稳定性,而且随着单轴抗压强度 σ_c 的增大,岩石边坡的稳定性变得更好;③竖向地震加速度系数 k_v 的增大降低了岩质边坡的稳定性,但竖向地震加速度系数 k_v 对边坡稳定性的影响小于水平地震加速度系数 k_h,因此在一些模型中常被忽略;③岩质边坡的稳定性随水深 h_1 的增加而提高,但增加幅度较小,因此水深 h_1 对岩质边坡稳定系数的影响较小;④岩石边坡的稳定性随着几何参数 m_i 和 GSI 的增加而提高,且参数 m_i 的影响大于参数 GSI 的影响。

(17)考虑到岩爆深度(Q_1)、岩石单轴抗压强度(Q_2)、岩石脆性系数(Q_3)、岩石应力系数(Q_4)以及弹性能量指数(Q_5),提出了一种基于熵权-灰色关联理论的岩爆强度风险评价方法。5 个不同的证据主体首先被确定。然后,用熵权-灰色关联法计算其他证据体的确定度可靠性。最后利用证据理论计算了岩爆烈度的综合可靠度,确定了岩爆烈度的危险等级。将该方法应用于岩爆烈度等级的评价,得出的结论是:

该方法所得结果与五个不同样本的实际调查结果完全一致。该方法的精度达到100%,高于模糊综合评判法。样本1、2、6和7的岩爆风险等级为Ⅱ级,其余样本为Ⅲ级。这意味着样本1、2、6和7岩爆烈度的风险等级较低,其余样本中的风险等级为中等水平。因此,对于样本3、4、5和8、9,应采取必要的固结措施,防止岩爆的发生。相对于传统的模糊综合评价方法,其评价结果具有较高的可靠性和有效性,在评价过程中可以考虑区间尺寸。因此建议的理论可以很好地预测区间形式的等级标准。

(18)岩爆分级烈度受很多因素的影响,而不同因素又具有很大的模糊性和随机性,把熵权-云模型应用于岩爆分级烈度的划分中,使得岩爆烈度分级兼顾模糊性和随机性,使岩爆烈度评价因子实现从定性向定量评价的转化。利用评价岩爆烈度等级的4个因素做为为评价标准,同时利用熵值法分配各评价因素的权重,减少了主观随意性的影响,同时所得结果与实际结果基本吻合,证明了该方法的可行性,为评价岩爆的烈度分级提供了新思路。熵权-正态云模型因为有些参数取了经验值,因此在岩爆烈度分级评价中还存在一定的主观性和不足,尚应进行一定的改进,未来可能有更进一步的应用空间。

(19)考虑到岩爆深度、单轴抗压强度 σ_c、应力集中系数 SCF、脆性系数 B_1 和弹性能量指数 W_{et} 这些影响因素,提出了一种评价岩爆强度等级的新方法。首先确定待评估样本的相对隶属度矩阵,然后采用熵值法计算加权系数,最后利用平均排序特征值确定岩爆强度等级。将该方法应用于岩爆强度等级的评价,将其结果与现行规范和 WOA-KELM 理论的结果进行了比较,发现采用熵权-可变模糊集方法得到的结果与现行规范完全一致,精度达到100%。各断面岩爆烈度等级合格率达到20%。换句话说,除1#断面外,其他断面应采取必要的加固措施。利用熵权-可变模糊集模型得到的结果不仅准确地反映了岩爆烈度等级,而且进一步确定了同一等级上不同断面岩爆烈度等级的排序。该模型的研究结果为今后评价岩爆强度的风险等级和提高评价的准确性提供了一种可供选择。

(20)考虑岩石单轴饱和抗压强度 UCS、岩体深度 H、岩体完整系数 K_v、单位质量 γ、岩石质量指标 RQD、主结构面与轴线夹角的量化系数 k_2 以及地下水质量 k_1 和岩体软化系数 K_R 等因素,采用博弈-灰靶模型对围岩质量进行评价。然后根据建议的模型对5个采样点的围岩质量水平进行评价,确定最终的质量等级并评价围岩质量水平。用该方法得到的结果与5个不同样本的实际调查结果一致。其准确率达到100%,比 BP 神经网络方法(80%)的结果更为精确。因此,采用博弈灰色目标模型对围岩质量水平进行评价是可行的。样本13~17围岩质量等级不同,样本13质量等级为Ⅳ级,样本16质量等级为Ⅴ级,其余为Ⅱ级,合格率达到60%。对于样本13和16,应采取相应的加固措施,如采用喷射混凝土和锚杆支护,以提高围岩的稳定性。博弈-灰靶模型能够最大限度地挖掘小样本数据,在一定程度上缓解小样本造成的信息不足问题,围岩最终质量等级可以定量评价。该方法能准确评价质量等级,具有较高的可靠性和有效性。但其计算过程复杂,没有考虑评价指标的随机性。因此,该方法还有待于进一步改进。

(21)考虑岩体完整系数(E_1)、单轴饱和抗压强度(E_2)、地下水条件(E_3)以及结构面状态(E_4),引入投影寻踪分类(PPC)模型来评价围岩的质量。根据 PPC 模型对 10 个不同采样点的围岩质量水平进行评价,确定最终的质量等级。在西山营隧道内,单轴饱和抗压强度 E_2 和地下水条件 E_3 对围岩质量等级有重大影响,而岩体完整系数 E_1 对质量等级的影响最小。10 个不同样本的围岩质量从高到低排序为:1、3、6、10、7、5、2、9、4、8。因此,样本 1 的围岩质量最高,样本 8 的质量最低,用 PPC 方法评价的结果与实际调查结果一致,其准确率达到 100%,高于改进的 BQ 理论(80%),从而得出结论,使用投影寻踪模分类型评价围岩质量是可行的。总之,PPC 模型可以评价单个样本的质量,并且可以区分同一范围内的样本质量排名。

(22)考虑岩石单轴饱和抗压强度(T_1)、岩体质量指数(T_2)、结构面摩擦系数(T_3)、节理间距(T_4)、地下水状态(T_5)和岩体完整性系数(T_6),建立了一种基于博弈论组合加权-正态云模型的评价方法。将该方法应用于围岩质量评价中。最后将其结果与现行规范及 BQ 方法进行比较,结果与实际调查结果一致,准确度达 100%,高于 BQ 方法(67%)。结果显示 N_1、N_2、N_3 样本为不同质量等级的围岩。N_1 中风化白云石灰岩质量等级为Ⅲ级,N_2 岩溶发育带质量等级为Ⅳ级,N_3 构造带质量等级为Ⅴ级。这意味着中风化白云石灰岩的质量等级是一般的,其中岩溶发育带围岩质量不稳定,构造带围岩质量非常不稳定。对于岩溶发育带和构造带的围岩,必须采取必要的固结措施。此外,建议的模型所获得的 N_1 样本其他指标的质量等级属于Ⅲ级,因此其在Ⅲ级的质量等级概率比Ⅰ、Ⅳ、Ⅴ和Ⅱ级的质量水平概率更为显著。

(23)考虑岩石单轴抗压强度 σ_c、岩体完整系数 K_v、结构面条件 S_s、地下水渗透量 W_1 以及轴线与结构面的交角 θ 等因素,提出了一种评价围岩质量水平的新方法。首先确定评估样本的相对隶属度矩阵,然后采用熵值法计算加权系数,最后利用均值排序特征值确定围岩质量等级。应用该方法对围岩质量等级进行了评价,将其结果与现行规范和粗糙集理论的结果进行了比较,发现基于可变模糊集方法的结果与现行规范基本一致,其准确率达到 80%。各截面围岩质量合格率达到 70%。除第 1、4、9 横截面外,其他任何横截面均不应采用任何措施方法以加固围岩。采用熵权-可变模糊集模型得到的结果不仅准确地反映了围岩质量等级,而且进一步确定了同一等级上不同截面的围岩质量等级。该模型的研究结果可以为今后评价围岩质量和提高评价精度提供一种可供选择的方法。

(24)考虑再生混凝土表观密度(Z_1)、孔隙率(Z_2)、强度(Z_3)、破碎指数(Z_4)、微量元素含量(Z_5)、土壤含水率(Z_6)和吸水率(Z_7),采用主成分分析-云模型对再生混凝土粗集料的质量等级进行综合评价。不同指标的权重系数是用主成分分析法计算出来的,利用正态云模型判断边坡的地震稳定等级。本模型用于再生混凝土粗集料的质量等级评定。最后将计算结果与实际调查和可拓法计算结果进行了比较,其准确率达到100%,高于拓展理论(80%)的计算结果;这表明文中模型对再生混凝土粗集料的质量等级进行评定是可行的。它为今后粗集料的质量等级评定提供了一种新的方法和思路。

(25)考虑裂缝宽度(S_1)、裂缝长度(S_2)和裂缝深度(S_3),提出了一种基于博弈论组合加权-正态云模型的混凝土坝裂缝危险等级评价方法。首先基于博弈论组合赋权法确定三种不同评价指标的权重系数,然后利用正态云方法计算不同指标的确定度。最后确定了混凝土坝裂缝的综合隶属度,判断了混凝土坝裂缝的危险等级。将该方法应用于混凝土坝裂缝危险等级的评价,得出的结论是,该方法所得结果与10个不同样本的实际调查结果一致。该方法的准确率达到100%,高于灰色聚类法(80%)。混凝土坝1#~10#样本的裂缝危险等级不同。1#、2#、4#、7#、8#和9#混凝土坝裂缝危险程度为Ⅲ级,3#和5#混凝土坝裂缝危险等级为Ⅱ级和剩余的为Ⅰ级。混凝土坝裂缝危险程度大多数样本较严重,占60%;其余样本轻度或普通,占40%。因此对于1#、2#、4#、7#、8#和9#样本,应采取必要的加固措施,防止混凝土坝危险的发生。

(26)考虑微粉含量(M_1)、泥浆含量(M_2)、吸水率(M_3)、强度(M_4)、破碎指数(M_5)、表观密度(M_6)以及孔隙率(M_7),采用投影寻踪分类(PPC)模型对再生混凝土粗集料的质量进行评价。然后,根据PPC模型对五种不同试件的再生粗集料的质量水平进行评定,确定最终的质量等级。将该方法应用于再生混凝土粗集料的质量评价。研究结果表明,M_1(微粉含量)和M_7(孔隙率)对不同试件再生粗集料的质量等级影响较大,而M_5(破碎指数)对再生粗集料的质量等级影响最小。粗集料在5种不同样品中的质量排序为:1#>3#>4#>2#>5#。因此,用PPC法评价再生混凝土粗集料的质量时,样本1#的质量最高,样品5#的质量最低,评价结果与实际调查结果一致,其准确度达到100%,高于不确定度测量理论(80%),从而得出结论,用投影寻踪模型评价再生混凝土粗集料的质量是可行的。总的来说,PPC模型可以评价单个样品的质量,并且可以区分同一范围内的样品质量。

13.2 展　　望

TBM在地下工程中的大规模应用才刚刚起步,未来随着社会的进一步发展,隧道工程将成为大规模地下工程的重要组成部分。EH 工程超长隧道的 TBM 集群施工技术必将为今后的隧道工程建设积累宝贵的工程经验。本书第一篇对 EH 工程 TBM 掘进过程中的岩体参数智能感知问题、硬岩条件下的掘进性能问题、涌水问题、岩爆问题和围岩坍塌问题等部分关键问题进行了研究,并取得了一定研究成果,但由于 EH 工程正处于大规模建设时期,很多存在的工程问题还没有完全被揭露,且受限于作者有限的学识水平,很多问题仍有待进一步研究,具体如下。

(1)随着 EH 工程 TBM 掘进里程不断增加,应建立更大的数据分析样本集来探究 TBM 的智能掘进问题。

(2)隧道涌水具有复杂性、模糊性和随机性,地下水在围岩裂隙中的流动机理和分布特征等问题还有待进一步研究。此外,在涌水风险分析中引入多维云模型也值得进一步探讨。

(3)隧道坍塌的机制复杂、影响因素众多,本篇仅分析了影响隧道坍塌的部分关键因素,还没有对临空面的暴露时间、地应力场和 TBM 刀盘对围岩的切割作用等因素展开系统分析。

本书第二篇在撰写过程中,虽然取得了一定的创新性成果和有益结论,但由于研究条件,研究时间和研究者自身的能力的限制,文中尚存在一些不足之处,具体问题如下。

①主要研究了滑坡和危岩、泥石流及岩爆和围岩质量等级的危险性评价,但评价的方法和模型比较单一,因此,以后的工作应该对地质灾害的评价方法做进一步研究。

②对岩石边坡的稳定性和相关破坏机理进行了一定研究,但是研究的深度和广度还不够,因此未来应对岩石边坡破坏和失稳过程做进一步的研究。

③应该进一步加强对不同地质灾害类型的危险等级评价的数学方法和模型的研究,以更好地从理论上和实践上对未来地质灾害的发生提供预测。

④为了能更准确地评价地质灾害的危险等级,应利用 GIS 等相关软件并结合更多的数学模型对其进行更进一步的研究,从而更好地为地质灾害的预防提供服务。

参考文献

[1] 薛亚东,李兴,刁振兴,等.基于掘进性能的 TBM 施工围岩综合分级方法[J].岩石力学与工程学报,2018,37(S1):3382-3391.

[2] WANG X T,LI S C,XU Z H,et al. Risk assessment of water inrush in karst tunnels excavation based on normal cloud model[J]. Bulletin of Engineering Geology and the Environment,2019,78(5):3783-3798.

[3] CAI M. Principles of rock support in burst-prone ground[J]. Tunnelling and Underground Space Technology,2013,36:46-56.

[4] LI N,FENG X D,JIMENEZ R,et al. Predicting rock burst hazard with incomplete data using Bayesian networks[J]. Tunnelling and Underground Space Technology,2017,61:61-70.

[5] HU J,LI S C,LI L P,et al. Field,experimental,and numerical investigation of a rockfall above a tunnel portal in southwestern China[J]. Bulletin of Engineering Geology and the Environment,2018,77(4):1365-1382.

[6] 许迎年,徐文胜,王元汉,等.岩爆模拟试验及岩爆机理研究[J].岩石力学与工程学报,2002,21(10):1462-1466.

[7] ROSTAMI J. Comparison between CSM and NTH hard rock TBM performance prediction models[D].Boulder:Institute of Shaft Drilling,1977.

[8] 岳中琦.钻孔过程监测(DPM)对工程岩体质量评价方法的完善与提升[J].岩石力学与工程学报,2014,33(10):1977-1996.

[9] BRULAND A. Hard rock tunnel boring [D]. Trondheim:Norwegian University of Science and Technology,1998.

[10] HAMIDI J K,SHAHRIAR K,REZAI B,et al. Performance prediction of hard rock TBM using Rock Mass Rating (RMR) system[J]. Tunnelling and Underground Space Technology,2010,25(4):333-345.

[11] HASSANPOUR J,ROSTAMI J,ZHAO J. A new hard rock TBM performance prediction model for project planning[J]. Tunnelling and Underground Space Technology,2011,26(5):595-603.

[12] XING T,GONG G F,YANG H Y. Research into the intelligent control of cutter head drive system in shield tunneling machine based on pattern recognition[C]//2008 IEEE/ASME International Conference on Advanced Intelligent

Mechatronics. Xi'an:IEEE,2008:1126-1130.

[13] HUANG X,LIU Q S, LIU H, et al. Development and in-situ application of a real-time monitoring system for the interaction between TBM and surrounding rock[J]. Tunnelling and Underground Space Technology, 2018, 81: 187-208.

[14] ZHANG Z X,WANG S F, HUANG X. Analysis on the evolution of rock block behavior during TBM tunneling considering the TBM-block interaction [J]. Rock Mechanics and Rock Engineering,2018,51(7):2237-2263.

[15] ERHARTER G H,MARCHER T, REINHOLD C. Artificial neural network based online rockmass behavior classification of TBM data[J]. Information Technology in Geology Engineering,2019,23(5):178-188.

[16] SUN W,SHI M L, ZHANG C, et al. Dynamic load prediction of tunnel boring machine (TBM) based on heterogeneous in-situ data[J]. Automation in Construction,2018,92:23-34.

[17] ZHANG Q L,LIU Z Y, TAN J R. Prediction of geological conditions for a tunnel boring machine using big operational data[J]. Automation in Construction,2019,100(4):73-83.

[18] MINH V T,KATUSHIN D. Regression models and fuzzy logic prediction of TBM penetration rate[J]. Open Engineering,2017,7(1):60-68.

[19] LIU B, WANG R, GUAN Z D, et al. Improved support vector regression models for predicting rock mass parameters using tunnel boring machine driving data [J]. Tunnelling and Underground Space Technology, 2019, 91:102958.

[20] FARMER I W,GLOSSOP N H. Mechanics of disc cutter penetration[J]. Tunnels and Tunnelling,1980,12(6):22-25.

[21] O'ROURKE J E,SPRINGER J E, COUDRAY S U. Geotechnical parameters and tunnel boring machine performance at Goodwin Tunnel, California[J]. North American Rock Mechanics Symposium,1994,12(4):251-258.

[22] GRIMA M A,BRUINES P A, VERHOEF P N W. Modeling tunnel boring machine performance by neuro-fuzzy methods[J]. Tunnelling and Underground Space Technology,2000,15(3):259-269.

[23] BENARDOS A G,KALIAMPAKOS D C. Modelling TBM performance with artificial neural networks[J]. Tunnelling and Underground Space Technology,2004,19(6):597-605.

［24］ BIENIAWSKI Z T,CELADA B, GALERA J M, et al. Rock mass excavability indicator:new way to selecting the optimum tunnel construction method [J]. Tunnelling and Underground Space Technology,2006,21(3):237.

［25］ YAGIZ S, KARAHAN H. Prediction of hard rock TBM penetration rate using particle swarm optimization[J]. International Journal of Rock Mechanics and Mining Sciences,2011,48(3):427-433.

［26］ MAHDEVARI S,SHAHRIAR K, YAGIZ S, et al. A support vector regression model for predicting tunnel boring machine penetration rates[J]. International Journal of Rock Mechanics and Mining Sciences,2014,72:214-229.

［27］ SALIMI A,ROSTAMI J, MOORMANN C, et al. Application of non-linear regression analysis and artificial intelligence algorithms for performance prediction of hard rock TBMs[J]. Tunnelling and Underground Space Technology,2016,58:236-246.

［28］ ARMAGHANI D J,KOOPIALIPOOR M,MARTO A, et al. Application of several optimization techniques for estimating TBM advance rate in granitic rocks[J]. Journal of Rock Mechanics and Geotechnical Engineering,2019,11 (4):779-789.

［29］ FARROKH E. A study of various models used in the estimation of advance rates for hard rock TBMs[J]. Tunnelling and Underground Space Technology,2020,97:1-14.

［30］ ZHOU J,BEJARBANEH B Y, ARMAGHANI D J, et al. Forecasting of TBM advance rate in hard rock condition based on artificial neural network and genetic programming techniques[J]. Bulletin of Engineering Geology and the Environment,2020,79(4):2069-2084.

［31］ GAO B Y,WANG R R,LIN C J, et al. TBM penetration rate prediction based on the long short-term memory neural network[J]. Underground Space,2020, 6:718-731.

［32］ ZHOU J,QIU Y G,ZHU S L, et al. Estimation of the TBM advance rate under hard rock conditions using XGBoost and Bayesian optimization[J]. Underground Space,2020,6(5):506-515.

［33］ ARMAGHANI D J,FARADONBEN R S, MOMENI E, et al. Performance prediction of tunnel boring machine through developing a gene expression programming equation[J]. Engineering with Computers,2018,34(1):129-141.

［34］ COLI N,PRANZINI G, ALFI A, et al. Evaluation of rock-mass permeability tensor and prediction of tunnel inflows by means of geostructural surveys and finite element seepage analysis[J]. Engineering Geology, 2008, 101(3-4): 174-184.

[35] 许振浩,李术才,李利平,等. 基于层次分析法的岩溶隧道突水突泥风险评估[J]. 岩土力学,2011,32(6):1757-1766.

[36] 李利平,李术才,陈军,等. 基于岩溶突涌水风险评价的隧道施工许可机制及其应用研究[J]. 岩石力学与工程学报,2011,30(7):1345-1355.

[37] 王媛,陆宇光,倪小东,等. 深埋隧道开挖过程中突水与突泥的机理研究[J]. 水利学报,2011,42(5):595-601.

[38] YANG S Y, YEH H D. A closed-form solution for a confined flow into a tunnel during progressive drilling in a multi-layer groundwater flow system[J]. Geophysical Research Letters,2007,34(7):248-265.

[39] HWANG J H,LU C C. A semi-analytical method for analyzing the tunnel water inflow[J]. Tunnelling and Underground Space Technology,2007,22(1): 39-46.

[40] ZHANG J,JARAMILLO C A,FELDSHER T B. Three-dimensional groundwater modeling for tunnel construction in faulted and fractured bedrock[J]. Research Gate,2007,28:1-5.

[41] LI D Y,LI X B,LI C C, et al. Case studies of groundwater flow into tunnels and an innovative water-gathering system for water drainage[J]. Tunnelling and Underground Space Technology,2009,24(3):260-268.

[42] JORDI F C,ENRIC V S, CARRERA J,et al. Groundwater inflow prediction in urban tunneling with a tunnel boring machine(TBM)[J]. Engineering Geology,2011,121(1-2):46-54.

[43] PREISIG G,DEMATTEIS A,TORRI R, et al. Modelling discharge rates and ground settlement induced by tunnel excavation[J]. Rock Mechanics and Rock Engineering,2014,47(3):869-884.

[44] FARHADIAN H,KATIBEH H, HUGGENBERGER P. Empirical model for estimating groundwater flow into tunnel in discontinuous rock masses[J]. Environmental Earth Sciences,2016,75(6):471.

[45] GOLIAN M,TESHNIZI E S, NAKHAEI M. Prediction of water inflow to mechanized tunnels during tunnel-boring-machine advance using numerical simulation[J]. Hydrogeology Journal,2018,26(8):2827-2851.

[46] 周宗青,李术才,李利平,等. 岩溶隧道突涌水危险性评价的属性识别模型及其

工程应用[J].岩土力学,2013,34(3):818-826.

[47] PERROCHET P. Confined flow into a tunnel during progressive drilling:an analytical solution[J]. Ground Water,2005,43(6):943-946.

[48] LI X P,LI Y N. Research on risk assessment system for water inrush in the karst tunnel construction based on GIS:case study on the diversion tunnel groups of the Jinping Ⅱ hydropower station[J]. Tunnelling and Underground Space Technology,2014,40:182-191.

[49] LI T Z, YANG X L. Risk assessment model for water and mud inrush in deep and long tunnels based on normal grey cloud clustering method[J]. KSCE Journal of Civil Engineering,2018,22(5):1991-2001.

[50] WANG X T,LI S C, XU Z H, et al. An interval risk assessment method and management of water inflow and inrush in course of karst tunnel excavation [J]. Tunnelling and Underground Space Technology,2019,92:103033.

[51] 李志林,王星华,谢李钊.基于模糊小波神经网络的岩溶隧道风险评估及综合超前地质预报技术[J].现代地质,2013,27(3):719-726.

[52] WANG Y C,JING H W,YU L Y, et al. Set pair analysis for risk assessment of water inrush in karst tunnels[J]. Bulletin of Engineering Geology and the Environment,2017,76(3):1199-1207.

[53] 陈炳瑞,冯夏庭,明华军,等.深埋隧道岩爆孕育规律与机制:时滞型岩爆[J].岩石力学与工程学报,2012,31(3):561-569.

[54] 张镜剑,傅冰骏.岩爆及其判据和防治[J].岩石力学与工程学报,2008,27(10):2034-2042.

[55] BARTON N,LIEN R, LUNDE J. Engineering classification of rock masses for the design of tunnel support[J]. Rock Mechanics,1974,6(4):189-236.

[56] HOEK E. Underground excavations in rock[D]. London:London Institute of Mining and Metallurgy,1980.

[57] 郝杰.高地应力区隧道施工期围岩质量评价及稳定性研究[D].乌鲁木齐:新疆农业大学,2015.

[58] 陶振宇.高地应力区的岩爆及其判别[J].人民长江,1987(5):25-32.

[59] 徐林生,王兰生.二郎山公路隧道岩爆发生规律与岩爆预测研究[J].岩土工程学报,1999(5):569-572.

[60] 许梦国,杜子建,姚高辉,等.程潮铁矿深部开采岩爆预测[J].岩石力学与工程学报,2008,27(S1):2921-2928.

[61] COOK N G W,HOEK E,PRETORIUS J P G,et al. Rock mechanics applied

to the study of rockbursts[J]. Journal of the South African Institute of Mining and Metallurgy,1966,66(10):435-528.

[62] 侯发亮,王敏强. 圆形隧道中岩爆的判据及防治措施[C]//岩石力学在工程中的应用:第二次全国岩石力学与工程学术会议论文集. 广东:中国岩石力学与工程学会,1989:7.

[63] XUE Y G,LI Z Q,LI S C,et al. Prediction of rock burst in underground caverns based on rough set and extensible comprehensive evaluation[J]. Bulletin of Engineering Geology and the Environment,2019,78(1):417-429.

[64] WANG X T,LI S C,XU Z H,et al. An interval fuzzy comprehensive assessment method for rock burst in underground caverns and its engineering application[J]. Bulletin of Engineering Geology and the Environment,2019,78(7):5161-5176.

[65] 殷欣,刘泉声,王心语,等. 基于组合赋权和属性区间识别理论的岩爆烈度分级预测模型[J]. 煤炭学报,2020,45(11):3772-3780.

[66] 周科平,林允,胡建华,等. 基于熵权-正态云模型的岩爆烈度分级预测研究[J]. 岩土力学,2016,37(S1):596-602.

[67] HE M C,SOUSA L R,MIRANDA T, et al. Rockburst laboratory tests database:application of data mining techniques[J]. Engineering Geology,2015,185:116-130.

[68] PENG Y H,PENG K, JIAN Z,et al. Prediction of classification of rock burst risk based on genetic algorithms with SVM[J]. Applied Mechanics and Materials,2014,628:383-389.

[69] ADOKO A C,GOKCEOGLU C, WU L,et al. Knowledge-based and data-driven fuzzy modeling for rockburst prediction[J]. International Journal of Rock Mechanics and Mining Sciences,2013,61(4):86-95.

[70] CAI W, DOU L M, ZHANG M, et al. A fuzzy comprehensive evaluation methodology for rock burst forecasting using microseismic monitoring[J]. Tunnelling and Underground Space Technology,2018,80:232-245.

[71] 史秀志,周健,董蕾,等. 未确知测度模型在岩爆烈度分级预测中的应用[J]. 岩石力学与工程学报,2010,29(S1):2720-2726.

[72] 汪明武,董昊,叶晖,等. 基于联系云-证据理论的岩爆烈度预测模型[J]. 应用数学和力学,2018,39(9):1021-1029.

[73] 于洪泽. 隧道施工中塌方监测技术[J]. 公路,2002(9):157-160.

[74] 袁永才,李术才,李利平,等. 山岭隧道塌方风险评价理论与方法及工程应用

[J].中南大学学报(自然科学版),2016,47(7):2406-2414.

[75] 孙彦峰.理想点法在隧道塌方风险等级评价中的应用[J].隧道建设,2016,36(11):1310-1316.

[76] 秦胜伍,吕江峰,陈剑平,等.基于最大熵-属性区间识别的隧道塌方风险评价[J].人民长江,2017,48(19):91-96.

[77] 何进,郭延辉,王建国,等.模糊综合评价法在隧道塌方风险评价中的应用[J].水力发电,2019,45(2):83-88.

[78] 陈舞,张国华,王浩,等.基于粗糙集条件信息熵的山岭隧道坍塌风险评价[J].岩土力学,2019,40(9):3549-3558.

[79] 袁颖,于少将,王晨晖,等.基于网格搜索法优化支持向量机的围岩稳定性分类模型[J].地质与勘探,2019,55(2):608-613.

[80] XUE Y G,LI Z Q,QIU D H,et al. Prediction model for subway tunnel collapse risk based on Delphi-ideal point method and geological forecast[J]. Soil Mechanics and Foundation Engineering,2019,56(3):191-199.

[81] LI T Z,DIAS D. Tunnel face reliability analysis using active learning Kriging model-case of a two-layer soils[J]. Journal of Central South University,2019,26(7):1735-1746.

[82] PAN Q J,DIAS D. Three dimensional face stability of a tunnel in weak rock masses subjected to seepage forces[J]. Tunnelling and Underground Space Technology,2018,71:555-566.

[83] 刘灿,郑邦友,李政,等.基于熵权-改进灰色关联模型的公路隧道塌方风险评估[J].科学技术与工程,2020,20(15):6292-6297.

[84] ABDOLLAHI M S,NAJAFI M, BAFGHI A Y,et al. A 3D numerical model to determine suitable reinforcement strategies for passing TBM through a fault zone, a case study:safaroud water transmission tunnel, Iran[J]. Tunnelling and Underground Space Technology,2019,88:186-199.

[85] VOLKMANN G M,SCHUBERT W. Effects of pipe umbrella systems on the stability of the working area in weak ground tunneling[C]//International Symposium on Rock Mechanics-Sinorock 2009. Hong Kong:2009.

[86] GHASEMI E,GHOLIZADEH H. Development of two empirical correlations for tunnel squeezing prediction using binary logistic regression and linear discriminant analysis[J]. Geotechnical and Geological Engineering,2019,37(4):3435-3446.

[87] LU Q,XIAO Z P,ZHENG J,et al. Probabilistic assessment of tunnel conver-

gence considering spatial variability in rock mass properties using interpolated autocorrelation and response surface method[J]. Geoscience Frontiers,2018, 9(6):1619-1629.

[88] ZHAO K,JANUTOLO M,BARLA G,et al. 3D simulation of TBM excavation in brittle rock associated with fault zones:the Brenner Exploratory Tunnel case[J]. Engineering Geology,2014,181:93-111.

[89] 程建龙,杨圣奇,杜立坤,等. 复合地层中双护盾 TBM 与围岩相互作用机制三维数值模拟研究[J]. 岩石力学与工程学报,2016,35(3):511-523.

[90] ZHOU H,GAO Y,ZHANG C Q,et al. A 3D model of coupled hydro-mechanical simulation of double shield TBM excavation[J]. Tunnelling and Underground Space Technology,2018,71:1-14.

[91] NOZARI A,KHOSRAVI M H,ASGARI M. A numerical study on the effect of mechanical precutting and fiber glass bolts in Alborz tunnel passing through Kandovan fault[J]. Tunnelling and Underground Space Technology, 2015,5(1):99-112.

[92] 张娜,李建斌,荆留杰,等. TBM 掘进参数智能控制系统的研究与应用[J]. 隧道建设(中英文),2018,38(10):1734-1740.

[93] ARMETTI G,MIGLIAZZA M R,FERRARI F,et al. Geological and mechanical rock mass conditions for TBM performance prediction. The case of "La Maddalena" exploratory tunnel, Chiomonte (Italy)[J]. Tunnelling and Underground Space Technology,2018,77:115-126.

[94] BENATO A,ORESTE P. Prediction of penetration per revolution in TBM tunneling as a function of intact rock and rock mass characteristics[J]. International Journal of Rock Mechanics and Mining Sciences,2015,74:119-127.

[95] ZHAO M Y,FU C,JI L P,et al. Feature selection and parameter optimization for support vector machines:a new approach based on genetic algorithm with feature chromosomes[J]. Expert Systems with Applications, 2011, 38(5): 5197-5204.

[96] TIAN L,LUO Y. A study on the prediction of inherent deformation in fillet-welded joint using support vector machine and genetic optimization algorithm [J]. Journal of Intelligent Manufacturing,2020,31(3):575-596.

[97] GU J R,ZHU M C,JIANG L G Y. Housing price forecasting based on genetic algorithm and support vector machine[J]. Expert Systems with Applications, 2011,38(4):3383-3386.

[98] RAHGOSHAY M,FEIZNIA S,ARIAN M,et al. Simulation of daily suspended sediment load using an improved model of support vector machine and genetic algorithms and particle swarm[J]. Arabian Journal of Geosciences,2019, 12(9):277.

[99] RAHGOSHAY M,FEIZNIA S,ARIAN M,et al. Modeling daily suspended sediment load using improved support vector machine model and genetic algorithm[J]. Environmental Science and Pollution Research,2018,25(35):35693-35706.

[100] 李巧茹,郝恩强,陈亮,等.遗传算法优化支持向量机的城市交通状态识别[J]. 重庆交通大学学报(自然科学版),2020,39(8):1-5,13.

[101] 肖红,钱祎鸣. 基于 CNN-SVM 和集成学习的固井质量评价方法[J]. 吉林大学学报(理学版),2024,62(4):960-970.

[102] 李英顺,于昂,姬宏基,等.一种基于 KPCA-SCSO-SVM 的装甲车发动机状态评估方法[J].大连理工大学学报,2024,64(4):426-432.

[103] 李广,丁迪,石福升,等.基于支持向量机的可控源电磁数据智能识别方法[J]. 吉林大学学报(地球科学版),2022,52(3):725-736.

[104] 孙波,孟庆虎,何晖.基于改进混合蛙跳算法优化 SVM 的道岔故障诊断[J].铁道学报,2024,46(7):81-90.

[105] 冯希尧,苟俊程,刘瑞,等.基于遗传算法优化机器学习模型的地下水潜在性预测[J].科学技术与工程,2024,24(19):7988-7998.

[106] 潘娇,李超,彭文忆,等.基于随机森林和支持向量机的云南省土地利用分类[J].科学技术与工程,2024,24(17):7043-7051.

[107] 邵九,傅洪全,王官健.基于电场分布法和支持向量机的复合绝缘子劣化检测方法研究[J].武汉大学学报(工学版),2024,57(6):798-803.

[108] 章海亮,聂训,廖少敏,等.基于 PLS-DA 和 LS-SVM 的可见/短波近红外光谱鉴定港种四九、十月红和九月鲜菜心种子的可行性研究[J].光谱学与光谱分析,2024,44(6):1718-1723.

[109] 刘丙杰,侯慕馨,冀海燕.基于支持向量机集成的船舶舱室温湿度预测[J].海军工程大学学报,2024,36(3):21-25,32.

[110] 张奇,张占胜,陈彤,等.基于 SPA-SVR 模型的 LIBS 铁精矿矿浆中铁品位的在线测量[J].量子电子学报,2024,41(3):533-542.

[111] 程惠珠,杨婉琪,李福生,等.面向 XRF 的竞争性自适应重加权算法和粒子群优化的支持向量机定量分析研究[J].光谱学与光谱分析,2023,43(12):3742-3746.

[112] 梁可达,刘滕飞,常哲,等.基于最小二乘法和支持向量机的海洋内孤立波传播速度反演模型[J].物理学报,2023,72(2):335-343.

[113] 秦爽,李明亮,戴宇佳,等.空间约束结合支持向量机提高毫秒激光诱导击穿光谱的铝合金中的 Fe 元素成分检测精度[J].光谱学与光谱分析,2022,42(2):582-586.

[114] 冯春,赵南京,殷高方,等.多波长透射光谱特征提取结合支持向量机的水体细菌识别方法研究[J].光谱学与光谱分析,2021,41(9):2940-2944.

[115] 董鹏凯,赵上勇,郑柯鑫,等.激光诱导击穿光谱技术结合神经网络和支持向量机算法的人参产地快速识别研究[J].物理学报,2021,70(4):67-75.

[116] 朱毅宁,杨平,杨新艳,等.支持向量机结合主成分分析辅助激光诱导击穿光谱技术识别鲜肉品种[J].分析化学,2017,45(3):336-341.

[117] 徐冰,王星,DHAENE T,等.基于遗传算法的多目标最小二乘支持向量机在近红外多组分定量分析中的应用[J].光谱学与光谱分析,2014,34(3):638-642.

[118] 熊帆.基于 PSO-SVR 算法的 TBM 掘进效率预测及围岩分级研究[D].西安:长安大学,2016.

[119] 李萍,倪志伟,朱旭辉,等.基于改进萤火虫优化算法的 SVR 空气污染物浓度预测模型[J].系统科学与数学,2020,40(6):1020-1036.

[120] 吴文林.基于支持向量机的海底管道泄漏识别及定位[D].大连:大连理工大学,2020.

[121] 吕道禹.遗传算法优化的 BP 神经网络在降雨量预测中的应用[D].南昌:南昌工程学院,2015.

[122] 刘洁,祝榕婕,姜德迅,等.基于遗传-神经网络的实时水质预测模型[J].南水北调与水利科技(中英文),2020,18(6):93-100.

[123] 石鑫,邢孟道,张金松,等.基于改进遗传算法的 SAR 多星协同复杂区域观测规划[J].遥感学报,2024,28(7):1822-1834.

[124] ZHENG D Y,XIA Y F,TENG H H,et al. Application of genetic algorithm to enhance the predictive stability of BP-ANN constitutive model for GH4169 superalloy[J]. Journal of Central South University, 2024,31(3):693-708.

[125] ALKAFAWEEN E ,HASSANAT A ,ESSA E,et al. An efficiency boost for genetic algorithms:initializing the GA with the iterative approximate method for optimizing the traveling salesman problem—experimental insights[J]. Applied Sciences,2024,14(8):3151.

[126] SALAMATTALAB M M,ZONOOZI M H,ARABSHAHI M M. Innovative

approach for predicting biogas production from large-scale anaerobic digester using long-short term memory (LSTM) coupled with genetic algorithm (GA)[J]. Waste Management,2024,175,30-41.

[127] CARLOMAN N A ,BERMUDO W V U,ESTILLOSO M E,et al. Bundle AI:an application of multiple constraint knapsack problem (MCKP) through genetic algorithm (GA)[J]. Procedia Computer Science,2024,231,24-31.

[128] 金轶群,罗智斌,陈栋宏,等.基于 GA 算法的 CCPP 机组负荷协调控制系统设计[J].电子设计工程,2024,32(11):101-104,109.

[129] 陆以勤,黄成海,陈嘉睿,等.基于遗传算法的时间敏感网络调度方法[J].华南理工大学学报(自然科学版),2024,52(2):1-12.

[130] 梁靖宇,张跃东,路德春.基于 GA-PSO 算法的冻土本构模型参数识别[J].冰川冻土,2024,46(1):235-246.

[131] 肖海平,王顺辉,陈兰兰,等.一种融合 GA 和 LSTM 的边坡变形预测优化网络模型及其应用[J].大地测量与地球动力学,2024,44(5):491-496.

[132] 李瑞友,白细民,张勇,等.基于小波包分解与 GA 优化 BP 神经网络的瞬变电磁反演[J].吉林大学学报(地球科学版),2024,54(3):1003-1015.

[133] 阮永芬,李鹏辉,施虹,等.基于机器学习的软土压缩模量预测及沉降分析[J].成都理工大学学报(自然科学版),2024,51(2):258-268,280.

[134] 李二超,张智钊.改进遗传算法搜索动态订单下车辆路径最优问题[J].计算机工程与应用,2024,60(10):353-364.

[135] 丁建文,魏霞,高鹏举,等.基于 GA-BP 神经网络的软土路基运营期沉降预测[J].东南大学学报(自然科学版),2023,53(4):585-591.

[136] 徐玲,景向楠,杨英,等.基于 SMOTE-GA-CatBoost 算法的全国地表水水质分类评价[J].中国环境科学,2023,43(7):3848-3856.

[137] 周中,邓卓湘,陈云,等.基于 GA-BP 神经网络的泡沫轻质土强度预测[J].华南理工大学学报(自然科学版),2022,50(11):125-132.

[138] 邱钱粮,白向飞.基于遗传算法优化的 BP 神经网络气化用煤灰流动温度预测模型[J].煤炭转化,2023,46(2):109-118.

[139] 王卓鑫,赵海涛,谢月涵,等.反向传播神经网络联合遗传算法对复合材料模量的预测[J].上海交通大学学报,2022,56(10):1341-1348.

[140] 谢饶青,陈建宏,肖文丰.基于 NPCA-GA-BP 神经网络的采场稳定性预测方法[J].黄金科学技术,2022,30(2):272-281.

[141] 岳中文,吴羽霄,魏正,等.基于 PCA-GA-SVM 的露天矿爆破振动速度预测模型研究[J].工程爆破,2021,27(4):22-28,39.

[142] 高经纬,涂建维,刘康生,等.基于 GA-LSTM 的高层建筑结构地震响应的分散控制研究[J].振动与冲击,2021,40(10):114-122.

[143] 张少敏.遗传算法优化 BP 神经网络玄武岩纤维橡胶轻集料混凝土强度预测与微观试验研究[D].呼和浩特:内蒙古农业大学,2019.

[144] 杨练兵,郑宏伟,罗格平,等.基于遗传算法优化 BP 神经网络的土壤盐渍化反演[J].地理与地理信息科学,2021,37(2):12-21,37.

[145] 谢洋洋,付超,吴大鹏,等.利用 PSO-GA-LSSVM 模型预测基坑周边建筑物沉降[J].测绘地理信息,2021,46(3):50-54.

[146] 温廷新,孔祥博.基于 KPCA-GA-BP 的煤矿瓦斯爆炸风险模式识别[J].安全与环境学报,2021,21(1):19-26.

[147] 王晓晖,张亮,李俊清,等.基于遗传算法与随机森林的 XGBoost 改进方法研究[J].计算机科学,2020,47(S2):454-458,463.

[148] 潘家文,钱谦,伏云发,等.最优权动态控制学习机制的多种群遗传算法[J].计算机科学与探索,2021,15(12):2421-2437.

[149] 何选森,樊跃平.部分传输序列的遗传模拟退火搜索方法[J].电子测量与仪器学报,2020,34(9):167-173.

[150] 郑茂辉,刘少非.GA 优化 ELM 神经网络的排水管道缺陷诊断[J].哈尔滨工业大学学报,2021,53(5):59-64.

[151] 薛同来,赵冬晖,韩菲.基于 GA 优化的 SVR 水质预测模型研究[J].环境工程,2020,38(3):123-127.

[152] 韩永亮,李胜,胡海永,等.基于改进的 GA-ELM 煤与瓦斯突出预测模型[J].地下空间与工程学报,2019,15(6):1895-1902.

[153] 孙文娟,陈海波,黄颖青.基于自适应遗传算法的爆炸冲击响应谱时域重构优化方法[J].高压物理学报,2019,33(5):67-76.

[154] 陈仕周,李山,熊峰,等.基于 GA-灰色神经网络的沥青路面使用性能预测[J].重庆交通大学学报(自然科学版),2019,38(2):44-50.

[155] 孙波,梁勇,汉牟田,等.基于 GA-SVM 的 GNSS-IR 土壤湿度反演方法[J].北京航空航天大学学报,2019,45(3):486-492.

[156] 闫春,厉美璇,周潇.基于改进的遗传算法在函数优化中的应用[J].计算机应用研究,2019,36(10):2982-2985.

[157] 饶云康,丁瑜,许文年,等.应用 GA-BP 神经网络预估砾类土的最大干密度[J].长江科学院院报,2019,36(4):88-92.

[158] 罗华,陈祖煜,龚国芳,等.基于现场数据的 TBM 掘进速率研究[J].浙江大学学报(工学版),2018,52(8):1566-1574.

[159] 杜立杰,齐志冲,韩小亮,等.基于现场数据的 TBM 可掘性和掘进性能预测方法[J].煤炭学报,2015,40(6):1284-1289.

[160] KOOPIALIPOOR M,FAHIMIFAR A,GHALEINI E N,et al. Development of a new hybrid ANN for solving a geotechnical problem related to tunnel boring machine performance[J]. Engineering with Computers,2020,36(1):345-357.

[161] FARAMARZI L,KHERADMANDIAN A,AZHARI,A. Evaluation and optimization of the effective parameters on the shield TBM performance:torque and thrust-using discrete element method (DEM)[J]. Geotechnical and Geological Engineering,2020,38(6):2745-2759.

[162] 张玉伟,赵祎睿,宋战平,等.基于贯入度指数的 TBM 围岩可掘性分级研究[J].地下空间与工程学报,2024,20(3):949-958.

[163] 裴成元,张云旆,刘军生,等.基于 TBM 掘进大数据和特征参数的引水隧道塌方分析[J].隧道建设(中英文),2024,44(5):952-963.

[164] 李宗林,李庆楼,张立龙,等.敞开式 TBM 隧道围岩参数与主机振动相关性分析[J].隧道建设(中英文),2024,44(5):991-999.

[165] 张建明,侍克斌,贾运甫,等.基于 VMD 与加权 RF 的 TBM 掘进速度预测 SHAP 解释模型[J].隧道建设(中英文),2024,44(5):1012-1028.

[166] 周小雄,肖禹航,龚秋明,等.基于图像分析的 TBM 掘进参数与岩碴特征关系研究[J].岩土力学,2024,45(4):1142-1153.

[167] 谭忠盛,邓铭江.超特长隧道 TBM 智能辅助掘进技术研究及应用[J].隧道建设(中英文),2024,44(3):442-463.

[168] 邓铭江,谭忠盛.TBM 隧道围岩分级方法及支护体系研究[J].隧道建设(中英文),2024,44(2):205-224.

[169] 满轲,曹子祥,刘晓丽,等.地质突变条件下基于组合模型的围岩等级和 TBM 掘进参数预测[J].河海大学学报(自然科学版),2024,52(1):55-62.

[170] 王晓玲,韩国玺,余佳,等.TBM 掘进速率区间预测 Bootstrap-IHHO-BiLSTM 模型[J].水力发电学报,2023,42(12):159-171.

[171] 许振浩,王朝阳,张津源,等.TBM 隧道掘进地质感知与岩-机数字孪生:方法、现状与数智化发展方向[J].应用基础与工程科学学报,2023,31(6):1361-1381.

[172] 满轲,曹子祥,刘晓丽,等.基于 GRU-RF 模型的 TBM 掘进参数预测研究[J].应用基础与工程科学学报,2023,31(6):1519-1539.

[173] 刘佳伟,张盛,陈召,等.基于 TBM 掘进性能和适应性分析的围岩分级方法及

应用[J].煤田地质与勘探,2023,51(8):161-170.

[174] 谢苗,王浩男,李思遥,等.基于现场数据的 TBM 超小转弯工况下掘进参数研究[J].现代隧道技术,2023,60(4):58-66.

[175] 刘东鑫,肖禹航,周小雄,等.TBM 破岩刀盘振动表征参数研究[J].现代隧道技术,2023,60(4):153-162.

[176] 王玉杰,李秀文,曹瑞琅,等.水工隧道 TBM 施工适宜性围岩分类研究[J].水利学报,2023,54(7):880-888.

[177] 杨亚磊,杜立杰,李青蔚,等.不同围岩与掘进参数下的 TBM 主梁振动特性[J].振动与冲击,2023,42(12):88-97.

[178] 杜立杰,张正,李青蔚,等.双盾敞开式 TBM 适应性与工程应用对比分析[J].隧道建设(中英文),2023,43(6):921-928.

[179] 刘明阳,陶建峰,覃程锦,等.基于随机森林与粒子群算法的隧道掘进机操作参数地质类型自适应决策[J].中南大学学报(自然科学版),2023,54(4):1311-1324.

[180] 郑永光,张娜,刘扬扬,等.基于多模态控制策略的 TBM 掘进参数预测模型研究[J].隧道建设(中英文),2023,43(4):583-591.

[181] 孙云,张云旆,刘立鹏,等.基于滇中引水的 TBM 数据预处理与特征参数分析[J].地下空间与工程学报,2023,19(2):594-608.

[182] 闫长斌,李高留,陈健,等.基于新表面理论的 TBM 破岩效率评价指标[J].岩土力学,2023,44(4):1153-1164.

[183] 赵高峰,姜宝元,芮福鑫,等.基于数值仿真的复杂岩体 TBM 掘进性能评估模型[J].中南大学学报(自然科学版),2023,54(3):984-997.

[184] 何川,黄兴,陈凡,等.EPB/TBM 双模盾构复合地层掘进参数及适应性研究[J].铁道工程学报,2023,40(3):96-103.

[185] 杨耀红,刘德福,张智晓,等.小断面土石组合地质条件下 TBM 施工围岩可掘性分级识别[J].长江科学院院报,2024,41(3):79-87.

[186] 张建明,侍克斌,巴合特别克·达拉依汗,等.基于变权集对-多维联系正态云模型的 TBM 地质适应性评价预测[J].隧道建设(中英文),2023,43(4):645-657.

[187] 贾科,宋天田,孙前伟,等.复杂地层 EPB/TBM 双模式盾构掘进性能分析[J].隧道建设(中英文),2022,42(S2):479-486.

[188] 唐建国,彭正阳,张祥富,等.掘进参数对抽水蓄能电站斜井 TBM 刀盘出渣效率的影响规律[J].隧道建设(中英文),2022,42(S2):29-35.

[189] 兴海,王双敬,尹韬.基于 FPI 和 TPI 指标的 TBM 刀盘转速预测[J].隧道建

设(中英文),2022,42(S2):516-524.

[190] 赵雪,顾伟红.基于 GRA-SSA-Elman 的隧道 TBM 掘进适应性评价[J].隧道建设(中英文),2022,42(11):1879-1888.

[191] 曹晋镨,刘芳,申志福.基于长短期记忆网络的 TBM 掘进预测模型及围岩等级对预测精度的影响[J].土木工程学报,2022,55(S2):92-102.

[192] 杨继华,闫长斌.基于围岩分类 HC 评分的双护盾 TBM 施工速度预测模型[J].长江科学院院报,2023,40(6):126-132.

[193] 杜庆峰,张双俐,张晨曦,等.基于均值滤波去噪和 XGBoost 算法的泥水平衡盾构掘进速度预测方法[J].现代隧道技术,2022,59(6):14-23.

[194] 孙文喆,霍艳芳,刘建琴,等.基于大数据的 TBM 刀盘切削比能预测研究[J].机械设计,2022,39(6):58-65.

[195] 吴志军,方立群,翁磊,等.基于 TBM 掘进性能的岩体分级及可掘性等级感知识别方法[J].岩石力学与工程学报,2022,41(S1):2684-2699.

[196] 殷欣,高峰,刘泉声,等.面向隧道掘进机可掘性评价的多算法融合优化模型及其工程应用[J].岩石力学与工程学报,2022,41(S1):2757-2771.

[197] 周振梁,李宗林,郭震,等.TBM 掘进参数分布规律及高效掘进技术研究[J].土木工程学报,2021,54(S1):121-130,148.

[198] 邓铭江,谭忠盛.超特长隧道 TBM 集群掘进分析及施工技术研究[J].隧道建设(中英文),2021,41(11):1809-1826.

[199] 李宏波.基于掘进参量反演的 TBM 围岩等级预测识别方法研究[J].隧道建设(中英文),2022,42(1):75-82.

[200] 周振梁,谭忠盛,李宗林,等.一种基于数据挖掘的掘进速度预测模型[J].应用基础与工程科学学报,2021,29(5):1201-1219.

[201] 闫长斌,汪鹤健,周建军,等.基于 Bootstrap-SVR-ANN 算法的 TBM 施工速度预测[J].岩土工程学报,2021,43(6):1078-1087.

[202] 张华伟,郑晓涛.基于遗传算法优化神经网络的拼焊板压边力预测[J].东北大学学报(自然科学版),2020,41(2):241-245.

[203] 刘晨阳,唐兴佳,于涛,等.量子遗传-神经网络算法的润滑油动力粘度值可见近红外光谱分析[J].光谱学与光谱分析,2020,40(5):1634-1639.

[204] 张涛,王夏晖,毕二平,等.基于 BP 神经网络的粤北某地区地下水脆弱性评价及其风险管控[J].环境工程,2023,41(12):270-277.

[205] 徐俊祖,曹彦波,李黎,等.基于主成分分析与 BP 神经网络相融合的云南砖木结构房屋地震破坏评估方法[J].地震研究,2023,46(3):430-439.

[206] 陈政,郭春,谌桂舟,等.基于 MEC-BP 高海拔隧道供氧浓度与劳动强度规律

[J].西南交通大学学报,2023,58(3):622-629.

[207] 张林梵,王佳运,张茂省,等.基于 BP 神经网络的区域滑坡易发性评价[J].西北地质,2022,55(2):260-270.

[208] 陈亮,郝祎纯,李巧茹,等.改进 SSA 优化的 BP 神经网络交通量预测模型[J].哈尔滨工业大学学报,2024,56(7):94-101.

[209] 马天宝,龙俊文,刘玥.基于 BP 神经网络的水中双爆源爆炸冲击波峰值压力预测模型研究[J].北京理工大学学报,2024,44(3):260-269.

[210] 张学鹏,张戎令,陈心亮,等.基于 GA-BP 神经网络长服役期内结构混凝土的强度演变预测[J].中南大学学报(自然科学版),2024,55(2):836-850.

[211] 苏仁斌,熊卫红,刘先珊,等.基于新型元启发式 BP 神经网络的 500 kV 覆冰输电线路力学响应预测研究[J].应用基础与工程科学学报,2024,32(1):100-122.

[212] 刘佳驹,李金城,郭怀成,等.基于人工神经网络的雅鲁藏布江水化学变化趋势研究[J].北京大学学报(自然科学版),2023,59(6):1043-1051.

[213] 崔峰,王汉封,舒卓乐.基于 PSO-BP 神经网络的隧道内气动压力幅值预测[J].中南大学学报(自然科学版),2023,54(9):3752-3761.

[214] 王健,徐加放,赵密福,等.基于神经网络的钻井液漏失裂缝宽度预测研究[J].煤田地质与勘探,2023,51(9):81-88.

[215] 陈艳春,张虹.布谷鸟算法优化神经网络的站房结构损伤识别[J].铁道工程学报,2023,40(9):98-103.

[216] 胡志瑞,赵万伏,宋垠先,等.基于改进麻雀搜索算法优化 BP 神经网络的土壤有机质空间分布预测[J].环境科学,2024,45(5):2859-2870.

[217] 刘威,郭直清,王东,等.改进鲸鱼算法及其在浅层神经网络搜索中的权值阈值优化[J].控制与决策,2023,38(4):1144-1152.

[218] 王旭,尹尚先,徐斌,等.综采工作条件下覆岩导水裂隙带高度预测模型优化[J].煤炭科学技术,2023,51(S1):284-297.

[219] 王洪波,马哲,乌兰图雅,等.采用 BP 神经网络和 Burgers 模型的细观参数标定[J].农业工程学报,2022,38(23):152-161.

[220] 阴艳超,张曦,唐军,等.基于注意力机制-门控循环单元-BP 神经网络的智能多工序工艺参数关联预测[J].计算机集成制造系统,2023,29(2):487-502.

[221] 范勇,裴勇,杨广栋,等.基于改进 PSO-BP 神经网络的爆破振动速度峰值预测[J].振动与冲击,2022,41(16):194-203,302.

[222] 莫俊文,王锐锐.基于 HLM-BP 的高海拔隧道施工人员不安全行为预警研究[J].铁道科学与工程学报,2023,20(3):1116-1126.

[223] 周红,常莹.利用 BP 神经网络技术建立自贡地区地震动地形效应模型及其在汶川地震中的效验[J].地球物理学报,2022,65(6):2022-2034.

[224] 汪雅婷,黎俊良,袁楷峰,等.基于 GA 改进 BP 神经网络预测热变形流变应力模型的建立[J].材料工程,2022,50(6):170-177.

[225] 张瀚,桂蕾,王腾飞,等.基于 BP 神经网络的第四系覆盖物厚度预测及三维地质建模[J].地球科学,2024,49(2):550-559.

[226] 汪恩良,田雨,刘兴超,等.基于 WOA-BP 神经网络的超低温冻土抗压强度预测模型研究[J].力学学报,2022,54(4):1145-1153.

[227] 庄文宇,张如九,徐建军,等.基于 IAGA-BP 算法的高拱坝-坝基力学参数反演分析[J].清华大学学报(自然科学版),2022,62(8):1302-1313.

[228] 于京池,金爱云,潘坚文,等.基于 GA-BP 神经网络的拱坝地震易损性分析[J].清华大学学报(自然科学版),2022,62(8):1321-1329.

[229] 刘媛媛,刘业森,郑敬伟,等.BP 神经网络和数值模型相结合的城市内涝预测方法研究[J].水利学报,2022,53(3):284-295.

[230] 张旭,杜景林.改进 PSO-GA-BP 的 PM2.5 浓度预测[J].计算机工程与设计,2019,40(6):1718-1723.

[231] 何平,罗萌,韩欣玉,等.基于 PSO-SVM 模型的 Cu CMP 抛光液组分优化[J].微电子学,2020,50(5):694-698.

[232] 乔志鹏,白峭峰,赵春江,等.基于 PSO 算法和 BAS 算法的机器人运动学逆解[J].武汉大学学报(工学版),2024,57(7):971-978.

[233] 李华蓉,戴双璘,郑嘉欣.基于 InSAR 监测和 PSO-SVR 模型的高填方区沉降预测[J].中国地质灾害与防治学报,2024,35(2):127-136.

[234] 刘浩然,李晟,崔少鹏,等.基于混合简化粒子群算法的贝叶斯网络结构学习研究[J].计量学报,2024,45(2):269-278.

[235] 杜遵,汪朝晖,徐文侠,等.基于响应面法和粒子群算法的电机轴多目标优化[J].机械设计,2024,41(1):43-50.

[236] 汪涛,徐杨,刘亚新,等.基于多种群引力粒子群算法的金沙江下游—三峡梯级水库群优化调度[J].长江科学院院报,2023,40(12):30-36,58.

[237] 苗建杰,李德波,李慧君,等.基于改进粒子群算法的非线性方程组求解方法研究[J].环境工程,2023,41(S2):851-856.

[238] 王浩丞,李凌.动态拓扑结构混合粒子群算法及其应用[J].计算机科学与探索,2024,18(8):2065-2079.

[239] 刘红波,王龙轩,马子达,等.分段小波分析与改进粒子群算法的两阶段桁架结构损伤识别[J].建筑科学,2023,39(7):28-36.

[240] 黄晋,李云飞,王圣淳,等.基于改进 PSO 算法的无人机城域三维路径规划[J].电光与控制,2024,31(2):41-45,76.

[241] 董华珍,聂涔,周伟,等.基于改进 PSO 的城市轨道交通地下区间平面避障优化研究[J].隧道建设(中英文),2023,43(S1):337-343.

[242] 刘磊,姜博文,周恒扬,等.融合改进 Sine 混沌映射的新型粒子群优化算法[J].西安交通大学学报,2023,57(8):182-193.

[243] 单应强,钟继如,王琼琦,等.基于模拟退火粒子群算法与小冲杆试验确定材料塑性性能的方法[J].华东理工大学学报(自然科学版),2024,50(1):153-160.

[244] 汤俊,钟正宇,丁明飞,等.利用粒子群算法改进 Elman 神经网络的中国区域电离层 TEC 预报[J].武汉大学学报(信息科学版),2024,49(10):1867-1878.

[245] 刘奕均,杨光亮,王嘉沛,等.基于粒子群算法的四川长宁地区印支构造界面反演[J].地震地质,2023,45(1):172-189.

[246] 李金,张纪会,高学柳,等.基于分工和模糊控制的粒子群算法[J].复杂系统与复杂性科学,2024,21(1):109-118.

[247] 胡少伟,李原昊,单常喜,等.基于改进的 PSO-BP 神经网络的边坡稳定性研究[J].防灾减灾工程学报,2023,43(4):854-861.

[248] 占玉林,许江辉,许俊,等.基于响应面法和粒子群算法的桥梁高耸临时提升支架优化[J].中国铁道科学,2022,43(6):39-46.

[249] 杨雅勋,张宇航,柴文浩,等.基于改进粒子群算法的系杆拱桥成桥索力优化[J].重庆交通大学学报(自然科学版),2022,41(9):68-73.

[250] 申晓宁,潘红丽,陈庆洲,等.引入启发信息的粒子群算法在低碳 TSP 中的应用[J].计算机工程与科学,2022,44(6):1114-1125.

[251] 彭方旭,汪妮,魏霞.基于改进粒子群算法的多水库复杂联合供水优化调度研究[J].水资源与水工程学报,2022,33(3):143-148,155.

[252] 梁娟.基于粒子群算法的爆破振动速度智能预测方法[J].工程爆破,2022,28(3):117-121,136.

[253] 孙一凡,张纪会.基于模拟退火机制的自适应粘性粒子群算法[J].控制与决策,2023,38(10):2764-2772.

[254] 张其文,王杨婷.综合维度学习的多群协作粒子群优化算法[J].计算机应用研究,2022,39(8):2369-2375,2387.

[255] 王毅,李晓梦,耿国华,等.基于直觉模糊熵的混合粒子群优化算法[J].电子学报,2021,49(12):2381-2389.

[256] 贺振霞,鲍学英.基于改进 PSO 优化 SVR 的地下水水质综合评价研究[J].水文,2021,41(6):26-32.

[257] 吴亚楠,武贺,吴国伟,等.潮流能涡轮机阵列优化离散量子粒子群算法[J].哈尔滨工程大学学报,2022,43(1):41-47.

[258] 林炜星,王宇嘉,陈万芬,等.基于多因子粒子群的高维数据特征选择算法[J].计算机工程与应用,2021,57(22):199-207.

[259] 张文胜,郝孜奇,朱冀军,等.基于改进灰狼算法优化 BP 神经网络的短时交通流预测模型[J].交通运输系统工程与信息,2020,20(2):196-203.

[260] 秦琪怡,郭承湘,吴帅,等.基于粒子群和布谷鸟搜索的 BP 神经网络优化方法研究[J].广西大学学报(自然科学版),2020,45(4):898-905.

[261] 史云扬,李牧,付野,等.基于灰色-BP 神经网络模型的多情景交通用地需求预测:以长江中游城市群为例[J].中国农业大学学报,2020,25(6):142-153.

[262] 周勇.PSO-BP 模型在水库大坝变形预测分析中的应用研究[J].测绘与空间地理信息,2024,47(7):217-220.

[263] 毕凌宇,孙承志,乔申.基于 SBAS-InSAR 与 MA-PSO-BP 的南京河西地区地表沉降监测及预测分析[J].测绘通报,2024(4):48-53,82.

[264] 张宗堂,肖天祥,高文华,等.交通荷载下煤矸石路基填料累积变形 PSO-BP 神经网络预测模型[J].水利水电科技进展,2024,44(2):87-91.

[265] 林春金,杨晓达,龚英杰,等.基于 PSO-BP 的土压盾构土仓压力预测模型及掘进参数敏感性分析[J].应用基础与工程科学学报,2021,29(5):1220-1233.

[266] 黄炜,周烺,葛培,等.基于 PSO-BP 和 GA-BP 神经网络再生砖集料混凝土强度模型的对比研究[J].材料导报,2021,35(15):15026-15030.

[267] 娄高中,谭毅.基于 PSO-BP 神经网络的导水裂隙带高度预测[J].煤田地质与勘探,2021,49(4):198-204.

[268] 郑店坤,许同乐,尹召杰,等.改进 PSO-BP 神经网络对尾矿坝地下水位的预测方法[J].山东大学学报(工学版),2019,49(3):108-113.

[269] 邓传军,欧阳斌,陈艳红.一种基于 PSO-BP 神经网络的建筑物沉降预测模型[J].测绘科学,2018,43(6):27-31,38.

[270] 魏巍,师娅.改进 PSO-BP 算法在函数拟合中的应用[J].微电子学与计算机,2017,34(9):112-115.

[271] 高峰,冯民权,滕素芬.基于 PSO 优化 BP 神经网络的水质预测研究[J].安全与环境学报,2015,15(4):338-341.

[272] 周中,张俊杰,丁昊晖,等.基于 PSO-BP 神经网络的隧道绿色建造污水处理预测模型[J].铁道科学与工程学报,2022,19(5):1450-1458.

[273] BREIMAN L. Random forests[J]. Machine Learning,2001,45(1):5-32.

[274] 陈进,毛先成,刘占坤,等.基于随机森林算法的大尹格庄金矿床三维成矿预测

[J].大地构造与成矿学,2020,44(2):231-241.

[275] ABELLAN J,MANTAS C J,CASTELLANO J G. A Random Forest approach using imprecise probabilities[J]. Knowledge-Based Systems,2017, 134(15):72-84.

[276] WANG Y M,LI C ,CUI Y J,et al. Spatial downscaling of GRACE-derived groundwater storage changes across diverse climates and human interventions with Random Forests [J]. Journal of Hydrology, 2024, 640: 131708-131718.

[277] WARIS K A,FAYAZ S J,REDDY A H,et al. Pseudo-static slope stability analysis using explainable machine learning techniques[J]. Natural Hazards, 2024,121(1):485-517.

[278] ZHOU M G,LI Y H. Digital mapping and scenario prediction of soil salinity in Coastal Lands based on multi-source data combined with machine learning algorithms[J]. Remote Sensing,2024,16(14):2681-2698.

[279] LIU Y N,HAN X D,ZHU Y,et al. Spatial mapping and driving factor identification for salt-affected soils at continental scale using machine learning methods[J]. Journal of Hydrology,2024,639:131589.

[280] GUO X S,MENG X S,HAN F ,et al. Assessing the strength of deep-sea surface ultrasoft sediments with T-bar penetration:a machine learning approach[J]. Engineering Geology,2024,338:107632.

[281] WAHBA M ,ESSAM R ,RAWY E M,et al. Forecasting of flash flood susceptibility mapping using random forest regression model and geographic information systems[J]. Heliyon,2024,10(13):e33982.

[282] OLIVEIRA P V C ,ZHANG H K,ZHANG X Y. Estimating Brazilian Amazon Canopy height using landsat reflectance products in a random forest model with lidar as reference data[J]. Remote Sensing, 2024, 16(14): 2571-2590.

[283] 王克忠,谢添,李梅,等.基于数值样本和随机森林分类器的岩爆风险快速预测代理模型[J].清华大学学报(自然科学版),2024,64(7):1203-1214.

[284] 胡保健,李伟,陈传法,等.利用空间随机森林方法提升 GPM 卫星遥感降水质量[J].遥感学报,2024,28(2):414-425.

[285] 叶肖伟,张小龙,陈延博,等.基于粒子群优化-随机森林(PSO-RF)算法的盾构隧道施工期管片最大上浮量预测[J]. Journal of Zhejiang University-Science A(Applied Physics & Engineering),2024,25(1):1-18.

[286] 张锟滨,陈玉明,吴克寿,等.粒向量驱动的随机森林分类算法研究[J].计算机工程与应用,2024,60(3):148-156.

[287] 曹煜,方秀琴,杨露露,等.基于随机森林的西辽河流域 CCI 土壤湿度降尺度研究[J].地球信息科学学报,2023,25(8):1669-1681.

[288] 解雪峰,郭炜炜,濮励杰,等.基于多源辅助变量和随机森林模型的耕地土壤重金属含量空间分布预测[J].环境科学,2024,45(1):386-395.

[289] 刘颖,李旭,吕政,等.基于深度残差概率随机森林的时间序列分类方法[J].控制与决策,2024,39(7):2315-2324.

[290] 闫长斌,高子昂,姚西桐,等.考虑不确定性的 TBM 施工速度加权随机森林预测模型[J].岩土工程学报,2023,45(12):2575-2583.

[291] 张笑寒,孟祥添,唐海涛,等.优化光谱输入量的土壤有机质随机森林预测模型[J].农业工程学报,2023,39(2):90-99.

[292] 常聚才,戚鹏飞,陈潇.基于特征优选和随机森林的掘进机多工况截割岩石硬度识别[J].煤炭学报,2023,48(2):1070-1084.

[293] 王民,杨金路,王鑫,等.基于随机森林算法的泥页岩岩相测井识别[J].地球科学,2023,48(1):130-142.

[294] 杜尚海,古成科,张文静.随机森林理论及其在水文地质领域的研究进展[J].中国环境科学,2022,42(9):4285-4295.

[295] 仇文岗,唐理斌,陈福勇,等.基于 4 种超参数优化算法及随机森林模型预测 TBM 掘进速度[J].应用基础与工程科学学报,2021,29(5):1186-1200.

[296] 唐淑兰,孟勇,王国强,等.结合多尺度分割和随机森林的变质矿物提取[J].工程科学学报,2022,44(2):170-179.

[297] 李若楠,王琦,刘书明.基于典型相关系数和随机森林的水质预警方法[J].中国环境科学,2021,41(9):4457-4464.

[298] 赵峦啸,刘金水,姚云霞,等.基于随机森林算法的陆相沉积烃源岩定量地震刻画:以东海盆地长江坳陷为例[J].地球物理学报,2021,64(2):700-715.

[299] 罗维平,袁大军,金大龙,等.基于随机森林的复合地层盾构切口泥水压力预测与分析[J].土木工程学报,2020,53(S1):43-49.

[300] KVARACIEJIENE R R,APANAVICIENE R,GELZINIS A. Modelling the effectiveness of PPP road infrastructure projects by applying random forests [J].Journal of Civil Engineering and Management,2015,21(3):290-299.

[301] 梁慧玲,林玉蕊,杨光,等.基于气象因子的随机森林算法在塔河地区林火预测中的应用[J].林业科学,2016,52(1):89-98.

[302] 金浩,张思,杨云锋.基于 Bootstrap 方法的 AR(p)模型方差变点的检验[J].数

学的实践与认识,2018,48(16):23-30.

[303] 袁修开,陈斌.Bootstrap 与变权重相结合的多模型综合预测方法[J].机械科学与技术,2018,37(9):1465-1471.

[304] 孟杰,沈文静,杨贵军,等.复杂抽样的 Bootstrap 方差估计方法及应用[J].数理统计与管理,2021,40(2):266-278.

[305] 龙志和,李伟杰.空间面板数据模型 Bootstrap Moran's I 检验[J].统计研究,2014,31(9):97-101.

[306] 王丙参,魏艳华,戴宁.Bootstrap 方法与 Bays Bootstrap 方法的比较[J].统计与决策,2015(20):70-73.

[307] 张瑞涵,王义民,郭爱军.样本不确定性对基于 SPI 干旱评估的影响[J].西北农林科技大学学报(自然科学版),2019,47(11):134-142,154.

[308] 徐梦茹,王学明.决策树几种分类算法的分析比较[J].电脑知识与技术,2018,14(20):193-195.

[309] 谢鑫,张贤勇,杨霁琳.邻域等价关系诱导的改进 ID3 决策树算法[J].计算机应用研究,2022,39(1):102-105,112.

[310] 张旭,周新志,赵成萍,等.基于犹豫模糊决策树的非均衡数据分类[J].计算机工程,2019,45(8):75-79,91.

[311] 吴思博,陈志刚,黄瑞.基于相关系数的 ID3 优化算法[J].计算机工程与科学,2016,38(11):2342-2347.

[312] 黄宇达,范太华.决策树 ID3 算法的分析与优化[J].计算机工程与设计,2012,33(8):3089-3093.

[313] 杨瑞朋,蒋里强,王纯.基于决策树的空中目标威胁分类研究[J].火力与指挥控制,2017,42(5):103-107,111.

[314] 王世东,刘毅,王新闯,等.基于改进决策树模型的矿区土地复垦适宜性评价[J].中国水土保持科学,2016,14(6):35-43.

[315] 陈伽洛,陈龙然.决策树与随机森林[J].信息与电脑(理论版),2019,31(17):43-45.

[316] 安葳鹏,尚家泽.决策树 C4.5 算法的改进与分析[J].计算机工程与应用,2019,55(12):169-173.

[317] 廖建平,单杰,李志军,等.C4.5 决策树算法的阈值自适应色谱峰研究与实现[J].河南科技大学学报(自然科学版),2020,41(2):47-52,7.

[318] 周涛,吉卫喜,宋承轩.基于决策树 C4.5 算法的制造过程质量管理[J].组合机床与自动化加工技术,2018(12):134-136,141.

[319] 杜景林,严蔚岚.基于距离权值的 C4.5 组合决策树算法[J].计算机工程与设

计,2018,39(1):96-102.

[320] 王文霞. 数据挖掘中改进的 C4.5 决策树分类算法[J]. 吉林大学学报(理学版),2017,55(5):1274-1277.

[321] 张华忠,侯进. 基于决策树 C4.5 集成算法的图像自动标注[J]. 计算机应用研究,2018,35(7):2222-2224.

[322] 苗春生,何东坡,王坚红,等. 基于 C4.5 算法的长江中下游地区夏季降水预测模型研究及应用[J]. 气象科学,2017,37(2):256-264.

[323] 张亮,宁芊. CART 决策树的两种改进及应用[J]. 计算机工程与设计,2015,36(5):1209-1213.

[324] 曹正凤. 随机森林算法优化研究[D]. 北京:首都经济贸易大学,2014.

[325] 马东辉,罗立,王威,等. 基于 DRSA 和 CART 的桥梁震损状态决策关联规则提取[J]. 北京工业大学学报,2023,49(11):1167-1179.

[326] 郭艺,何廷年,李爱斌,等. 融合 GA-CART 和 Deep-IRT 的知识追踪模型[J]. 计算机工程与科学,2023,45(9):1691-1700.

[327] 项长生,刘海龙,赵驰,等. 基于 CART 算法的桥梁损伤动力数据分析方法[J]. 长安大学学报(自然科学版),2023,43(4):50-59.

[328] 刘鹏,魏卉子,景江波,等. 基于增强 CART 回归算法的煤矿瓦斯涌出量预测技术[J]. 煤炭科学技术,2019,47(11):116-122.

[329] 李志辉,赵萍,李晓晖,等. 基于 CART 算法的三维成矿预测研究:以安徽白象山矿区为例[J]. 地质科学,2018,53(4):1314-1326.

[330] 陈平,徐星. 基于 CART 算法的带钢抗拉强度影响因素研究[J]. 控制工程,2015,22(2):276-281.

[331] LIU G W,MA F S,LIU G,et al. Application of multivariate statistical analysis to identify water sources in a coastal gold mine, Shandong, China[J]. Sustainability,2019,11(12):3345.

[332] XUE Y,LIU Y,DANG F N,et al. Assessment of the nonlinear flow characteristic of water inrush based on the Brinkman and Forchheimer seepage model[J]. Water,2019,11(4):855.

[333] WU H N,SHEN S L,LIAO S M,et al. Longitudinal structural modelling of shield tunnels considering shearing dislocation between segmental rings[J]. Tunnelling and Underground Space Technology,2015,50:317-323.

[334] YANG W M,FANG Z D,YANG X,et al. Experimental study of influence of karst aquifer on the law of water inrush in tunnels [J]. Water, 2018, 10(9):1211.

[335] SHEN S L,WU H N,CUI Y J,et al. Long-term settlement behavior of metro tunnels in the soft deposits of Shanghai[J]. Tunnelling and Underground Space Technology,2014,40:309-323.

[336] YANG X L,ZHANG S. Risk assessment model of tunnel water inrush based on improved attribute mathematical theory[J]. Journal of Central South University,2018,25(2):379-391.

[337] LI L P,LEI T,LI S C,et al. Risk assessment of water inrush in karst tunnels and software development[J]. Arabian Journal of Geosciences,2015,8(4):1843-1854.

[338] LI S C,WU J. A multi-factor comprehensive risk assessment method of karst tunnels and its engineering application[J]. Bulletin of Engineering Geology and the Environment,2019,78(3):1761-1776.

[339] LI S C,WU J,XU Z H,et al. Unascertained measure model of water and mud inrush risk evaluation in karst tunnels and its engineering application[J]. KSCE Journal of Civil Engineering,2017,21(4):1170-1182.

[340] SHIN J H. Analytical and combined numerical methods evaluating pore water pressure on tunnels[J]. Géotechnique,2010,60(2):141-145.

[341] 李术才,周宗青,李利平,等.岩溶隧道突水风险评价理论与方法及工程应用[J].岩石力学与工程学报,2013,32(9):1858-1867.

[342] 许振浩,李术才,李利平,等.基于风险动态评估与控制的岩溶隧道施工许可机制[J].岩土工程学报,2011,33(11):1714-1725.

[343] WANG J,LI S C,LI P L,et al. Attribute recognition model for risk assessment of water inrush[J]. Bulletin of Engineering Geology and the Environment,2019,78(2):1057-1071.

[344] ZHANG K,ZHENG W B,XU C,et al. An improved extension system for assessing risk of water inrush in tunnels in carbonate karst terrain[J]. KSCE Journal of Civil Engineering,2019,23(5):2049-2064.

[345] WANG X T,LI S C,XU Z H,et al. Analysis of factors influencing floor water inrush in coal mines:a nonlinear fuzzy interval assessment method[J]. Mine Water and the Environment,2019,38(1):81-92.

[346] WANG S,LI L P,CHENG S,et al. Risk assessment of water inrush in tunnels based on attribute interval recognition theory[J]. Journal of Central South University,2020,27(2):517-530.

[347] PENG Y X,WU L,ZHOU R F. Risk prediction of tunnel water or mud in-

rush based on disaster forewarning grading[J]. Geotechnical and Geological Engineering,2016,34(6):1923-1932.

[348] 李德毅,孟海军,史雪梅.隶属云和隶属云发生器[J].计算机研究与发展,1995,32(6):15-20.

[349] LI D Y,LIU C G, GAN W Y. A new cognitive model:cloud model[J]. International Journal of Intelligent Systems,2009,24(3):357-375.

[350] 王成祥,韩峰,刘泽龙.基于云模型的高速铁路引入铁路枢纽线路方案优选研究[J].铁道科学与工程学报,2024,21(6):2131-2141.

[351] 李洁,刘邱琪,张欣宇,等.基于组合赋权-云模型的高速公路网交通韧性评价[J].湖南大学学报(自然科学版),2023,50(11):224-234.

[352] 汪涛,周文雅,郭继唐,等.改进高斯云模型及其在装备保障体系能力评估中的应用[J].系统工程与电子技术,2024,46(5):1673-1681.

[353] 李彬,朱朋朋,肖润谋,等.组合赋权云模型在高速公路通道适应性评价上的应用[J].交通运输工程学报,2023,23(5):223-233.

[354] 张兆宁,史卓晨.基于二维云模型的进近管制系统安全风险评估[J].重庆交通大学学报(自然科学版),2024,43(7):94-103.

[355] 李莉,倪波,强跃,等.基于改进云模型和线性规划优化算法的山区泥石流危险性评价[J].重庆交通大学学报(自然科学版),2024,43(7):34-43.

[356] 金圆,岳中文,王毅,等.基于改进云模型的隧道爆破效果综合评价研究[J].工程爆破,2024,30(3):8-19.

[357] 杜晓燕,高勤跃,刘秀玉.基于相关系数-熵-二维云模型的装配式建筑施工风险测度[J].安全与环境工程,2024,31(3):120-127.

[358] 李长明,赵开功,张晓蕾,等.煤矿智能化项目风险评价云模型及其应用[J].中国安全科学学报,2024,34(5):168-174.

[359] 张家铭,樊燕燕,李子奇.基于二维云模型的城市系统地震韧性评价[J].武汉大学学报(工学版),2024,57(3):311-321.

[360] 高玉琴,汪键,高见,等.基于组合赋权-云模型的城市洪涝灾害韧性评价方法[J].水利水电科技进展,2024,44(2):22-29,36.

[361] 余岭燕,郭荣昌,张蕊.基于博弈论和云模型的滑坡危险性评价[J].自然灾害学报,2024,33(1):186-196.

[362] 张家贤,涂继亮,刘辉,等.基于犹豫模糊混合云模型的航空装备保障系统效能评估[J].火力与指挥控制,2024,49(2):18-25,32.

[363] 杨仔豪,张英俊,邹宜洋,等.基于RFRM-有限云模型的智能船舶航行风险预警[J].中国安全生产科学技术,2024,20(1):172-178.

[364] 陈泳江,汪魁,赵明阶,等. 基于云模型-模糊 FMECA 法的水库大坝安全性分析[J]. 重庆交通大学学报(自然科学版),2024,43(4):30-36.

[365] 韩峰,刘志博,尹文华,等. 基于二维云模型的沙漠高速公路生态风险评价及优选研究[J]. 安全与环境学报,2023,23(10):3774-3783.

[366] 张威,胡舫瑞,綦巍,等. 基于 XGBoost 和云模型的地质灾害易发性评价[J]. 中国地质灾害与防治学报,2023,34(6):136-145.

[367] 陈忠源,戴自航,简文彬. 基于因子权重反分析的新近失稳土质边坡稳定性评价云模型[J]. 中国地质灾害与防治学报,2023,34(4):125-133.

[368] 崔素芳,张保祥,荣燕妮,等. 基于云模型的山东省干旱时空分布特征[J]. 南水北调与水利科技(中英文),2023,21(4):679-688.

[369] 刘纪坤,王佳茹,王翠霞. 改进组合赋权-云模型下的地铁站突发事件应急能力评价[J]. 安全与环境学报,2023,23(5):1398-1406.

[370] 邢斐,李莎莎,崔铁军. 基于 PSR-可拓云模型的井工煤矿区生态安全评价[J]. 水土保持通报,2023,43(2):341-349.

[371] 宋亮亮,张劲松,杜建波,等. 基于云模型的水利工程运行安全韧性评价[J]. 水资源保护,2023,39(2):208-214.

[372] 杨小平,陈斐,李哲宏,等. 基于投影寻踪博弈论-云模型的滑坡风险评价[J]. 灾害学,2023,38(3):60-67.

[373] WANG J C, GUO J. Research on rock mass quality classification based on an improved rough set-cloud model[J]. IEEE Access,2019,7:123710-123724.

[374] GUAN X J, QIN H D, MENG Y, et al. Comprehensive evaluation of water-use efficiency in China's Huai river basin using a cloud-compound fuzzy matter element-entropy combined model[J]. Journal of Earth System Science, 2019,128(7):1-15.

[375] YANG S M, HAN X Q, CAO B, et al. Cloud-model-based method for risk assessment of mountain torrent disasters[J]. Water,2018,10(7):830.

[376] SAATY T L. How to make a decision:the analytic hierarchy process[J]. INFORMS Journal on Applied Analytics,1994,24(6):19-43.

[377] SAATY T L. Decision-making with the AHP:why is the principal eigenvector necessary[J]. European Journal of Operational Research,2003,145(1): 85-91.

[378] LONG Y, YANG Y, LEI X H, et al. Integrated assessment method of emergency plan for sudden water pollution accidents based on improved TOPSIS, Shannon entropy and a coordinated development degree model[J]. Sustain-

ability,2019,11(2):510.

[379] 卢昌宇,杨建民,陈启航.基于层次分析-模糊综合评价法的深海采矿车通行性评估[J].中国造船,2024,65(3):135-149.

[380] 宁雪峰,张慧珍,许加柱.基于改进 AHP-TOPSIS 的储能电站安全综合评估[J].太阳能学报,2024,45(5):251-259.

[381] 谢治刚,孙贵,随峰堂,等.基于层次分析法的地面区域治理目的层位优化选择[J].煤炭科学技术,2023,51(3):201-211.

[382] 马邦闯,张志亮,赵文,等.基于粗糙集与 AHP 的深埋隧道软岩大变形研究[J].铁道工程学报,2022,39(10):59-64.

[383] 陈道想,林鹏,丁鹏,等.基于群层次分析法的振冲碎石桩填料方法比选[J].清华大学学报(自然科学版),2022,62(12):1915-1921.

[384] 贺德强,柳国强,陈彦君,等.基于正态云模型和模糊层次分析法的列车通信网络性能评估方法[J].交通运输工程学报,2022,22(2):310-320.

[385] 邓力源,杨萍,刘卫东,等.基于证据理论层次分析法的云贝叶斯网络在预警雷达毁伤效果评估中的应用[J].兵工学报,2022,43(4):814-825.

[386] 王红岩,刘钰洋,张晓伟,等.基于层次分析法的页岩气储层地质工程一体化甜点评价:以昭通页岩气示范区太阳页岩气田海坝地区 X 井区为例[J].地球科学,2023,48(1):92-109.

[387] 董伟智,张爽,朱福.基于可拓层次分析法的沥青混合料路用性能评价[J].吉林大学学报(工学版),2021,51(6):2137-2143.

[388] 左林霄,高鹏,冯栋,等.基于 AHP-熵值法耦合方法的地质构造复杂程度定量评价[J].煤炭科学技术,2022,50(11):140-149.

[389] 宋战平,郭德赛,徐甜,等.基于非线性模糊层次分析法的 TBM 施工风险评价模型研究[J].岩土力学,2021,42(5):1424-1433.

[390] 王心义,姚孟杰,张建国,等.基于改进 AHP 法与模糊可变集理论的煤层底板突水危险性评价[J].采矿与安全工程学报,2019,36(3):558-565.

[391] 毛人杰,尤建新,段春艳,等.基于模糊随机层次分析法的供应商可持续评估模型改进[J].同济大学学报(自然科学版),2018,46(8):1138-1146.

[392] 王训洪,顾晓薇,胥孝川,等.基于 GA-AHP 和云物元模型的尾矿库溃坝风险评估[J].东北大学学报(自然科学版),2017,38(10):1464-1467.

[393] WON K,CHUNG E S,CHOI S U. Parametric assessment of water use vulnerability variations using swat and fuzzy topsis coupled with entropy[J]. Sustainability,2015,7(9):12052-12070.

[394] TAHMASEBI S,MORADI P,GHODSI S,et al. An ideal point based many-

objective optimization for community detection of complex networks[J]. Information Science,2019,502:125-145.

[395] 阎莹,王虹婷,万利,等.基于因子分析与熵值法的不同隧道侧向宽度下驾驶负荷模型[J].中国公路学报,2023,36(2):190-202.

[396] 杨振中,吴佳凯,徐建伦,等.基于层次分析-熵值法的氢内燃机异常燃烧风险评估[J].浙江大学学报(工学版),2022,56(11):2187-2193.

[397] 杨新乐,计志鑫,李惟慷,等.基于AHP-熵值法的双级有机朗肯循环综合评价[J].工程热物理学报,2021,42(10):2491-2500.

[398] 王伟,刘丹娜,彭第.基于熵值法的砂卵石地层深基坑开挖安全可拓评价[J].西南交通大学学报,2021,56(4):785-791,838.

[399] 程一鑫,李一平,朱晓琳,等.基于熵值-环境基尼系数法的平原河网区污染物总量分配[J].湖泊科学,2020,32(3):619-628.

[400] 夏可,张世文,沈强,等.基于熵值组合模型的矿业复垦土壤重金属高光谱反演[J].发光学报,2019,40(12):1563-1573.

[401] 阮云凯,占洁伟,陈剑平,等.基于K-PSO聚类算法和熵值法的滑坡敏感性[J].东北大学学报(自然科学版),2017,38(4):571-575.

[402] 韩民赛,杜江岩,付建波,等.基于层次分析-熵值定权法的莎车县崩塌灾害易发性评价[J].新疆地质,2023,41(4):586-590.

[403] 闫自海,李硕,甘鹏路,等.基于改进熵值法的隧道照明环境评价研究[J].重庆交通大学学报(自然科学版),2023,42(7):113-119,127.

[404] 刘霞,刘辉,苏丽娟,等.基于AHP-熵值综合赋权法的煤炭资源型城市生态—经济—社会协调发展分析:以鄂尔多斯市为例[J].生态科学,2023,42(3):213-224.

[405] 赵宾华,黄金华,李占斌,等.基于AHP-熵值法组合赋权的甘肃省城市生态用水安全综合评价及影响因素分析[J].水土保持通报,2023,43(1):167-173,213.

[406] CHEN L Y,DENG, Y. A new failure mode and effects analysis model using Dempster-Shafer evidence theory and grey relational projection method[J]. Engineering Applications of Artificial Intelligence,2018,76:13-20.

[407] 陈红江,李夕兵,张毅.基于集对分析法的岩爆烈度分级预测研究[J].南华大学学报(自然科学版),2008,22(4):10-14.

[408] WU S C,WU Z G,ZHANG C X. Rock burst prediction probability model based on case analysis[J]. Tunnelling and Underground Space Technology,2019,93:103069.

［409］裴启涛,李海波,刘亚群,等.基于组合赋权的岩爆倾向性预测灰评估模型及应用[J].岩土力学,2014,35(S1):49-56.

［410］王迎超,尚岳全,孙红月,等.基于功效系数法的岩爆烈度分级预测研究[J].岩土力学,2010,31(2):529-534.

［411］李鹏程,叶义成,王其虎,等.基于正态白化权函数的灰评估岩爆预测模型[J].化工矿物与加工,2019,48(5):16-22,26.

［412］王兴明,董陇军,付玉华.基于未确知均值分类理论的岩爆发生和分级预测方法[J].科技导报,2009,27(18):78-81.

［413］ZHOU J,SHI X Z,DONG L,et al. Fisher discriminant analysis model and its application for prediction of classification of rockburst in deep-buried long tunnel[J]. Journal of Coal Science and Engineering(China),2010,16(2):144-149.

［414］PU Y Y,APEL D B,XU H W. Rockburst prediction in kimberlite with unsupervised learning method and support vector classifer[J]. Tunnelling and Underground Space Technology,2019,90:12-18.

［415］ZHOU J,LI X B,MITRI H S. Classification of rockburst in underground projects:comparison of ten supervised learning methods[J]. Journal of Computing in Civil Engineering,2016,30(5):1-13.

［416］FARADONBEH R S,TAHERI A. Long-term prediction of rockburst hazard in deep underground openings using three robust data mining techniques[J]. Engineering with Computers,2019,35(2):659-675.

［417］DONG L J,LI X B,PENG K. Prediction of rockburst classification using random forest[J]. Transactions of Nonferrous Metals Society of China,2013,23(2):472-477.

［418］徐琛,刘晓丽,王恩志,等.基于综合权重-理想点法的应变型岩爆五因素预测分级[J].岩土工程学报,2017,39(12):2245-2252.

［419］ZHOU X L,ZHANG G,SONG Y H,et al. Evaluation of rock burst intensity based on annular grey target decision-making model with variable weight[J]. Arabian Journal of Geosciences,2019,12(2):43.

［420］贾义鹏,吕庆,尚岳全,等.基于证据理论的岩爆预测[J].岩土工程学报,2014,36(6):1079-1086.

［421］HASSABALLAH M,GHAREEB A. A framework for objective image quality measures based on intuitionistic fuzzy sets[J]. Applied Soft Computing,2017,57:48-59.

[422] GIVEKI D,RASTEGAR H,KARAMI M. A new neural network classifier based on Atanassov's intuitionistic fuzzy set theory[J]. Optical Memory and Neural Networks,2018,27(3):170-182.

[423] FAN X S,LI C H,WANG Y N. Strict intuitionistic fuzzy entropy and application in network vulnerability evaluation[J]. Soft Computing,2019,23(18):8741-8752.

[424] 陈兆芳,石磊.基于区间值直觉模糊集和云模型的FMEA风险评估方法[J].安全与环境工程,2024,31(2):9-16.

[425] 陈少青,陈文强,程林,等.改进直觉模糊集TOPSIS在防波堤运营期健康状态评价中的应用[J].安全与环境学报,2023,23(8):2589-2597.

[426] 邓江洲,郭均鹏.基于直觉模糊集的伯努利矩阵分解推荐算法[J].控制与决策,2023,38(10):2897-2904.

[427] 那日萨,孔茸,高欢.基于深度学习的直觉模糊集隶属度确定方法[J].运筹与管理,2022,31(2):92-98.

[428] 陈致远,沈堤,余付平,等.基于直觉模糊集和证据理论的空中目标综合识别[J].航空兵器,2022,29(1):58-66.

[429] 靳崇,孙娟,王永佳,等.基于直觉模糊TOPSIS和变权VIKOR的防空目标威胁综合评估[J].系统工程与电子技术,2022,44(1):172-180.

[430] 都心爽,武玮,张金阳,等.基于三角直觉模糊故障树的工业管道安全评价方法与应用[J].西北大学学报(自然科学版),2021,51(4):632-642.

[431] 贺振霞,鲍学英.基于直觉模糊TOPSIS耦合法的隧道地下水环境负效应评价研究[J].水资源与水工程学报,2020,31(6):88-94.

[432] 田永超,于丽英.基于区间值直觉模糊集的技术创新风险评价方法[J].上海大学学报(自然科学版),2020,26(2):292-300.

[433] 许昌林,沈菊红.一种新的直觉模糊集距离及其在决策中的应用[J].计算机应用研究,2020,37(12):3627-3634.

[434] 曾守桢,骆丹丹.基于投影模型的区间直觉模糊多属性决策方法研究[J].运筹与管理,2020,29(3):10-15.

[435] 程志友,刘荡荡,吴吉,等.基于集对分析与可变模糊集的电能质量综合评估[J].电网技术,2020,44(5):1950-1956.

[436] 王鹏,田宗浩.基于直觉模糊化的广义模糊时间序列预测模型[J].运筹与管理,2020,29(3):128-134.

[437] 张荣荣,李永明.犹豫直觉模糊集的知识测度及其应用[J].计算机工程与科学,2019,41(11):2017-2026.

［438］陈德江,王君.基于直觉模糊集的防空作战目标威胁评估[J].探测与控制学报,2019,41(4):46-51.

［439］王威,宋卓,刘晓然,等.基于直觉模糊集的城市供水安全预警评价模型[J].中国安全生产科学技术,2019,15(4):180-185.

［440］陈德江,王君,张浩为.基于直觉模糊多属性决策的动态威胁评估模型[J].计算机科学,2019,46(4):183-188.

［441］ATANASSOV K T. Intuitionistic fuzzy sets[J]. Fuzzy Sets and Systems, 1986,20(1):87-96.

［442］GUNDOGDU F K,KAHRAMAN C. Spherical fuzzy sets and spherical fuzzy TOPSIS method[J]. Journal of Intelligent and Fuzzy Systems,2019,36(1): 337-352.

［443］GUNDOGDU F K,KAHRAMAN C. A novel spherical fuzzy analytic hierarchy process and its renewable energy application[J]. Soft Computing,2020, 24(5):4607-4621.

［444］LIU Y L,HUANG X L,DUAN J, et al. The assessment of traffic accident risk based on grey relational analysis and fuzzy comprehensive evaluation method[J]. Natural Hazards,2017,88(3):1409-1422.

［445］李远哲,孙亚东,付昭旺,等.基于改进灰色关联分析法的装备作战能力量化评估[J].火力与指挥控制,2024,49(3):178-184.

［446］张科学,杨海江,何满潮,等.基于灰色关联分析的工作面智能化程度综合评价[J].现代隧道技术,2022,59(1):69-79.

［447］王平,程贵海,邓春海,等.基于灰色关联分析法探析隧道中深孔楔形掏槽爆破[J].中国矿业,2020,29(11):165-171.

［448］李帅,陈军斌,曹毅,等.基于灰色关联分析法的页岩储层脆性影响因素研究[J].中国矿业,2019,28(2):169-174,180.

［449］王倩,丰飞.基于灰色关联分析法的白城市洪水资源利用效益分析[J].水土保持通报,2018,38(6):293-297.

［450］赵永虎,武小鹏,米维军,等.基于可拓灰色关联分析法的黄土斜坡稳定性评价[J].铁道建筑,2016(10):96-100.

［451］马艳,王剑.改进型灰色关联分析法在湿地水质评价中的应用:以四湖流域为例[J].节水灌溉,2015(4):70-73.

［452］陈兰兰,肖海平,刘鑫钰,等.灰色关联度支持下的露天矿边坡稳定性影响因素敏感性分析[J].测绘通报,2024(1):145-149.

［453］宋慧,郭岩,邢璐,等.基于灰色关联度、DTOPSIS与灰色局势决策法的谷子品

种综合评价[J].中国农业大学学报,2023,28(11):42-56.

[454] 孙剑锋,马超,胡金树,等.基于灰色关联度与层次分析法耦合的地质灾害易发性评价:以浙江省云和县崇头镇为例[J].工程地质学报,2023,31(2):538-551.

[455] 郑震,查冰婷,谭钰然,等.基于灰色关联分析的三维点云识别算法[J].南京理工大学学报,2022,46(6):679-687.

[456] 赵可英,牟凯.基于灰色关联度分析法和主成分分析法对泥页岩储层评价方法的探讨[J].地质与勘探,2023,59(2):443-450.

[457] 吴波,崔耀中,韦汉,等.基于赋权灰色关联分析的聚能药包炮孔参数优化[J].工程爆破,2022,28(5):1-8.

[458] 高树增,张雁.基于熵权直觉模糊集的改良膨胀土胀缩性等级评价[J].河南理工大学学报(自然科学版),2020,39(3):131-138.

[459] 李登峰.直觉模糊集决策与对策分析方法[M].北京:国防工业出版社,2012.

[460] AFRAEI S,SHAHRIAR K,MADANI S H. Developing intelligent classifcation models for rock burst prediction after recognizing signifcant predictor variables, Section 1:Literature review and data preprocessing procedure[J]. Tunnelling and Underground Space Technology,2019,83:324-353.

[461] ZHOU J,LI X B,MITRI H S. Evaluation method of rockburst:State-of-the-art literature review[J]. Tunnelling and Underground Space Technology,2018,81:632-659.

[462] LI N,JIMENEZ R. A logistic regression classifier for long-term probabilistic prediction of rock burst hazard[J]. Natural Hazards,2018,90(1):197-215.

[463] 张婧静.基于改进物元可拓法的非煤露天矿山安全生产风险等级评定研究[D].西安:西安建筑科技大学,2020.

[464] 齐向坤.基于物元可拓学的建筑业企业负担评价研究[D].哈尔滨:哈尔滨工业大学,2019.

[465] 赵杰,罗志军,赵弯弯,等.基于改进物元可拓模型的鄱阳湖区耕地土壤重金属污染评价[J].农业环境科学学报,2019,38(3):521-533.

[466] 郝伟,张然,王德凯,等.基于 Vague 集-可拓模型的断层富水区桥梁运营安全评估[J].中国安全生产科学技术,2023,19(10):115-123.

[467] 张书豪,艾亚鹏,陈健,等.物元可拓法在引水隧道围岩稳定性评价中的应用[J].安全与环境学报,2024,24(1):10-18.

[468] 方前程,李中原.基于盲数理论和物元可拓法的装配式建筑吊装施工风险评估模型研究[J].安全与环境学报,2023,23(1):8-16.

[469] 刘秀,李文洋.基于熵权物元可拓模型的路堑边坡安全性评价[J].公路交通科技,2022,39(11):49-55.

[470] 邵良杉,张佳琦,于保才,等.基于 TF-熵值法的矿井通风系统可靠性可拓评价[J].中国安全生产科学技术,2022,18(4):106-112.

[471] 崔文祥,靳春玲,贡力,等.基于物元可拓模型的黄河兰州段突发水污染安全评价[J].水土保持通报,2022,42(1):166-172.

[472] 赵会茹,赵一航,王路瑶,等.基于贝叶斯最优最劣和改进物元可拓的特高压输电工程综合效益评价[J].中国电力,2022,55(6):161-171.

[473] 高亚琴,刘国东.基于改进变权物元可拓模型的绿色水电评价研究[J].四川大学学报(自然科学版),2021,58(6):81-89.

[474] 张萌,王俊智,李洁祥,等.基于变权理论与物元可拓模型的矿井水质识别[J].环境科学与技术,2021,44(S1):66-72.

[475] 张茂兰,田淑芳,陶洁,等.基于改进的物元可拓法的矿山环境评价:以江西省萍乡市为例[J].测绘工程,2020,29(3):56-62,66.

[476] 谢雄刚,王潞欧,陈刘瑜,等.基于熵权物元可拓的煤层突出危险性评价[J].安全与环境学报,2019,19(6):1869-1875.

[477] 贡力,路瑞琴,靳春玲,等.基于博弈-改进可拓理论的寒冷地区长距离明渠冬季运行安全评价[J].自然灾害学报,2019,28(6):81-92.

[478] 聂兴信,张婧静.基于改进物元可拓理论的露天矿山安全生产风险等级评定[J].安全与环境学报,2019,19(4):1140-1148.

[479] 虞未江,贾超,狄胜同,等.基于综合权重和改进物元可拓评价模型的地下水水质评价[J].吉林大学学报(地球科学版),2019,49(2):539-547.

[480] 张森林,鲍安红,胡嫚,等.基于 G1 序-物元可拓模型的重庆庭院式农宅绿色舒适度评价[J].科学技术与工程,2024,24(5):1997-2006.

[481] 周惟,徐慧,陶潺潺.基于 DPSFR 和物元可拓模型的河流生态安全空间分异研究[J].水电能源科学,2023,41(1):42-45,49.

[482] 乔木,周宗红,李岳峰,等.基于主客观赋权-物元可拓模型优选岩爆倾向性预测方法[J].有色金属工程,2022,12(8):119-130.

[483] 张娇艳,贡力,贾治元,等.基于改进物元可拓模型的水工混凝土耐久性影响因素分析[J].硅酸盐通报,2022,41(5):1617-1626.

[484] 王孟飞,左其亭,胡长虹,等.基于物元可拓模型的沙颍河流域水资源可持续利用评价[J].华北水利水电大学学报(自然科学版),2022,43(1):18-25.

[485] 孙鹏,荣帅.基于改进物元可拓法的滨海金矿涌水风险评估模型研究[J].有色金属工程,2021,11(6):109-117.

［486］李泓泽,郭森,唐辉,等.基于改进变权物元可拓模型的电能质量综合评价[J].电网技术,2013,37(3):653-659.

［487］吴贤国,沈梅芳,覃亚伟,等.基于变权和物元原理的地铁基坑施工安全风险评价[J].武汉大学学报(工学版),2016,49(6):879-885.

［488］TAO Z G,ZHAO D D,YANG X J,et al. Evaluation of open-pit mine security risk based on FAHP-extenics matter-element model[J]. Geotechnical and Geological Engineering,2020,38(2):1653-1667.

［489］邓宏贵.可拓理论与关联分析及其在变压器故障诊断中的应用[D].长沙:中南大学,2005.

［490］裴尊.基于物元可拓的装配式混凝土住宅建造阶段成本风险评价[D].哈尔滨:哈尔滨工业大学,2020.

［491］汪培庄.模糊集与随机集落影[M].北京:北京师范大学出版社,1985.

［492］李洪兴.因素空间理论与知识表示的数学框架(Ⅰ)-因素空间的公理化定义与描述架[J].北京师范大学学报(自然科学版),1996,32(4):470-475.

［493］LIU S L,LI W P. Indicators sensitivity analysis for environmental engineering geological patterns caused by underground coal mining with integrating variable weight theory and improved matter-element extension model[J]. Science of the Total Environment,2019,686:606-618.

［494］蔺娅,李爱春,温海燕.基于变权-靶心贴近度模型的泥石流灾害影响下桥梁工程易损性评价[J].安全与环境工程,2022,29(2):95-101,110.

［495］李博,吐松江·卡日,张紫薇,等.基于变权-靶心贴近度的换流变压器状态评估方法[J].高压电器,2024,60(6):114-120,128.

［496］董利飞,张旗,钟品志,等.页岩气开发风险变权模糊评价研究[J].安全与环境学报,2024,24(6):2085-2094.

［497］毛文杰,毛弋.基于正反向累加的含线性时变参数 DGM 模型的变权组合预测[J].湖南师范大学自然科学学报,2023,46(6):136-142.

［498］马宏伟,王建科,王川伟.煤矿巷道掘进护盾临时支护装置模块化变权模糊评价方法[J].西安科技大学学报,2023,43(3):576-585.

［499］李哲,丁湘,刘守强,等.基于改进局部变权理论的底板突水脆弱性评价方法研究[J].煤炭科学技术,2023,51(5):209-218.

［500］马进功,宋德军.基于变权模糊理论的掘锚一体机组掘进适用性数学评价[J].煤炭学报,2023,48(6):2579-2589.

［501］柯丽华,张莹,李全明,等.基于 Spearman-EAHP 变权灰云聚类模型的尾矿库安全评价[J].矿冶工程,2022,42(1):5-9.

[502] 汪兰林,李登峰.基于在线评价信息的概率语言多属性变权决策方法[J].运筹与管理,2021,30(2):39-44.

[503] 邓红卫,张维友,虞松涛,等.基于变权联系云的采空区稳定性二维评价模型[J].黄金科学技术,2020,28(1):32-41.

[504] 尹彬,陆卫东,贾宝山,等.岩爆危险性评价的变权物元可拓模型[J].金属矿山,2017(5):54-59.

[505] 刘仕兵,仇智圣,马志方.基于变权物元可拓模型的接触网健康状态综合评价[J].华东交通大学学报,2019,36(1):125-132.

[506] 王君,白华珍,邵雷.基于变权理论的目标威胁评估方法[J].探测与控制学报,2018,40(2):23-28.

[507] 涂圣文,郑克梅,张尧,等.基于改进CRITIC法与云模型相结合的高速公路路堑高边坡工程施工安全总体风险评估模型研究[J].安全与环境工程,2019,26(3):127-132.

[508] 汪顺生,黄天元,陈豪,等.基于CRITIC赋权的模糊综合评判模型在水质评价中的应用[J].水电能源科学,2018,36(6):48-51.

[509] 卢凯璐,乔非,马玉敏.基于变权物元可拓模型的烧结矿质量评价[J].控制工程,2018,25(5):878-882.

[510] 周东良,邓红卫,秦秀合,等.基于组合赋权和有限区间云模型的岩爆预测二维评判[J].矿业研究与开发,2019,39(12):87-93.

[511] 魏博文,黄海鹏,徐镇凯.基于云模型和组合赋权的岩体质量二维评价模型[J].岩石力学与工程学报,2016,35(S1):3092-3099.

[512] 赵国彦,梁伟章,洪昌寿.采空区稳定性的改进云模型二维评判[J].中国安全科学学报,2015,25(10):102-108.

[513] 时惠黎,马淑芝,贾洪彪.基于可拓综合评价模型的隧道塌方概率计算方法[J].安全与环境工程,2015,22(2):154-158.

[514] 杨光,刘敦文,褚夫蛟,等.基于云模型的隧道塌方风险等级评价[J].中国安全生产科学技术,2015,11(6):95-101.

[515] 翟友成,胡云世,廖小辉,等.基于熵权的隧道塌方风险非线性模糊评判方法[J].安全与环境学报,2016,16(5):41-45.

[516] HUANG X C, ZHOU X P. Probabilistic assessment for slope using the generalized chebyshev inequalities [J]. International Journal of Geomechanics, 2020, 20(4):06020003.

[517] HUANG X C, XU X D, CHEN Q N. et al. Reliability analysis of the anti-sliding of a retaining wall subjected to seismic loads [J]. Proceedings of the

Institution of Mechanical Engineers, Part O:Journal of Risk and Reliability, 2021, 235(5): 853-862.

[518] GU X B, WU S T, JI X J,et al. The risk assessment of debris flow hazards in Banshanmen gully based on the entropy weight normal cloud method[J]. Advances in Civil Engineering,2021(1): 841310.

[519] GU X B, MA Y, WU Q H, et al. The risk assessment of landslide hazards in Shiwangmiao based on intuitionistic fuzzy setsTopsis model[J]. Natural Hazards,2021,111:283-303.

[520] GU X B, SHAO J L, WU S T, et al. The risk assessment of debris flow hazards in zhouqu based on the projection pursuit classification model[J]. Geotechnical and Geological Engineering, 2021, 40: 1267-1279.

[521] GU X B, WU Q H. Seismic stability analysis of waterfront rock slopes using the modifiedpseudodynamic method[J]. Geotechnical and Geological Engineering, 2019,37(3):1743-1753.

[522] ZHOU X P, GU X B, YU M H, et al. Seismic bearing capacity of shallow foundations resting on rock masses subjected to seismic loads[J]. KSCE Journal of Civil Engineering, 20(1):216-228.

[523] ZHOU X P, BI J, QIAN Q H. Numerical simulation of crack growth and coalescence in rock-like materials containing multiple pre-existing flaws[J]. Rock Mechanics and Rock Engineering, 2015, 48(3): 1097-1114.

[524] OMARY S, GHORBEL E, WARDEH G. Relationships between recycled concrete aggregates characteristics and recycled aggregates concretes properties[J]. Construction and Building Materials, 2016, 108(1):163-174.

[525] NICOLAS S, SANDRINE B, FRANÇOISE F. Environmental evaluation of concrete made from recycled concrete aggregate implementing life cycle assessment[J]. Journal of Building Engineering, 2016,5:24-33.

[526] MARTHONG C, MARTHONG S. Enhancing mechanical properties of concrete prepared with coarse recycled aggregates[J]. The IES Journal Part A: Civil & Structural Engineering, 2015, 8(3): 175-183.

[527] WU J, ZHU L, JING X H. Study on random characteristics and grading method of recycled coarse aggregate[J]. Engineering Mechanics, 2015, 32(2):97-104, 130.

[528] LUO S R, ZHENG X, HUANG H S. Preparation of recycled coarse aggregate and experimental study on creep of recycled concrete[J]. Journal of

Building Materials, 2016, 19(2): 242-247.

[529] WANG S Y, ZHU P H, YAO R, et al. Fuzzy comprehensive evaluation method for quality grade of recycled concrete coarse aggregate[J]. Concrete, 2010(7): 87-89.

[530] FENG J C, LU Y Y, ZHU P H. Fuzzy comprehensive evaluation method for quality grade of recycled fine aggregate for concrete[J]. Concrete, 2016 (11): 126-129.

[531] GU X B, WU Q H, ZHU Y H. The experimental investigation on the propagation process of crack for brittle rock similar material[J]. Geotechnical and Geological Engineering,2019,37(6):4714-4740.

[532] BAO X Y, WANG Q C. Application of gray clustering method in quality evaluation of coarse aggregate of recycled concrete[J]. Civil Engineering and Environmental Engineering, 2014, 6(3):112-117.

[533] CHEN J W, ZHOU X P. The enhanced extended finite element method for the propagation of complex branched cracks[J]. Engineering Analysis with Boundary Elements, 2019, 104:46-62.

[534] GU X B, WU Q H. The application of nonordinary, state-based peridynamic theory on the damage process of the Advances in Materials Science and Engineering rock-like materials[J]. Mathematical Problems in Engineering, 2016 (1): 9794605.

[535] ZHOU X P, GU X B, YU M H, et al. Seismic bearing capacity of shallow foundations resting on rock masses subjected to seismic loads[J]. KSCE Journal of Civil Engineering, 2016, 20(1):216-228.

[536] GU X B, WAHG L, WU Q H. The risk assessment of debris flow in the dubariver watershed using intuitionistic fuzzy sets:topsis model[J]. Mathematical Problems in Engineering, 2022: 2031907.

[537] ZHOU X P, XIE Y X, HUANG X C, et al. Antislip stability analysis of gravity retaining wall by probabilistic approach[J]. International Journal of Geomechanics, 2019, 19(6): 04019045.

[538] ZHOU X P, HUANG X C, LI J X. Reliability assessment of tunnel based on P-wave seismic velocity[J]. International Journal of Geomechanics, 2018,18(11):06018030.

[539] SUN Y Y, HAO W. Quality optimization of concrete recycled coarse aggregate based on information entropy and uncertainty measurement theory[J].

Civil and Environmental Engineering，2017，39(5)：87-92.

[540] 李娟，孔焱东.凉山州宁南县鲁堵沟泥石流灾害成因及防治对策研究[J].科技创新导报，2017，14(11)：152-153.

[541] 孙元，李娟.丹巴县半扇门乡火龙沟泥石流形成条件及基本特征分析[J].科技创新导报，2019，14(10)：115-116.

[542] HOLLINGSWORTH R，KOVACS G S. Soil slumps and debris flows：prediction and protection [J]. Enviornmental and Engineerig Geoscience，1981，38(1)：17-28.

[543] 常文娟，任光明，李畅，等.青海某沟谷"8·21"泥石流发育特征及危险性评价[J].中国地质灾害与防治学报，2018，29(6)：33-39，52.

[544] 唐海，唐川，陈明，等.强震区泥石流防治工程效果数值模拟分析[J].水土保持通报，2019，39(4)：196-201.

[545] 高波，张佳佳，王军朝，等.西藏天摩沟泥石流形成机制与成灾特征[J].水文地质工程地质，2019，46(5)：144-153.

[546] 李益敏，杨蕾，魏苏杭.基于小流域单元的怒江州泥石流易发性评价[J].长江流域资源与环境，2019，28(10)：2419-2428.

[547] 牛全福，陆铭，李月锋，等.基于灰色关联与粗糙依赖度的甘肃兰州市区泥石流危险性评价[J].中国地质灾害与防治学报，2019，30(5)：48-56.

[548] 周必凡，李德基，罗德富，等.泥石流防治指南[M].北京：科学出版社，1991.

[549] 四川省国土资源厅.泥石流灾害防治工程勘查规范[S].成都：四川省国土资源厅，2006.

[550] 许腾晖，金文祥，孙书勤，等.西藏紫金山危岩特征及稳定性和运动特性研究[J].水利水电技术，2019，50(1)：169-178.

[551] 邓天鑫，巨能攀，李龙起，等.陡倾顺层岩质斜坡动力倾倒变形机理研究[J].水利水电技术，2017，48(12)：146-152.

[552] 乐琪浪，蔡玲玲，王洪德，等.三峡库区望霞危岩体变形破坏过程的综合监测与险情预报[J].现代地质，2014，28(5)：1087-1096.

[553] 冯振，李滨，贺凯.近水平厚层高陡斜坡崩塌机制研究[J].地质力学学报，2014，20(2)：123-131.

[554] 曾芮，姜明顺，孙琳崤，等.强降雨条件下岩质边坡倾倒崩塌破坏机理：以鄂西赵家岩崩塌为例[J].中国地质灾害与防治学报，2018，29(3)：12-17.

[555] 陈洪凯，唐红梅，叶四桥，等.三峡库区危岩发育链式机理及失稳运动路径研究[C]//中国岩石力学与工程学会.第八次全国岩石力学与工程学术大会论文集.北京：中国岩石力学与工程学会，2004：820-825.

［556］张路青,杨志法,许兵. 滚石与滚石灾害[J]. 工程地质学报,2004,12(3)：225-231.

［557］胡厚田. 崩塌与落石[M]. 北京：中国铁道出版社,1989.

［558］DENG M F, CHEN N S, LIU M. Meteorological factorsdriving glacial till variation and the associated periglacial debris flows in Tianmo Valley, southeastern Tibetan Plateau[J]. Natural Hazards and Earth System Sciences, 2017,17(3):345-356.

［559］陈宁生,周海波,胡桂胜. 气候变化影响下林芝地区泥石流发育规律研究[J].气候变化研究进展,2011,7(6):412-417.

［560］唐红梅.群发性崩塌灾害形成机制与减灾技术[D].重庆：重庆大学,2011.

［561］胡显明,晏鄂川,杨建国,等.巫溪南门湾危岩体稳定性分区研究[J].工程地质学报,2011,19(3):397-403.

［562］赵伟华,黄润秋,赵建军,等.强震条件下碎裂岩体崩塌机理及崩塌后壁对堆积体稳定性影响研究[J].工程地质学报,2011,19(2):205-212.

［563］黄倩,闵华松. 基于 ARM 的移动视频监控系统[J]. 现代电子技术,2010,33(1):148-152.

［564］骆银辉,胡斌,朱荣华,等.崩塌的形成机理与防治方法[J].西部探矿工程,2008,20(12):1-3.

［565］石崇,王盛年,刘琳.地震作用下陡岩崩塌颗粒离散元数值模拟研究[J].岩石力学与工程学报,2013,32(S1):2798-2905.

［566］苏胜忠.边坡工程勘察中崩塌落石运动模式及轨迹分析[J].工程地质学报,2011,19(4):577-581.

［567］邹杰,罗锡宜,赖桂林. 关于提高地质灾害预警准确性的思考[J].世界有色金属,2017(10):202-203.

［568］高伊航,刘之葵,唐克静,等. 重庆瀼渡场北崩滑体变形特征及成因分析[J].水文地质工程地质,2014,41(2):148-152.

［569］魏作安,尹光志,张东明,等.蔗头山北段滑坡灾害的动态综合治理[J].岩石力学与工程学报,2003,22(8):1367-1371.

［570］李东,杨华舒,周新伟,等.片马镇国门小学滑坡稳定性评价及治理方案研究[J].地质灾害与环境保护,2016,27(3):7-12.

［571］彭璐.花岗岩地区滑坡特征及防治对策：以湖南省平江县花岗岩滑坡为例[J].国土资源导刊,2016,13(4):20-24.

［572］薛凯喜,胡艳香,邹玉亮,等. 近十年中国地质灾害时空发育规律分析[J].中国地质灾害与防治学报,2016,27(3):90-97.

[573] 吴益平,张秋霞,唐辉明,等. 基于有效降雨强度的滑坡灾害危险性预警[J]. 地球科学(中国地质大学学报),2014,39(7):889-895.

[574] 王国强,吴道祥,刘洋,等. 巢湖凤凰山滑坡形成机制和稳定性分析[J]. 岩土工程学报,2002,24(5):645-647.

[575] 刘传正. 重庆武隆鸡尾山危岩体形成与崩塌成因分析[J]. 工程地质学报,2010,18(3):297-304.

[576] POISEL R, EPPENSTEINE R W. A contribution to the systematics of rock mass movements[C]//BONNARD C. Proceedings of the 5th International Symposium on Landslides. Lausame:International Society for Soil Mechanics and Foundation Engineering,1988:1353-1357.

[577] 邱英,朱郴平,易新民,等. 地质灾害危险性评估在高速公路工程中的应用[J]. 武汉工程大学学报,2014,36(8):38-44.

[578] 杨德宏,范文. 基于ArcGIS的地质灾害易发性分区评价:以旬阳县为例[J]. 中国地质灾害与防治学报,2015,26(4):82-86,93.

[579] 冉涛,文宝萍,苏昌,等. 湖北五峰赵家岩崩塌形成机理分析[J]. 水文地质工程地质,2012,39(6):114-118.

[580] 胡斌,黄润秋. 软硬岩互层边坡崩塌机理及治理对策研究[J]. 工程地质学报,2009,17(2):200-205.

[581] 贺凯,殷跃平,冯振,等. 重庆南川甑子岩-二垭岩危岩带特征及其稳定性分析[J]. 中国地质灾害与防治学报,2015,26(1):16-22.

[582] 肖尚德,唐辉明,唐睿旋,等. 恩施盆地红层边坡变形破坏模式研究[J]. 工程地质学报,2016,24(6):1080-1087.

[583] 曹兴松,刘世雄,章梦涛,等. 西南红层软岩公路边坡生态防护中的植物选择和配置研究[J]. 公路,2013(3):191-195.

[584] 董好刚,陈立德,黄长生. 三峡库区云阳—江津段危岩形成的影响因素及稳定性评价[J]. 工程地质学报,2010,18(5):645-650.

[585] 牛全福,冯尊斌,张映雪,等. 基于GIS的兰州地区滑坡灾害孕灾环境敏感性评价[J]. 灾害学,2017,32(3):29-35.

[586] 叶四桥,唐红梅,祝辉. 万州地区危岩发育的典型成因[J]. 水利发电,2007,33(2):31-33.

[587] 中华人民共和国住房和城乡建设部,中华人民共和国国家质量监督检验检疫总局. 建筑抗震设计标准(2024年版)(GB/T 50011—2010)[S]. 北京:中国建筑工业出版社,2024.

[588] 唐川,刘希林,朱静. 泥石流危险性堆积泛滥区危险度的评价与应用[J]. 自然

灾害学报,1993,2(4):79-84.

[589] ALEXANDER D. Natural disaster: a framework for research and teaching [J]. Disasters,1991, 15(3):209-226.

[590] ELDEEN M T. Predisaster physical planning:integration of disaster RISK analysis is into physical planning—a case studying Tunisia[J]. Disasters, 1980,4(2):211-222.

[591] 刘希林,唐川.泥石流危险度评价[M].北京:科学出版社,1995.

[592] 郭光玲,郭瑞,顾箭峰,等. 灰色理论在舟曲南屿沟泥石流灾害危险性评价中的应用研究[J]. 干旱区地理,2019,43(1): 20-26.

[593] 黄勋,唐川.基于数值模拟的泥石流灾害定量风险评价[J].地球科学进展, 2016,31(10):1047-1055.

[594] 谷新保,虎胆·吐马尔白,翟永先,等.主成分分析法在膜下滴灌不同年限棉田土壤表层盐渍化评价中的应用[J].新疆农业科学,46(5):935-940.

[595] 吴文建,张世涛,张光政,等. 基于灰色关联分析法的泥石流危险性评价:以泸水县银坡河泥石流为例[J].地质灾害与环境保护,2017,28(3):30-32.

[596] 符小阳,李家盛,余剑英. 环境因素对车辙影响的灰色关联度分析[J]. 交通科技,2018,286(1):87-90.

[597] 段永峰,罗海霞,刘存福.基于AHP的煤矿本质安全管理体系评价模型及其应用 [J]. 煤炭技术,2013,32(8):122-124.

[598] 李远远,云俊.多属性综合评价指标体系理论综述[J].武汉理工大学学报(信息与管理工程版),2009,31(2):305-309.

[599] 岳超源.决策理论与方法[M].北京:科学出版社,2003.

[600] 邵祥理.熵权-TOPSIS理想解法在煤矿安全生产评价中的应用[J].煤炭工程, 2011(3):129-131.

[601] 孙玉亮,王胜康,张婧.基于熵值的TOPSIS煤矿安全的综合评价[J].山西焦煤科技,2011, 35(7):39-42.

[602] 贾宝山,尹彬,王翰钊,等.AHP耦合TOPSIS的煤矿安全评价模型及其应用 [J].中国安全科学学报,2015,25(8):99-105.

[603] 屈娟,田水承,从常奎,等.基于AHP的煤矿瓦斯爆炸事故危险性分析与评价 [J].矿业安全与环保,2008,35(4):77-79.

[604] 谢国民,单敏柱,付华.基于FOA-SVM的煤矿瓦斯爆炸风险模式识别[J].控制工程,2018,25(10):1859-1864.

[605] 高玉翠.煤矿瓦斯爆炸灾害风险评价与预测[J].科技创新导报,2019,19(6): 242-246, 248.

［606］魏光辉.基于改进 TOPSIS 模型的人类活动对地下水位的影响评价［J］.水资源开发与管理,2019(10):23-27.

［607］白晓明.基于无线传感网络和正态云神经网络的液压泵的故障诊断研究［J］.煤矿机械,2014,35(5):251-253.

［608］GONG W D,GUO D Y, LIANG Y Q. Prediction model of coal and gas outburst based on rough set-unascertained measure theory［J］. Journal of Engineering Technology, 2018,50(6):758-777.

［609］CAO L L, XU L R, CHEN S Y. Assessment of debris flow hazard based on fuzzy network. Hydrogeol Eng Geol. 2014,42:2.

［610］RICHARD, D. ELMS D G. Seismic behaviour of gravity retaining walls［J］. Journal of the Geotechnical Engineering Division, 1979, 105(4): 449-464.

［611］WHITMAN R V, LIAO S. Seismic design of retaining walls: Miscellaneous Paper GL-85-1［R］, Mississippi: US Army Engineer, Waterways Experiment Station, 1985.

［612］CHOUDHURY D,AHMAD S M. Stability of waterfront retaining wall subjected to pseudo-static earthquake forces［J］. Ocean Engineering,2007,34 (14-15):1947-1954.

［613］BASHA B M,BABU G L S. Computation of sliding displacements of bridge abutments by pseudo-dynamic method［J］. Soil Dynamics and Earthquake Engineering,2009,29(1):103-120.

［614］ZHOU X P,QIAN Q H,CHENG H,et al. Stability analysis of two-dimensional landslides subjected to seismic loads［J］. Acta Mechanica Solida Sinica,2015,28(3):262-276.

［615］RAJESH B G,CHOUNDHURY D. Generalized seismic active thrust on a retaining wall with submerged backfill using a modified pseudodynamic method［J］. International Journal of Geomechanics,2016,17(3):261-273.

［616］CHEN J W,ZHOU X P,ZHOU L S,et al. Simple and effective approach to modeling crack propagation in the framework of extended finite element method［J］. Theoretical and Applied Fracture Mechanics,2020,106:102452.

［617］CHEN Z X,YANG P,LIU H L,et al. Characteristics analysis of granular landslide using shaking table model test［J］. Soil Dynamics and Earthquake Engineering,2019,216:105761.

［618］CHEN L L,ZHANG W G,GAO X C,et al. Design charts for reliability assessment of rock bedding slopes stability against bi-planar sliding:SRLEM and BPNN approaches[J]. Georisk,2020,16(2):360-375.

[619] CHIU C L. Entropy and Probability Concepts in Hydraulics[J]. Journal of Hydraulic Engineering,1987,113(5):583-599.

[620] DAVID F J. Landslide hazard zonation:a review of principles and practice [M]. Paris:Uneso,1984.

[621] GAO X C,LIU H L,ZHANG W G,et al. Influences of reservoir water level drawdown on slope stability and reliability analysis [J]. Georisk, 2019, 13(2),145-153.

[622] FUJII Y,ISHIJIMA Y,DEGUCHI G. Prediction of coal face rockbursts and microseismicity in deep longwall coal mining[J]. International Journal of Rock Mechanics and Mining Sciences,1997,34(1):85-96.

[623] WANG J A,PARK H D. Comprehensive prediction of rockburst based on analysis of strain energy in rocks[J]. Tunnelling and Underground Space Technology,2001,16(1):49-57.

[624] 祝云华,刘新荣,周军平. 基于 v-SVR 算法的岩爆预测分析[J]. 煤炭学报, 2008,33(3):277-281.

[625] 宫凤强,李夕兵,林杭. 隧道岩爆预测的距离判别分析模型研究及应用[J]. 中国铁道科学,2007,28(4):25-28.

[626] 陈海军,郦能惠,聂德新,等. 岩爆预测的人工神经网络模型[J]. 岩土工程学报,2002,24(2):229-232.

[627] 付玉华,董陇军. 岩爆预测的 Bayes 判别模型及应用[J]. 中国矿业大学学报,2009,38(4):528-533.

[628] 周科平,古德生. 基于 GIS 的岩爆倾向性模糊自组织神经网络分析模型[J]. 岩石力学与工程学报,2004,24(18):3093-3097.

[629] 冯夏庭. 智能岩石力学导论[M]. 北京:科学出版社,2000.

[630] HOU J W,DU Y X. Spatial simulation of rainstorm waterlogging based on a water accumulation diffusion algorithm[J]. Geomatics, Natural Hazards and Risk,2020,11(1):71-87.

[631] JIA J X,WANG X Y,HERSI N A,et al. Flood-risk zoning based on analytic hierarchy process and fuzzy variable set theory[J]. Natural hazards review, 2019,20(3):4019006.

[632] LIU X. Assessment on the severity of debris flows in mountainous creeks of southwest China[C]. Proceedings of International Symposium-Interpraevent. Garmisch-Partenkirchen:1996,4:145-154.

[633] TAN B. Y. Quantified comprehensive evaluation for the scope and intensity of mud—rock flow gully activity [J]. Jaunal of the China Raiway Society，1986，3(8)：74-82.

[634] WARE J E,KOSINSKI M,KELLER S D. A12-item short-form health survey：construction of scales and preliminary tests of reliability and validity [J]. Medical Care,1996,34(3)：220-233.

[635] 张明,王章琼,白俊龙,等. 基于 ArcGIS 的"三高"地区高速公路泥石流危险性评价[J]. 中国地质灾害与防治学报,2020,31(2):24-32.

[636] ZHOU X Z, WEN H S, ZHANG Y L, et al. Landslide susceptibility mapping using hybrid random forest with geodetector and RFE for factor optimization[J]. Geoscience Frontiers，2021，12(5):101211.

[637] ZHAO Y,DU C,BI J,et al. Experimental investigation of triaxial compression and permeability of gritstone in geothermal environment[J]. Bulletin of Engineering Geology and the Environment,2021,80:6971-6988.

[638] VARNES D J. Landslide hazard zonation：a review of principles and practice [M]. Paris：United Nations Educational Scientific and Cultural,1984.

[639] GLADE T. Linking debris-flow hazard assessments with geomorphology[J]. Geomorphology，2005，66(1-4)：189-213.

[640] HOLLINGSWORTH R. ,KOVACS G. S. Soil slumps and debris flows：prediction and protection[J]. Bulletin of the Association of Engineering Geologists. 1981,18(1)：17-28.

[641] ZHOU J,LI X B,SHI X Z. Long-term prediction model of rockburst in underground openings using heuristic algorithms and support vector machines [J]. Safety Science,2012,50(4)：629-644.

[642] 张钧博,何川,严健,等. 基于交叉验证的 XGBoost 算法在岩爆烈度分级预测中的适用性探讨[J]. 隧道建设(中英文),2020,40(S1):247-253.

[643] 刘晓悦,杨伟,张雪梅. 基于权重融合的多维云模型岩爆预测研究[J]. 中国矿业,2021,30(1):198-203.

[644] LIANG W Z,SARI Y S,MCKINNON S D,et al. Probability estimates of short- term rockburst risk with ensemble classifiers[J]. Rock Mechanics and Rock Engineering,2021,54:1799-1814.

[645] 赵国彦,刘雷磊,王剑波,等. 岩爆等级预测的 PCA-OPF 模型[J]. 矿冶工程,2019,39(4):1-5.

[646] GU X B,WU Q H,MA Y. Risk assessment of the rockburst intensity ina-

hydraulic tunnel using an intuitionistic fuzzy sets-TOPSIS model[J]. Advances in Materials Science and Engineering,2022,1:4474978.

[647] YU G,CHEN S Y. Application of variable fuzzy sets in classified rrediction of tockburst[M] //Geoshanghai International Conference. Soil and rock behavior and modeling. Virginia:American Society of Civil Engineers,2006: 112-118.

[648] WANG M W,JIN J L,LI L. SPA-VFS model for the prediction of rockburst [C] // International Conference on Fuzzy Systems and Knowledge Discovery. Jinan:2008:34-38.

[649] WANG H,NIE L,XU Y,et al. Comprehensive prediction and discriminant model for rockburst intensity based on improved variable fuzzy sets approach [J]. Applied Science,2019,9(15):3173.

[650] ELDEEN M T. Predisaster physical planing:inteqration of disaster risk analysis into physical planning :a case study in tunisia disasters[J]. Disasters,1980,4(2), 211-212.

[651] ZHAO Y, DING D, BI J, et al. Experimental study on mechanical properties of precast cracked concrete under different cooling methods[J]. Construction and Building Materials,2021,301: 124141.

[652] 王俊豪,金华丽,倪天翔,等. 基于层次分析法的模糊综合评判模型在康乐县泥石流沟危险性评价中的应用[J]. 中国地质灾害与防治学报,2017,28(3): 52-57.

[653] 赵铁松,孙玉龙,王丽荣. 基于 TOPSIS 模型的山区道路敏感性评价[J]. 陕西水利,2020,12(2):10-12.

[654] LUQMAN A, AKRAM M, ALCANTUD J C R. Digraph and matrix approach for risk evaluations under Pythagorean fuzzy information[J]. Expert Systems with Applications, 2021,170, 114518.

[655] SARWAR M, AKRAM M , LIU P D. An integrated rough ELECTRE II approach for risk evaluation and effects analysis in automatic manufacturing process[J]. Artificial Intelligence Review, 2021,54(6), 4449-4481.

[656] 许振浩,李术才,李利平,等. 基于层次分析法的岩溶隧道突水突泥风险评估 [J]. 岩土力学,2011,32(6):1757-1766.

[657] SIGNGHV P. Entropy theory and its application in environmental and water engineering[M]. Hoboken:John Wiley &·Sons,2013.

[658] ATANASSOV K T. Intuitionistic Fuzzy Sets[J]. Fuzzy Sets and Systems,

1986,20(1):87-96.

[659] LIU P D,WANG D Y. An extended taxonomy method based on normal T-spherical fuzzy numbers for multiple-attribute decision-making[J]. International Journal of Fuzzy Systems,2021,24:73-90.

[660] WU M Q, CHEN T Y, FAN J P. Divergence measure of T-spherical fuzzy sets and its applications in pattern recognition[J]. IEEE Access,2020: 10208-10221.

[661] 牛文林,李天斌. 岩爆隧道岩体质量评价的 BQ 法优化[J]. 成都理工大学学报（自然科学版）,2015,42(6):658-664.

[662] 汪明武,朱其坤,赵奎元,等. 基于有限区间联系云的围岩稳定性评价模型[J]. 2016,37(S1):140-144.

[663] 周智勇,韩章程. 基于物元分析与云模型的地下工程围岩稳定性评价[J]. 工程设计学报,2017,24(1):57-63.

[664] 秦忠诚,王九利,焦鲁刚,等. 深井巷道稳定性风险等级评价研究[J]. 矿业安全与环保,2016,43(5):95-98,102.

[665] 黄仁东,刘抗,全慧贤,等. 基于熵值法和理想点法的围岩稳定性评价[J]. 科技导报,2014,32(20):64-68.

[666] 马世伟,李守定,李晓,等. 隧道岩体质量智能动态分级 KNN 方法[J]. 工程地质学报,2020,28(66):1415-1424.

[667] 周坦,胡建华,匡也. 基于模糊 RES-多维云模型的岩体质量评判方法与应用[J].中国有色金属学报,2019,29(8):1771-1780.

[668] 吴贤国,王洪涛,何云. 基于模糊物元的岩溶隧道开挖稳定性评价[J]. 中国安全科学学报,2018,28(1):99-104.

[669] BOADU F K,LONG L T. The fractalcharacter of fracture spacing and RQD [J]. International Journal of Rock Mechanics and Mining Sciences & Geomechanics Abstracts,1994,31(2):127-134.

[670] 高谦,任天贵,明士祥. 采场巷道围岩分类的概率统计分析方法及其应用[J]. 煤炭学报,1994,19(2):131-139.

[671] WONG R H C,CHOU K T,TANG C A,et al. Analysis of crack coalescence in rock-like materials containing three flaws—part Ⅰ:experimental approach [J]. International Journal of Rock Mechanics and Mining Sciences,2001, 38(7):909-924.

[672] ZHOU X P, SHOU Y D, QIAN Q H, et al. Three-dimensional nonlinear strength criterion for rock-like materials based on the micromechanical

method[J]. International Journal of Rock Mechanics and Mining Sciences. 2014,72,54-60.

[673] 耿晓杰. 深埋条件下隧道稳定性评价方法及应用研究[D]. 北京:北京科技大学,2015.

[674] PAIN A,CHOUDHURY D,BHATTACHARYYA S K. Seismic rotational stability of gravity retaining walls by modified pseudo-dynamic method[J]. Soil Dynamics and Earthquake Engineering,2017,94:244-253.

[675] CHEN W F, LIU X L. Limit analysis in soil mechanics[M]. Amsterdam: Elsevier,1990.

[676] CHOUDHURY D,IVATDARE A D,PAIN A. New method to compute seismic active earth pressure on retaining wall considering seismic waves[J]. Geotechnical and Geological Engineering,2014,32(2):391-402.

[677] BUHANPD,MANGIAVACCHI R,NOVA R,et al. Yield design of reinforced earth walls by a homogenization method[J]. Géotechnique,1989, 39(2):189-201.

[678] GU X B, MA Y, WU Q H, et al. The risk assessment of landslide hazards in Shiwangmiao based on intuitionistic fuzzy sets-Topsis model[J]. Natural Hazards,2021,111: 283-303.

[679] 谭松林,黄玲,李亚伟. 模糊层次综合评价在深埋隧道围岩质量分级中的应用[J]. 地质科技情报,2009,28(1):105-108.

[680] 邱道宏,陈剑平,阙金声,等. 基于粗糙集和人工神经网络的洞室岩体质量评价[J]. 吉林大学学报(地球科学版),2008,38(1):86-91.

[681]MCQUILAN A CANBULAT I, OH J. Methods applied in Australian industry to evaluate coal mine slope stability[J]. International Journal of Mining Science and Technology, 30(2):151-155.

[682] MOGI K. Effect of the triaxial stress system on the failure of dolomite and limestone[J]. Tectonophysics, 1971, 11(2):111-127.

[683] PORBAHA A, ZHAO A, KOBAYASHI M, et al. Upper bound estimate of scaled reinforced soil retaining walls[J]. Geotextiles and Geomembrous, 2000, 18(6):403-413.

[684] AKRAM M, ZAHID K, ALCANTUD, J C R. A new outranking method for multicriteria decision making with complex Pythagorean fuzzy information[J]. Neural Computing & Applications, 2022, 34(10): 8069-8102.

[685] AKRAM M, KHAN A, AHMAD U. Extended MULTIMOORA method

based on 2-tuple linguistic Pythagorean fuzzy sets for multi-attribute group decision-making[J]. Granular Computing，2022，8：311-332.

[686] BIEIAWSKI Z T. Rock mechanics design in mining and tunneling[M]. Rotter dam：Balkema AA，1984.

[687] 张杨，徐志胜，楚坤坤，等. 基于模糊综合评判的终南山隧道防灾运营风险评估[J]. 灾害学，2021，36(3)：170-173，234.

[688] 何书，陈飞. 基于直觉模糊集 TOPSIS 决策方法的滑坡稳定性评价[J]. 中国地质灾害与防治学报，2016，27(03)：22-28.

[689] 叶宝民，李兴文，张建华. 水工隧道围岩分类的人工神经网络方法研究[J]. 东北水利水电，2003(08)：1-2，55.

[690] ZHAO Y，BI J，WANG C L，et al. Effect of unloading rate on the mechanical behavior and fracture characteristics of sandstones under complex triaxial stress conditions[J]. Rock Mechanics and Rock Engineering，2021，54(9)：4851-4866.

[691] STEAD D，EBERHARDT E，COGGAN J. S. Developments in the characterization of complex rock slope deformation and failure using numerical modelling techniques[J]. Engineering Geology，2006，83(1-3)：217-235.

[692] 鲍学英，王起才. 灰色聚类法在再生混凝土粗骨料质量等级评价中的应用[J]. 土木建筑与环境工程，2014，36(23)：112-117.

[693] 柴乃杰，刘鑫淼，鲍学英，等. 基于熵权可拓理论的我国再生混凝土粗骨料质量等级评价[J]. 硅酸盐通报，2018，37(1)：1-9.

[694] 皮圣. 浩吉铁路黄土隧道初期支护格栅钢架应用研究[J]. 隧道建设(中英文)，2021，41(4)：604-612.

[695] CHEN H T，JIANG B，MAO Z H，et al. Multi-mode kernel principal component analysis-based incipient fault detection for pulse width modulated inverter of China railway highspeed 5[J]. Advances in Mechanical Engineering，2017，9(10)：1687814017727383.

[696] 郭光玲，郭瑞，顾箭峰，等. 灰色理论在舟曲南屿沟泥石流灾害危险性评价中的应用研究[J]. 干旱区地理，2020，43(1)：20-26.

[697] BOYAEIOGLU H. Surface water quality assessment using factor analysis [D]. Izmir：Dokuz Eylul University，2006.

[698] LIU H B，PAN D，CHEN P. A two-year field study and evaluation of water quality and trophic state of a large shallow drinking water reservoir in Shanghai，China [J]. Desalination and Water Treatment，2016，57(29)：

13829-13838.

[699] LI D Y, HAN J W, SHI X M, et al. Knowledge representation and discovery based on linguistic atoms[J]. Knowledge Based Systems, 1998, 10(7): 431-440.

[700] WEI Q, GUO Q K, ZUO C Q, et al. Spatial distribution and temporal trends of rainfall erosivity in mainland China for 1951-2010[J]. Catena, 2016, 147:177-186.

[701] 吕娟,方朝阳,吴留伟. 基于可变模糊的混凝土坝裂缝危害性评价[J]. 水电与新能源,2012(2):40-43.

[702] ZHANG J, YANG T. Study of a roof water inrush prediction model in shallow seam mining based on an analytic hierarchy process using a grey relational analysis method[J]. Arabian Journal of Geosciences,2018,11:153.

[703] 冯学慧. 基于熵值法与正态云模型的大坝安全综合评价[J]. 水电能源科学,2015,33(11):57-60.

[704] ZHOU X P,ZHANG Y X,HA Q L,et al. Micromechanical modelling of the complete stress-strain relationship for crack weakened rock subjected to compressive loading[J]. Rock Mechanics and Rock Engineering, 2007, 41:747-769.

[705] 赵源,刘希林. 人工神经网络在泥石流风险评价中的应用[J]. 地质灾害与环境保护,2005,16(2):135-138.

[706] 谢和平,高明忠,张茹,等. 地下生态城市与深地生态圈战略构想及其关键技术展望[J]. 岩石力学与工程学报, 2017, 36(6):1301-1313.

[707] 薛雷,秦四清,泮晓华,等. 锁固型斜坡失稳机理及其物理预测模型[J]. 工程地质学报, 2018,26(1):179-192.

[708] 陈竑然,秦四清,薛雷,等. 锁固段之间的力学作用模式[J]. 工程地质学报, 2019,27(1):1-13.

[709] LU J, YIN G Z, ZHANG D M, et al. True triaxial strength and failure characteristics of cubic coal and sandstone under different loading paths[J]. International Journal of Rock Mechanics & Mining Sciences, 2020, 135:104439.

[710] FENG X T, XU H, YANG C X, et al. Influence of loading and unloading stress paths on the deformation and failure features of Jinping marble under true triaxial compression[J]. Rock Mechanics and Rock Engineering, 2020, 53:3287-3301.

[711] HUANG R Q, HUANG D. Evolution of rock cracks under unloading condition[J]. Rock Mechanics and Rock Engineering, 2014, 47:453-466.

[712] 冯夏庭, 陈炳瑞, 明华军, 等. 深埋隧道岩爆孕育规律与机制:即时型岩爆[J]. 岩石力学与工程学报, 2012, 31(3):433-444.

[713] GHASEMI S, KHAMEHCHIYAN M, TAHERI A, et al. Crack evolution in damage stress thresholds in different minerals of granite rock[J]. Rock Mechanics and Rock Engineering, 2020, 53:1163-1178.

[714] ZHOU X P, ZHANG J Z, QIA Q H, et al. Experimental investigation of progressive cracking processes in granite under uniaxial loading using digital imaging and AE techniques[J]. Journal of Structural Geology, 2019, 126: 129-145.

[715] ZHANG J Z, ZHOU X P. AE event rate characteristics of flawed granite: from damage stress to ultimate failure[J]. Geophysical Journal International, 2020, 222(2):795-814.

[716] YIN P, WONG R H C, CHAU K T. Coalescence of two parallel pre-existing surface cracks in granite[J]. International Journal of Rock Mechanics and Mining Sciences, 2014, 68(6), 66-84.

[717] VERMILYE J M, SCHOLZ C H. The process zone:a microstructural view of fault growth[J]. Journal of Geophysical Research:Solid Earth, 1998, 103(B6):12223-12237.

[718] LI D Y, ZHU Q Q, ZHOU Z L, et al. Fracture analysis of marble specimens with a hole under uniaxial compression by digital image correlation[J]. Engineering Fracture Mechanics, 2017, 183:109-124.

[719] SERRES N, BRAYMAND S, FEUGENS F. Environmental evaluation of concrete made from recycled concrete aggregate implementing life cycle assessment[J]. Journal of Building Engineering, 2016,5:24-33.

[720] LUO S R, ZHENG X, HUANG H S. Preparation of recycled coarse aggregate and experimental study on creep of recycled concrete[J]. Journal of Building Materials, 2016, 19(2): 242-247.

[721] WANG S Y, ZHU P H, YAO R, et al. Fuzzy comprehensive evaluation method for quality grade of recycled concrete coarse aggregate[J]. Concrete, 2010(7): 87-89.

[722] FENG J C, LU Y Y, ZHU P H. Fuzzy comprehensive evaluation method for quality grade of recycled fine aggregate for concrete[J]. Concrete, 2016

(11)：126-129.

[723] 赵程,鲍冲,田加深,等. 基于应变局部化的双裂纹岩样贯通模式及强度试验研究[J]. 岩石力学与工程学报，2015，34(11)：2309-2318.

[724] ZHOU X P, ZHANG J Z. Damage progression and acoustic emission in brittle failure of granite and sandstone[J]. International Journal of Rock Mechanics and Mining Sciences，2021，143：104789.

[725] 秦四清,徐锡伟,胡平,等. 孕震断层的多锁固段脆性破裂机制与地震预测新方法的探索[J]. 地球物理学报，2010,53(4)：1001-1014.

[726] 杨百存,秦四清,薛雷,等. 岩石加速破裂行为的物理自相似律[J]. 地球物理学报，2017,60(5)：1746-1760.

[727] 吴贤振,高祥,刘祥鑫,等. 饱水粉砂岩破裂失稳过程中红外温度突变异常[J]. 煤炭学报，2015，40(S2)：328-336.

附录　参量注释表

参量名称	释义	参量名称	释义
TBM	隧道掘进机	OOB	袋外数据
PR	刀盘破岩速率	MAPE	平均绝对百分误差
Th	刀盘推力	MAE	平均绝对误差
Tor	刀盘扭矩	U	论域
RPM	刀盘转速	μ_A	确定度
UCS	岩石单轴饱和抗压强度	E_x	期望
BI	岩石脆性指数	E_n	熵
SVM	支持向量机	H_e	超熵
SVR	支持向量回归	FCG	正向云发生器
SVC	支持向量分类	BCG	逆向云发生器
$\xi^\triangledown$	松弛变量	S^2	方差
$\varphi^\triangle$	拉格朗日乘子	AHP	层次分析法
GA	遗传算法	λ_{max}	最大特征值
LKF	线性核函数	RI	随机一致性指标
PKF	多项式核函数	SFS	球面模糊集
RBF	径向基核函数	μ	隶属度
SKF	Sigmoid 核函数	ν	非隶属度
ζ	学习因子	π	不确定度
MSE	均方误差	GRA	灰色关联法
p^+	交叉概率	α	直觉模糊不确定度

续表

参量名称	释　义	参量名称	释　义
p	变异概率	ξ	变权因子
RMSE	均方根误差	σ_c	单轴抗压强度
R^2	平方和相关系数	σ_t	单轴抗拉强度
ε	不敏感损失系数	σ_θ	洞室最大切向应力
C	惩罚系数	σ_1	最大主应力
K_v	岩体完整系数	I_s	岩石点荷载强度
W	地下水状态	H	隧道埋深
AR	TBM 掘进速度	σ_c/σ_t	脆性系数
PSO	粒子群算法	σ_θ/σ_c	应力系数
RF	随机森林算法	W_{et}	弹性变形能指数
IB	袋内数据	RQD	岩石质量指标